Algorithmen in Java

Sortieren, Textsuche, Codierung,
Kryptografie

von
Prof. Dr. Hans Werner Lang

3. Auflage

Oldenbourg Verlag München

Prof. Dr. Hans Werner Lang ist seit 1994 Professor für Informatik an der Fachhochschule Flensburg. Zu seinen Forschungsgebieten gehören Parallelrechner-Architektur und parallele Algorithmen.

Bibliografische Information der Deutschen Nationalbibliothek

Die Deutsche Nationalbibliothek verzeichnet diese Publikation in der Deutschen Nationalbibliografie; detaillierte bibliografische Daten sind im Internet über http://dnb.d-nb.de abrufbar.

© 2012 Oldenbourg Wissenschaftsverlag GmbH
Rosenheimer Straße 145, D-81671 München
Telefon: (089) 45051-0
www.oldenbourg-verlag.de

Lektorat: Dr. Gerhard Pappert, Johannes Breimeier
Herstellung: Constanze Müller
Titelbild: Prof. Dr. Hans Werner Lang
Grafik: Irina Apetrei
Einbandgestaltung: hauser lacour
Gesamtherstellung: Grafik & Druck GmbH, München

Dieses Papier ist alterungsbeständig nach DIN/ISO 9706.

ISBN   978-3-486-71406-7
eISBN   978-3-486-71897-3

Vorwort

Algorithmen, also Rechenverfahren, sind für mich das faszinierendste Gebiet der Informatik. In einem der ersten Bücher über Computer, das ich als Schüler las, war beschrieben, dass der Computer die Quadratwurzel anders berechnet, als ich es in der Schule gelernt hatte. Hier wurde mir überhaupt zum erstenmal klar, dass es für ein mathematisches Problem nicht nur ein Lösungsverfahren, sondern mehrere und sogar höchst unterschiedliche Lösungsverfahren geben kann.

Eigentlich ist es ja nicht notwendig, noch ein neues Sortierverfahren zu erfinden, wenn es schon ein Sortierverfahren gibt. Oder doch?

Nun, es könnte schneller sein als andere Verfahren, es könnte mit weniger Speicherplatz auskommen, es könnte einfacher zu implementieren sein, es könnte leichter zu verstehen sein als andere Verfahren. D.h. es könnte von geringerer Komplexität sein als andere Verfahren, und zwar von geringerer Zeitkomplexität, Platzkomplexität oder Beschreibungskomplexität.

Das wichtigste Kriterium ist die Zeitkomplexität; wir werden alle Algorithmen ausführlich hinsichtlich ihrer Zeitkomplexität analysieren.

Oder das neue Verfahren könnte sich besser für kleine Datenmengen eignen, für teilweise vorsortierte Daten oder für Daten, in denen viele gleiche Elemente vorkommen. D.h. es könnte an spezielle Problemfälle besser angepasst sein als andere Verfahren.

Die unterschiedlichen Verfahren stehen durchaus in Konkurrenz zueinander, aber sie haben alle ihre Berechtigung, und wenn es allein wegen der in ihnen enthaltenen Ideen ist.

Dieses Buch stellt vielleicht mehr als andere die unterschiedlichen Verfahren zur Lösung jeweils des gleichen Problems gegenüber. Hierbei wird deutlich, dass man ein Problem mit einer Fülle von verschiedenen Ideen angehen kann. Dies sei auch zur Ermutigung gesagt, ruhig noch einmal neu über ein Problem nachzudenken, auch wenn es „schon gelöst" ist.

Mir ist es bei der Beschäftigung mit String-Matching-Algorithmen passiert, dass ich mehr oder weniger nebenbei ein neues Verfahren, den Skip-Search-Algorithmus, gefunden habe. Allerdings stellte sich hinterher heraus, dass es das Verfahren im Prinzip doch schon gab, allerdings erst seit 1998.

Nicht nur die Idee kann mich an einem Algorithmus begeistern, sondern auch die Eleganz der Formulierung als Programm. Wenn es zwei unterschiedliche Versionen eines Algorithmus gibt, wobei die eine um 10% schneller ist, die andere aber eleganter, entscheide ich mich immer für die zweite Version. Dies drückt sich auch an den in diesem Buch wiedergegebenen Programmen aus. Hin und wieder kann ein Programm mit ein paar Tricks vielleicht noch ein wenig schneller gemacht werden. Dann aber büßt es seine Eleganz ein, und das ist es nicht wert.

Wohlgemerkt gilt dies nur, wenn die erzielbare Beschleunigung sich im Bereich von weniger als einem Faktor 2 bewegt. Beim Sortierverfahren Heapsort etwa gibt es eine etwas kompliziertere Variante, die jedoch das Verfahren etwa doppelt so schnell macht, so dass es gegenüber Quicksort bestehen kann. In solch einem Fall ist ein wenig mehr an Beschreibungskomplexität in Kauf zu nehmen.

Dieses Buch ist ein Lehrbuch über Algorithmen für Studierende der Informatik an Fachhochschulen und Universitäten. Vorausgesetzt werden ein paar Kenntnisse in Mathematik, die Fähigkeit, in einer höheren Programmiersprache zu programmieren und Lust, sich mit Algorithmen zu beschäftigen.

Die Grundbegriffe der Mathematik und der Informatik, die in diesem Buch verwendet werden, wie Menge, Relation, Abbildung, Folge, Graph, Baum, Zeichenreihe, Sprache, Grammatik werden im Anhang behandelt. Wer sich also unsicher ist, was z.B. eine Abbildung ist, sollte zuerst den Anhang lesen. Gelegentlich wird auch auf den Anhang verwiesen, wenn eine bestimmte Definition für das Verständnis notwendig ist. Ich habe die Grundlagen in den Anhang verbannt, damit es in Kapitel 1 gleich mit Algorithmen losgeht.

An einigen wenigen Stellen wird man in diesem Buch Seiten finden, so z.B. im Abschnitt über das Sortierverfahren Shellsort, die sehr mathematisch aussehen, da sie aus einer scheinbar nicht enden wollenden Abfolge von „Definition, Satz, Beweis" bestehen. Ich habe mich für diese Darstellung um der Klarheit willen entschieden. Es soll klar sein: hier wird etwas definiert, hier wird etwas behauptet, hier wird etwas bewiesen. Es handelt sich im übrigen stets um sehr einfach Schritt für Schritt nachzuvollziehende Sachverhalte. Und es gesellt sich zum besseren Verständnis als Viertes auch immer noch das „Beispiel" hinzu.

In vielen Büchern werden Algorithmen und Datenstrukturen zusammen behandelt, da manche Algorithmen auf speziellen Datenstrukturen basieren. Ich habe mich in diesem Buch auf Algorithmen konzentriert. Hierbei stehen die Algorithmen selbst und ihre Implementation in der Programmiersprache Java im Vordergrund; allgemeine Entwurfsprinzipien und Analysetechniken werden hierdurch nebenbei verdeutlicht.

Die ersten Kapitel behandeln Standardalgorithmen für das Sortieren, für die Textsuche, für Graphenprobleme, ferner aus dem Bereich der Codierung, der Kryptografie und der Rechnerarithmetik.

Etwas speziellere Themen sind Parser und Übersetzer (nur 1. und 2. Auflage), Sortiernetze (Kapitel 12) und parallele Sortieralgorithmen für Prozessorfelder (Kapitel 13).

Natürlich bedeutet ein Lehrbuch in erster Linie Arbeit und erst in zweiter Linie Spaß, aber vielleicht lässt sich das eine mit dem anderen vereinbaren, und so wünsche ich allen Lesern viel Freude beim Lesen und Lernen.

Es mögen Fehler und Unklarheiten in dem Buch enthalten sein; ich bitte in diesem Fall um eine kurze Nachricht unter lang@fh-flensburg.de. Eine Liste mit Korrekturen stelle ich unter www.inf.fh-flensburg.de/lang/algorithmen ins Internet.

Flensburg, Mai 2002   Hans Werner Lang

Danksagung

Ich danke meinem Freund und Kollegen Manfred Schimmler sowie Viktor Bunimov für die sorgfältige Durchsicht einer ersten Version des Manuskripts und für die damit verbundenen Anregungen und Hinweise.

Vorwort zur 2. Auflage

Getreu dem Konzept dieses Buches, vielfältige unterschiedliche Lösungen für ein Problem darzustellen, ist in der neuen Auflage ein Kapitel mit mehreren Algorithmen zur Berechnung der konvexen Hülle einer endlichen Punktemenge hinzugekommen. Damit wird zugleich ein erster Einblick in das interessante Gebiet der algorithmischen Geometrie geboten.

Ein weiteres neues Kapitel behandelt den Begriff der Transformation von Problemen. Durch Transformation eines Problems A in ein anderes Problem B lässt sich in vielen Fällen entweder A schnell lösen, wenn sich B schnell lösen lässt, oder zeigen, dass sich B nicht schnell lösen lässt, wenn sich A nicht schnell lösen lässt.

Anwendungen solcher Transformationen sind die Multiplikation von Polynomen mit Hilfe der Fouriertransformation oder die Angabe einer unteren Schranke für die Zeitkomplexität der Berechnung der konvexen Hülle.

Transformationen sind auch ein wesentlicher Bestandteil der Komplexitätstheorie, die in einem neuen Kapitel zu NP-vollständigen Problemen gestreift wird. Als Beispiel für ein NP-vollständiges, also wahrscheinlich nicht effizient lösbares Problem wird das Travelling-Salesman-Problem herangezogen, und es werden Annäherungsverfahren zur Lösung des Travelling-Salesman-Problems angegeben.

Etwas über das klassische Gebiet der Algorithmen hinaus geht das neue Kapitel über die formale Verifikation von Programmen. Da aber die korrekte Implementation genauso wichtig ist wie der korrekte Entwurf eines Algorithmus, soll in diesem Kapitel ein erster Einblick in die Möglichkeiten und Grenzen der formalen Verifikation gegeben werden.

Flensburg, Juni 2006   Hans Werner Lang

Vorwort zur 3. Auflage

Gegenüber der 2. Auflage habe ich einige Ergänzungen vorgenommen. So sind im Kapitel über Graphenalgorithmen die grundlegenden Verfahren Breitensuche und Tiefensuche hinzugekommen, ferner Anwendungen der Tiefensuche wie etwa die Berechnung der einfachen und zweifachen Zusammenhangskomponenten eines Graphen.

Im Kapitel über zahlentheoretische Algorithmen finden sich jetzt einige weitere wichtige kryptografische Verfahren; entsprechend heißt dieses Kapitel jetzt Kryptografie. Eine Besonderheit dieses Kapitels besteht darin, dass hier die Algorithmen nicht in Java, sondern in Python implementiert sind. Die Programmiersprache Python ermöglicht in einfacher Weise das Rechnen mit sehr großen Zahlen, wie sie in der Kryptografie vorkommen. In Java ist dagegen das Rechnen mit *BigInteger*-Objekten recht umständlich; die Darstellung der Algorithmen wird dadurch unanschaulich.

Aus Gründen der Anschaulichkeit sind alle Sortierverfahren nur für das Sortieren von Folgen von ganzen Zahlen formuliert. Was zu tun ist, um die Sortierverfahren so anzupassen, dass beliebige Objekte hinsichtlich irgendeines Kriteriums sortiert werden können, ist in einem weiteren Teil des Anhangs angegeben. Dort finden sich kurze Beschreibungen der Programmierkonzepte Interface, Typ-Parameter sowie Iterator.

Damit das Buch nicht zu dick wird, habe ich an einigen Stellen Kürzungen vorgenommen. Das Kapitel Parser und Übersetzer habe ich ganz herausgenommen, die betreffenden Inhalte finden sich weiterhin im Web und demnächst – so plane ich jedenfalls – in einem Buch über theoretische Informatik.

Flensburg, August 2012   Hans Werner Lang

Notation

Es ist eine ungeklärte Streitfrage, ob die Elemente einer endlichen Menge oder Folge von 1 bis n oder von 0 bis $n - 1$ indiziert werden sollten. In der Mathematik erscheint das erste natürlicher, im Kontext einer Programmiersprache wie Java erscheint das zweite natürlicher, da Arrays von 0 bis $n - 1$ indiziert werden. Ich habe daher durchgängig die Indizierung von 0 bis $n - 1$ gewählt.

Die Menge der natürlichen Zahlen $\mathbb{N}$ beginnt in diesem Buch einheitlich bei 1. Soll die Null mit dazugehören, so wird das Zeichen $\mathbb{N}_0$ verwendet.

Ferner bezeichnet $\mathbb{Z}$ die ganzen Zahlen, $\mathbb{Q}$ die rationalen Zahlen, $\mathbb{R}$ die reellen Zahlen, $\mathbb{C}$ die komplexen Zahlen sowie $\mathbb{B}$ die boolesche Menge $\{0, 1\}$.

Gelegentlich treten in mathematischen Aussagen die Zeichen $\forall$ und $\exists$ auf; sie bedeuten „für alle" bzw. „es gibt".

Für die ganzzahlige Division mit Rest werden die Operationssymbole div und mod benutzt. Beispielsweise ergibt 17 div 5 den Quotienten 3, 17 mod 5 den Rest 2.

Ich habe mich bemüht, Formeln möglichst einfach zu halten. So habe ich weitgehend auf Indizes verzichtet, wenn aus dem Zusammenhang klar wird, was gemeint ist. So heißt es beispielsweise: Quicksort hat im Durchschnitt eine Zeitkomplexität von

$$T(n) \in \Theta(n \log(n))$$

anstelle von

$$T_{Quick}^{avg}(n) \in \Theta(n \log(n))$$

Aus demselben Grund habe ich auch die Verwendung von griechischen Buchstaben weitgehend vermieden, denn Formeln mit lauter Γs, Φs und ξs sehen oft unnötig kryptisch aus. Ausgenommen sind griechische Buchstaben, die eine spezielle Bedeutung haben, wie etwa Θ in der obigen Formel.

Inhaltsverzeichnis

1   Algorithmen und Komplexität

Algorithmen kennen wir aus dem täglichen Leben. Ein *Algorithmus* ist eine Schritt-für-Schritt-Anleitung für einen bestimmten Vorgang.

Beispiele sind etwa eine Wegbeschreibung:

> *„Fahren Sie geradeaus bis zur nächsten Ampel. Dort fahren Sie links und dann solange geradeaus, bis Sie an einen Kreisel kommen."*

oder eine Gebrauchsanweisung:

> *„Innensechskantschraube mit Sechskantstiftschlüssel lösen und herausnehmen. Spannflansch abnehmen."*

oder ein Kochrezept:

> *„Die Milch zum Kochen bringen. Das aufgelöste Puddingpulver hineingeben und glatt rühren. Kurz aufkochen und erkalten lassen."*

Ein wichtiges Kennzeichen eines Algorithmus ist, dass die Schritte so eindeutig und detailliert angegeben sind, dass sie von demjenigen, der den Algorithmus ausführen soll, unmittelbar umgesetzt werden können. Bei dem Kochrezept ist also vorausgesetzt, dass der Koch den Begriff „Rühren" kennt und ihn umsetzen kann.

In vielen Fällen enthalten Algorithmen auch sogenannte Schleifen: ein Vorgang wird so lange wiederholt, bis eine bestimmte Bedingung eintritt. „Glatt rühren" bedeutet: Rühren, prüfen ob die Masse glatt ist, wenn nicht, weiterrühren, erneut prüfen usw.

Wichtig ist, dass eine solche Schleife nicht unendlich lange wiederholt wird, sondern dass sie irgendwann abbricht. Wir verlangen von einem Algorithmus, dass er nach endlich vielen Schritten zu einem Ende kommt.

Gelegentlich treffen wir in Algorithmen auch auf komplexere Anweisungen, die nicht unmittelbar umgesetzt werden können:

> *„Bereiten Sie einen Hefeteig zu."*
> *„Installieren Sie zunächst den XY-Treiber."*

Hier handelt es sich um Aufrufe von Unter-Algorithmen, die an anderer Stelle detailliert angegeben sind, etwa unter „Grundrezepte" bzw. „Treiberinstallation". In Algorithmen dürfen jedoch keine ungenauen Anweisungen vorkommen wie

> *„Treffen Sie alle erforderlichen Vorbereitungen."*

Maschinenmodell

Wenden wir uns nun den Computer-Algorithmen zu. Um Computer-Algorithmen angeben zu können, ist es notwendig zu wissen, welche Schritte der Computer unmittelbar umsetzen kann. Um größtmögliche Allgemeinheit herzustellen, wird der Computer dargestellt durch ein *abstraktes Maschinenmodell*. Das Maschinenmodell, das den heutzutage im Gebrauch befindlichen Computern entspricht, ist die *Random-Access-Maschine*.

Die Random-Access-Maschine arbeitet mit Maschinenwörtern fester Länge (z.B. 32 Bit), die Zahlen oder Zeichen darstellen. Sie speichert die Maschinenwörter in einem unbeschränkt großen Speicher. Sie kann in einem Schritt ein Maschinenwort in den Speicher schreiben oder aus dem Speicher lesen (daher *random access* – wahlfreier Zugriff auf den Speicher). Ebenfalls in einem Schritt kann sie eine Rechenoperation mit zwei Maschinenwörtern, also eine Addition, Subtraktion, Multiplikation, Division oder einen Vergleich ausführen.

Es gibt aber auch noch andere Maschinenmodelle. Für parallele Algorithmen gibt es eine Fülle von möglichen Maschinenmodellen. Wir werden das zweidimensionale Prozessorfeld als eines der am leichtesten zu realisierenden Modelle benutzen.

Das einfachste, aber gleichwohl universelle abstrakte Maschinenmodell ist die Turingmaschine. Mit einer Turingmaschine lässt sich alles berechnen, was berechenbar ist.

Darüber hinaus gibt es spezielle abstrakte Maschinenmodelle wie z.B. nichtdeterministische Maschinen.

Zeitkomplexität

Wenn wir wissen, welche Schritte die Maschine umsetzen kann, können wir Algorithmen für die Maschine formulieren, und wir können zählen, wie viele Schritte die Maschine benötigt, um den Algorithmus auszuführen.

Die Anzahl der Schritte wird im allgemeinen von der Eingabe abhängen. Ein Sortieralgorithmus wird zum Sortieren von 1000 Zahlen länger brauchen als zum Sortieren von 10 Zahlen. Und er wird möglicherweise zum Sortieren von 10 Zahlen länger brauchen, wenn die Zahlen in umgekehrter Reihenfolge eingegeben werden, als wenn sie in schon sortierter Reihenfolge eingegeben werden.

Zum einen spielt also die Länge der Eingabe, d.h. die Größe des Problems, das der Algorithmus lösen soll, eine Rolle. Zum anderen ist auch die Eingabe selbst von Bedeutung.

Die Anzahl der Schritte, die ein Algorithmus benötigt, wird daher immer als Funktion $T(n)$ in Abhängigkeit von der Problemgröße n angegeben. Die Funktion $T(n)$ heißt *Zeitkomplexität* des Algorithmus, oder kurz *Komplexität* des Algorithmus, wenn klar ist, dass wir vom Zeitverhalten reden.

Um von der jeweiligen konkreten Eingabe unabhängig zu sein, gibt man für $T(n)$ folgendes an

- die maximale Anzahl von Schritten, die bei einer beliebigen Eingabe der Länge n benötigt wird (Zeitkomplexität im schlechtesten Fall – *worst case*)   oder
- die durchschnittliche Anzahl von Schritten, die bei einer beliebigen Eingabe der Länge n benötigt wird (Zeitkomplexität im Durchschnitt – *average case*).

Die Zeitkomplexität wird meistens in der O-Notation angegeben. Hierbei bedeutet z.B.

$$T(n) \in O(n^2),$$

dass der Algorithmus höchstens proportional zu n^2 viele Schritte benötigt, um ein Problem der Größe n zu lösen. In ähnlicher Weise bedeutet

$$T(n) \in \Omega(n^2),$$

dass der Algorithmus mindestens proportional zu n^2 viele Schritte benötigt, um ein Problem der Größe n zu lösen. Schließlich bedeutet

$$T(n) \in \Theta(n^2),$$

dass der Algorithmus mindestens, aber auch höchstens proportional zu n^2 viele Schritte benötigt, um ein Problem der Größe n zu lösen.

Die genaue Definition der O-Notation ist im Anhang angegeben.

Neben der Korrektheit eines Algorithmus spielt seine Zeitkomplexität die wichtigste Rolle. Sicherlich ist ein Algorithmus nicht zu gebrauchen, wenn er nicht korrekt ist, d.h. wenn er nicht in allen Fällen das Ergebnis liefert, das er liefern soll. Aber auch ein Algorithmus mit einer Zeitkomplexität von $T(n) \in \Theta(2^n)$ ist nicht zu gebrauchen, höchstens für kleine Problemgrößen wie etwa $n = 30$. Schon bei einer Problemgröße von $n = 100$ ergäbe sich eine Rechenzeit, die größer ist als das Alter des Universums. Und auch nächstes Jahr, obwohl das Universum dann älter ist und es doppelt so schnelle Rechner gibt, gilt dasselbe immer noch für $n = 101$.

Effiziente Algorithmen

Eine Komplexitätsfunktion, bei der n im Exponenten auftritt, wird als *exponentielle Komplexität* bezeichnet. Leider sind für manche Probleme, insbesondere Optimierungsprobleme, nur Algorithmen mit exponentieller Komplexität bekannt. Das bekannteste Beispiel ist das Travelling-Salesman-Problem (TSP). Ein Handlungsreisender soll auf seiner Rundreise durch n Städte möglichst wenig Kilometer zurücklegen. In welcher Reihenfolge muss er die Städte besuchen?

Ein Algorithmus für die Lösung dieses Problems ist schnell geschrieben: alle Rundreisen der Reihe nach erzeugen, jeweils deren Längen berechnen und hiervon am Ende das Minimum bilden. Allerdings hat dieser Algorithmus mindestens exponentielle Komplexität, denn es gibt $(n-1)!$ verschiedene Rundreisen durch n Städte.[1]

---

[1] Für die Fakultätsfunktion $n! = 1 \cdot 2 \cdot 3 \cdot \ldots \cdot n$ gilt offenbar $n! \geq (n/2)^{n/2}$

Es ist bis heute kein Algorithmus mit polynomieller Komplexität für dieses Problem und für eine ganze Reihe ähnlicher Probleme bekannt, und es ist zweifelhaft, ob überhaupt ein solcher Algorithmus existieren kann. *Polynomielle Komplexität* bedeutet, dass $T(n) \in O(n^k)$, wobei k eine Konstante ist.

Ein Algorithmus mit polynomieller Komplexität wird auch ein *effizienter Algorithmus* genannt. Zwar ist ein Algorithmus mit einer Komplexität von $T(n) \in O(n^{50})$ nicht wirklich effizient; in der Praxis aber treten meist nur Algorithmen bis hin zu $O(n^4)$ auf.

Wirklich schnell sind allerdings nur die Algorithmen bis hin zu einer Komplexität von $T(n) \in O(n \log(n))$.

Wir werden dies im nächsten Kapitel am Beispiel der Sortieralgorithmen sehen. Die einfachen Sortieralgorithmen mit der Komplexität von $T(n) \in O(n^2)$ sind schon kaum noch zu gebrauchen, wenn es etwa darum geht, eine Million Einträge eines Telefonbuches zu sortieren. Denn die Anzahl der Schritte bewegt sich im Bereich von Billionen. Bei den schnellen Sortieralgorithmen mit ihrer Komplexität von $T(n) \in O(n \log(n))$ beträgt die Anzahl der Schritte dagegen lediglich einige Zig-Millionen.

2   Sortieren

Das Sortieren einer Datenfolge ist eines der am leichtesten zu verstehenden und am häufigsten auftretenden algorithmischen Probleme.

In seiner einfachsten Form besteht das Problem darin, eine endliche Folge von ganzen Zahlen so umzuordnen, dass die Zahlen in aufsteigender Reihenfolge auftreten. In genau dieser einfachsten Form werden wir das Problem behandeln; alle in Kapitel 2 vorgestellten Sortieralgorithmen beziehen sich auf diese Form des Sortierproblems. Die den Algorithmen zugrunde liegenden Ideen werden so am deutlichsten sichtbar.

Anstelle von Zahlen kann man natürlich auch andere Daten sortieren, z.B. Zeichenreihen. Voraussetzung ist, dass die Daten untereinander vergleichbar sind, d.h. dass eine Ordnungsrelation $\leq$ auf der Menge der Daten definiert ist.

In vielen Fällen sind die Daten ganze Datensätze, die nach einem bestimmten Kriterium sortiert werden sollen. Beispielsweise könnten dies Daten von Personen sein, die nach dem Geburtsjahr sortiert werden sollen.

Zur Behandlung dieser etwas weiter gefassten Fälle des Sortierproblems müssen die Algorithmen entsprechend angepasst werden. Hierzu sind im Anhang B einige Hinweise gegeben.

Es folgt eine formale Definition des Sortierproblems. Die Begriffe wie endliche Folge, Abbildung oder Permutation sind im Anhang erklärt.

Definition: Sei $n \in \mathbb{N}$ und $a = a_0, ..., a_{n-1}$ eine endliche Folge mit $a_i \in \mathbb{N}$ $(i = 0, ..., n-1)$.

Das *Sortierproblem* besteht darin, eine Folge $a_{\varphi(0)}, ..., a_{\varphi(n-1)}$ zu finden, derart dass $a_{\varphi(i)} \leq a_{\varphi(j)}$ ist für alle $i, j \in \{0, ..., n-1\}$ mit $i < j$ und derart dass die Abbildung φ eine Permutation der Indexmenge $\{0, ..., n-1\}$ ist.

Beispiel: Es seien $n = 8$ und $a = 3\ 8\ 1\ 4\ 3\ 3\ 2\ 6$.

$$
\begin{array}{rl}
i: & 0\ 1\ 2\ 3\ 4\ 5\ 6\ 7 \\
a_i: & 3\ 8\ 1\ 4\ 3\ 3\ 2\ 6 \\
\varphi(i): & 2\ 6\ 5\ 0\ 4\ 3\ 7\ 1 \\
a_{\varphi(i)}: & 1\ 2\ 3\ 3\ 3\ 4\ 6\ 8
\end{array}
$$

2.1   Insertionsort

Insertionsort (Sortieren durch Einfügen) ist ein elementares Sortierverfahren. Es hat eine Zeitkomplexität von $\Theta(n^2)$, ist damit also langsamer als etwa Heapsort, Mergesort oder auch Shellsort. Sehr gut geeignet ist Insertionsort für das Sortieren von kleinen Datenmengen oder für das Einfügen von weiteren Elementen in eine schon sortierte Folge.

Idee

Zu Anfang und nach jedem Schritt des Verfahrens besteht die zu sortierende Folge $a_0, ..., a_{n-1}$ aus zwei Teilen: Der erste Teil $a_0, ..., a_{i-1}$ ist bereits aufsteigend sortiert, der zweite Teil $a_i, ..., a_{n-1}$ ist noch unsortiert.

Das Element a_i wird als nächstes in den bereits sortierten Teil eingefügt, indem es der Reihe nach mit a_{i-1}, a_{i-2} usw. verglichen wird. Sobald ein Element a_j mit $a_j \leq a_i$ gefunden wird, wird a_i hinter diesem eingefügt. Wird kein solches Element gefunden, wird a_i an den Anfang der Folge gesetzt.

Damit ist der sortierte Teil um ein Element länger geworden. Im nächsten Schritt wird a_{i+1} in den sortierten Teil eingefügt usw. Zu Anfang besteht der sortierte Teil nur aus dem Element a_0; zum Schluss aus allen Elementen $a_0, ..., a_{n-1}$.

Beispiel: Die folgende Tabelle zeigt die Sortierschritte zum Sortieren der Folge 5 7 0 3 4 2 6 1. Der jeweils bereits sortierte Teil der Folge ist grau hinterlegt dargestellt. Ganz rechts steht in Klammern die Anzahl der Positionen, um die das eingefügte Element nach links gewandert ist.

5	7	0	3	4	2	6	1	(0)
5	7	0	3	4	2	6	1	(0)
0	5	7	3	4	2	6	1	(2)
0	3	5	7	4	2	6	1	(2)
0	3	4	5	7	2	6	1	(2)
0	2	3	4	5	7	6	1	(4)
0	2	3	4	5	6	7	1	(1)
0	1	2	3	4	5	6	7	(6)

Implementierung

Die folgende Funktion *insertionsort* sortiert ein Integer-Array $a[0], ..., a[n-1]$.

Die Sortierfunktion ist in der Klasse *InsertionSorter* gekapselt. Mit den Anweisungen

```
InsertionSorter s=new InsertionSorter();
s.sort(b);
```

wird ein Objekt vom Typ *InsertionSorter* erzeugt und anschließend die Methode *sort* zum Sortieren eines Arrays *b* aufgerufen.

```
public class InsertionSorter
{
    private int[] a;
    private int n;

    public void sort(int[] a)
    {
        this.a=a;
        n=a.length;
        insertionsort();
    }

    private void insertionsort()
    {
        int i, j, t;
        for (i=1; i<n; i++)
        {
            j=i;
            t=a[j];
            while (j>0 && a[j-1]>t)
            {
                a[j]=a[j-1];
                j--;
            }
            a[j]=t;
        }
    }

}    // end class InsertionSorter
```

Analyse

Im schlechtesten Fall wird der Platz für das einzufügende Element immer erst ganz am Anfang des sortierten Teils gefunden. D.h. in der While-Schleife werden Folgen der Länge $1, 2, 3, ..., n-1$ durchsucht. Insgesamt sind dies $(n-1) \cdot n/2$ Schritte, also $\Theta(n^2)$ Schritte. Dieser Fall tritt ein, wenn die Folge zu Anfang in absteigender Reihenfolge sortiert ist.

Es ginge auch schneller, die Einfügeposition des Elements a_i innerhalb des sortierten Teils a_0, ..., a_{i-1} zu finden, nämlich mit binärer Suche. Da aber die größeren Elemente alle nach rechts rücken müssen, um die Einfügeposition frei zu machen, ist für das Einfügen ohnehin lineare Zeit erforderlich.

Die genaue Anzahl der Schritte, die Insertionsort benötigt, wird durch die Anzahl der Inversionen der zu sortierenden Folge bestimmt.

Definition: Sei $a = a_0$, ..., a_{n-1} eine endliche Folge. Eine *Inversion* ist ein Paar (i, j) mit $i < j$ und $a_i > a_j$. Eine Inversion ist also ein Paar von Indexpositionen, an denen die Elemente der Folge in falscher Reihenfolge stehen.[1]

Beispiel: Sei $a = 5, 7, 4, 9, 7$. Dann ist $(0, 2)$ eine Inversion, denn es ist $a_0 > a_2$, nämlich $5 > 4$. Außerdem sind $(1, 2)$ und $(3, 4)$ Inversionen, da $7 > 4$ und $9 > 7$. Weitere Inversionen sind nicht vorhanden.

Wir bestimmen nun die Anzahl der Inversionen (i, j) der Folge a getrennt für jede Position j. Ergebnis ist jeweils ein Wert v_j, der die Anzahl der Elemente a_i angibt, die links von a_j stehen und größer sind als a_j.

In der Folge $a = 5, 7, 4, 9, 7$ stehen beispielsweise links von $a_2 = 4$ die zwei größeren Zahlen 5 und 7, also ist $v_2 = 2$. Links von $a_4 = 7$ steht nur eine größere Zahl, also ist $v_4 = 1$.

Die Folge der v_j wird als Inversionenfolge bezeichnet.

Definition: Die *Inversionenfolge* $v = v_0$, ..., v_{n-1} einer Folge $a = a_0$, ..., a_{n-1} ist definiert durch

$$v_j = |\{(i, j) \mid i < j \wedge a_i > a_j\}|$$

für $j = 0$, ..., $n - 1$.

Beispiel: Die obige Folge $a = 5, 7, 4, 9, 7$ hat die Inversionenfolge $v = 0, 0, 2, 0, 1$.

Offensichtlich gilt $v_i \leq i$ für alle $i = 0$, ..., $n - 1$. Genau dann, wenn alle v_i gleich 0 sind, ist die zugehörige Folge a sortiert. Ist die Folge a eine Permutation, so ist sie durch ihre Inversionenfolge v eindeutig bestimmt. Die Permutation $n - 1$, ..., 0 hat die Inversionenfolge 0, ..., $n - 1$.

Satz: Sei $a = a_0$, ..., a_{n-1} eine Folge und $v = v_0$, ..., v_{n-1} ihre Inversionenfolge. Dann ist die Anzahl der Schritte, die Insertionsort zum Sortieren der Folge benötigt

$$T(a) = \sum_{i=0, ..., n-1} v_i$$

---

[1]Wenn die Folge a eine Permutation ist, lässt sich eine Inversion auch durch (a_i, a_j) anstelle von (i, j) angeben [Knu 73].

Beweis: Offensichtlich benötigt Insertionsort in jeder Iteration i gerade v_i Schritte, um das Element a_i einzufügen. Daher ist die Gesamtzahl der benötigten Schritte gleich der Summe aller v_i.

Beispiel: Die folgende Tabelle zeigt die Folge a aus dem Anfangsbeispiel und die zugehörige Inversionenfolge.

i	0	1	2	3	4	5	6	7
a_i	5	7	0	3	4	2	6	1
v_i	0	0	2	2	2	4	1	6

Beispielsweise ist $v_5 = 4$, weil vier Elemente links von $a_5 = 2$ stehen, die größer als 2 sind (nämlich 5, 7, 3 und 4). Entsprechend benötigt Insertionsort zum Einfügen der 2 genau 4 Schritte.

Die Summe aller v_i, also die Gesamtzahl aller Inversionen, ist 17. Insertionsort benötigt also zum Sortieren der Folge 17 Schritte.

2.2 Quicksort

Der *Quicksort*-Algorithmus [Hoa 62] ist eines der schnellsten und zugleich einfachsten Sortierverfahren. Das Verfahren arbeitet rekursiv nach dem *Divide-and-Conquer-Prinzip*.

Die Divide-and-Conquer-Strategie zur Lösung eines Problems besteht aus drei Schritten:

1) *Divide*   das Problem wird in Teilprobleme zerlegt;
2) *Conquer*   die Teilprobleme werden gelöst;
3) *Combine*   die Lösungen der Teilprobleme werden zusammengefügt.

Diese Strategie funktioniert immer dann, wenn die Lösungen der Teilprobleme nach dem Zusammenfügen die Lösung des ursprünglichen Problems ergeben.

Divide and conquer bedeutet *teile und herrsche*.

Idee

Bild 2.1 zeigt schematisch die Vorgehensweise von Quicksort anhand einer Eingabefolge von Nullen (weiß) und Einsen (grau). Zunächst wird die zu sortierende Folge a so in zwei Teilstücke b und c zerlegt, dass alle Elemente des ersten Stücks b kleiner oder gleich allen Elementen des zweiten Stücks c sind (*divide*). Danach werden die beiden Teilstücke sortiert, und zwar rekursiv nach demselben Verfahren (*conquer*). Wieder zusammengesetzt ergeben die Teilstücke die sortierte Folge (*combine*).

Die Aufteilung geschieht, indem zunächst ein *Vergleichselement* x gewählt wird. Alle Elemente der Folge, die kleiner als x sind, kommen in das erste Teilstück. Alle Elemente,

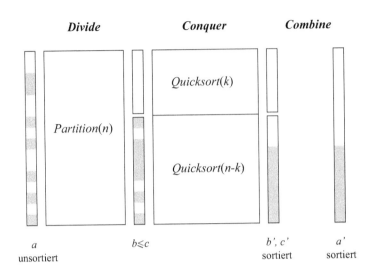

Bild 2.1: *Quicksort(n)*

die größer als x sind, kommen in das zweite Teilstück. Bei Elementen, die gleich x sind, ist es egal, in welches Teilstück sie kommen.

In dem folgenden Aufteilungsverfahren kann es auch vorkommen, dass ein Element, das gleich x ist, zwischen den beiden Teilstücken verbleibt. Dieses Element steht dann schon an seiner richtigen Position.

Algorithmus *Partition*

<u>Eingabe:</u>	Folge a_0, ..., a_{n-1} mit n Elementen
<u>Ausgabe:</u>	Umordnung der Folge derart, dass alle Elemente a_0, ..., a_j kleiner oder gleich den Elementen a_i, ..., a_{n-1} sind $(i > j)$
<u>Methode:</u>	wähle das mittlere Element der Folge als Vergleichselement x

setze $i = 0$ und $j = n - 1$

solange $i \leq j$ wiederhole

      suche von links das erste Element a_i mit $a_i \geq x$

      suche von rechts das erste Element a_j mit $a_j \leq x$

      wenn $i \leq j$ dann

          vertausche a_i und a_j

          setze $i = i + 1$ und $j = j - 1$

Quicksort behandelt nach dieser Aufteilung der Folge die beiden Teilstücke a_0, ..., a_j und a_i, ..., a_{n-1} nach demselben Verfahren rekursiv weiter. Wenn ein im Verlauf des Verfahrens entstehendes Teilstück nur aus einem Element besteht, endet die Rekursion.

Programm

Die folgende Funktion *quicksort* sortiert ein Teilstück des Arrays *a* vom Index *lo* bis zum Index *hi*.

Die Sortierfunktion ist in der Klasse *QuickSorter* gekapselt. Die Methode *sort* übergibt das zu sortierende Array an das Array *a*, setzt *n* auf dessen Länge und ruft *quicksort* mit dem unteren Index 0 und dem oberen Index *n*-1 auf.

Die Hilfsfunktion *exchange(i, j)* vertauscht die Array-Elemente $a[i]$ und $a[j]$.

Mit den Anweisungen

```
QuickSorter s=new QuickSorter();
s.sort(b);
```

wird ein Objekt vom Typ *QuickSorter* erzeugt und anschließend die Methode *sort* zum Sortieren eines Arrays *b* aufgerufen. Es folgt das Programm.

```
public class QuickSorter
{
    private int[] a;
    private int n;

    public void sort(int[] a)
    {
        this.a=a;
        n=a.length;
        quicksort(0, n-1);
    }

    private void quicksort (int lo, int hi)
    {
        int i=lo, j=hi;

        // Vergleichselement x
        int x=a[(lo+hi)/2];
```

```
        // Aufteilung
        while (i<=j)
        {
            while (a[i]<x) i++;
            while (a[j]>x) j--;
            if (i<=j)
            {
                exchange(i, j);
                i++; j--;
            }
        }
        // Rekursion
        if (lo<j) quicksort(lo, j);
        if (i<hi) quicksort(i, hi);
    }
    private void exchange(int i, int j)
    {
        int t=a[i];
        a[i]=a[j];
        a[j]=t;
    }

}    // end class QuickSorter
```

Analyse

Der Algorithmus verläuft optimal, wenn jeder Aufteilungsschritt im Verlauf der Rekursion jeweils etwa gleichlange Teilstücke erzeugt. In diesem günstigsten Fall benötigt Quicksort $\Theta(n\log(n))$ Schritte, denn die Rekursionstiefe ist dann $\log(n)$ und in jeder Schicht sind n Elemente zu behandeln (Bild 2.2 a).

Der ungünstigste Fall tritt ein, wenn ein Teilstück stets nur aus einem Element und das andere aus den restlichen Elementen besteht. Dann ist die Rekursionstiefe $n-1$ und Quicksort benötigt $\Theta(n^2)$ Schritte (Bild 2.2 c).

Im Mittel wird etwa eine Aufteilung wie in Bild 2.2 b dargestellt zustande kommen.

Die Wahl des Vergleichswertes x spielt die entscheidende Rolle dafür, welche Aufteilung zustande kommt. Man könnte z.B. auch das erste Element der Folge als Vergleichselement wählen. Dies würde aber dazu führen, dass das ungünstigste Verhalten des Algorithmus ausgerechnet dann eintritt, wenn die Folge zu Anfang bereits sortiert ist. Daher ist es besser, das mittlere Element der Folge zu wählen.

Am besten ist es natürlich, als Vergleichselement dasjenige Element zu wählen, das von der Größe her in der Mitte der Elemente liegt (der Median). Dann würde die optimale Aufteilung zustande kommen. Tatsächlich ist es möglich, den Median in linearer Zeit

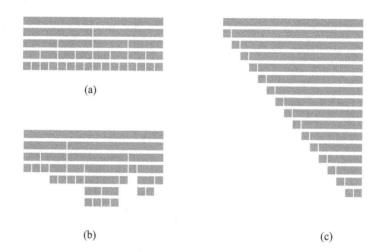

(a)

(b)   (c)

Bild 2.2: *Rekursionstiefe von Quicksort: (a) im besten Fall, (b) im Mittel, (c) im schlechtesten Fall*

zu bestimmen (Abschnitt 2.10). In dieser Variante würde Quicksort also auch im schlechtesten Fall nur $O(n \log(n))$ Schritte benötigen.

Quicksort lebt jedoch von seiner Einfachheit. Außerdem zeigt es sich, dass Quicksort auch in der einfachen Form im Durchschnitt nur $O(n \log(n))$ Schritte benötigt. Überdies ist die Konstante, die sich in der O-Notation verbirgt, sehr klein. Wir nehmen dafür in Kauf, dass Quicksort im (seltenen) schlechtesten Fall $\Theta(n^2)$ Schritte benötigt.

Satz: Die Zeitkomplexität von Quicksort beträgt

$\Theta(n \log(n))$ im Durchschnitt   und
$\Theta(n^2)$ im schlechtesten Fall.

Zusammenfassung

Quicksort erweist sich in der Praxis als das schnellste Sortierverfahren. Es hat eine Zeitkomplexität von $\Theta(n \log(n))$ im Durchschnitt. Im (seltenen) schlechtesten Fall ist es mit einer Zeitkomplexität von $\Theta(n^2)$ allerdings genauso langsam wie Insertionsort.

Es gibt Sortierverfahren, die auch im schlechtesten Fall in $O(n \log(n))$ liegen, z.B. Heapsort und Mergesort. Diese sind jedoch im Durchschnitt um einen konstanten Faktor langsamer als Quicksort.

Es ist möglich, mit einer Variante von Quicksort auch im schlechtesten Fall eine Zeitkomplexität von $O(n \log(n))$ zu erreichen (indem als Vergleichselement der Median gewählt wird). Dieses Verfahren ist jedoch im Durchschnitt und im schlechtesten Fall um einen konstanten Faktor langsamer als Heapsort oder Mergesort; daher ist es für die Praxis nicht interessant.

2.3   Heapsort

Das Sortierverfahren *Heapsort* [Wil 64] hat eine Zeitkomplexität von $\Theta(n \log(n))$. Eine untere Schranke für die Zeitkomplexität von Sortierverfahren ist $\Omega(n \log(n))$. Heapsort ist daher *optimal*, d.h. es gibt kein asymptotisch schnelleres Sortierverfahren (siehe Abschnitt 2.8).

Heapsort verwendet eine besondere Datenstruktur, die als *Heap* bezeichnet wird.[2] Diese Datenstruktur wird im Folgenden erklärt; sie basiert auf der im Anhang A.2 angegebenen Definition eines (fast) vollständigen binären Baums. Ein binärer Baum ist (fast) vollständig, wenn alle Schichten außer möglicherweise der letzten vollständig besetzt sind.

Grundlagen

Definition: Sei $T = (V, E)$ ein (fast) vollständiger binärer Baum mit einer Knotenmarkierung $a : V \to M$, die jedem Knoten u eine Markierung $a(u)$ aus einer geordneten Menge $(M, \leq)$ zuordnet.

Ein Knoten $u \in V$ hat die *Heap-Eigenschaft*, wenn er keinen direkten Nachfolgerknoten mit einer größeren Markierung hat, oder anders ausgedrückt, wenn gilt:

$$\forall\, v \in V \;:\; (u, v) \in E \;\;\Rightarrow\;\; a(u) \geq a(v) \,.$$

T heißt *Heap*, wenn alle Knoten die Heap-Eigenschaft haben, d.h. wenn gilt:

$$\forall\, (u, v) \in E \;:\; a(u) \geq a(v) \,.$$

Wir nennen T einen *Semi-Heap*, wenn alle Knoten außer möglicherweise der Wurzel r des Baumes die Heap-Eigenschaft haben, d.h. wenn gilt:

$$\forall\, (u, v) \in E, \, u \neq r \;:\; a(u) \geq a(v) \,.$$

Beispiel: In Bild 2.3 ist ein Heap mit 10 Knoten dargestellt.

Alle Blätter haben automatisch die Heap-Eigenschaft, da sie keine Nachfolgerknoten haben, somit insbesondere keine mit einer größeren Markierung.

---

[2]Die Bezeichnung *Heap* wird auch für den Speicherplatz verwendet, den ein Computer für dynamisch erzeugte Variablen benutzt. Die beiden Begriffe haben jedoch inhaltlich nichts miteinander zu tun.

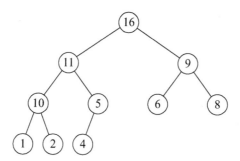

Bild 2.3: *Heap mit n = 10 Knoten*

Sortierverfahren

Die Datenstruktur des Heapsort-Verfahrens ist ein binärer Baum, dessen Knoten die zu sortierenden Daten enthalten. In der Implementation wird dieser Baum später in einem Array gespeichert. Es ist somit nicht nötig, den Baum als Zeiger-Struktur zu realisieren.

Heapsort-Algorithmus

Die folgende Beschreibung des Heapsort-Algorithmus nimmt Bezug auf Bild 2.4 a–e.

Wenn die zu sortierenden Daten als Heap arrangiert sind, lässt sich das größte Datenelement unmittelbar an der Wurzel des Baumes entnehmen und ausgeben (a). Um das nächstgrößte Element zu entnehmen, müssen die verbleibenden Elemente zunächst als Heap neu angeordnet werden.

Dies geschieht in folgender Weise: Sei b ein Blatt maximaler Tiefe. Die Markierung von b wird an die Stelle der Wurzel geschrieben; anschließend wird b gelöscht (b). Das Ergebnis ist ein Semi-Heap, denn die Wurzel hat nun möglicherweise nicht mehr die Heap-Eigenschaft.

Aus einem Semi-Heap einen Heap zu machen ist einfach: Wenn die Wurzel bereits die Heap-Eigenschaft hat, ist gar nichts zu tun. Wenn nicht, wird ihre Markierung mit der Markierung eines ihrer direkten Nachfolger vertauscht, und zwar mit der maximalen (c). Damit hat nun die Wurzel die Heap-Eigenschaft, aber dafür möglicherweise der entsprechende Nachfolger v nicht mehr. Es wird nun mit v fortgefahren, d.h. der Semi-Heap mit Wurzel v wird zum Heap gemacht (d). Das Verfahren endet spätestens an einem Blatt, da Blätter stets die Heap-Eigenschaft haben (e).

Nachdem nun die verbleibenden Elemente wieder als Heap angeordnet sind, kann das nächstgrößte Element entnommen werden usw. Die Datenelemente werden also in absteigend sortierter Reihenfolge ausgegeben.

Das Umarrangieren eines Semi-Heaps zu einem Heap lässt sich konzeptuell mit folgender Prozedur *downheap* bewirken:

Prozedur *downheap*(*v*)

Eingabe: Semi-Heap mit Wurzel v

Ausgabe: Heap (durch Umordnung der Knotenmarken)

Methode: solange v nicht die Heap-Eigenschaft hat wiederhole

                wähle Nachfolgerknoten w mit maximaler Markierung $a(w)$

                vertausche $a(v)$ und $a(w)$

                setze $v = w$

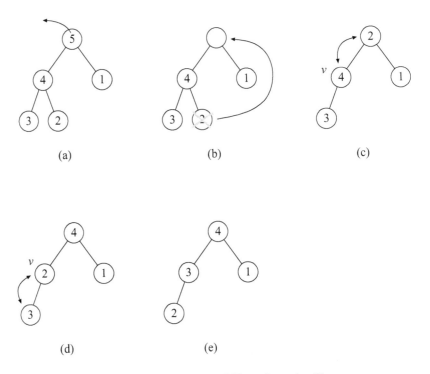

Bild 2.4: *Entnehmen des maximalen Elementes und Neuordnen des Heaps*

Die Prozedur *downheap* wird auch benutzt, um einen (fast) vollständigen binären Baum mit Knotenmarkierung a zu einem Heap zu machen. In folgender Prozedur *buildheap* werden bottom-up alle Teilbäume mittels *downheap* zu Heaps gemacht. Statt bei den Blättern zu beginnen, die ja ohnehin bereits die Heap-Eigenschaft haben, genügt es, bei den inneren Knoten der Tiefe $d(T) - 1$ zu beginnen.

Prozedur *buildheap*

Eingabe: (Fast) vollständiger binärer Baum T mit Knotenmarkierung a

Ausgabe: Heap (durch Umordnung der Knotenmarken)

Methode: für $i = d(T) - 1$ abwärts bis 0 wiederhole

     für alle inneren Knoten v der Tiefe $d(v) = i$ wiederhole

       downheap(v)

Der folgende Algorithmus Heapsort konstruiert zunächst mittels *buildheap* aus den zu sortierenden Elementen einen Heap. Anschließend werden die Elemente in absteigender Reihenfolge ausgegeben, indem wie oben beschrieben jeweils die Markierung der Wurzel ausgegeben, durch die Markierung eines Blattes maximaler Tiefe ersetzt, das Blatt gelöscht und mit *downheap* die Heap-Struktur wiederhergestellt wird.

Algorithmus *Heapsort*

Eingabe: (Fast) vollständiger binärer Baum mit Wurzel r und
     Knotenmarkierung a

Ausgabe: Absteigend sortierte Folge der Knotenmarken

Methode: *buildheap*

    solange r kein Blatt ist wiederhole

      gib $a(r)$ aus

      wähle Blatt b maximaler Tiefe

      markiere r mit $a(b)$

      lösche Blatt b

      downheap(r)

    gib $a(r)$ aus

Analyse

Ein (fast) vollständiger binärer Baum mit n Knoten hat die Tiefe $d \leq \log(n)$. Die Prozedur *downheap* benötigt daher höchstens $\log(n)$ Schritte.

Eine grobe Analyse ergibt, dass *buildheap* für höchstens n Knoten *downheap* aufruft. Heapsort ruft zusätzlich noch einmal für alle n Knoten *downheap* auf. Somit liegt die Zeitkomplexität von Heapsort in $O(n \cdot \log(n))$.

Eine genauere Analyse zeigt, dass *buildheap* sogar nur $O(n)$ Schritte benötigt. Denn im Verlauf der bottom-up-Konstruktion des Heaps wird *downheap* für höchstens $n/2$

Bäume der Tiefe 1, für höchstens $n/4$ Bäume der Tiefe 2 usw. und schließlich für einen Baum der Tiefe $\log(n)$ aufgerufen.

Somit benötigt *buildheap* höchstens

$$S \ = \qquad n/2 \cdot 1 \ + \ n/4 \cdot 2 \ + \ n/8 \cdot 3 \ + \ \ldots \ + \ 2 \cdot (\log(n) - 1) \ + \ 1 \cdot \log(n)$$

Schritte. Da

$$2S \ = \ n \cdot 1 \ + \ n/2 \cdot 2 \ + \ n/4 \cdot 3 \ + \ n/8 \cdot 4 \ + \ \ldots \ + \ 2 \cdot \log(n),$$

ergibt sich durch Subtraktion $2S - S$:

$$S \ = \quad n \ + \ n/2 \ + \ n/4 \ + \ n/8 \ + \ \ldots \ + \ 2 \qquad - \ \log(n) \, .$$

Somit ist

$$S \ \leq \ 2n \in O(n).$$

Insgesamt beträgt die Zeitkomplexität von Heapsort allerdings trotzdem noch $T(n) \in O(n \log(n))$. Asymptotisch geht es nicht schneller, denn die untere Schranke für das Sortieren liegt bei $\Omega(n \log(n))$. Heapsort ist damit optimal, da es die untere Schranke erreicht (s. Abschnitt 2.8).

Implementierung

In einem Array a lässt sich ein (fast) vollständiger binärer Baum mit n Knoten und Knotenmarkierung sehr elegant speichern (Bild 2.5):

- die Wurzel steht an Position 0;
- die beiden Nachfolger des Knotens an Position v stehen an den Positionen $2v + 1$ und $2v + 2$.

Alle Knoten an den Positionen 0, ..., n div $2 - 1$ sind innere Knoten, alle Knoten an den Positionen n div 2, ..., $n - 1$ sind Blätter (div bezeichnet die ganzzahlige Division).

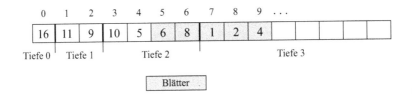

Bild 2.5: *Array-Repräsentation des Heaps von Bild 2.3*

Programm

Die folgende Klasse *HeapSorter* kapselt die Funktionen *downheap*, *buildheap* und *heapsort*. Die Methode *sort* übergibt das zu sortierende Array an das Array *a* und ruft *heapsort* auf.

In der hier angegebenen Implementierung der Funktion *heapsort* wird die jeweilige Knotenmarke der Wurzel nicht ausgegeben, sondern mit der Knotenmarke des zu löschenden Blattes vertauscht. Das Blatt wird „gelöscht", indem die Anzahl der noch zu berücksichtigenden Knoten *n* um 1 vermindert wird. Auf diese Weise steht zum Schluss die aufsteigend sortierte Folge im Array.

Mit der Anweisung

```
HeapSorter s=new HeapSorter();
```

wird ein Objekt vom Typ *HeapSorter* erzeugt; danach kann mit

```
s.sort(b);
```

ein Array *b* sortiert werden. Es folgt das Programm.

```
public class HeapSorter
{
    private int[] a;
    private int n;
    public void sort(int[] a)
    {
        this.a=a;
        n=a.length;
        heapsort();
    }
    private void heapsort()
    {
        buildheap();
        while (n>1)
        {
            n--;
            exchange(0, n);
            downheap(0);
        }
    }
    private void buildheap()
    {
        for (int v=n/2-1; v>=0; v--)
            downheap(v);
    }
```

```
private void downheap(int v)
{
    int w=2*v+1;            // erster Nachfolger von v
    while (w<n)
    {
        if (w+1<n)          // gibt es einen zweiten Nachfolger?
            if (a[w+1]>a[w]) w++;
        // w ist der Nachfolger von v mit maximaler Markierung

        if (a[v]>=a[w]) return;   // v hat die Heap-Eigenschaft
        // sonst
        exchange(v, w);   // vertausche Markierungen von v und w
        v=w;                // fahre mit v=w fort
        w=2*v+1;
    }
}
private void exchange(int i, int j)
{
    int t=a[i];
    a[i]=a[j];
    a[j]=t;
}

}    // end class HeapSorter
```

Variante: Bottomup-Heapsort

Mit der Komplexität von $\Theta(n \log(n))$ ist Heapsort optimal. Dennoch ist Quicksort im allgemeinen schneller als Heapsort. Die Variante *Bottomup-Heapsort* [Weg 93] spart gegenüber Standard-Heapsort etwa die Hälfte der Vergleiche ein.

Standard-Heapsort trägt nach dem Entnehmen des größten Elementes an der Wurzel die Markierung des letzten Blattes als neuen Wert an die freigewordene Position ein. Dieser Wert wird dann bei der Reorganisation des Heaps mit *downheap* wieder auf eine der (höchstwahrscheinlich) untersten Schichten durchgereicht. In jeder Schicht werden zwei Vergleiche durchgeführt. Einer der Vergleiche dient jeweils dazu, zu ermitteln, ob der durchgereichte Wert schon die richtige Position erreicht hat. Dies wird jedoch im allgemeinen zunächst nicht der Fall sein, da der Wert von einem Blatt stammt und daher klein ist.

Demgegenüber reicht Bottomup-Heapsort als erstes die freigewordene Position ganz nach unten durch. Hierfür ist nur ein Vergleich pro Schicht erforderlich. Dann wird die Markierung des letzten Blattes in die freigewordene Position eingetragen. Mithilfe der Prozedur *upheap* muss der Wert dann wieder so weit aufrücken, bis die Heap-Eigenschaft wiederhergestellt ist. Da jedoch die Markierung des letzten Blattes im allgemeinen ein sehr kleiner Wert ist, sind hierfür, wenn überhaupt, nur wenige Schritte erforderlich.

Die folgenden Bilder zeigen die unterschiedlichen Vorgehensweisen. Bild 2.6 zeigt, wie Standard-Heapsort den neuen Wert von der Wurzel bis zu seiner richtigen Position durchreicht.

Bild 2.7 zeigt, wie Bottomup-Heapsort zunächst die an der Wurzel freigewordene Position bis ganz nach unten durchreicht (a) und wie der neue Wert dann gegebenenfalls wieder ein wenig aufrücken muss (b).

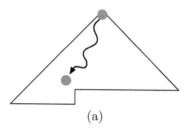

(a)

Bild 2.6: *Neuorganisieren des Heaps bei Standard-Heapsort*

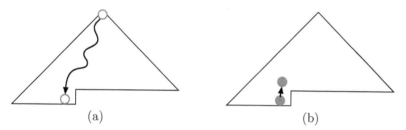

(a)   (b)

Bild 2.7: *Neuorganisieren des Heaps bei Bottomup-Heapsort*

Folgende Klasse *BottomupHeapSorter* stellt eine mögliche Implementierung der Idee von Bottomup-Heapsort dar. Die Funktionen *downheap* und *buildheap* sind dieselben wie in der Klasse *HeapSorter*.

```
public class BottomupHeapSorter
{
    private int[] a;
    private int n;
```

```
public void sort(int[] a)
{
    this.a=a;
    n=a.length;
    bottomupheapsort();
}
private void bottomupheapsort()
{
    int x, u;
    buildheap();
    while (n>1)
    {
        n--;
        x=a[n];      // Markierung des letzten Blatts
        a[n]=a[0];
        u=holedownheap();
        upheap(u, x);
    }
}
private void buildheap()
{
    for (int v=n/2-1; v>=0; v--)
        downheap (v);
}
private void downheap(int v)
{
    int w=2*v+1;              // erster Nachfolger von v
    while (w<n)
    {
        if (w+1<n)           // gibt es einen zweiten Nachfolger?
            if (a[w+1]>a[w]) w++;
        // w ist der Nachfolger von v mit maximaler Markierung

        if (a[v]>=a[w]) return;  // v hat die Heap-Eigenschaft
        // sonst
        exchange(v, w);  // vertausche Markierungen von v und w
        v=w;                 // fahre mit v=w fort
        w=2*v+1;
    }
}
private int holedownheap()
{
    int v=0, w=2*v+1;
```

```
        while (w+1<n)      // zweiter Nachfolger existiert
        {
            if (a[w+1]>a[w]) w++;
            // w ist der Nachfolger von v mit maximaler Markierung
            a[v]=a[w];
            v=w; w=2*v+1;
        }

        if (w<n)     // einzelnes Blatt
        {
            a[v]=a[w];
            v=w;
        }
        // freigewordene Position ist an einem Blatt angekommen
        return v;
    }
    private void upheap(int v, int x)
    {
        int u;
        a[v]=x;
        while (v>0)
        {
            u=(v-1)/2;     // Vorgänger
            if (a[u]>=a[v]) return;
            // sonst
            exchange(u, v);
            v=u;
        }
    }
    private void exchange(int i, int j)
    {
        int t=a[i];
        a[i]=a[j];
        a[j]=t;
    }
}    // end class BottomupHeapSorter
```

Zusammenfassung

Mit der Zeitkomplexität von $O(n \log(n))$ im schlechtesten Fall ist Heapsort optimal. Im Gegensatz zu Mergesort benötigt Heapsort keinen zusätzlichen Speicherplatz.

Gegenüber Quicksort ist Heapsort im Durchschnitt langsamer. Die Variante Bottomup-Heapsort kommt jedoch der Laufzeit von Quicksort sehr nahe.

2.4   Mergesort

Das Sortierverfahren *Mergesort* erzeugt eine sortierte Folge durch Verschmelzen (engl.: *to merge*) sortierter Teilstücke.[3] Mit einer Zeitkomplexität von $\Theta(n\log(n))$ ist das Verfahren optimal.

Idee

Ähnlich wie Quicksort beruht das Verfahren auf dem Divide-and-Conquer-Prinzip (*teile und herrsche*). Die zu sortierende Folge wird zunächst in zwei Hälften aufgeteilt (*divide*), die jeweils für sich sortiert werden (*conquer*). Dann werden die sortierten Hälften zu einer insgesamt sortierten Folge verschmolzen (*combine*) (Bild 2.8).

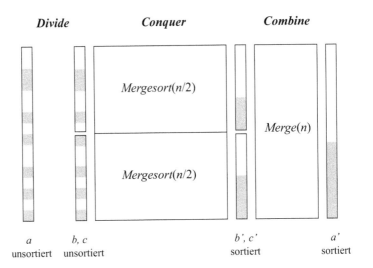

Bild 2.8: *Mergesort*(n)

Die folgende Funktion *mergesort* sortiert eine Folge a vom unteren Index lo bis zum oberen Index hi.

---

[3]Statt *verschmelzen* wird in der deutschen Literatur auch das Wort *mischen* verwendet. Aber *mischen* bedeutet eher *durcheinander bringen*, also genau das Gegenteil von *sortieren*.

```
void mergesort(int lo, int hi)
{
    if (lo<hi)
    {
        int m=(lo+hi)/2;
        mergesort(lo, m);
        mergesort(m+1, hi);
        merge(lo, m, hi);
    }
}
```

Zunächst wird geprüft, ob die Folge aus mehr als einem Element besteht. Dies ist der Fall, wenn *lo* kleiner als *hi* ist. In diesem Fall wird als erstes die Mitte *m* zwischen *lo* und *hi* bestimmt. Anschließend wird die untere Hälfte der Folge (von *lo* bis *m*) sortiert und dann die obere Hälfte (von *m*+1 bis *hi*), und zwar durch rekursiven Aufruf von *mergesort*. Danach werden die sortierten Hälften durch Aufruf der Prozedur *merge* verschmolzen.

Die Funktionen *mergesort* und *merge* sind in eine Klasse *MergeSorter* eingebettet, in der das Datenarray *a* sowie ein benötigtes Hilfsarray *b* deklariert sind.

Die Hauptarbeit des Mergesort-Algorithmus liegt im Verschmelzen der sortierten Teilstücke, also in der Funktion *merge*. Es gibt unterschiedliche Ansätze für die Implementierung dieser Funktion.

a) Einfache Variante der Funktion *merge*

Diese Implementation der Funktion *merge* kopiert zunächst die beiden sortierten Hälften der Folge *a* hintereinander in eine neues Array *b*. Dann vergleicht sie die beiden Hälften mit einem Index *i* und einem Index *j* elementweise und kopiert jeweils das nächstgrößte Element zurück nach *a* (Bild 2.9).

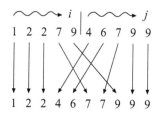

Bild 2.9: *Verschmelzen zweier sortierter Hälften*

Es kommt dabei am Ende zu der Situation, dass der eine Index am Ende seiner Hälfte angekommen ist, der andere Index aber noch nicht. Dann muss im Prinzip noch der Rest der entsprechenden Hälfte zurückkopiert werden. Tatsächlich ist dies aber nur bei der vorderen Hälfte erforderlich. Bei der hinteren Hälfte stehen die betreffenden Elemente schon an Ort und Stelle.

Folgende Funktion *merge* ist eine mögliche Implementierung dieses Ansatzes.

```
// einfache Variante
void merge(int lo, int m, int hi)
{
    int i, j, k;

    // beide Hälften von a in Hilfsarray b kopieren
    for (i=lo; i<=hi; i++)
        b[i]=a[i];

    i=lo; j=m+1; k=lo;
    // jeweils das nächstgrößte Element zurückkopieren
    while (i<=m && j<=hi)
        if (b[i]<=b[j])
            a[k++]=b[i++];
        else
            a[k++]=b[j++];

    // Rest der vorderen Hälfte falls vorhanden zurückkopieren
    while (i<=m)
        a[k++]=b[i++];
}
```
In Java ist die Kurzschreibweise k++ gleichbedeutend mit k=k+1 und die Anweisung a[k++]=b[i++]; ist äquivalent zu der Anweisungsfolge a[k]=b[i]; k=k+1; i=i+1; .

b) Effizientere Variante der Funktion *merge*

Tatsächlich genügt es, nur die vordere Hälfte der Folge in ein neues Array *b* auszulagern. Die hintere Hälfte bleibt an Ort und Stelle im Array *a*. Dadurch wird nur halb soviel zusätzlicher Speicherplatz und nur halb soviel Zeit zum Kopieren benötigt [Som 04].

Beim Zurückkopieren wird indirekt überwacht, ob die Elemente des Arrays *b* schon fertig zurückkopiert sind; dies ist der Fall, wenn der Index *k* den Index *j* erreicht. Ähnlich wie in Variante a befindet sich ein dann möglicherweise noch verbleibender Rest der hinteren Hälfte bereits an Ort und Stelle.

Dieser Ansatz ist in folgender Implementation der Funktion *merge* verwirklicht.

```
// effizientere Variante
void merge(int lo, int m, int hi)
{
    int i, j, k;
```

```
i=0; j=lo;
// vordere Hälfte von a in Hilfsarray b kopieren
while (j<=m)
    b[i++]=a[j++];

i=0; k=lo;
// jeweils das nächstgrößte Element zurückkopieren
while (k<j && j<=hi)
    if (b[i]<=a[j])
        a[k++]=b[i++];
    else
        a[k++]=a[j++];

// Rest von b falls vorhanden zurückkopieren
while (k<j)
    a[k++]=b[i++];
}
```

c) Bitonische Variante der Funktion *merge*

Bei dieser Variante der Funktion *merge* wird die vordere Hälfte der Folge in ihrer normalen Reihenfolge, die hintere Hälfte jedoch in umgekehrter Reihenfolge in das Array *b* kopiert [Sed 88]. Dadurch entsteht eine zunächst ansteigende und dann abfallende Folge (eine sogenannte bitonische Folge).

Die Funktion *merge* durchläuft nun mit dem Index *i* die vordere Hälfte von links nach rechts und mit dem Index *j* die hintere Hälfte von rechts nach links. Das jeweils nächstgrößte Folgenelement wird in das Array *a* zurückkopiert. Die gesamte Folge ist fertig zurückkopiert, wenn *i* und *j* sich überkreuzen, d.h. wenn *i > j* wird (Bild 2.10). Es ist dabei nicht notwendig, dass *i* und *j* in „ihren" Hälften bleiben.

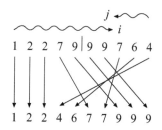

Bild 2.10: *Verschmelzen zweier gegenläufig sortierter Hälften*

Die folgende Version der Funktion *merge* realisiert diesen Ansatz.

```
// bitonische Variante
void merge(int lo, int m, int hi)
{
    int i=lo, j=hi, k=lo;

    // vordere Hälfte in Array b kopieren
    while (i<=m)
        b[k++]=a[i++];
    // hintere Hälfte in umgekehrter Reihenfolge in Array b kopieren
    while (j>m)
        b[k++]=a[j--];
    i=lo; j=hi; k=lo;
    // jeweils das nächstgrößte Element zurückkopieren,
    // bis i und j sich überkreuzen
    while (i<=j)
        if (b[i]<=b[j])
            a[k++]=b[i++];
        else
            a[k++]=b[j--];
}
```

Diese Variante von *merge* benötigt unabhängig davon, ob die Eingabedaten sortiert, umgekehrt sortiert oder zufällig vorliegen, immer genau gleich viele Schritte.

Im Gegensatz zu den beiden anderen Varianten ist es hier möglich, dass die ursprüngliche Reihenfolge gleich großer Elemente der Folge verändert wird (das Sortierverfahren ist nicht *stabil*).[4]

Programm

Die folgende Klasse *MergeSorter* kapselt die Funktionen *mergesort* und *merge*. Die Methode *sort* übergibt das zu sortierende Array an das Array *a*, legt das Hilfsarray *b* an und ruft *mergesort* auf.

Mit den Anweisungen

```
MergeSorter s=new MergeSorter();
s.sort(c);
```

wird ein Objekt vom Typ *MergeSorter* angelegt und anschließend die Methode *sort* zum Sortieren eines Arrays *c* aufgerufen.

---

[4]Der Begriff *nicht stabil* im Zusammenhang mit Sortierverfahren bedeutet nicht, dass das Programm gelegentlich abstürzt, sondern dass die ursprüngliche Reihenfolge von gleich großen Elementen möglicherweise verändert wird.
Stabilität ist wichtig beim Sortieren von Datensätzen. Wird etwa eine alphabetisch sortierte Mitgliederliste eines Vereins nach den Eintrittsjahren der Mitglieder sortiert, so sollen möglichst die Mitglieder ein und desselben Eintrittsjahres alphabetisch sortiert bleiben. Dies wird erreicht, wenn ein stabiles Sortierverfahren angewendet wird.

Es folgt das Programm. Das Hilfsarray b muss je nach der gewählten Implementation der Funktion *merge* dimensioniert werden, und zwar mit $(n + 1)/2$ Einträgen in Variante b und mit n Einträgen in den Varianten a und c.

```
public class MergeSorter
{
    private int[] a;
    private int[] b;     // Hilfsarray
    private int n;

    public void sort(int[] a)
    {
        this.a=a;
        n=a.length;
        // je nach Variante entweder/oder:
        b=new int[(n+1)/2];     b=new int[n];
        mergesort(0, n-1);
    }

    private void mergesort(int lo, int hi)
    {
        if (lo<hi)
        {
            int m=(lo+hi)/2;
            mergesort(lo, m);
            mergesort(m+1, hi);
            merge(lo, m, hi);
        }
    }

    private void merge(int lo, int m, int hi)
    {
        // hier eine der oben angegebenen Implementationen einfügen
    }

}   // end class MergeSorter
```

Analyse

Die Funktion *merge* benötigt in der einfachen Implementation höchstens $2n$ Schritte (n Schritte zum Kopieren der Folge in das Hilfsarray b und höchstens weitere n Schritte zum Zurückkopieren von b in a. Die Zeitkomplexität des Mergesort-Verfahrens beträgt also

$$T(n) \leq 2n + 2T(n/2) \quad \text{und}$$
$$T(1) = 0.$$

Die Auflösung dieser Rekursionsgleichung ergibt

$$T(n) \leq 2n \log(n) \in O(n \log(n)).$$

Das Verfahren ist somit optimal, da die untere Schranke für das Sortierproblem von $\Omega(n \log(n))$ erreicht wird.

In der Implementation nach Variante b benötigt die Funktion *merge* lediglich höchstens $1.5n$ Schritte ($n/2$ Schritte zum Kopieren der vorderen Hälfte der Folge in das Array b, nochmals $n/2$ Schritte zum Zurückkopieren von b in a, und maximal weitere $n/2$ Schritte zum Durchlaufen der hinteren Hälfte der Folge). Dadurch verringert sich die Zeitkomplexität des Mergesort-Verfahrens auf höchstens $1.5n \log(n)$ Schritte.

Zusammenfassung

Das Sortierverfahren Mergesort hat eine Zeitkomplexität von $\Theta(n \log(n))$ und ist damit optimal. Anders als das ebenfalls optimale Heapsort benötigt Mergesort zusätzlichen Speicherplatz der Größe $\Theta(n)$ für das Hilfsarray.

Die Funktion *merge* lässt sich auf verschiedene Weisen implementieren. Die Variante b ist die effizienteste der hier dargestellten Möglichkeiten, sowohl hinsichtlich der Laufzeit als auch hinsichtlich des benötigten Speicherplatzes.

Das explizite Auslagern von Datenelementen in das Hilfsarray lässt sich vermeiden, indem im vorausgehenden Rekursionsschritt das Hilfsarray zum Zielarray der Methode *merge* gemacht wird. Hierdurch sinkt die Zeitkomplexität auf $1.0n \log(n)$ Schritte gegenüber $1.5n \log(n)$ Schritten in Variante b.

Neben der rekursiven Version von Mergesort gibt es auch eine iterative Version. Diese wird im folgenden Abschnitt dargestellt. In der iterativen Version werden bottom-up durch Ausführung der Funktion *merge* zunächst die Teilstücke der Länge 2 sortiert, dann die Teilstücke der Länge 4, dann der Länge 8 usw.

Eine Variante von Mergesort, die nach dem iterativen Prinzip arbeitet und dabei bestehende Vorsortierungen in den Eingabedaten ausnutzt, ist Natural Mergesort (Abschnitt 2.6). Natural Mergesort ist in manchen günstigen Fällen besonders effizient, insbesondere wenn die bitonische *merge*-Variante benutzt wird.

2.5   Mergesort iterativ

Im Sortierverfahren *Mergesort* werden jeweils zwei sortierte Teilstücke der zu sortierenden Folge zu einem sortierten Teilstück verschmolzen (engl.: *to merge* – verschmelzen). Wird dieses Konzept top-down umgesetzt, so ergibt sich die im vorigen Abschnitt gesehene rekursive Version von Mergesort. Bei der bottom-up-Umsetzung ergibt sich eine iterative Version. In dieser Version werden erst alle Teilstücke der Folge der Länge 1, dann alle Teilstücke der Länge 2, der Länge 4 usw. zu sortierten Teilstücken verschmolzen, so lange, bis die gesamte Folge sortiert ist [Sed 03].

Eine gewisse Schwierigkeit tritt auf, wenn die Länge n der Folge keine Zweierpotenz ist. Dann muss gelegentlich ein kürzeres und ein längeres Teilstück miteinander verschmolzen werden (Bild 2.11 b).

Da beim Merge-Verfahren jeweils das erste Teilstück in ein Hilfsarray ausgelagert wird, ist es günstig, wenn das erste Teilstück das kürzere ist. Dies wird erreicht, indem in der Funktion *mergesort* die Teilstücke der Länge $s = 1, 2, 4, 8, \ldots$ vom Ende der Folge her abgearbeitet werden. Der Index m, der auf das letzte Element des jeweiligen ersten Teilstücks zeigt, läuft abwärts (vgl. Bild 2.12).

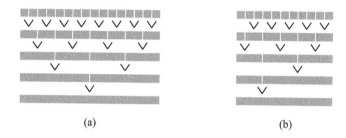

(a)   (b)

Bild 2.11: *Verschmelzen von sortierten Teilstücken beim iterativen Mergesort-Verfahren*

Programm

Die folgende Klasse *IterativeMergeSorter* kapselt die Funktionen *mergesort* und *merge*. Die Funktion *merge* ist dieselbe wie die Version b im rekursiven Verfahren.

Die Methode *sort* übergibt das zu sortierende Array an das Array a, legt das Hilfsarray b an und ruft *mergesort* auf.

Es folgt das Programm. Die Rolle der Variablen s und m in der Funktion *mergesort* wird in folgendem Bild 2.12 verdeutlicht.

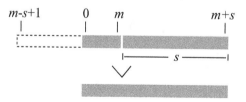

Bild 2.12: *Indexpositionen beim Verschmelzen eines kürzeren und eines längeren Teilstücks*

```
public class IterativeMergeSorter
{
    private int[] a;
    private int[] b;      // Hilfsarray
    private int n;

    public void sort(int[] a)
    {
        this.a=a;
        n=a.length;
        b=new int[n/2];
        mergesort(n);
    }

    private void mergesort(int n)
    {
        int m, s;
        for (s=1; s<n; s+=s)
            for (m=n-1-s; m>=0; m-=s+s)
                merge(max(m-s+1, 0), m, m+s);
    }

    // Version b
    void merge(int lo, int m, int hi)
    {
        int i, j, k;

        i=0; j=lo;
        // vordere Hälfte von a in Hilfsarray b kopieren
        while (j<=m)
            b[i++]=a[j++];

        i=0; k=lo;
        // jeweils das nächstgrößte Element zurückkopieren
        while (k<j && j<=hi)
            if (b[i]<=a[j])
                a[k++]=b[i++];
            else
                a[k++]=a[j++];

        // Rest von b falls vorhanden zurückkopieren
        while (k<j)
            a[k++]=b[i++];
    }
```

```
    private int max(int a, int b)
    {
        return a>b? a: b;
    }

}    // end class IterativeMergeSorter
```

2.6   Natural Mergesort

Idee

Natural Mergesort ist eine Variante des iterativen Mergesort-Verfahrens. Der Grundgedanke besteht darin, in der zu sortierenden Folge „natürlich" vorkommende, bereits sortierte Teilstücke auszunutzen.

Beispiel: In der Zahlenfolge

> 6 8 2 4 1 3 5 7

sind folgende bereits sortierte Teilstücke enthalten:

> 6 8,   2 4 und   1 3 5 7.

Mergesort dagegen nimmt keine Rücksicht auf bestehende Vorsortierungen, sondern durchläuft stets alle $\log(n)$ Iterationsebenen. In dem Beispiel etwa würden auf der ersten Ebene die 6 und die 8 zu dem sortierten Teilstück 6 8 verschmolzen, obwohl dieses Teilstück auch vorher schon sortiert war.

Durch das Ausnutzen bestehender Vorsortierungen lassen sich bei Natural Mergesort gegebenenfalls Merge-Schritte einsparen. Im besten Fall, wenn die Folge nur aus konstant vielen sortierten Teilstücken besteht, sind nur konstant viele Merge-Schritte erforderlich, so dass sich eine Zeitkomplexität von $\Theta(n)$ ergibt. Im schlechtesten Fall hat Natural Mergesort allerdings dieselbe Zeitkomplexität wie Mergesort, nämlich $\Theta(n\log(n))$.

Implementierung

Um die Implementierung zu vereinfachen, werden ähnlich wie bei der Variante c von Mergesort jeweils gegenläufig sortierte Teilstücke verschmolzen. Dies hat zusätzlich den Vorteil, dass auch absteigend vorsortierte Teilstücke ausgenutzt werden können.

Definition: Sei $a = a_0, ..., a_{n-1}$ eine Folge. Ein Teilstück $a_i, ..., a_{i+k}$, $k \in \mathbb{N}_0$ heißt *bitonischer Lauf*, wenn es ein $m \in \mathbb{N}_0$, $m \leq k$ gibt, so dass gilt

$$a_i \leq a_{i+1} \leq \ldots \leq a_{i+m} \geq a_{i+m+1} \geq \ldots \geq a_{i+k}.$$

Ein bitonischer Lauf ist also ein Teilstück, das zuerst monoton steigt und dann monoton fällt (daher bitonisch). Aber auch ein rein monoton steigendes Teilstück ist ein bitonischer Lauf (bei dem $m = k$ ist), ebenso ein rein monoton fallendes Teilstück ($m = 0$).

Beispiel: Die Zahlenfolge

  6 8 2 4 1 3 5 7

hat die bitonischen Läufe

  6 8 2, 4 1 und 3 5 7.

In der folgenden Implementation von Natural Mergesort werden im ersten Schritt die vorhandenen bitonischen Läufe ausfindig gemacht. In den weiteren Iterationsschritten werden diese abwechselnd zu aufsteigend bzw. absteigend sortierten Teilstücken verschmolzen, so dass hierdurch wiederum, nunmehr längere, bitonische Läufe zustande kommen. Am Ende ist die gesamte Folge sortiert.

Programm

Genau wie Mergesort benötigt auch Natural Mergesort ein zusätzliches Array b. Die Funktion *mergeruns* sucht bitonische Läufe im Array a und verschmilzt sie zu sortierten Teilstücken. Diese Teilstücke werden abwechselnd aufsteigend und absteigend sortiert in das Array b geschrieben, so dass dort neue bitonische Läufe entstehen. Die Funktion gibt *true* zurück, wenn das ganze Array b aufsteigend sortiert ist.

Die Prozedur *merge* verschmilzt einen bitonischen Lauf zu einem sortierten Teilstück. Der Parameter *asc* bestimmt die Sortierrichtung.

Die Prozedur *naturalmergesort* ruft solange *mergeruns* auf, bis die Folge sortiert ist. Hierbei wechseln die Rollen des ursprünglichen Arrays a und des Hilfsarrays b sich ab.

Die folgende Klasse *NaturalMergeSorter* kapselt die genannten Funktionen. Die Methode *sort* übergibt das zu sortierende Array an das Array a und ruft *naturalmergesort* auf.

Mit der Anweisung

`NaturalMergeSorter s=new NaturalMergeSorter();`

wird ein Objekt vom Typ *NaturalMergeSorter* angelegt. Mit

`s.sort(c);`

kann anschließend ein Array c sortiert werden.

Es folgt das Programm. In Java bedeutet die bedingte Zuweisung `c=asc? 1: -1;` dasselbe wie `if (asc) c=1; else c=-1;`. Die Anweisung `x=a[i++];` ist äquivalent zu der Anweisungsfolge `x=a[i]; i=i+1;`. Die Kurzschreibweise `k+=c;` bedeutet `k=k+c;`.

```
public class NaturalMergeSorter
{
    private int[] a;
    private int[] b;      // Hilfsarray
    private int n;
    public void sort(int[] a)
    {
        this.a=a;
        n=a.length;
        b=new int[n];
        naturalmergesort();
    }
    private boolean mergeruns(int[] a, int[] b)
    {
        int i=0, k=0, x;
        boolean asc=true;
        while (i<n)
        {
            k=i;
            do x=a[i++]; while (i<n && x<=a[i]);   // aufsteigender Teil
            while (i<n && x>=a[i]) x=a[i++];        // absteigender Teil
            merge (a, b, k, i-1, asc);
            asc=!asc;
        }
        return k==0;
    }
    private void merge(int[] a, int[] b, int lo, int hi, boolean asc)
    {
        int k=asc? lo: hi;
        int c=asc? 1: -1;
        int i=lo, j=hi;

        // jeweils das nächstgrößte Element zurückkopieren,
        // bis i und j sich überkreuzen
        while (i<=j)
        {
            if (a[i]<=a[j])
                b[k]=a[i++];
            else
                b[k]=a[j--];
            k+=c;
        }
    }
}
```

```
private void naturalmergesort()
{
    // abwechselnd von a nach b und von b nach a verschmelzen
    while (!mergeruns(a, b) & !mergeruns(b, a));
}
```

```
}    // end class NaturalMergeSorter
```

In dieser Implementierung werden die bitonischen Läufe durch *mergeruns* jedesmal neu gesucht. Dies ist eigentlich nur beim ersten Mal notwendig, danach sind die jeweils neu gebildeten bitonischen Läufe ja bekannt. Man könnte ihre Anfangs-Indexpositionen in einer Warteschlange (*Queue*) für den nächsten Durchlauf von *mergeruns* speichern. Die asymptotische Zeitkomplexität ändert sich allerdings hierdurch nicht.

Analyse

Die Funktion *mergeruns* halbiert bei jedem Durchlauf die Anzahl der bitonischen Läufe. Sind zu Anfang r natürliche Läufe vorhanden, so sind damit $\Theta(\log r)$ Aufrufe erforderlich, bis nur noch ein Lauf übrig ist. Da *mergeruns* in Zeit $\Theta(n)$ läuft, hat Natural Mergesort eine Zeitkomplexität von $\Theta(n \log r)$.

Der schlechteste Fall tritt ein, wenn alle natürlich vorkommenden bitonischen Läufe die Länge 2 haben, z.B. wie in der Folge 1 0 1 0 1 0 1 0. Dann sind $r = n/2$ Läufe vorhanden, und Natural Mergesort benötigt genauso viel Zeit wie Mergesort, nämlich $\Theta(n \log(n))$.

Der günstigste Fall tritt ein, wenn die Folge nur aus konstant vielen bitonischen Läufen besteht. Dann ist nur $\Theta(n)$ Zeit erforderlich. Insbesondere ist dies der Fall, wenn die Folge bereits aufsteigend sortiert ist, wenn sie absteigend sortiert ist, wenn sie aus zwei sortierten Teilstücken besteht, oder wenn konstant viele Elemente in eine sortierte Folge einsortiert werden sollen.

Nachteilig ist, dass Natural Mergesort ebenso wie Mergesort einen zusätzlichen Speicherplatzbedarf von $\Theta(n)$ für das temporäre Array b hat.

2.7   Shellsort

Shellsort ist eines der am längsten bekannten Sortierverfahren (benannt nach seinem Urheber D.L. SHELL [She 59]). Es ist sehr schnell, einfach zu verstehen und einfach zu implementieren, allerdings ist seine Analyse etwas aufwendiger.

Idee

Die Idee des Verfahrens ist, die Daten als zweidimensionales Feld zu arrangieren und spaltenweise zu sortieren. Dadurch wird eine Grobsortierung bewirkt. Dann werden die

Daten als schmaleres zweidimensionales Feld angeordnet und wiederum spaltenweise sortiert. Dann wird das Feld wiederum schmaler gemacht usw. Zum Schluss besteht das Feld nur noch aus einer Spalte.

Werden die Feldbreiten geschickt gewählt, reichen jedesmal wenige Sortierschritte aus, um die Daten spaltenweise zu sortieren bzw. am Ende, wenn nur noch eine Spalte vorhanden ist, vollständig zu sortieren. Die Effizienz von Shellsort hängt von der Folge der gewählten Feldbreiten ab.

Beispiel: Sei 3 7 9 0 5 1 6 8 4 2 0 6 1 5 7 3 4 9 8 2 die zu sortierende Datenfolge. Als erstes werden die Daten als Feld mit 7 Spalten arrangiert (links), anschließend werden die Spalten sortiert (rechts):

$$
\begin{array}{ccccccc}
3 & 7 & 9 & 0 & 5 & 1 & 6 \\
8 & 4 & 2 & 0 & 6 & 1 & 5 \\
7 & 3 & 4 & 9 & 8 & 2 &
\end{array}
\qquad \rightarrow \qquad
\begin{array}{ccccccc}
3 & 3 & 2 & 0 & 5 & 1 & 5 \\
7 & 4 & 4 & 0 & 6 & 1 & 6 \\
8 & 7 & 9 & 9 & 8 & 2 &
\end{array}
$$

Hierdurch sind die Elemente 8 und 9 schon an das Ende der Datenfolge gelangt; allerdings steht auch noch ein sehr kleines Element (die 2) dort. Im nächsten Schritt werden die Daten in 3 Spalten angeordnet, die wiederum sortiert werden:

$$
\begin{array}{ccc}
3 & 3 & 2 \\
0 & 5 & 1 \\
5 & 7 & 4 \\
4 & 0 & 6 \\
1 & 6 & 8 \\
7 & 9 & 9 \\
8 & 2 &
\end{array}
\qquad \rightarrow \qquad
\begin{array}{ccc}
0 & 0 & 1 \\
1 & 2 & 2 \\
3 & 3 & 4 \\
4 & 5 & 6 \\
5 & 6 & 8 \\
7 & 7 & 9 \\
8 & 9 &
\end{array}
$$

Jetzt sind die Daten bereits fast vollständig sortiert. Wenn die Daten anschließend in einer Spalte angeordnet werden, müssen lediglich noch eine 6, eine 8 und eine 9 etwas weiter nach unten sortiert werden.

Implementierung

Tatsächlich werden die Daten nicht in unterschiedlich breite Felder umarrangiert, sondern die Daten stehen in einem eindimensionalen Feld, das entsprechend indiziert wird. Beispielsweise bilden die Elemente an den Indexpositionen 0, 5, 10, 15 usw. die erste Spalte eines 5-spaltigen Feldes. Die durch die jeweilige Indizierung entstehenden „Spalten" werden im Shellsort-Algorithmus mittels Insertionsort sortiert, da Insertionsort bei teilweise vorsortierten Daten recht effizient ist.

Die folgende Funktion *shellsort* sortiert ein Array a beginnend beim Index 0 bis zum Index n-1. Die Anzahl der Spalten, in die die Daten jeweils arrangiert werden, ist im

Array *cols* angegeben. Zuerst werden die Daten also in 1391376 Spalten angeordnet (sofern so viele Daten vorhanden sind), zum Schluss in einer Spalte. Diese im Array *cols* befindlichen Werte sind entscheidend für die Zeitkomplexität von Shellsort – es dürfen nicht zu viele Werte sein, damit nicht zu viele Iterationen zustande kommen, und die Werte müssen sorgfältig aufeinander abgestimmt sein, damit pro Iteration möglichst wenig Sortierschritte erforderlich sind. Eine entsprechende Analyse folgt im Anschluss an den Algorithmus. Die hier verwendeten Werte stammen von SEDGEWICK [Sed 96].

Jede Spalte wird mit Insertionsort sortiert. Zuerst werden die Daten der zweiten Zeile (diese beginnt bei $i = h$) in ihren jeweiligen Spalten einsortiert, dann die Daten der dritten Zeile (wenn i den Wert $2h$ erreicht) usw.

Die Sortierfunktion ist in der Klasse *ShellSorter* gekapselt. Die Methode *sort* übergibt das zu sortierende Array an das Array *a*, setzt *n* auf dessen Länge und ruft *shellsort* auf.

Mit den Anweisungen

```
ShellSorter s=new ShellSorter();
s.sort(b);
```

wird ein Objekt vom Typ *ShellSorter* angelegt und anschließend die Methode *sort* zum Sortieren eines Arrays *b* aufgerufen. Es folgt das Programm.

```
public class ShellSorter
{
    private int[] a;
    private int n;
    public void sort(int[] a)
    {
        this.a=a;
        n=a.length;
        shellsort();
    }
    private void shellsort()
    {
        int i, j, k, h, t;
        int[] cols = {1391376, 463792, 198768, 86961, 33936,
            13776, 4592, 1968, 861, 336, 112, 48, 21, 7, 3, 1};
```

```
for (k=0; k<16; k++)
{
    h=cols[k];
    for (i=h; i<n; i++)
    {
        j=i;
        t=a[j];
        while (j>=h && a[j-h]>t)
        {
            a[j]=a[j-h];
            j=j-h;
        }
        a[j]=t;
    }
}

}   // end class ShellSorter
```

Analyse

Die Korrektheit des Verfahrens ist gesichert, da im letzten Schritt (mit $h = 1$) ein normales Insertionsort auf der gesamten Folge durchgeführt wird. Durch die vorherigen Schritte ($h = 3, 7, 21, \ldots$) sind die Daten jedoch bereits so vorsortiert, dass wenige Insertionsort-Schritte ausreichen. Wie viele genau, ist Gegenstand der folgenden eingehenden Analyse. Ausschlaggebende Bedeutung hat hierbei die Folge der Feldbreiten (im Folgenden als h-Folge bezeichnet).

Grundlagen

Ein Brief kostet 16^F Porto, eine Postkarte 11^F. Es sind nur Briefmarken zu 3^F und zu 7^F vorhanden. Ist es möglich, den Brief bzw. die Postkarte exakt zu frankieren?

Offenbar besteht das Problem darin, die Zahlen 16 bzw. 11 jeweils als Linearkombination $k \cdot 3 + l \cdot 7$ mit ganzzahligen, nichtnegativen Koeffizienten k, l darzustellen. Welche natürlichen Zahlen lassen sich aus Vielfachen von 3 und 7 kombinieren und welche nicht?

Definition: Seien $g, h \in \mathbb{N}$. Wir nennen eine Zahl f eine *Kombination* von g und h, wenn sich f als Linearkombination $f = kg + lh$ mit Koeffizienten $k, l \in \mathbb{N}_0$ darstellen lässt.

Beispiel: Es gilt $16 = 3 \cdot 3 + 1 \cdot 7$, damit ist 16 eine Kombination von 3 und 7. Der Brief kann also exakt frankiert werden.

Definition: Seien $g, h \in \mathbb{N}$ teilerfremd. Wir bezeichnen mit $N(g,h)$ die (endliche) Menge der natürlichen Zahlen, die keine Kombinationen von g und h sind und mit $\gamma(g,h)$ die größte dieser Zahlen:

$$N(g,h) = \{f \in \mathbb{N} \mid \neg\, \exists k, l \in \mathbb{N}_0 : f = kg + lh\},$$
$$\gamma(g,h) = \max(N(g,h)).$$

Beispiel: Seien $g = 3, h = 7$. Dann ist

$$N(g,h) = \{1, 2, 4, 5, 8, 11\} \quad \text{und}$$
$$\gamma(g,h) = 11.$$

Satz: Sind $g, h \in \mathbb{N}$ teilerfremd, so gilt:

$$\gamma(g,h) = (g-1) \cdot (h-1) - 1,$$

d.h. jede natürliche Zahl f mit $f \geq (g-1) \cdot (h-1)$ ist eine Kombination von g und h.

h-Sortierung

Definition: Sei $h \in \mathbb{N}$. Eine Folge $a_0, ..., a_{n-1}$ heißt h-sortiert, wenn für alle $i \in \{0, ..., n-1-h\}$ gilt

$$a_i \leq a_{i+h}.$$

Eine h-sortierte Folge entsteht, wenn die Folge in h Spalten arrangiert wird und die Spalten sortiert werden. Eine 1-sortierte Folge ist sortiert.

Satz: Seien $g, h \in \mathbb{N}$. Eine g-sortierte Folge bleibt g-sortiert, wenn sie h-sortiert wird.

Beweis: Siehe Abschnitt 12.7

Definition: Eine Folge, die g-sortiert und h-sortiert ist, nennen wir g, h-sortiert.

Satz: Eine g, h-sortierte Folge ist $g + h$-sortiert.

Beweis: Sei $a = a_0, ..., a_{n-1}$ die g, h-sortierte Folge. Es ist zu zeigen, dass für alle $i \in \{0, ..., n-1-(g+h)\}$ gilt:

$$a_i \leq a_{i+g+h}.$$

Dies ist aber der Fall, denn $a_i \leq a_{i+g}$, weil die Folge g-sortiert ist und $a_{i+g} \leq a_{i+g+h}$, weil die Folge h-sortiert ist.

Hieraus folgt sofort der folgende Satz.

Satz: Ist eine Folge g, h-sortiert, dann ist sie $(kg + lh)$-sortiert für alle $k, l \in \mathbb{N}_0$, d.h. die Folge ist f-sortiert für alle f, die Kombinationen von g und h sind.

Satz: Sei a eine g, h-sortierte Folge, wobei g und h teilerfremd sind. Für beliebige Elemente a_i und a_j, die einen Abstand $j - i$ von mindestens $(g - 1) \cdot (h - 1)$ haben, gilt:

$$a_i \leq a_j.$$

Beweis: Sei $f = j - i$. Ist $f \geq (g - 1) \cdot (h - 1)$, so ist f Kombination von g und h, damit ist die Folge f-sortiert, also gilt

$$a_i \leq a_{i+f} = a_j.$$

Der Satz besagt also, dass in einer g, h-sortierten Folge, wobei g und h teilerfremd sind, rechts von jedem Element a_i kleinere Elemente nur innerhalb der nächsten $(g - 1) \cdot (h - 1) - 1$ Positionen vorkommen können; die darauf folgenden Elemente sind alle größer oder gleich a_i.

Behauptung: Sei $a = a_0, ..., a_{n-1}$ eine g, h-sortierte Folge, wobei g und h teilerfremd sind, sei ferner d eine Variable. Liegen sowohl g als auch h in $O(d)$, so genügen $O(n \cdot d)$ Sortierschritte, um die Folge d-sortiert zu machen.

Beweis: Nach Aussage des vorigen Satzes befinden sich rechts von jedem Element a_i kleinere Elemente nur innerhalb der nächsten $(g - 1) \cdot (h - 1) - 1$ Positionen.

Wird die Folge jetzt d-sortiert, so kommt in der Spalte unter a_i nur jedes d-te dieser maximal $(g - 1) \cdot (h - 1) - 1$ kleineren Elemente vor. Unter jedem a_i ($i = 0, ..., n - 1$) stehen also maximal $(g - 1) \cdot (h - 1)/d$ kleinere Elemente, mit denen a_i vertauscht werden muss. Somit werden maximal $n \cdot (g - 1) \cdot (h - 1)/d$ Schritte für die d-Sortierung benötigt.

Da sowohl g als auch h in $O(d)$ liegen, sind dies $O(n \cdot d)$ Schritte.

Hieraus lassen sich obere Schranken für die Anzahl der Sortierschritte von Shellsort gewinnen.

Obere Schranken

Satz: Mit der h-Folge $1, 3, 7, 15, 31, 63, 127, ..., 2^k - 1, ...$ benötigt Shellsort $O(n \cdot \sqrt{n})$ Schritte, um eine Datenfolge der Länge n zu sortieren (PAPERNOV und STASEVIC [PS 65]).

Beweis: Sei h_t dasjenige Element der h-Folge, das am nächsten bei $\sqrt{n}$ liegt. Wir analysieren das Verhalten von Shellsort getrennt für die Elemente h_k mit $k \leq t$ und für die Elemente h_k mit $k > t$.

Sei $k \leq t$. Da $h_k = 2^k - 1$ ist, sind h_{k+1} und h_{k+2} teilerfremd und liegen in $O(h_k)$. Daher genügen $O(n \cdot h_k)$ Sortierschritte, um die Datenfolge h_k-sortiert zu machen.

Da die h_k eine geometrische Reihe bilden, liegt die Summe aller h_k mit $k = 1, ..., t$ in $O(h_t) = O(\sqrt{n})$. Damit werden insgesamt $O(n \cdot \sqrt{n})$ Sortierschritte für diesen Teil des Algorithmus benötigt.

Sei nun $k > t$. Wenn die Daten in einem Feld mit h_k Spalten arrangiert werden, enthält jede Spalte n/h_k Elemente. Es werden daher $O((n/h_k)^2)$ Sortierschritte pro Spalte benötigt, da Insertionsort quadratische Komplexität hat. Es gibt h_k Spalten, dies führt insgesamt zu $O((n/h_k)^2 \cdot h_k) = O(n \cdot n/h_k)$ Sortierschritten für die h_k-Sortierung der gesamten Datenfolge.

Wiederum bilden die n/h_k eine geometrische Reihe, deren Summe in $O(n/h_t) = O(\sqrt{n})$ liegt. Somit sind für $k > t$ ebenfalls $O(n \cdot \sqrt{n})$ Sortierschritte erforderlich, so dass sich insgesamt die obere Schranke von $O(n \cdot \sqrt{n})$ ergibt.

Es kann gezeigt werden, dass mit dieser Folge die obere Schranke im schlechtesten Fall auch erreicht wird. Es gibt aber andere h-Folgen, die zu einem effizienteren Verhalten von Shellsort führen.

Satz: Mit der h-Folge $1, 2, 3, 4, 6, 8, 9, 12, 16, ..., 2^p 3^q, ...$ benötigt Shellsort $O(n \cdot \log(n)^2)$ Schritte, um eine Datenfolge der Länge n zu sortieren (Pratt [Pra 79]).

Beweis: Ist $g = 2$ und $h = 3$, so ist $\gamma(g, h) = (g-1) \cdot (h-1) - 1 = 1$, d.h. in einer 2,3-sortierte Folge kann jedes Element höchstens ein kleineres Element unmittelbar rechts von sich stehen haben. Es genügen daher n Sortierschritte, um die Datenfolge zu sortieren.

Betrachtet man Elemente mit geradem und mit ungeradem Index getrennt, so wird klar, dass ebenfalls n Sortierschritte genügen, um eine 4,6-sortierte Folge 2-sortiert zu machen. Analog dazu genügen n Sortierschritte, um eine 6,9-sortierte Folge 3-sortiert zu machen.

Die obige h-Folge ist so konstruiert, dass zu jedem h_k auch $2h_k$ und $3h_k$ vorkommen. Insgesamt sind dies $\log(n)^2$ Elemente; für jedes h_k genügen n Sortierschritte, somit ergibt sich eine Komplexität von $O(n \log(n)^2)$.

Die h-Folge von Pratt liefert zwar asymptotisch das beste Ergebnis, sie besteht jedoch aus relativ vielen, nämlich $\log(n)^2$ Elementen. Insbesondere bei Daten, die bereits vorsortiert sind, sind h-Folgen mit weniger Elementen besser, da die Daten ja pro

Element einmal durchlaufen werden müssen, auch wenn nur wenige Sortierschritte ausgeführt werden.

Durch Kombination der Argumente aus diesen beiden Sätzen lassen sich h-Folgen mit $O(\log(n))$ Elementen gewinnen, die in der Praxis zu sehr guten Ergebnissen führen, so etwa die h-Folge von SEDGEWICK aus dem angegebenen Programm [Sed 96]. Allerdings scheint es keine h-Folge zu geben, mit der Shellsort eine Komplexität von $O(n \log(n))$ erreicht (siehe [Sed 96]). Möglicherweise gibt es jedoch h-Folgen, mit der diese Komplexität im Durchschnitt erreichbar ist.

In Kapitel 12 werden wir ausführlich auf den Begriff des Sortiernetzes eingehen. Hier sei schon erwähnt, dass sich Shellsort auch als Sortiernetz realisieren lässt.

2.8 Untere Schranken für das Sortieren

Es seien n verschiedene Zahlen zu sortieren. Jedes Sortierverfahren muss die $n!$ Permutationen dieser n Zahlen voneinander unterscheiden können, da es sie unterschiedlich behandeln muss, um sie zu sortieren.

Die Anzahl der Ja/Nein-Entscheidungen, die notwendig sind, um die unterschiedlichen Permutationen voneinander zu unterscheiden, ist eine untere Schranke für die Komplexität von Sortierverfahren. Diese untere Schranke wird *informationstheoretische untere Schranke* genannt. Nach der Informationstheorie beträgt die Anzahl der Ja/Nein-Entscheidungen für die Unterscheidung von $n!$ verschiedenen Fällen $\log_2(n!)$.

Es ist leicht zu sehen, dass gilt:

$$n! \geq (n/2)^{n/2}.$$

Somit gilt:

$$\begin{aligned} \log(n!) \quad &\geq \log((n/2)^{n/2}) \\ &= n/2 \cdot \log(n/2) \\ &\in \Omega(n \log(n)). \end{aligned}$$

Jedes Sortierverfahren, das auf Vergleichen beruht, bezieht seine Information ausschließlich aus Ja/Nein-Entscheidungen, nämlich ob die jeweils verglichenen Zahlen in richtiger oder falscher Reihenfolge stehen. Jedes solche Sortierverfahren benötigt also mindestens proportional zu $n \log(n)$ viele Vergleiche, hat somit also eine Komplexität von $\Omega(n \log(n))$.

Die Sortierverfahren Heapsort und Mergesort benötigen auch höchstens proportional zu $n \log(n)$ viele Schritte. Diese beiden Verfahren sind also optimal, da sie die untere Schranke erreichen.

Alle Sortierverfahren, die wir bisher kennen gelernt haben, beruhen auf Vergleichen. Die im Folgenden kurz dargestellten Verfahren Bucket Sort und Radix Sort beziehen pro Schritt mehr Information, als ein Vergleich liefert. Für diese Verfahren ist die informationstheoretische untere Schranke daher nicht zugleich eine untere Schranke für die Anzahl der Schritte.

2.9   Bucket Sort und Radix Sort

Bucket Sort

Bucket Sort eignet sich für den Fall, dass der Wertebereich, in dem sich die zu sortierenden Zahlen befinden, einigermaßen eng begrenzt ist.

Beispielsweise möchte ein Verein aus Anlass der 100-Jahr-Feier die Mitgliederkartei nach Jahren der Vereinszugehörigkeit sortieren. Dann kommen als mögliche Werte nur Zahlen zwischen 0 und 99 vor.

Das Sortierverfahren Bucket Sort funktioniert so: Es werden 100 Eimer (engl.: *bucket*) aufgestellt und mit den Zahlen von 0 bis 99 nummeriert. Die Karteikarten werden nun eine nach der anderen in die Eimer geworfen, wobei eine Karte bei k-jähriger Mitgliedschaft in den Eimer mit der Nummer k kommt. Am Ende werden die Eimer, beginnend bei Nummer 0, der Reihe nach wieder ausgeleert. Auf diese Weise ergibt sich die nach Jahren der Vereinszugehörigkeit sortierte Mitgliederkartei.

Analyse

Jede der n Karteikarten wird genau einmal in einen Eimer geworfen und genau einmal wieder entnommen. Die Komplexität von Bucket Sort liegt also in $\Theta(n)$.

Implementierung

Die Eimer werden als Array *list* von verketteten Listen dargestellt. Das Werfen einer Karteikarte in den Eimer Nummer k wird implementiert, indem ein Verweis auf die Karteikarte in die Liste $list[k]$ eingefügt wird.

Radix Sort

Nachteilig bei dem eben geschilderten Beispiel ist der relativ hohe Aufwand von 100 Eimern. Stehen nur 10 Eimer zur Verfügung, so lassen sich die Karteikarten immerhin in zwei Durchläufen von Bucket Sort sortieren. Im ersten Durchlauf werden die Karten nach Jahrzehnten der Mitgliedschaft grob sortiert. Im zweiten Durchlauf werden die Karten, getrennt für jedes Jahrzehnt, nach Jahren sortiert.

Wären Werte bis 999 möglich gewesen, so hätten die Karten zuerst nach Jahrhunderten, dann nach Jahrzehnten und dann nach Jahren sortiert werden müssen; es wären also drei Durchläufe von Bucket Sort erforderlich gewesen.

Dieses Verfahren heißt *Radix Sort*. Die Bezeichnung Radix Sort rührt daher, dass die zu sortierenden Zahlen zur Basis b (engl.: *radix b*) dargestellt werden, wobei b die Anzahl der zur Verfügung stehenden Eimer ist. Für jede Stelle der Zahlendarstellung wird dann ein Durchlauf von Bucket Sort durchgeführt.

Analyse

Sind allgemein w die Anzahl der möglichen Werte und b die Anzahl der Eimer, so sind $\log_b(w)$ Durchläufe erforderlich. Jeder Durchlauf benötigt $\Theta(n)$ Schritte, wenn n die Anzahl der zu sortierenden Daten ist.

Ist die Anzahl b der Eimer konstant, so ergibt sich für Radix Sort eine Komplexität von $\Theta(n \log(w))$.

Implementierung

Da die Daten im Rechner in Binärdarstellung vorliegen, bietet es sich an, mit $b = 2$ zu arbeiten. Implementiert wird Radix Sort meist so, dass zuerst nach dem niederwertigsten Bit 0 sortiert wird. Im nächsten Durchlauf wird der gesamte Datensatz nach Bit 1 sortiert, jedoch ohne dabei die Reihenfolge von Zahlen mit gleichem Bit 1 zu verändern, usw.

Folgendes Bild zeigt ein entsprechendes Vorgehen für den Fall $b = 10$. Zuerst wird die Folge nach der letzten Ziffer sortiert, dann nach der zweiten, dann nach der ersten.

305 123 013 130 725 612 122 123

130 612 122 123 013 123 305 725
305 612 013 122 123 123 725 130
013 122 123 123 130 305 612 725

2.10   Median-Algorithmus

In einer sortierten Datenfolge ist es leicht, das größte Element, das zweitgrößte usw. zu finden. In einer nicht sortierten Folge ist es schwieriger. Man könnte natürlich die Folge zunächst sortieren. Das Sortieren einer Datenfolge der Länge n dauert aber $\Omega(n \log(n))$ Schritte. Um das Maximum zu bestimmen, ist es tatsächlich nicht nötig, die Folge zu sortieren. Es genügt ein Durchlauf durch die Folge, dies sind $O(n)$ Schritte.

Wie aber verhält es sich, wenn nicht das Maximum oder Minimum, sondern das k-größte Element gesucht ist? Ist das Problem umso schwieriger, je weiter k sich $n/2$ nähert? Es stellt sich heraus, dass dies in Bezug auf die Zeitkomplexität nicht der Fall ist. Das k-größte Element lässt sich in Zeit $O(n)$ bestimmen [BFPRT 72].

Problem

Definition: Sei $(M, \leq)$ eine Menge mit einer Ordnungsrelation und $a = a_0, ..., a_{n-1}$ eine endliche Folge von Elementen $a_i \in M$. Ein Element a_i der Folge hat den *Rang* k, wenn es in der sortierten Folge an Position k steht.

Beispiel: Sei $n = 7$ und $a = a_0, ..., a_{n-1} = 7\ 5\ 9\ 2\ 3\ 6\ 8$. Das Element $a_3 = 2$ hat den Rang 0, $a_5 = 6$ hat den Rang 3. Denn in der sortierten Folge 2 3 5 6 7 8 9 steht die 2 an Position 0 und die 6 an Position 3.

Wenn die Elemente der Folge alle verschieden sind, ist der Rang jedes Elementes eindeutig bestimmt. Das kleinste Element hat den Rang 0, das zweitkleinste den Rang 1, das größte den Rang $n - 1$.

Wenn in der Folge gleiche Elemente vorkommen, so kann ein Element mehrere (aufeinander folgende) Ränge haben. Umgekehrt ist aber für jeden Rang das zugehörige Element eindeutig bestimmt.

Beispiel: Sei $n = 7$ und $a = a_0, ..., a_{n-1} = 7\ 5\ 2\ 5\ 3\ 6\ 2$. Die sortierte Folge ist 2 2 3 5 5 6 7. Das Element $a_6 = 2$ hat den Rang 0 und den Rang 1. Das Element mit Rang 4 ist die 5.

Um zu einem gegebenem Rang k das zugehörige Folgenelement p zu bestimmen, liegt es nahe, die Folge zu sortieren, dann ist das gesuchte Element $p = a_k$. Diese Vorgehensweise hat allerdings die Komplexität $\Theta(n \log(n))$.

Tatsächlich ist es jedoch möglich, das Element mit dem Rang k auch in Zeit $\Theta(n)$ zu bestimmen. Von besonderem Interesse ist die Berechnung des Medians, d.h. des mittleren Elements in der sortierten Folge.

Definition: Sei $a = a_0, ..., a_{n-1}$ eine endliche Folge. Der *Median* der Folge ist das Element mit dem Rang $(n - 1)$ div 2.

Idee

Ein einfacher Algorithmus nach dem Divide-and-Conquer-Prinzip zur Bestimmung des Elementes mit dem Rang k geht folgendermaßen vor:

Prozedur *simpleElementOfRank(k)*

Eingabe: Folge $a_0, ..., a_{n-1}$ der Länge $n \in \mathbb{N}$, Zahl $k \in \{0, ..., n-1\}$

Ausgabe: Element der Folge mit Rang k

Methode: 1.   wenn $n = 1$ dann

                    gib a_0 zurück

             // sonst

      2.   wähle ein beliebiges Element x der Folge

      3.   partitioniere die Folge in drei Teilstücke $a_0, ..., a_{q-1}, a_q, ..., a_{g-1}$ und $a_g, ..., a_{n-1}$, derart dass alle Elemente im ersten Stück kleiner als x, alle Elemente im zweiten Stück gleich x und alle Elemente im dritten Stück größer als x sind

      4.   wenn $k < q$ dann

                    gib Element mit Rang k im ersten Teilstück zurück

             wenn $k < g$ dann

                    gib x zurück

             // sonst

             gib Element mit Rang k im dritten Teilstück zurück

Im letzten Schritt ist vorausgesetzt, dass der Rang eines Elements in einem Teilstück sich auf die tatsächliche Indexposition bezieht. Der Rang des kleinsten Elements im Teilstück $a_r, ..., a_s$ ist also r und nicht 0.

Das Partitionieren der Folge kann in linearer Zeit durchgeführt werden (siehe weiter unten). Jedes der drei Teilstücke ist kürzer als die ursprüngliche Folge, daher bricht die Rekursion irgendwann ab. Im schlechtesten Fall geschieht dies allerdings, ähnlich wie bei Quicksort, erst nach $n - 1$ Aufrufen, in denen Teilstücke der Länge $n - 1$, $n - 2$, ..., 1 behandelt werden. Dies ergibt insgesamt eine Komplexität von $\Theta(n^2)$.

Der beste Fall tritt ein, wenn das erste und das dritte Teilstück gleichlang sind. Dann ergibt sich eine Komplexität von höchstens $c \cdot (n + n/2 + n/4 + \ldots + 1) \in O(n)$.

Auch im Durchschnitt ergibt sich eine Komplexität von $O(n)$.

Linearer Median-Algorithmus

Um auch im schlechtesten Fall eine Komplexität von $O(n)$ zu erreichen, muss das Vergleichselement x sorgfältiger ausgewählt werden. Der Wert von x darf nicht zu nahe am größten und nicht zu nahe am kleinsten Element der Folge liegen. Am besten wäre es, als Vergleichselement den Median der Folge zu nehmen. Diesen zu berechnen ist aber sicherlich genauso schwer, wie allgemein das Element mit dem Rang k zu berechnen.

Tatsächlich genügt es, als Vergleichselement einen Wert zu nehmen, der hinreichend nahe am Median liegt. Dieser Wert ist der *Median der Mediane* von jeweils 5 Elementen.

Um die $n/5$ Mediane von je 5 Elementen der Folge zu berechnen, ist linearer Aufwand erforderlich. Um den Median m dieser Mediane zu berechnen, ist ein rekursiver Aufruf von *elementOfRank*, mit deutlich reduzierter Problemgröße $n/5$, erforderlich.

Es bleibt zu zeigen, dass die Partitionierung der Folge anhand des Vergleichselements m deutlich kürzere Teilstücke als die ursprüngliche Folge liefert.

Hierzu stellen wir uns die Elemente der Folge $a = a_0, ..., a_{n-1}$ in folgendem Schema angeordnet vor (Bild 2.13):

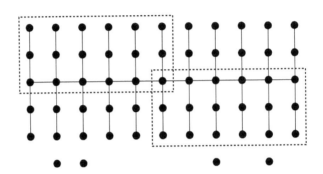

Bild 2.13: *Anordnung der Elemente um den Median der Mediane*

In der mittleren Zeile stehen die Mediane von jeweils 5 Elementen, sortiert von links nach rechts. Die zugehörigen 5 Elemente stehen in der jeweiligen Spalte, sortiert von oben nach unten. In der Mitte des Feldes steht der Median der Mediane m. Wenn n nicht durch 5 teilbar ist, stehen in einer weiteren Zeile noch bis zu 4 Elemente (unten).

In Wirklichkeit wird die Datenfolge nicht in dieser Weise angeordnet. Es ist jedoch möglich, sie so anzuordnen, und daran ist zu erkennen, dass es mindestens $n/4$ Elemente in der Folge gibt, die kleiner oder gleich m sind (oben links eingerahmt) und ebenfalls mindestens $n/4$ Elemente, die größer oder gleich m sind (unten rechts eingerahmt). Dies bedeutet, dass es höchstens $3/4\,n$ Elemente gibt, die größer als m sind und höchstens $3/4\,n$ Elemente, die kleiner als m sind.

Ab $n = 15$ gilt diese Tatsache auch für den Fall, dass die Anzahl der Elemente n nicht durch 5 teilbar ist.

In der folgenden Prozedur *elementOfRank* wird der Median der Mediane von je 5 Elementen als Vergleichselement für die Partitionierung der Datenfolge verwendet. Die Prozedur berechnet das k-größte Element der eingegebenen Folge. Der Median der Folge lässt sich also durch den Aufruf *elementOfRank*$((n-1)$ div $2)$ ermitteln.

Prozedur *elementOfRank(k)*

Eingabe: Folge a_0, ..., a_{n-1} der Länge $n \in \mathbb{N}$, Zahl $k \in \{0, ..., n-1\}$

Ausgabe: Element der Folge mit Rang k

Methode: 0.   wenn $n < 15$ dann

                        sortiere die Folge

                        gib a_k zurück

                 // sonst

                 1.   berechne die $n/5$ Mediane von je 5 Elementen der Folge

                 2.   berechne rekursiv den Median m dieser $n/5$ Mediane

                 3.   partitioniere die Folge in drei Teilstücke a_0, ..., a_{q-1}, a_q, ..., a_{g-1}
                      und a_g, ..., a_{n-1}, derart dass alle Elemente im ersten Stück
                      kleiner als m, alle Elemente im zweiten Stück gleich m und alle
                      Elemente im dritten Stück größer als m sind

                 4.   wenn $k < q$ dann

                        gib Element mit Rang k im ersten Teilstück zurück

                      wenn $k < g$ dann

                        gib m zurück

                 // sonst

                      gib Element mit Rang k im dritten Teilstück zurück

Analyse

Die Komplexität $T(n)$ der Prozedur *elementOfRank* ergibt sich wie folgt:

Schritt 1: $O(n)$
Schritt 2: $T(n/5)$
Schritt 3: $O(n)$
Schritt 4: $\leq T(3/4\, n)$

Mit c sei die Konstante bezeichnet, die in der O-Notation von Schritt 1 und Schritt 3 zusammengenommen verborgen ist. Dann ergibt sich eine Gesamtkomplexität von

$$T(n) \leq 20 \cdot c \cdot n \in O(n).$$

Implementierung

Median von je 5 Elementen

Um die Mediane von je 5 Elementen zu bestimmen, stellen wir uns die Datenfolge als zweidimensionales Feld mit n div 5 Spalten vor (ähnlich Bild 2.13). Wenn die

Spalten sortiert werden, erscheinen die Mediane in der dritten Zeile des Feldes. In diesem zusammenhängenden Teilstück der Datenfolge wird durch rekursiven Aufruf des Median-Algorithmus der Median der Mediane ermittelt.

Zum Sortieren der (gedachten) Spalten wird Insertionsort verwendet, in einer ähnlichen Implementation wie bei Shellsort.

```
void sort5(int lo, int n)
{
    int i, j, h, t;
    h=n/5;
    for (i=lo+h; i<lo+n; i++)
    {
        j=i;
        t=a[j];
        while (j>=lo+h && a[j-h]>t)
        {
            a[j]=a[j-h];
            j=j-h;
        }
        a[j]=t;
    }
}
```

Partitionierung

Für Schritt 3 der Prozedur *elementOfRank* wird folgende Prozedur *partition* verwendet. Die Prozedur partitioniert anhand eines Vergleichselements x einen Abschnitt der Länge n des Arrays a, beginnend beim Index lo, in die drei erwähnten Teilstücke. Als Ergebnis wird das Zahlenpaar (q, g) zurückgeliefert, das den Beginn des zweiten Teilstücks (Index q) und des dritten Teilstücks (Index g) kennzeichnet.

```
Pair partition (int lo, int n, int x)
{
    int q=lo, g=lo, i, y;
    for (i=lo; i<lo+n; i++)
    {
        y=a[i];
        if (y<=x)
        {
            exchange(i, g++);
            if (y<x)
                exchange(g-1, q++);
        }
    }
    return new Pair(q, g);
}
```

Die Funktionsweise der Prozedur *partition* wird durch Bild 2.14 bis Bild 2.17 veranschaulicht, hier für $lo = 0$.

Zu jedem Zeitpunkt besteht das Feld aus vier Teilstücken: aus den Elementen, die kleiner als das Vergleichselement x sind (Indexpositionen $0, ..., q - 1$, hellgrau dargestellt), aus denen, die gleich x sind ($q, ..., g - 1$, mittelgrau) und denen, die größer als x sind ($g, ..., i - 1$, dunkelgrau) sowie aus den noch zu untersuchenden Elementen ($i, ..., n - 1$, weiß). Bild 2.14 zeigt diese Situation.

Bild 2.14: *Bereits partitionierter Bereich*

Bild 2.15: *Einordnen eines Elements $a[i] > x$*

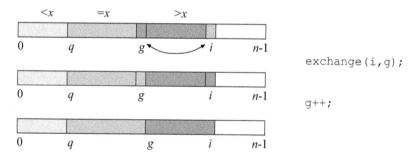

Bild 2.16: *Einordnen eines Elements $a[i] = x$*

Ist das nächste zu untersuchende Element $a[i]$ größer als x, so ist nichts zu tun (Bild 2.15). Ist es gleich x, so wird es durch die in Bild 2.16 gezeigte Vertauschung in

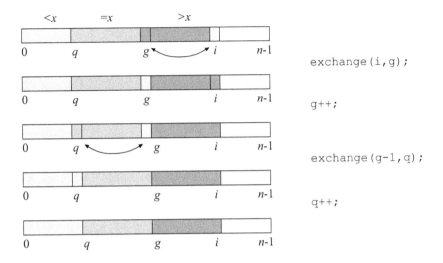

Bild 2.17: *Einordnen eines Elements $a[i] < x$*

den mittleren Bereich eingeordnet; der Beginn des hinteren Bereichs wird durch **g++** angepasst.

Dasselbe geschieht auch, wenn es kleiner als x ist; zusätzlich wird es dann in einer weiteren Vertauschung in den vorderen Bereich eingeordnet. Der Beginn des mittleren Bereichs wird durch **q++** entsprechend angepasst (Bild 2.17).

Zum Schluss wird jeweils mit **i++** der bereits partitionierte Bereich um 1 vergrößert.

2.11   Aufgaben

Aufgabe 1: (Quicksort)

    Analysieren Sie die Zeitkomplexität von Quicksort für den Fall, dass die Aufteilung der Folge immer mindestens im Verhältnis 1:3 erfolgt (d.h. im Verhältnis 1:3 oder besser, bis hin zu 1:1).

Aufgabe 2: (Quicksort)

    Im schlechtesten Fall kommt bei Quicksort in jedem Rekursionsschritt eine ungünstige Aufteilung der Folge zustande: Das eine Teilstück besteht nur aus einem Element, das andere aus dem Rest der Folge. Dies führt zu einer Zeitkomplexität von $\Theta(n^2)$.

Schlimmer noch aber ist, dass die Rekursionstiefe $\Theta(n)$ beträgt. Schon bei $n = 10000$ führt dies zu einem Absturz des Programms aufgrund von *stack overflow*.

Programmieren Sie eine Variante von Quicksort, in der Sie den zweiten der beiden rekursiven Aufrufe im Rahmen einer While-Schleife behandeln. Programmieren Sie das Verfahren so, dass stets das kürzere Teilstück rekursiv weiterbehandelt wird und das längere im Rahmen der While-Schleife abgearbeitet wird.

Durch diese Maßnahme verbessert sich zwar die Zeitkomplexität im schlechtesten Fall nicht, aber die Rekursionstiefe sinkt auf $O(\log(n))$.

Aufgabe 3: (Mergesort)

Ändern Sie die Version b der Funktion *merge* so ab, dass nur diejenigen Elemente in das Hilfsarray b ausgelagert werden, für die dies wirklich notwendig ist. *Nicht* notwendig ist es für alle Elemente a_i der vorderen Hälfte, die kleiner oder gleich dem ersten Element a_{m+1} der hinteren Hälfte sind, denn diese werden anschließend wieder an ihren ursprünglichen Platz zurückkopiert.

Suchen Sie die Position des ersten Elements, das in das Hilfsarray ausgelagert werden muss, mit binärer Suche.

Analysieren Sie die Zeitkomplexität von Mergesort, wenn diese neue Version d der Funktion *merge* angewendet wird,

a) im günstigsten Fall

b) im schlechtesten Fall

<u>Hinweis</u>: Die Analyse lässt sich ähnlich durchführen wie bei der Funktion *buildheap* des Verfahrens Heapsort.

Aufgabe 4: (Radixsort / Quicksort)

Kombinieren Sie die Sortierverfahren Radixsort und Quicksort zu einem Sortierverfahren *Radixquicksort*.

Das Verfahren Radixquicksort soll nichtnegative 32-Bit-Integer-Zahlen sortieren, die Funktionsweise soll folgende sein:

Im ersten Schritt wird das Aufteilungsverfahren von Quicksort hinsichtlich des Bits an Bitposition 30 der Zahlen durchgeführt[5] . Dabei kommen alle Zahlen mit einer 0 an Bitposition 30 in die linke Hälfte und alle Zahlen mit einer 1 an Bitposition 30 in die rechte Hälfte. Diese Hälften werden nun rekursiv nach Bit 29 sortiert usw.

Implementieren Sie das Verfahren Radixquicksort.

Analysieren Sie die Zeitkomplexität des Verfahrens.

---

[5]Bit 30 ist das signifikanteste Bit bei nichtnegativen ganzen Zahlen, Bit 31 ist immer 0.

Aufgabe 5: (Shellsort)

In dem Originalartikel von D.L. Shell [She 59] wird die h-Folge

n div $2, n$ div $4, n$ div 8, ..., 1

verwendet. Welche Komplexität hat Shellsort mit dieser h-Folge im schlechtesten Fall? Geben Sie eine 0-1-Datenfolge an, die einen schlechtesten Fall darstellt.

3 Textsuche

3.1 Textsuchproblem

Jedes Textverarbeitungsprogramm hat eine Suchfunktion, mit der man in einem Text alle Vorkommen eines bestimmten Wortes suchen kann. Sucht man beispielsweise in diesem Absatz das Wort „Text", so wird das erste Vorkommen am Anfang von „Textverarbeitungsprogramm" gefunden und dann noch an drei weiteren Stellen.

Es folgt zunächst die formale Definition einiger Begriffe.

Grundlagen

Definition: Ein *Alphabet* ist eine endliche, nichtleere Menge von *Zeichen*.

Sei A ein Alphabet. Ein *Wort* über A ist eine endliche Folge

$$w = w_0 \ldots w_{n-1} \quad \text{mit} \quad w_i \in A, \quad n \in \mathbb{N}_0.$$

Hierbei ist $|w| = n$ die *Länge* des Wortes w.

Das Wort der Länge 0 ist das *leere Wort*, es wird mit ε bezeichnet.

Der Begriff „Wort" nach dieser Definition bezeichnet also jede beliebige endliche Folge von Zeichen; die Bedeutung der Zeichen spielt keine Rolle. Insofern unterscheidet sich der Begriff hier vom Begriff „Wort" im umgangssprachlichen Sinne.

Das *Textsuchproblem* (engl.: *string matching problem*) stellt sich wie folgt: Gegeben ist ein Wort t, der *Text*, und ein kürzeres Wort p, der Suchbegriff oder das *Muster*. Gesucht sind alle Positionen i, an denen das Muster p im Text t vorkommt.

Definition: Sei A ein Alphabet und seien $t = t_0 \ldots t_{n-1}$ und $p = p_0 \ldots p_{m-1}$ Wörter der Länge n bzw. m über A.

Ein *Textfenster* w_i ist ein Teilwort von t der Länge m, die an Position i beginnt:

$$w_i = t_i \ldots t_{i+m-1}$$

Ein Textfenster w_i, das mit dem Muster p übereinstimmt, heißt *Vorkommen* des Musters an Position i:

$$w_i \text{ ist Vorkommen} \quad \Leftrightarrow \quad p = w_i$$

Ein *Mismatch* in einem Textfenster w_i ist eine Position j, an der das Muster mit dem Textfenster nicht übereinstimmt:

$$j \text{ ist Mismatch in } w_i \quad \Leftrightarrow \quad p_j \neq (w_i)_j$$

Textsuchproblem

<u>Eingabe:</u>   Text $t = t_0 \ldots t_{n-1}$ und Muster $p = p_0 \ldots p_{m-1}$ über einem Alphabet A

<u>Ausgabe:</u>   Alle Positionen von Vorkommen von p in t, d.h. $\{i \mid p = w_i\}$

Beispiel:

```
0  1  2  3  4  5  6  7  8  ...
j  e  d  e  s     t  e  x  t  v  e  r  a  r  b  e  i  t  ...
                  t  e  x  t
```

Das Muster $p = \text{text}$ kommt an Position $i = 6$ im Text t vor.

Es sind auch überlappende Vorkommen des Musters möglich, wie in folgendem Beispiel:

Beispiel:

```
0  1  2  3  4  5  6  7  8  ...
a  a  a  b  a  a  b  a  c  a  b  c  a
   a  a  b  a
            a  a  b  a
```

Das Muster $p = \text{aaba}$ kommt an den Positionen $i_1 = 1$ und $i_2 = 4$ im Text t vor.

Strategie

Der einfachste Algorithmus überprüft das Muster an allen Positionen $i = 0, \ldots, n - m$. Das Muster wird an der jeweiligen Position zeichenweise von links nach rechts mit dem entsprechenden Textfenster verglichen. Bei einem Mismatch oder bei vollständiger Übereinstimmung wird das Muster um eine Position weitergeschoben und an dieser Position verglichen usw. Dieser Algorithmus wird als der naive Algorithmus bezeichnet. Er benötigt im schlechtesten Fall $n \cdot m$ Zeichenvergleiche.

Durch Ausnutzung unterschiedlicher Informationen lässt sich die Anzahl der Zeichenvergleiche verringern. Es gibt verschiedene Ansätze, alle untersuchen das Muster in einem Vorlauf (engl.: *preprocessing*), um Vorabinformation über die Struktur des Musters und über die vorkommenden Zeichen zu gewinnen.

Struktur des Musters

In folgendem Beispiel stimmen die ersten vier Zeichen des Musters mit dem Text überein (hellgrau hinterlegt), das fünfte Zeichen führt zu einem Mismatch (dunkelgrau hinterlegt). Es ist in dieser Situation nicht nötig, das Muster an den Positionen i = 2, 3, und 4 zu vergleichen, sondern das Muster kann gleich bis Position $i = 5$ weitergeschoben werden. Keines der Textzeichen t_2, t_3 und t_4 kann nämlich ein a sein, denn die Textzeichen hatten ja mit den von a verschiedenen Zeichen c, b und e des Musters übereingestimmt. Die nächste mögliche Übereinstimmung des Musters ist also an Position 5, wie im Beispiel gezeigt.

Beispiel: 0 1 2 3 4 5 6 7 8 ...
           a a c b e a b a b a b c a
           a c b e d
              a c b e d

Anders stellt sich die Situation in folgendem Beispiel dar. Das Muster kann nur um zwei Positionen weitergeschoben werden, da ein Präfix des Musters (ab) als Suffix des übereinstimmenden Teils abab vorkommt.

Beispiel: 0 1 2 3 4 5 6 7 8 ...
           a a c b e a b a b a b c a
                       a b a b d
                             a b a b d

Es geht also in der Vorlaufphase darum, die Struktur des Musters daraufhin zu analysieren, wie weit es bei einem Mismatch an einer jeweiligen Position weitergeschoben werden kann.

Vorkommende Zeichen

Ist t_i ein Zeichen, das im Muster überhaupt nicht vorkommt, so kann das Muster an keiner der m Positionen $i - m + 1$, ..., i übereinstimmen. In folgendem Beispiel kommt das e nicht im Muster vor. Das Muster kann daher bis hinter das e weitergeschoben werden.

Beispiel: 0 1 2 3 4 5 6 7 8 ...
           a b a b e a b a b a b c a
           a b a b d
                       a b a b d

In der Vorlaufphase wird eine Tabelle angelegt, die für jedes Zeichen des Alphabets die Position seines letzten Vorkommens im Muster enthält, bzw. −1, falls das Zeichen nicht im Muster vorkommt.

Wahrscheinlichkeit der Zeichen

Es ist prinzipiell nicht notwendig, die Zeichen des Musters von links nach rechts mit dem Text zu vergleichen, sondern sie können in beliebiger Reihenfolge verglichen werden. Ist die Wahrscheinlichkeitsverteilung der Zeichen des Textes bekannt (oder zumindest annähernd bekannt), so kann es vorteilhaft sein, zuerst dasjenige Zeichen des Musters mit dem Text zu vergleichen, das die geringste Wahrscheinlichkeit hat. Mit hoher Wahrscheinlichkeit wird es dann zu einem Mismatch kommen, und das Muster kann weitergeschoben werden.

Signatur

Anstatt das Musters mit dem jeweiligen Textfenster zeichenweise direkt zu vergleichen, wird bei diesem Ansatz ein indirekter Vergleich durchgeführt. Aus dem Muster wird ein Wert berechnet, die Signatur. Diese Signatur wird jeweils mit der Signatur des entsprechenden Textfensters verglichen. Nur dort, wo die Signaturen übereinstimmen, können auch Muster und Text übereinstimmen.

Philosophie

„Suchen" bedeutet „Versuchen, etwas zu finden". Wenn wir Vorkommen eines Musters in einem Text suchen, sollten wir uns eigentlich über jedes übereinstimmende Zeichen freuen. Um so größer wird schließlich die Hoffnung, ein Vorkommen zu finden.

Diese optimistische Herangehensweise führt jedoch nicht zu besonders effizienten Algorithmen. Die effizientesten Algorithmen entstehen aus der Haltung des Pessimisten: „Wetten, das Muster kommt sowieso nicht vor." Der Algorithmus erbringt den Beweis, dass das Muster nirgendwo im Text vorkommen kann, außer möglicherweise an ein paar Stellen. An diesen Stellen wird dann geprüft, ob das Muster dort tatsächlich vorkommt.

Die Strategie, dasjenige Zeichen des Musters zuerst zu vergleichen, das am wenigsten wahrscheinlich übereinstimmt, geht in diese Richtung. Ein Optimist hätte zuerst das wahrscheinlichste Zeichen verglichen.

Der Pessimist jubelt, wenn er auf ein Textzeichen trifft, das im Muster überhaupt nicht vorkommt. Der Optimist verfällt in, natürlich nur kurzlebige, Depressionen ob dieses Missgeschicks. Der Pessimist darf, der Optimist muss, notgedrungen, das Muster hinter dieses Zeichen weiterschieben.

Im Ergebnis macht der Optimist aufgrund seines Wunschdenkens, das Muster könnte passen, mehr Vergleiche als der Pessimist.

Geschichte

Erstaunlich spät, erst 1974, erschien ein Algorithmus, der im schlechtesten Fall $O(n)$ Vergleiche benötigt. Der Algorithmus von KNUTH, MORRIS und PRATT [KMP 77] nutzt hierbei die Information über die Struktur des Musters aus, um unnötige Mehrfachvergleiche zu vermeiden.

AHO und CORASICK verallgemeinerten diesen Ansatz für die gleichzeitige Suche nach mehreren Mustern [AC 75].

Aufsehen erregte 1977 die Idee von BOYER und MOORE, das Muster von rechts nach links zu vergleichen und außer der Struktur des Musters auch die vorkommenden Zeichen zu berücksichtigen. Das Ergebnis ist ein sublinearer Algorithmus, der im Durchschnitt lediglich $O(n/m)$ Vergleiche benötigt [BM 77].

Beim Boyer-Moore-Verfahren bestimmt sich die Schiebedistanz durch das Vorkommen desjenigen Textzeichens, das zu einem Mismatch geführt hat. Das Verfahren von HORSPOOL [Hor 80] verwendet stets das Vorkommen des ganz rechten Zeichens im Textfenster. Dies führt zu einer Vereinfachung des Verfahrens; die Struktur des Musters braucht nicht mehr berücksichtigt zu werden.

Noch weiter geht die Idee von SUNDAY [Sun 90], das Vorkommen des unmittelbar rechts neben dem Textfenster stehenden Zeichens zu verwenden, denn dieses Zeichen muss beteiligt sein, wenn das Muster an der nächsten Position verglichen wird. Diese kleine Veränderung erlaubt es darüber hinaus, die Vergleiche im Textfenster in beliebiger Reihenfolge durchzuführen. Es kommt nicht mehr darauf an, möglichst weit rechts im Textfenster einen Mismatch zu entdecken, um das Muster möglichst weit verschieben zu können. Es kann somit eine Reihenfolge aufgrund der Wahrscheinlichkeit der Zeichen gewählt werden.

Mit Bitvektoren als Signaturen arbeitet der Shift-And-Algorithmus [WM 92]. Die Signatur des jeweiligen Fensters wird aus der Signatur des vorherigen Fensters durch eine Shift- und eine And-Operation von Bitvektoren der Länge m ermittelt. Der Algorithmus erreicht eine Komplexität von $O(n)$, wenn die Shift- und die And-Operation in konstanter Zeit ausgeführt werden können, insbesondere also dann, wenn $m \leq 32$ (z.Zt. Länge eines Maschinenwortes) ist.

3.2   Naiver Algorithmus

In der Beschreibung aller folgenden Textsuchverfahren wird das Muster stets mit p und der zu durchsuchende Text mit t bezeichnet. Die Länge des Musters ist stets m, die des Textes n. Es ist sinnvoll, $m \leq n$ anzunehmen.

Idee

Der *naive Algorithmus* überprüft das Muster an allen Positionen i des Textes. Die möglichen Positionen reichen von $i = 0$ (Muster linksbündig mit dem Text) bis $i = n - m$ (Muster rechtsbündig mit dem Text). Das Muster wird an der jeweiligen Position zeichenweise von links nach rechts mit dem Text verglichen. Bei einem Mismatch oder bei vollständiger Übereinstimmung wird das Muster um eine Position weitergeschoben und an dieser Position verglichen usw.

Beispiel: 0 1 2 3 4 5 6 7 8 ...

a a a b a a b a c a b c a

a a b a

   a a b a

      a a b a

      a a b a

         a a b a

         a a b a

. . .

Algorithmus

Naiver Algorithmus

<u>Eingabe:</u>	Text $t = t_0 \ldots t_{n-1}$ und Muster $p = p_0 \ldots p_{m-1}$
<u>Ausgabe:</u>	Alle Positionen von Vorkommen von p in t, d.h. $\{i \mid t_i \ldots t_{i+m-1} = p\}$

<u>Methode:</u>

```
void naiveSearch()
{
    int i=0, j;
    while (i<=n-m)
    {
        j=0;
        while (j<m && p[j]==t[i+j]) j++;
        if (j==m) report(i);
        i++;
    }
}
```

Der Algorithmus überprüft an allen in Frage kommenden Positionen i des Textes, ob das Muster übereinstimmt. Hierzu werden alle Zeichen des Musters p_j mit den entsprechenden Zeichen des Textes t_{i+j} verglichen. Bei einem Mismatch wird die j-Schleife abgebrochen. Wenn dagegen alle m Zeichen des Musters übereingestimmt haben, wird durch Aufruf der (hier nicht näher spezifizierten) Funktion *report* die Position des Vorkommens festgehalten.

Das Programm lässt sich mit For-Schleifen eleganter formulieren; hier ist in Analogie zu den noch folgenden Verfahren eine Version mit While-Schleifen gewählt worden.

Wir nehmen an, dass der Suchalgorithmus in einer Klasse gekapselt ist, in der p, t, n und m als Elemente deklariert sind.

Analyse

Verhalten im schlechtesten Fall

Der Algorithmus durchläuft die i-Schleife $(n - m + 1)$-mal. Die j-Schleife wird höchstens m-mal durchlaufen. Somit gilt für die Anzahl der Vergleiche

$$V \leq (n - m + 1) \cdot m.$$

Es ist also $V \in O(n \cdot m)$.

Im schlechtesten Fall wird die j-Schleife tatsächlich jedesmal genau m-mal durchlaufen, zum Beispiel wenn der Text $t = $ aaaaaaa...aaa ist und das Muster $p = $ aa...aab ist. In diesem Fall gilt $V = (n - m + 1) \cdot m$.

Ist das Muster kurz im Vergleich zum Text, also z.B. $m \leq n/2$, so ist

$$V = (n - m + 1) \cdot m \geq (n - n/2 + 1) \cdot m \geq n/2 \cdot m.$$

Damit gilt $V \in \Omega(n \cdot m)$. Der Algorithmus liegt also in $\Theta(n \cdot m)$.

Verhalten im günstigsten Fall

Im günstigsten Fall liefert immer bereits der erste Vergleich einen Mismatch, somit sind $\Theta(n)$ Vergleiche erforderlich.

Verhalten im Durchschnitt

Abhängig vom Muster und von der Wahrscheinlichkeitsverteilung der Zeichen des Textes lässt sich das Verhalten im Durchschnitt ermitteln.

Mit h_j sei die Wahrscheinlichkeit bezeichnet, mit der das j-te Zeichen des Musters im Text auftritt. Ist also beispielsweise $p_j = $ a, und sind 15% aller Textzeichen a's, so ist $h_j = 0,15$.

Mit v sei die durchschnittliche Anzahl der Zeichenvergleiche pro Position i des Textes bezeichnet, also die durchschnittliche Anzahl der Durchläufe durch die j-Schleife.

Das erste Zeichen des Musters p_0 wird immer verglichen, dies ist also 1 Vergleich. In h_0 Fällen stimmt dieses erste Zeichen überein, so dass auch noch das zweite Zeichen des Musters verglichen werden muss. In h_1 Fällen von diesen Fällen stimmt auch das zweite Zeichen überein, also absolut gerechnet in $h_0 \cdot h_1$ Fällen, so dass auch noch das dritte Zeichen des Musters verglichen werden muss usw.

Als Formel für die Anzahl der Vergleiche v pro Textposition ergibt sich also

$$v = 1 + h_0 + h_0 \cdot h_1 + \ldots + h_0 \cdot h_1 \cdot \ldots \cdot h_{m-2}.$$

Verhalten im Durchschnitt bei fester Wahrscheinlichkeitsverteilung der Textzeichen

Es sei $h = \max(h_j)$. Vorausgesetzt sei, dass $h < 1$ ist, d.h. dass es nicht lediglich ein einziges Zeichen gibt, das mit 100% Wahrscheinlichkeit auftritt. Die Anzahl der Vergleiche lässt sich dann unabhängig vom Muster abschätzen durch

$$v \;=\; 1 \,+\, h \,+\, h^2 \,+\, \ldots \,+\, h^{m-1}.$$

Die geometrische Reihe $1 \,+\, h \,+\, h^2 \,+\, \ldots$ konvergiert gegen $1/(1-h)$. Daher gilt

$$v \;\leq\; 1/(1-h).$$

Die Anzahl der Vergleiche insgesamt beträgt somit

$$V \;=\; (n-m+1)/(1-h) \in O(n).$$

Der naive Algorithmus hat also im Durchschnitt lineare Laufzeit.

Beispiel: In obigem Beispiel tritt das a mit der Wahrscheinlichkeit $0,6$ im Text auf, das b mit der Wahrscheinlichkeit $0,3$. Somit ist $h_0 = h_1 = 0,6$ und $h_2 = 0,3$. Die Anzahl der Vergleiche für das Muster aaba ist also

$$v \;=\; 1 \,+\, 0,6 \,+\, 0,6 \cdot 0,6 \,+\, 0,6 \cdot 0,6 \cdot 0,3 \;=\; 2,068.$$

Der naive Algorithmus führt also mit dem Muster aaba und bei Texten, bei denen die Wahrscheinlichkeitsverteilung der Zeichen wie in dem Beispiel ist, im Durchschnitt rund $2,1$ Vergleiche pro Textzeichen durch.

Unabhängig vom Muster gilt mit $h = 0,6$

$$v \;\leq\; 1 \,+\, 0,6 \,+\, 0,6^2 \,+\, 0,6^3 \,+\, \ldots \;\leq\; 1/(1-0,6) \;=\; 2,5 \,,$$

also im Durchschnitt höchstens $2,5$ Vergleiche pro Textzeichen.

In deutschen Texten tritt das e als häufigstes Zeichen mit der Wahrscheinlichkeit $h = 0,13$ auf. Hier führt der naive Algorithmus also im Durchschnitt höchstens $1/(1-0,13) = 1,15$ Vergleiche pro Textzeichen durch.

3.3   Nicht ganz so naiver Algorithmus

Idee

Beim naiven Algorithmus ist es nicht notwendig, die Zeichen des Musters p in aufsteigender Reihenfolge $p_0, \ldots, p_{m-1}$ mit dem Text zu vergleichen. Sie können in beliebiger Reihenfolge verglichen werden. Es ist vorteilhaft, zuerst diejenigen Zeichen zu vergleichen, die mit der größten Wahrscheinlichkeit einen Mismatch verursachen, so dass die j-Schleife möglichst schnell abgebrochen werden kann. Diese Vorgehensweise ist dann möglich, wenn die Häufigkeitsverteilung der Zeichen im Text, zumindest annäherungsweise, bekannt ist. In deutschen Texten kommen zum Beispiel die Zeichen e, n, i, s, r, a, t häufig vor, die Zeichen v, j, x, y, q eher selten (siehe Tabelle in den Aufgaben am Ende von Kapitel 6).

Sucht man beispielsweise das Muster text, würde man zuerst das x mit dem entsprechenden Zeichen des Textes vergleichen, bei Übereinstimmung danach die beiden t's und dann das e.

In dem folgenden Beispiel tritt das Zeichen a am häufigsten auf, die Zeichen b und c seltener. Daher wird zuerst das b des Musters verglichen, dann die a's.

Beispiel: 0 1 2 3 4 5 6 7 8 ...

```
a  a  a  b  a  a  b  a  c  a  b  c  a
a  a  b  a
   a  a  b  a
      a  a  b  a
         a  a  b  a
            a  a  b  a
               a  a  b  a
                  . . .
```

Es zeigt sich, dass mit diesem Verfahren gegenüber dem naiven Algorithmus weniger Vergleiche durchgeführt werden.

Algorithmus

Mit g_j sei die Stellung des Zeichens p_j in der Vergleichsreihenfolge bezeichnet. Ist beispielsweise das Zeichen p_2 ein x, das als erstes verglichen werden soll, so ist $g_2 = 0$. Es handelt sich bei g also um eine Permutation der Indexmenge $\{0, ..., m-1\}$. Beim naiven Algorithmus ist das j-te Zeichen der Vergleichsreihenfolge stets gerade das j-te Zeichen des Musters, also $g_j = j$.

Um die Vergleichsreihenfolge der Zeichen des Musters entsprechend einer Häufigkeitsverteilung der Zeichen des Alphabets festzulegen, ist ein Vorlauf (*preprocessing*) nötig. Im Prinzip müssen die Zeichen des Musters nach ihrer Wahrscheinlichkeit sortiert werden. Hierfür ist eine Zeit von $O(m \log(m))$ erforderlich.

Nicht ganz so naiver Algorithmus

Eingabe: Text $t = t_0 \ldots t_{n-1}$ und Muster $p = p_0 \ldots p_{m-1}$ sowie Vergleichsreihenfolge $g = g_0 \ldots g_{m-1}$

Ausgabe: Alle Positionen von Vorkommen von p in t, d.h. $\{i \mid t_i \ldots t_{i+m-1} = p\}$

<u>Methode:</u>

```
void notsoNaiveSearch()
{
    int i=0, j;
    while (i<=n-m)
    {
        j=0;
        while (j<m && p[g[j]]==t[i+g[j]]) j++;
        if (j==m) report(i);
        i++;
    }
}
```

Analyse

Die Analyse der Anzahl der benötigten Vergleiche ist im Prinzip dieselbe wie beim naiven Algorithmus.

Mit h_j sei nun die Wahrscheinlichkeit bezeichnet, mit der das g_j-te Zeichen des Musters im Text auftritt. Somit ist h_0 die Wahrscheinlichkeit desjenigen Zeichens, das als erstes verglichen wird.

Als Formel für die Anzahl der Vergleiche v pro Textposition ergibt sich also

$$v = 1 + h_0 + h_0 \cdot h_1 + \ldots + h_0 \cdot h_1 \cdot \ldots \cdot h_{m-2}.$$

Beispiel: In obigem Beispiel tritt das a mit der Wahrscheinlichkeit $0,6$ im Text auf, das b mit der Wahrscheinlichkeit $0,3$. Das b wird zuerst verglichen, da es die geringste Wahrscheinlichkeit hat. Somit ist $h_0 = 0,3$ und $h_1 = h_2 = 0,6$. Bezogen auf dieses Beispiel ergibt sich folgender Wert:

$$v = 1 + 0,3 + 0,3 \cdot 0,6 + 0,3 \cdot 0,6 \cdot 0,6 = 1,588.$$

Der verbesserte Algorithmus führt also nur rund $1,6$ Vergleiche pro Textzeichen durch, gegenüber $2,1$ beim naiven Algorithmus.

Wie viele Vergleiche sich einsparen lassen, hängt von der Wahrscheinlichkeitsverteilung der Zeichen des Musters ab. Sind alle Zeichen des Musters gleichwahrscheinlich, so lassen sich überhaupt keine Vergleiche einsparen. Im schlechtesten Fall hat dieser Algorithmus also dieselbe Komplexität wie der naive Algorithmus.

Kommt allerdings im Muster ein Zeichen vor, dessen Wahrscheinlichkeit sehr klein ist, so führt der Algorithmus im Durchschnitt nur wenig mehr als einen Vergleich pro Textzeichen durch.

Funktion *matchesAt*

Für die korrekte Funktionsweise des naiven Algorithmus kommt es nicht darauf an, dass die Zeichen des Musters mit den Zeichen des Textfensters in einer bestimmten

Reihenfolge verglichen werden. Dies ist beim Knuth-Morris-Pratt-Algorithmus und beim Boyer-Moore-Algorithmus anders. Beim Sunday-Algorithmus dagegen ist die Vergleichsreihenfolge wiederum beliebig.

Für Algorithmen, bei denen die Vergleichsreihenfolge beliebig ist, definieren wir eine Funktion *matchesAt*, die das Muster mit dem Textfenster vergleicht und bei Übereinstimmung *true* zurückgibt. Für die Funktion *matchesAt* sind dann unterschiedliche Implementationen möglich, z.B. ein Vergleich von links nach rechts oder in der Reihenfolge der Zeichenwahrscheinlichkeiten.

Der naive Algorithmus, bzw. der nicht ganz so naive Algorithmus, je nach Implementation der Funktion *matchesAt*, lässt sich somit wie folgt formulieren:

```
void naiveSearch()
{
    for (int i=0; i<=n-m; i++)
        if (matchesAt(i)) report(i);
}
```

Implementation von *matchesAt*

a) für den naiven Algorithmus (Vergleich von links nach rechts)

```
boolean matchesAt(int i)
{
    int j=0;
    while (j<m && p[j]==t[i+j]) j++;
    return j==m;
}
```

b) für den nicht ganz so naiven Algorithmus (Vergleich entsprechend den Zeichenwahrscheinlichkeiten)

```
boolean matchesAt(int i)
{
    int j=0;
    while (j<m && p[g[j]]==t[i+g[j]]) j++;
    return j==m;
}
```

3.4   Knuth-Morris-Pratt-Algorithmus

Idee

Der naive Algorithmus hat den Nachteil, dass er bei einem Mismatch alle Zeichen, die bis dahin schon übereingestimmt haben, wieder vergisst und von vorne anfängt zu vergleichen. Auf diese Weise kommt seine Komplexität von $\Theta(n \cdot m)$ Vergleichen im schlechtesten Fall zustande (n: Länge des Textes, m: Länge des Musters).

Der Algorithmus von KNUTH, MORRIS und PRATT [KMP 77] nutzt die bei Übereinstimmung von Zeichen gewonnene Information aus. So brauchen die Zeichen nach einem Mismatch nicht noch einmal alle wieder von vorn verglichen zu werden. Im Ergebnis benötigt der Algorithmus in der Suchphase nur noch $O(n)$ Vergleiche.

In einem Vorlauf (*preprocessing*) analysiert der Algorithmus zunächst das Muster und speichert Information über seine Struktur in einem Array der Länge m. Die Vorlaufphase lässt sich in Zeit $O(m)$ durchführen. Da $m \leq n$, hat der gesamte Algorithmus eine Komplexität von $O(n)$.

Das Verfahren lässt sich auch als Simulation eines speziellen nichtdeterministischen endlichen Automaten, eines String-Matching-Automaten (siehe [Lan 02]), auffassen.

Grundlagen

Definition: Sei A ein Alphabet und $x = x_0 \ldots x_{k-1}$, $k \in \mathbb{N}$ ein Wort der Länge k über A.

Ein *Präfix* von x ist ein Teilwort u mit
$$u \;=\; x_0 \ldots x_{b-1} \quad \text{wobei } b \in \{0, ..., k\},$$
also ein Anfangswort der Länge b von x.

Ein *Suffix* von x ist ein Teilwort u mit
$$u \;=\; x_{k-b} \ldots x_{k-1} \quad \text{wobei } b \in \{0, ..., k\},$$
also ein Endwort der Länge b von x.

Ein Präfix u von x bzw. ein Suffix u von x heißt *echt*, wenn $u \neq x$ ist, d.h. wenn die Länge $b < k$ ist.

Ein *Rand* von x ist ein Teilwort r mit
$$r \;=\; x_0 \ldots x_{b-1} \text{ und } r \;=\; x_{k-b} \ldots x_{k-1}$$
wobei $b \in \{0, ..., k-1\}$

Ein Rand von x ist also ein Wort, das gleichzeitig echtes Präfix und echtes Suffix von x ist.

Die Länge b wird als die *Breite* des Randes r bezeichnet.

Beispiel: Sei $x = \text{abacab}$. Die echten Präfixe von x sind
$$\varepsilon, \text{ a, ab, aba, abac, abaca}.$$

Die echten Suffixe von x sind

  ε, b, ab, cab, acab, bacab.

Ränder von x sind

  ε, ab.

Der Rand ab hat die Breite 2.

Stets ist das leere Wort ε ein Rand von x, $x \in A^+$. Lediglich ε selbst hat keinen Rand.

In folgendem Beispiel wird deutlich, wie mithilfe des Begriffes „Rand" die Schiebedistanz beim Knuth-Morris-Pratt-Algorithmus ermittelt wird.

Beispiel: 0 1 2 3 4 5 6 7 8 9 ...

  a b c a b c a b d

  a b c a b d

      a b c a b d

Die Zeichen an den Positionen 0, ..., 4 haben übereingestimmt. Der Vergleich c-d an Position 5 ergibt einen Mismatch. Das Muster kann bis Position 3 weitergeschoben werden, und der Vergleich wird ab Position 5 des Textes fortgesetzt.

Die Schiebedistanz richtet sich nach dem breitesten Rand des übereinstimmenden Präfixes des Musters. In diesem Beispiel ist das übereinstimmende Präfix abcab; es hat die Länge $j = 5$. Sein breitester Rand ist ab mit der Breite $b = 2$. Die Schiebedistanz beträgt $j - b = 5 - 2 = 3$.

Die im Vorlauf zu gewinnende Information besteht also darin, für jedes Präfix des Musters die Länge seines breitesten Randes zu bestimmen.

Vorlauf

Satz: Seien r, s Ränder eines Wortes x, wobei $|r| < |s|$. Dann ist r ein Rand von s.

Beweis: Bild 3.1 zeigt schematisch das Wort x mit den Rändern r und s. Als Rand von x ist r Präfix von x und damit, weil kürzer als s, auch echtes Präfix von s. Aber r ist auch Suffix von x und damit echtes Suffix von s. Also ist r Rand von s.

Ist s der breiteste Rand von x, so ergibt sich der nächstschmalere Rand r von x als breitester Rand von s usw.

Definition: Sei x ein Wort und $a \in A$ ein Zeichen. Ein Rand r von x *lässt sich durch a fortsetzen*, wenn ra Rand von xa ist.

Bild 3.1: *Ränder r, s eines Wortes x*

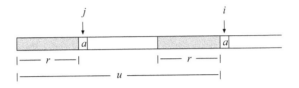

Bild 3.2: *Fortsetzung eines Randes*

Anhand von Bild 3.2 ist zu sehen, dass sich ein Rand r der Breite j von x durch a fortsetzen lässt, wenn $x_j = a$ ist.

In der Vorlaufphase wird ein Array b der Länge $m + 1$ berechnet. Der Eintrag $b[i]$ enthält für jedes Präfix der Länge i des Musters die Breite seines breitesten Randes ($i = 0, ..., m$). Das Präfix ε der Länge $i = 0$ hat keinen Rand; daher wird $b[0] = -1$ gesetzt.

Bild 3.3: *Präfix der Länge i des Musters mit Rand der Breite b[i]*

Sind die Werte $b[0], ..., b[i]$ bereits bekannt, so ergibt sich der Wert $b[i + 1]$, indem geprüft wird, ob sich ein Rand des Präfixes $p_0 \ldots p_{i-1}$ durch p_i fortsetzen lässt. Dies ist der Fall, wenn $p_{b[i]} = p_i$ ist (Bild 3.3). Die zu prüfenden Ränder ergeben sich nach obigem Satz in absteigender Breite aus den Werten $b[i], b[b[i]]$ usw.

Der Vorlaufalgorithmus enthält daher eine Schleife, die diese Werte durchläuft. Ein Rand der Breite j lässt sich durch p_i fortsetzen, wenn $p_j = p_i$ ist. Wenn nicht, wird $j = b[j]$ gesetzt und damit der nächstschmalere Rand geprüft. Die Schleife endet spätestens, wenn sich kein Rand fortsetzen lässt ($j = -1$).

Nach Erhöhung von j durch die Anweisung j++ enthält j in jedem Fall die Breite des

breitesten Randes von $p_0 \dots p_i$. Dieser Wert wird in $b[i+1]$ eingetragen (in $b[i]$ nach
Erhöhung von i durch die Anweisung i++).

Vorlaufalgorithmus

```
void kmpPreprocess()
{
    int i=0, j=-1;
    b[i]=j;
    while (i<m)
    {
        while (j>=0 && p[i]!=p[j]) j=b[j];
        i++; j++;
        b[i]=j;
    }
}
```

Beispiel: Für das Muster $p = $ ababaa ergeben sich die Randbreiten im Array b wie
folgt. Beispielsweise ist $b[5] = 3$, weil das Präfix ababa der Länge 5 einen Rand der
Breite 3 hat.

j: 0 1 2 3 4 5 6

$p[j]$: a b a b a a

$b[j]$: -1 0 0 1 2 3 1

Suchalgorithmus

Konzeptionell könnte der obige Vorlaufalgorithmus statt auf p auf das Wort pt
angewendet werden. Wenn nur Ränder bis zur maximalen Breite m berechnet werden,
so entspricht ein Rand der Breite m eines Präfixes x von pt einem Vorkommen des
Musters in t, wenn der Rand sich nicht überschneidet (Bild 3.4).

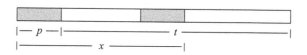

Bild 3.4: *Rand der Länge m eines Präfixes x von pt*

Hierdurch ist die große Ähnlichkeit des folgenden Suchalgorithmus mit dem Vorlaufalgorithmus zu erklären.

Knuth-Morris-Pratt-Suchalgorithmus

```
void kmpSearch()
{
    int i=0, j=0;
    while (i<n)
    {
        while (j>=0 && t[i]!=p[j]) j=b[j];
        i++; j++;
        if (j==m)
        {
            report(i-j);
            j=b[j];
        }
    }
}
```

In der inneren While-Schleife wird bei einem Mismatch an Position j der breiteste Rand des übereinstimmenden Präfixes des Musters betrachtet (Bild 3.5). Dieser hat die Breite $b[j]$. Indem an Position $b[j]$ weiterverglichen wird, ergibt sich eine neue Ausrichtung des Musters. Diese berücksichtigt somit das breiteste Präfix des Musters, das bereits übereingestimmt hat. Die While-Schleife wird solange durchlaufen, bis Übereinstimmung vorliegt oder kein Rand mehr vorhanden ist ($j = -1$).

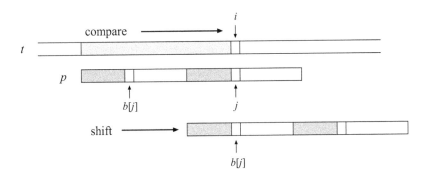

Bild 3.5: *Verschieben des Musters bei einem Mismatch an Position j*

Wenn alle m Zeichen des Musters mit dem entsprechenden Textfenster übereingestimmt haben ($j = m$), wird durch die Funktion $report(i - j)$ die Position des Vorkommens gemeldet. Anschließend wird das Muster so weit verschoben, wie es sein breitester Rand zulässt.

Das folgende Beispiel zeigt die Vergleiche, die der Suchalgorithmus durchführt: Übereinstimmungen (hellgrau) und Mismatches (dunkelgrau).

Beispiel:

```
0 1 2 3 4 5 6 7 8 9 ...
a b a b b a b a a
a b a b a c
    a b a b a c
        a b a b a c
            a b a b a c
                a b a b a c
```

Analyse

Die innere While-Schleife des Vorlaufalgorithmus vermindert bei jedem Durchlauf den Wert von j um mindestens 1, denn es ist stets $b[j] < j$. Da die Schleife spätestens bei $j = -1$ abbricht, kann sie den Wert von j höchstens so oft vermindern, wie er vorher durch j++ erhöht wurde. Da j++ in der äußeren Schleife insgesamt genau m-mal ausgeführt wird, kann die Gesamtanzahl aller Durchläufe durch die While-Schleife auch nur maximal m betragen. Der Vorlaufalgorithmus benötigt daher höchstens $O(m)$ Schritte.

Mit derselben Argumentation ist einzusehen, dass der Suchalgorithmus höchstens $O(n)$ Schritte benötigt. Anschaulich wird dies auch anhand des obigen Beispiels klar: die durchgeführten Vergleiche (hellgraue und dunkelgraue Zeichen) bilden eine Treppe. Jede Stufe der Treppe kann höchstens so hoch sein, wie sie breit ist, somit werden höchstens $2n$ Vergleiche durchgeführt.

Da $m \leq n$, beträgt die Komplexität des gesamten Verfahrens ebenfalls $O(n)$.

3.5   Boyer-Moore-Algorithmus

Idee

Der Algorithmus von BOYER und MOORE [BM 77] vergleicht das Muster von rechts nach links mit dem Text. Ist bereits das erste verglichene Textzeichen ein Zeichen, das im Muster überhaupt nicht vorkommt, so kann das Muster um m Positionen hinter dieses Zeichen weitergeschoben werden. Das folgende Beispiel verdeutlicht diese Situation.

Beispiel:

```
0 1 2 3 4 5 6 7 8 9 ...
a b b a d a b a c b a
b a b a c
        b a b a c
```

Der erste Vergleich d-c an Position 4 liefert einen Mismatch. Das Textzeichen d kommt im Muster überhaupt nicht vor. Daher kann das Muster an keiner der Positionen 0, ..., 4 übereinstimmen, denn alle zugehörigen Fenster enthalten das d. Das Muster kann bis Position 5 weitergeschoben werden.

Der günstigste Fall für den Boyer-Moore-Algorithmus tritt also ein, wenn jedesmal beim ersten Vergleich ein Textzeichen gefunden wird, das im Muster nicht vorkommt. Dann benötigt der Algorithmus nur $O(n/m)$ Vergleiche.

Schlechtes-Zeichen-Strategie

Die eben beschriebene Vorgehensweise wird als *Schlechtes-Zeichen-Strategie (bad character heuristics)* bezeichnet. Sie kann auch angewendet werden, wenn das gefundene Zeichen zwar schlecht ist, also zu einem Mismatch führt, aber an anderer Stelle im Muster vorkommt. Dann allerdings kann das Muster nur so weit geschoben werden, bis dieses Vorkommen auf das Textzeichen ausgerichtet ist. Im nächsten Beispiel tritt diese Situation auf.

Beispiel: 0 1 2 3 4 5 6 7 8 9 ...
            a b b a b a b a c b a
            b a b a c
              b a b a c

Der Vergleich b-c liefert einen Mismatch. Das Textzeichen b kommt im Muster an Position 0 und an Position 2 vor. Das Muster kann so weit geschoben werden, dass das letzte b des Musters auf das Textzeichen b ausgerichtet ist, also bis Position 2.

Gutes-Ende-Strategie

Nicht immer liefert die Schlechtes-Zeichen-Strategie ein gutes Ergebnis. In folgender Situation hat der Vergleich a-b einen Mismatch ergeben. Eine Ausrichtung des letzten Vorkommens des a im Muster auf das a im Text würde eine negative Verschiebung ergeben. Man könnte sich so behelfen, dass man stattdessen um 1 schiebt. Besser ist es, in diesem Fall die größtmögliche Schiebedistanz aus der Struktur des Musters abzuleiten. Die Schiebedistanz richtet sich danach, ob das Suffix, das übereingestimmt hat, noch an anderer Stelle im Muster vorkommt. Diese Vorgehensweise heißt *Gutes-Ende-Strategie (good suffix heuristics)*.

Beispiel: 0 1 2 3 4 5 6 7 8 9 ...
            a b a a b a b a c b a
            c a b a b
              c a b a b

Das Suffix ab hat bereits übereingestimmt. Das Muster kann so weit geschoben werden, bis das nächste Vorkommen von ab im Muster auf die Textzeichen ab ausgerichtet ist, also bis Position 2.

In folgender Situation hat das Suffix ab bereits übereingestimmt. Es gibt im Muster kein weiteres Vorkommen von ab. Daher kann das Muster hinter das ab geschoben werden, also bis Position 5.

Beispiel:
```
0  1  2  3  4  5  6  7  8  9 ...
a  b  c  a  b  a  b  a  c  b  a
c  b  a  a  b
            c  b  a  a  b
```

In folgender Situation hat das Suffix bab übereingestimmt. Es gibt im Muster kein weiteres Vorkommen von bab. Aber in diesem Fall kann das Muster nicht wie eben an Position 5 geschoben werden, sondern nur bis Position 3, da ein Präfix des Musters (ab) mit einem Teil des übereinstimmenden Suffixes bab übereinstimmt. Wir bezeichnen diese Situation als Fall 2 der Gutes-Ende-Strategie.

Beispiel:
```
0  1  2  3  4  5  6  7  8  9 ...
a  a  b  a  b  a  b  a  c  b  a
a  b  b  a  b
         a  b  b  a  b
```

Das Muster wird jeweils um die längere der beiden Distanzen geschoben, die sich aus der Gutes-Ende- bzw. der Schlechtes-Zeichen-Strategie ergeben.

Vorlauf für die Schlechtes-Zeichen-Strategie

Für die Schlechtes-Zeichen-Strategie wird eine Funktion occ benötigt, die für jedes Alphabetzeichen die Position seines letzten Vorkommens im Muster liefert, bzw. -1, falls das Zeichen im Muster überhaupt nicht vorkommt.

Definition: Sei A das zugrunde liegende Alphabet.

Die *Occurrence-Funktion* $occ: A^* \times A \to \mathbb{Z}$ ist wie folgt definiert:

Sei $p \in A^*$ mit $p = p_0 \ldots p_{m-1}$ das Muster und $a \in A$ ein Alphabetzeichen. Dann ist

$$occ(p, a) = \max\{j \mid p_j = a\}.$$

Hierbei wird $\max(\emptyset) = -1$ gesetzt.

Beispiel:

$$occ(\text{text}, \text{x}) = 2$$
$$occ(\text{text}, \text{t}) = 3$$

Das letzte Vorkommen des Zeichens x in dem Wort text ist an Position 2. Das Zeichen t kommt an den Positionen 0 und 3 vor; das letzte Vorkommen ist an Position 3.

Die Occurrence-Funktion für ein bestimmtes Muster p wird in einem Array occ gespeichert, das durch die Alphabetzeichen indiziert wird. Für jedes Zeichen $a \in A$ enthält $occ[a]$ den entsprechenden Funktionswert $occ(p, a)$.

Folgende Funktion $bmInitocc$ berechnet zu gegebenem Muster p die Occurrence-Funktion.

Vorlauf für die Schlechtes-Zeichen-Strategie

```
void bmInitocc()
{
    int j;
    char a;
    for (a=0; a<alphabetsize; a++)
        occ[a]=-1;
    for (j=0; j<m; j++)
    {
        a=p[j];
        occ[a]=j;
    }
}
```

Es ist in Java möglich, das Array occ durch a vom Typ `char` zu indizieren, da `char` ohne explizite Konversion in `int` umgewandelt wird.

Vorlauf für die Gutes-Ende-Strategie

Für die Gutes-Ende-Strategie wird ein Array s benötigt, das für jedes i angibt, um wie viel das Muster geschoben werden kann, wenn ein Mismatch an Position $i - 1$ auftritt, d.h. wenn das an Position i beginnende Suffix übereingestimmt hat. Um diese Schiebedistanz zu bestimmen, sind zwei unterschiedliche Fälle zu betrachten.

Fall 1:   Das übereinstimmende Suffix kommt noch an anderer Stelle im Muster vor (Bild 3.6).

Fall 2:   Nur ein Teil des übereinstimmenden Suffixes kommt am Anfang des Musters vor (Bild 3.7).

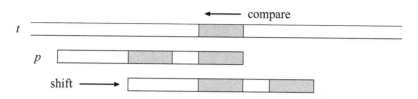

Bild 3.6: *Das übereinstimmende Suffix (grau) kommt noch an anderer Stelle im Muster vor*

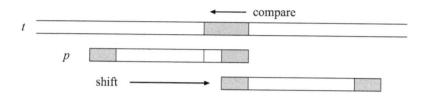

Bild 3.7: *Ein Teil des übereinstimmenden Suffixes kommt am Anfang des Musters vor*

Fall 1:

Die Situation ist ähnlich wie beim Knuth-Morris-Pratt-Vorlauf. Das übereinstimmende Suffix stellt einen Rand eines Suffixes des Musters dar. Zu jedem Suffix des Musters sind also die Ränder zu bestimmen. Benötigt wird jedoch die inverse Zuordnung zwischen einem gegebenen Rand und dem kürzesten Suffix des Musters, das diesen Rand hat.

Zusätzlich ist noch gefordert, dass der Rand sich nicht nach links fortsetzen lässt, denn dann würde es nach Verschiebung des Musters zu einem erneuten Mismatch kommen.

In folgendem ersten Teil des Vorlaufalgorithmus wird ein Array f berechnet. Für ein an Position i beginnendes Suffix des Musters enthält der Eintrag $f[i]$ die Anfangsposition seines breitesten Randes. Für das Suffix ε, das an Position m beginnt, wird $f[m] = m + 1$ gesetzt.

Genau wie beim Knuth-Morris-Pratt-Vorlauf wird ein Rand berechnet, indem geprüft wird, ob sich ein schon berechneter kürzerer Rand fortsetzen lässt.

Interessant ist hier wiederum auch der Fall, wenn sich ein Rand *nicht* fortsetzen lässt, denn dies bedeutet eine aussichtsreiche Verschiebung des Musters bei einem Mismatch. Es wird daher die zugehörige Schiebedistanz in ein Array s eingetragen – vorausgesetzt, dass der entsprechende Eintrag nicht schon belegt ist (dies ist dann der Fall, wenn ein kürzeres Suffix schon denselben Rand hatte).

Vorlauf für die Gutes-Ende-Strategie Fall 1

```
void bmPreprocess1()
{
    int i=m, j=m+1;
    f[i]=j;
    while (i>0)
    {
        while (j<=m && p[i-1]!=p[j-1])
        {
            if (s[j]==0) s[j]=j-i;
            j=f[j];
        }
        i--; j--;
        f[i]=j;
    }
}
```

Das folgende Beispiel zeigt die Belegung für das Array f und die bis hierhin berechneten Einträge im Array s.

Beispiel:

i: 0 1 2 3 4 5 6 7

p: a b b a b a b

f: 5 6 4 5 6 7 7 8

s: 0 0 0 0 2 0 4 1

Das an Position 2 beginnende Suffix babab hat als breitesten Rand bab, dieser beginnt an Position 4. Daher ist $f[2] = 4$. Das an Position 5 beginnende Suffix ab hat als breitesten Rand ε, dieser beginnt an Position 7. Daher ist $f[5] = 7$.

Für die Belegung des Arrays s sind die Ränder maßgebend, die sich nicht nach links fortsetzen lassen.

Das an Position 2 beginnende Suffix babab hat den Rand bab, dieser beginnt an Position 4. Dieser Rand lässt sich nicht fortsetzen, denn es ist $p[1] \neq p[3]$. Die Differenz $4 - 2 = 2$ ist daher die Schiebedistanz, wenn bab übereingestimmt hat und dann ein Mismatch auftritt. Somit ist $s[4] = 2$.

Das an Position 2 beginnende Suffix babab hat auch noch den Rand b, dieser beginnt an Position 6. Auch dieser Rand lässt sich nicht fortsetzen. Daher wird die Schiebedistanz $6 - 2 = 4$ an Position 6 eingetragen.

Der Eintrag $s[7] = 1$ kommt zustande, weil das an Position 6 beginnende Suffix b den an Position 7 beginnenden Rand ε hat und sich dieser nicht fortsetzen lässt.

Fall 2:

Der Eintrag $f[0]$ enthält die Anfangsposition des breitesten Randes des ganzen Musters. In obigem Beispiel also 5, da der Rand ab an Position 5 beginnt. Tritt das „gute Ende", also das übereinstimmende Suffix des Musters nicht an anderer Stelle im Muster auf, wie eben in Fall 1 dargestellt, so kann das Muster so weit geschoben werden, wie es sein Rand zulässt. Maßgebend ist dabei jeweils der breiteste Rand, sofern er nicht breiter als das übereinstimmende Suffix ist.

Im folgenden zweiten Teil des Vorlaufalgorithmus werden alle noch freien Einträge des Arrays s belegt. Eingetragen wird zunächst überall die Anfangsposition des breitesten Randes des Musters, diese ist $j = f[0]$. Ab Position $i = j$ wird auf den nächstschmaleren Rand $f[j]$ umgeschaltet usw.

Vorlauf für die Gutes-Ende-Strategie Fall 2

```
void bmPreprocess2()
{
    int i, j;
    j=f[0];
    for (i=0; i<=m; i++)
    {
        if (s[i]==0) s[i]=j;
        if (i==j) j=f[j];
    }
}
```

Folgendes Beispiel zeigt die endgültige Belegung des Arrays s.

Beispiel:

i:	0	1	2	3	4	5	6	7
p:	a	b	b	a	b	a	b	
f:	5	6	4	5	6	7	7	8
s:	5	5	5	5	2	5	4	1

Der gesamte Vorlaufalgorithmus des Boyer-Moore-Verfahrens besteht aus der Berechnung der Occurrence-Funktion und den beiden eben betrachteten Teilen.

Boyer-Moore-Vorlauf

```
void bmPreprocess()
{
    int[] f=new int[m+1];
    bmInitocc();
    bmPreprocess1();
    bmPreprocess2();
}
```

Suchalgorithmus

Der Suchalgorithmus vergleicht die Zeichen des Musters von rechts nach links mit
dem Text. Bei vollständiger Übereinstimmung wird das Muster anschließend so weit
geschoben, wie es sein Rand zulässt. Nach einem Mismatch wird das Muster um das
Maximum der Werte geschoben, die sich aus der Gutes-Ende- und der Schlechtes-
Zeichen-Strategie ergeben.

Boyer-Moore-Suchalgorithmus

```
void bmSearch()
{
    int i=0, j;
    while (i<=n-m)
    {
        j=m-1;
        while (j>=0 && p[j]==t[i+j]) j--;
        if (j<0)
        {
            report(i);
            i+=s[0];
        }
        else
            i+=Math.max(s[j+1], j-occ[t[i+j]]);
    }
}
```

Analyse

Unter der Bedingung, dass das Muster im Text nicht oder nur eine konstante
Anzahl von Malen vorkommt, führt der Boyer-Moore-Algorithmus in der Suchphase
im schlechtesten Fall $O(n)$ Vergleiche durch. Der Beweis hierfür ist allerdings recht
schwierig.

Im allgemeinen Fall sind $\Theta(n \cdot m)$ Vergleiche erforderlich, etwa wenn das Muster a^m
und der Text a^n ist. Durch eine geringfügige Modifikation des Algorithmus lässt sich
die Anzahl der Vergleiche aber auch im allgemeinen Fall auf $O(n)$ begrenzen.

Ist das Alphabet groß im Vergleich zu Länge des Musters, benötigt der Algorithmus im
Durchschnitt $O(n/m)$ Vergleiche. Dies ist der Fall, weil die Schlechtes-Zeichen-Strategie
häufig Verschiebungen um m ergibt.

Zusammenfassung

Der Boyer-Moore-Algorithmus verwendet zwei Strategien, um bei einem Mismatch
die größtmögliche Verschiebung des Musters zu bestimmen: die Schlechtes-Zeichen-
Strategie und die Gutes-Ende-Strategie. Beide Strategien können Verschiebungen um

m bewirken: die Schlechtes-Zeichen-Strategie, wenn das erste verglichene Textzeichen nicht im Muster vorkommt und die Gutes-Ende-Strategie, wenn die übereinstimmenden Textzeichen nicht an anderer Stelle im Muster vorkommen.

Der Vorlauf für die Gutes-Ende-Strategie ist recht schwierig zu verstehen und zu implementieren. Daher findet man gelegentlich Versionen des Boyer-Moore-Algorithmus, in denen die Gutes-Ende-Strategie schlicht weggelassen wird. Die Begründung ist, dass die Schlechtes-Zeichen-Strategie ausreichend sei und die Gutes-Ende-Strategie nicht viele Vergleiche einspare.

Dies stimmt jedoch nur bei großen Alphabeten. Will man sich der Einfachheit halber auf die Schlechtes-Zeichen-Strategie beschränken, so sind der Horspool-Algorithmus und der Sunday-Algorithmus geeigneter.

3.6   Modifizierter Boyer-Moore-Algorithmus

Idee

Der Boyer-Moore-Algorithmus benötigt im schlechtesten Fall $\Theta(n \cdot m)$ Vergleiche, etwa bei der Suche des Musters a^m in dem Text a^n. Dies ist darauf zurückzuführen, dass der Algorithmus keinerlei Information aus gefundenen Übereinstimmungen weiterverwendet, wenn er das Muster verschiebt. Hierdurch kommen überflüssige Vergleiche zustande.

Beispiel:

```
          0  1  2  3  4  5  6  7  8 ...
          b  a  a  a  a  b  a  a  a  b  c  a
          a  a  b  a  a
                a  a  b  a  a
```

Der Vergleich a-b ergibt einen Mismatch; das Suffix aa hat übereingestimmt. Daraufhin wird das Muster aufgrund der Gutes-Ende-Strategie (Fall 2) in die gezeigte Position verschoben. Stimmt das Muster an der neuen Position überein, werden die beiden a's an den Positionen 3 und 4 des Textes erneut verglichen.

Eine Verschiebung aufgrund der Gutes-Ende-Strategie (Fall 2) ist immer dann möglich, wenn ein Rand des Musters übereingestimmt hat. Dann überlappt ein Präfix des Musters an der neuen Position mit dem übereinstimmenden Suffix der alten Position. Die Gutes-Ende-Strategie garantiert, dass alle Zeichen des überlappenden Bereiches übereinstimmen. Beim Vergleich des Musters an der neuen Position brauchen daher diese Zeichen nicht noch einmal verglichen zu werden.

Diese Situation tritt allerdings nur auf, wenn ein Vorkommen des Musters an der neuen Position vorliegt. Ansonsten wird bereits vor dem überlappenden Bereich ein Mismatch gefunden. Der schlechteste Fall des Boyer-Moore-Verfahrens ist jedoch gerade durch viele, sich überlappende Vorkommen des Musters gekennzeichnet.

Algorithmus

Der Boyer-Moore-Algorithmus ist so zu modifizieren, dass in der inneren While-Schleife der Index j nicht grundsätzlich bis 0 hinuntergezählt wird, sondern nur bis zu einem gewissen $k \geq 0$, wobei k die Breite des überlappenden Bereiches ist.

Folglich ist das Kriterium dafür, dass ein Vorkommen gefunden worden ist, nunmehr $(j < k)$.

Bei jeder Verschiebung ist das entsprechende k zu bestimmen. Die Verschiebung muss aufgrund der Gutes-Ende-Strategie, Fall 2, zustande gekommen sein. Dieser Fall ist gegeben, wenn die Schiebedistanz d aufgrund der Gutes-Ende-Strategie größer als die letzte Vergleichsposition j ist. Dann ergibt sich k als $m - d$. Anderenfalls muss, wie im originalen Boyer-Moore-Algorithmus, $k = 0$ gesetzt werden.

Modifizierter Boyer-Moore-Algorithmus

```
void bmSearchModified()
{
    int j, i=0, k=0, d;

    while (i<=n-m)
    {
        j=m-1;
        while (j>=k && p[j]==t[i+j]) j--;
        if (j<k)
        {
            report(i);
            i+=s[0];
            k=m-s[0];
        }

        else
        {
            d=s[j+1];
            k=d>j? m-d: 0;
            i+=Math.max(j-occ[t[i+j]], d);
        }
    }
}
```

Die bedingte Wertzuweisung `k=d>j? m-d: 0;` ist gleichbedeutend mit `if (d>j) k=m-d; else k=0; `.

Analyse

Wenn das Muster im Text nicht vorkommt, dann wird die innere While-Schleife des Algorithmus immer aufgrund eines Mismatches abgebrochen und nie deswegen, weil $j < k$ wird. Dann unterscheidet sich das Verhalten des modifizierten Algorithmus nicht vom originalen Algorithmus.

Es werden dagegen Vergleiche eingespart, wenn sich ein Vorkommen des Musters in der oben beschriebenen Weise mit dem vorherigen Fenster überlappt. Der Extremfall ist, wenn etwa das Muster a^m und der Text a^n ist. Der modifizierte Algorithmus führt in diesem Fall exakt n Vergleiche durch, während der originale Algorithmus $(n - m + 1) \cdot m \in \Theta(n \cdot m)$ Vergleiche benötigt.

3.7 Horspool-Algorithmus

Idee

Der Boyer-Moore-Algorithmus verwendet zwei Strategien, um die Verschiebung des Musters bei einem Mismatch zu bestimmen: die Schlechtes-Zeichen- und die Gutes-Ende-Strategie. Von HORSPOOL [Hor 80] stammt die Idee, nur die Schlechtes-Zeichen-Strategie zu verwenden, jedoch nicht das Zeichen heranzuziehen, das zu einem Mismatch geführt hat, sondern stets das ganz rechte Zeichen des Textfensters.

Beispiel:

(a) Boyer-Moore

(b) Horspool

Das Suffix ab hat übereingestimmt, der Vergleich c-a ergibt einen Mismatch. Der Boyer-Moore-Algorithmus (a) ermittelt die Schiebedistanz nach der Schlechtes-Zeichen-Strategie aufgrund des letzten Vorkommens von c. Der Horspool-Algorithmus (b) ermittelt die Schiebedistanz aufgrund des letzten Vorkommens von b, wobei das Vorkommen des b an der letzten Position des Musters nicht mitzählt.

Auch im Horspool-Algorithmus tritt der günstigste Fall ein, wenn jedesmal beim ersten Vergleich ein Textzeichen gefunden wird, das im Muster überhaupt nicht vorkommt. Dann benötigt der Algorithmus nur $O(n/m)$ Vergleiche.

Vorlauf

Die für die Schlechtes-Zeichen-Strategie benötigte Occurrence-Funktion occ wird geringfügig anders berechnet als beim Boyer-Moore-Algorithmus. Für jedes Alphabetzeichen a ist $occ(p, a)$ die Position seines letzten Vorkommens in $p_0 \ldots p_{m-2}$, bzw. -1, falls das Zeichen darin überhaupt nicht vorkommt. Das letzte Zeichen p_{m-1} des Musters wird also nicht mit berücksichtigt.

Beispiel:

$$occ(\text{text}, \text{x}) = 2$$
$$occ(\text{textet}, \text{t}) = 3$$
$$occ(\text{text}, \text{t}) = 0$$
$$occ(\text{next}, \text{t}) = -1$$

Hier ist $occ(\text{textet}, \text{t}) = 3$, weil das letzte Vorkommen von t in dem Wort texte an Position 3 ist. Ferner ist $occ(\text{text}, \text{t}) = 0$, weil das letzte Vorkommen von t in dem Wort tex an Position 0 ist, und schließlich ist $occ(\text{next}, \text{t}) = -1$, weil t in nex überhaupt nicht vorkommt.

Die Occurrence-Funktion für ein bestimmtes Muster p wird in einem Array occ gespeichert, das durch die Zeichen des Alphabets indiziert wird. Für jedes Zeichen $a \in A$ enthält $occ[a]$ den entsprechenden Funktionswert $occ(p, a)$.

Folgende Funktion *horspoolInitocc* berechnet zu gegebenem Muster p die Occurrence-Funktion.

```
void horspoolInitocc()
{
    int j;
    char a;

    for (a=0; a<alphabetsize; a++)
        occ[a]=-1;

    for (j=0; j<m-1; j++)
    {
        a=p[j];
        occ[a]=j;
    }
}
```

Es folgt der Suchalgorithmus.

Suchalgorithmus

```
void horspoolSearch()
{
    int i=0, j;
    while (i<=n-m)
    {
        j=m-1;
        while (j>=0 && p[j]==t[i+j]) j--;
        if (j<0) report(i);
        i+=m-1;
        i-=occ[t[i]];
    }
}
```

3.8   Sunday-Algorithmus

Idee

Der Boyer-Moore-Algorithmus verwendet für die Schlechtes-Zeichen-Strategie dasjenige Zeichen des Textes, das zu einem Mismatch geführt hat. Der Horspool-Algorithmus verwendet das ganz rechte Zeichen des Textfensters. Von SUNDAY [Sun 90] stammt die Idee, das unmittelbar rechts *neben* dem Textfenster stehende Zeichen zu verwenden, denn dieses ist bei einer Verschiebung des Musters in jedem Fall beteiligt.

Beispiel:

```
0 1 2 3 4 5 6 7 8 9 ...        0 1 2 3 4 5 6 7 8 9 ...
a b c a b d a a c b a          a b c a b d a a c b a
b c a a b                      b c a a b
  b c a a b                                b c a a b
  (a)  Boyer-Moore               (b)  Horspool
```

```
0 1 2 3 4 5 6 7 8 9 ...
a b c a b d a a c b a
b c a a b
          b c a a b
  (c)  Sunday
```

Das Suffix ab hat übereingestimmt, der Vergleich c-a ergibt einen Mismatch. Der Boyer-Moore-Algorithmus (a) ermittelt die Schiebedistanz nach der Schlechtes-Zeichen-Strategie aufgrund des letzten Vorkommens von c im Muster. Der

Horspool-Algorithmus (b) ermittelt die Schiebedistanz aufgrund des letzten
Vorkommens von b, wobei das Vorkommen des b an der letzten Position des
Musters nicht mitzählt. Der Sunday-Algorithmus (c) ermittelt die Schiebedistanz
aufgrund des letzten Vorkommens von d im Muster. Da d im Muster nicht
vorkommt, kann das Muster hinter das d verschoben werden.

Auch im Sunday-Algorithmus tritt der günstigste Fall ein, wenn jedesmal beim ersten
Vergleich ein Textzeichen gefunden wird, das im Muster überhaupt nicht vorkommt.
Dann benötigt der Algorithmus nur $O(n/m)$ Vergleiche.

Anders als beim Boyer-Moore- und beim Horspool-Algorithmus brauchen die Zeichen
des Musters beim Sunday-Algorithmus nicht von rechts nach links verglichen zu werden.
Sie können in einer beliebigen Reihenfolge verglichen werden; es kann also wie beim
nicht ganz so naiven Algorithmus dasjenige Zeichen des Musters als erstes verglichen
werden, das mit der geringsten Wahrscheinlichkeit im Text vorkommt. Voraussetzung
ist dabei natürlich wiederum, dass die Häufigkeitsverteilung der Textzeichen zumindest
annähernd bekannt ist (z.B. die Häufigkeit der Buchstaben in deutschen Texten).

Das folgende Beispiel zeigt die durchgeführten Vergleiche, wenn das c des Musters als
erstes verglichen wird.

Beispiel: 0 1 2 3 4 5 6 7 8 9 ...
                a b c a b d a a c b a
                b c a a b
                            b c a a b

Vorlauf

Die für die Schlechtes-Zeichen-Strategie benötigte Occurrence-Funktion *occ* wird
genauso berechnet wie beim Boyer-Moore-Algorithmus.

Folgende Funktion *sundayInitocc* berechnet zu gegebenem Muster p die Occurrence-
Funktion; sie ist identisch mit der Funktion *bmInitocc*.

```
void sundayInitocc()
{
    int j;
    char a;
    for (a=0; a<alphabetsize; a++)
        occ[a]=-1;
```

```
    for (j=0; j<m; j++)
    {
        a=p[j];
        occ[a]=j;
    }
}
```

Suchalgorithmus

Unter Verwendung der Funktion *matchesAt*, die das Muster mit dem jeweiligen Text-fenster je nach Implementierung auf bestimmte Art vergleicht, hat der Suchalgorithmus folgende Gestalt:

```
void sundaySearch()
{
    int i=0;
    while (i<=n-m)
    {
        if (matchesAt(i)) report(i);
        i+=m;
        if (i<n) i-=occ[t[i]];
    }
}
```

Es ist notwendig, nach der Anweisung `i+=m` zu prüfen, ob der Wert von i höchstens $n-1$ ist, denn es wird anschließend auf $t[i]$ zugegriffen.

3.9 Skip-Search-Algorithmus

Idee

Hat das Muster p eine Länge von $m > 1$, so ist es im allgemeinen nicht erforderlich, jedes Textzeichen zu inspizieren, wie bereits beim Boyer-Moore-Algorithmus, beim Horspool-Algorithmus und beim Sunday-Algorithmus gesehen. Die folgende Umsetzung dieser Idee führt ebenfalls zu einem im Durchschnitt sublinearen Algorithmus [CLP 98].

Bild 3.8 zeigt schematisch den Text t, in dem jedes m-te Zeichen markiert ist. Durch dieses Raster kann das Muster p nicht fallen, ohne dass eines der markierten Zeichen berührt ist.

Bild 3.9 zeigt die Situation, in der das markierte Zeichen ein x ist, das im Muster überhaupt nicht vorkommt. Dann kann das Muster an keiner Position des hellgrau getönten Bereiches beginnen.

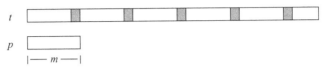

Bild 3.8: *Raster der Weite m*

Bild 3.9: *Verbotener Bereich für das Muster*

Bild 3.10 zeigt die Situation, in der das markierte Zeichen ein b ist, das im Muster nur einmal vorkommt. Dann kann das Muster nur in der gezeigten Position innerhalb des hellgrau getönten Bereiches übereinstimmen.

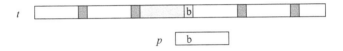

Bild 3.10: *Möglichkeit eines Vorkommens*

Wenn das markierte Zeichen im Muster mehrmals vorkommt, kann das Muster innerhalb des grau getönten Bereiches an entsprechend vielen Position übereinstimmen (Bild 3.11).

Das Suchverfahren stochert also zunächst nur an den dunkelgrau markierten Stellen von Bild 3.8 im Text herum. Diese markierten Positionen nennen wir *Rasterpositionen*. Nur wenn an der betreffenden Rasterposition ein Zeichen steht, das im Muster vorkommt, wird das Muster wie in Bild 3.10 gezeigt ausgerichtet und verglichen. Kommt das Zeichen mehrere Male im Muster vor, müssen auch noch weitere mögliche Vorkommen geprüft werden.

Vorlauf

Wie beim Boyer-Moore-Algorithmus wird eine Funktion *occ* benötigt, die für jedes Zeichen des Alphabets die Position seines letzten Vorkommens im Muster liefert, bzw. −1, falls das Zeichen nicht im Muster vorkommt.

Die Occurrence-Funktion für ein bestimmtes Muster p wird in einem Array *occ* gespeichert, das durch die Zeichen des Alphabets indiziert wird. Für jedes Zeichen

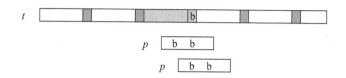

Bild 3.11: *Mehrere Möglichkeiten von Vorkommen*

$a \in A$ enthält $occ[a]$ den entsprechenden Funktionswert $occ(p, a)$.

Die Occurrence-Funktion liefert nur das letzte Vorkommen eines Zeichens im Muster p. Alle weiteren Vorkommen stehen in einem Array *next* der Länge m, und zwar enthält *next*[i] jeweils das nächste Vorkommen des Zeichens $p[i]$, bzw. -1, falls kein weiteres Vorkommen existiert.

Beispiel: j: 0 1 2 3 4 5

                p: t e x t e t

      next: -1 -1 -1 0 1 3

Für das Zeichen t beispielsweise liefert die Occurrence-Funktion die Position 5. Das nächste Vorkommen von t liegt bei *next*[5] = 3. Das darauf folgende Vorkommen von t ist bei *next*[3] = 0. Ein weiteres Vorkommen von t existiert nicht, daher *next*[0] = −1.

Folgende Funktion *skipInitocc* berechnet zu gegebenem Muster p die Occurrence-Funktion, ferner in Zeit $O(m)$ die Einträge in das Array *next*.

```
void skipInitocc()
{
    int j;
    char a;
    for (a=0; a<alphabetsize; a++)
        occ[a]=-1;
    for (j=0; j<m; j++)
    {
        a=p[j];
        next[j]=occ[a];
        occ[a]=j;
    }
}
```

Suchalgorithmus

Wie beim Sunday-Algorithmus ist es nicht notwendig, die Vergleiche zwischen Muster und Textfenster in einer bestimmten Reihenfolge (z.B. von rechts nach links) auszuführen. Der folgende Suchalgorithmus verwendet die Funktion *matchesAt*, in der die Vergleichsreihenfolge festgelegt ist.

```
void skipSearch()
{
    int i, k;
    for (i=m-1; i<n; i+=m)
    {
        k=occ[t[i]];
        while (k>=0 && i-k<=n-m)
        {
            if (matchesAt(i-k)) report(i-k);
            k=next[k];
        }
    }
}
```

Analyse

Im günstigsten Fall benötigt der Algorithmus $O(n/m)$ Vergleiche, nämlich wenn keines der in Bild 3.8 markierten Zeichen im Muster vorkommt.

Im schlechtesten Fall, etwa bei der Suche von a^m in a^n, sind $\Theta(n \cdot m)$ Vergleiche erforderlich.

Für die Analyse des Verhaltens im Durchschnitt wird wiederum eine Wahrscheinlichkeitsverteilung der Zeichen des Alphabets zugrunde gelegt.

Sei h_j die Wahrscheinlichkeit des Zeichens p_j. Mit dieser Wahrscheinlichkeit muss das Muster wie in Bild 3.10 dargestellt mit p_j an der Rasterposition i ausgerichtet und verglichen werden. Für den Vergleich des Musters seien jeweils im Durchschnitt v Zeichenvergleiche erforderlich.

Die mittlere Anzahl der Vergleiche pro Rasterposition ergibt sich also aus der Summe h der h_j ($j = 0, ..., m - 1$), multipliziert mit v.

Damit beträgt die Anzahl der Vergleiche im Durchschnitt insgesamt

$$V = n/m \cdot h \cdot v.$$

Wie in der Analyse des naiven Algorithmus gesehen, ist v unabhängig von m, wenn alle $h_j < 1$ sind. Für h gilt $h \leq 1$, wenn alle Zeichen des Musters verschieden sind. Auch wenn jedes Zeichen nur eine konstante Anzahl von Malen im Muster vorkommt, gilt noch $h \in O(1)$. In diesen Fällen gilt also $V \in O(n/m)$. Nur wenn ein Zeichen $\Omega(m)$-mal im Muster vorkommt, ist $h \in \Omega(m)$, somit sind dann insgesamt $V \in \Theta(n)$ Vergleiche erforderlich.

3.10   Shift-And-Algorithmus

Idee

Der Shift-And-Algorithmus [WM 92] bildet zu jedem Textfenster einen Zustandsvektor z, der angibt, an welchen Positionen des Fensters ein mögliches Vorkommen des Musters beginnt. Der Zustandsvektor lässt sich aus dem Zustandsvektor des vorhergehenden Fensters in konstanter Zeit berechnen.

Definition: Sei p wiederum das Muster der Länge m. Mit u_j sei das Präfix des Musters p bezeichnet, das an Position j endet ($j = 0, ..., m - 1$):

$$u_j \;\; = \;\; p_0 \ldots p_j.$$

Insbesondere ist also $u_{m-1} = p$.

Beispiel: Das Muster $p = $ abbabab hat beispielsweise die Präfixe $u_0 = $ a und $u_3 = $ abba.

Definition: Sei w ein Textfenster der Länge m. Seien ferner $u_0, ..., u_{m-1}$ die Präfixe des Musters p.

Zu gegebenem Muster p ist der *Zustandsvektor* $z = z_0, ..., z_{m-1}$ eines Textfensters w folgendermaßen definiert:

$$z_j \;\; = \;\; \begin{cases} 1 & \text{falls } u_j \text{ Suffix von } w \text{ ist} \\ 0 & \text{sonst} \end{cases}$$

Beispiel: Es sei $p = $ abbabab das Muster und $w = $ baabbab ein Textfenster. Die Präfixe $u_0, ..., u_6$ des Musters sind in folgender Tabelle unter das Textfenster geschrieben. Dort wo eines dieser Präfixe mit einem Suffix des Textfensters übereinstimmt, enthält der Zustandsvektor z eine 1. Es ist also $z = 0100100$.

b	a	a	b	b	a	b	z
						a	0
					a	b	1
				a	b	b	0
			a	b	b	a	0
		a	b	b	a	b	1
	a	b	b	a	b	a	0
a	b	b	a	b	a	b	0

Der Zustandsvektor z kann als eine Art Signatur des Textfensters angesehen werden. Das Muster p stimmt mit dem Textfenster w überein, wenn die Signatur des Musters mit der Signatur des Fensters übereinstimmt. Tatsächlich genügt es, das Bit z_{m-1} zu testen, denn es gilt $z_{m-1} = 1 \Leftrightarrow p = w$.

Wird das Textfenster um eine Position weitergeschoben, so verlässt ein Zeichen das Fenster und ein neues kommt hinzu. Die dazwischen liegenden Zeichen bleiben gleich. Dies wird ausgenutzt, um den Zustandsvektor des neuen Textfensters in konstanter Zeit aus dem vorherigen Zustandsvektor zu berechnen.

Definition: Sei $p = p_0 \ldots p_{m-1}$ das Muster und A das zugrunde liegende Alphabet. Der *charakteristische Vektor* $ch(p,a)$ eines Zeichens $a \in A$ ist definiert durch

$$ch(p,a)_j \;=\; \begin{cases} 1 & \text{falls } \; p_j = a \\ 0 & \text{sonst} \end{cases}$$

für alle $j \in \{0, \ldots, m-1\}$. Der charakteristische Vektor $ch(p,a)$ enthält also Einsen genau an den Positionen, an denen das Zeichen a im Muster p vorkommt.

Der Zustandsvektor des neuen Textfensters ergibt sich durch eine Und-Verknüpfung des um eine Position geschobenen vorherigen Zustandsvektors mit dem charakteristischen Vektor des neu ins Textfenster gekommenen Zeichens.

b a a b b a b	z	b a a b b a b a	z'		ch		z''
a	0	a	1		1		1
a b	1	a b	0		0		0
a b b	0	a b b	1		0		0
a b b a	0	a b b a	0	$\wedge$	1	$=$	0
a b b a b	1	a b b a b	0		0		0
a b b a b a	0	a b b a b a	1		1		1
a b b a b a b	0	a b b a b a b	0		0		0

Um den neuen Zustandsvektor z'' zu berechnen, wird der alte Zustandsvektor z zunächst um eine Position nach unten geschoben (z'). Denn wenn vorher das Präfix u_{j-1} mit einem Suffix des Textfensters übereingestimmt hat, so stimmt jetzt das Präfix u_j mit einem Suffix des Fensters überein. Dies gilt jedoch nur, wenn das neue Textzeichen dasselbe Zeichen ist, das beim Übergang von u_{j-1} zu u_j hinzukommt. Dieses Zeichen ist aber p_j. Daher wird der verschobene Vektor mit dem charakteristischen Vektor ch des neuen Zeichens per Und verknüpft.

Der Shift-And-Algorithmus lässt sich auch als Simulation eines speziellen nichtdeterministischen endlichen Automaten, eines String-Matching-Automaten (siehe [Lan 02]), auffassen.

Algorithmus

Ist die Länge des Musters höchstens 32, so lassen sich die Zustandsvektoren und die charakteristischen Vektoren durch 32-Bit-Integer-Zahlen repräsentieren.

In einem Vorlauf (*preprocessing*) werden zunächst die charakteristischen Vektoren für alle Zeichen des Musters gebildet. Es wird ein Array $ch[alphabetsize]$ verwendet. Der Eintrag $ch[a]$ enthält jeweils den als 32-Bit-Integerzahl repräsentierten Vektor $ch(p, a)$, für alle $a \in A$.

```
void shiftAndPreprocess()
{
    int   j, k=1;
    char a;
    for (j=0; j<m; j++)
    {
        a=p[j];
        ch[a]|=k;          // j-tes Bit in ch[a] setzen
        lastbit=k;
        k<<=1;
    }
}
```

Der Wert von *lastbit* entspricht einem Bitvektor, bei dem Bit $m - 1$ gesetzt ist.

In der Suchphase wird an jeder Textposition i der Zustandsvektor um eine Position geschoben, eine 1 nachgezogen (durch Oder-Verknüpfung mit 1) und die Und-Verknüpfung mit dem charakteristischen Vektor des Zeichens t_i durchgeführt.

```
void shiftAndSearch()
{
    int i, z=0;
    for (i=0; i<n; i++)
    {
        z=((z<<1) | 1) & ch[t[i]];
        if ((z & lastbit)!=0) report(i-m+1);
    }
}
```

Analyse

In der Suchphase führt der Algorithmus pro Textzeichen eine konstante Anzahl von Operationen aus. Die Komplexität der Suchphase liegt also in $\Theta(n)$.

Die Vorlaufphase hat eine Komplexität von $\Theta(m)$, da pro Zeichen des Musters eine konstante Anzahl von Operationen ausgeführt wird.

Approximative Suche

Um das Muster aa?b zu suchen, wobei das Fragezeichen für ein beliebiges Zeichen des Alphabets steht, wird in den charakteristischen Vektoren von allen Alphabetzeichen an der entsprechenden Position eine 1 eingetragen.

Da auch mehrere Fragezeichen auftreten können, wird zunächst der charakteristische Vektor q des Zeichens „?" gebildet. Dieser wird anschließend auf alle Alphabetzeichen übertragen.

```
void approximateShiftAndPreprocess()
{
    int j, k=1, q=0;
    char a;
    for (j=0; j<m; j++)
    {
        a=p[j];
        if (a!="?")
            ch[a]|=k;          // j-tes Bit in ch[a] setzen
        else
            q|=k;              // j-tes Bit in q setzen
        lastbit=k;
        k<<=1;
    }
    // q auf alle Alphabetzeichen übertragen
    for (a=0; a<alphabetsize; a++)
        ch[a]|=q;
}
```

In ähnlicher Weise lässt sich der Fall behandeln, dass ein Zeichen aus einer bestimmten Menge stammen muss, z.B. ein Großbuchstabe oder eine Ziffer sein muss, oder dass an einer Position bestimmte Zeichen ausgeschlossen sein sollen. Der Vorlauf wird dadurch allerdings komplizierter.

3.11   Aufgaben

Aufgabe 1: Implementieren Sie die dargestellten Verfahren in Form von Klassen. Leiten Sie die Klassen von einer Basisklasse *StringMatcher* ab.

Aufgabe 2: Beim Boyer-Moore-Verfahren berücksichtigt die Gutes-Ende-Strategie nicht, welches Zeichen des Textes den Mismatch ausgelöst hat. In folgender Situation beispielsweise hat das Zeichen a übereingestimmt, und das Zeichen c des Textes löst einen Mismatch aus. Die Gutes-Ende-Strategie erlaubt eine Verschiebung des Musters um 2; hierdurch kommt es zu einem erneuten Mismatch durch das Zeichen c des Textes. Tatsächlich ist von vornherein eine Verschiebung um 4 möglich, wenn das Zeichen c berücksichtigt wird.

```
    .  .  .  c  a  .  .  .
 c  a  d  a  b  a
```

Beim Boyer-Moore-Verfahren sorgt die Schlechtes-Zeichen-Strategie dafür, dass eine Verschiebung um 4 zustande kommt.

Implementieren Sie eine Version des Boyer-Moore-Verfahrens für ein Alphabet mit 4 Zeichen, die ohne Schlechtes-Zeichen-Strategie, dafür aber mit einer modifizierten Gutes-Ende-Strategie arbeitet. Die modifizierte Gutes-Ende-Strategie soll bei einem Mismatch abhängig vom betreffenden Zeichen des Textes die größtmögliche Verschiebung des Musters ermöglichen.

4   Graphenalgorithmen

Viele Probleme lassen sich mit Hilfe von Graphen modellieren und entsprechend mit geeigneten Graphenalgorithmen lösen.[1]

Im täglichen Leben etwa begegnet uns ein graphentheoretisches Problem, wenn wir auf dem Stadtplan in einem Gewirr von Einbahnstraßen das nächstgelegene Parkhaus suchen.

Das Problem lässt sich modellieren durch einen Graphen mit n Knoten (Straßenkreuzungen und Einfahrten zu Parkhäusern), dessen Kanten (Straßen) mit gewissen Längen bewertet sind. Gesucht sind die Längen der kürzesten Wege vom Startknoten s (Standort) zu den anderen Knoten des Graphen (insbesondere den Einfahrten zu Parkhäusern).

Ein anderes Problem begegnet uns, wenn wir Besorgungen in mehreren Läden machen wollen: In welcher Reihenfolge besuchen wir die Läden, wenn wir einen möglichst kurzen Weg zurücklegen wollen?

Hier sind unsere Wohnung sowie die Läden die n Knoten des Graphen. Zwischen je zwei verschiedenen Knoten gibt es eine Kante, die mit der entsprechenden Entfernung zwischen den Läden bewertet ist (bzw. zwischen Wohnung und Laden, wenn einer der Knoten die Wohnung ist). Gesucht ist die kürzeste Rundreise durch den Graphen, also ein Weg, der von der Wohnung aus jeden Laden genau einmal anläuft und zur Wohnung zurückführt.

Beide geschilderten Probleme scheinen miteinander verwandt zu sein. Interessant ist aber, dass sich nur das Kürzeste-Wege-Problem durch einen effizienten Algorithmus lösen lässt, etwa durch den im folgenden Abschnitt angegebenen Floyd-Warshall-Algorithmus mit einer Zeitkomplexität von $O(n^3)$. Für das Kürzeste-Rundreise-Problem dagegen ist kein Algorithmus mit polynomieller Komplexität, d.h. mit Komplexität $O(n^k)$, bekannt.

Dies bedeutet, dass sich das Kürzeste-Rundreise-Problem nur für kleine Problemgrößen n lösen lässt. Wird n groß, z.B. $n > 1000$, so wird das Problem praktisch unlösbar. Möglich sind dann nur noch Annäherungen an die optimale Lösung.

Das Kürzeste-Rundreise-Problem ist auch als Travelling-Salesman-Problem (TSP) bzw. Problem des Handlungsreisenden bekannt. Wir werden in Abschnitt 4.9 Annäherungsverfahren für dieses Problem behandeln.

---

[1]Zur Definition des Begriffs Graph siehe Anhang

4.1   Breitensuche

Gegeben ist ein Labyrinth, etwa wie in Bild 4.1 dargestellt. Das Labyrinth hat ein Eingangsfeld und ein von dort erreichbares Ausgangsfeld; gesucht ist ein Weg vom Eingang des Labyrinths bis zum Ausgang.

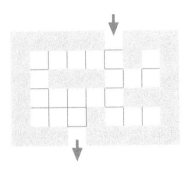

Bild 4.1: *Labyrinth mit Eingang und Ausgang*

Algorithmus

Der folgende Algorithmus berechnet die kürzesten Wege, gemessen in Anzahl der durchlaufenen Felder, vom Eingangsfeld zu allen anderen Feldern des Labyrinths und damit auch zum Ausgangsfeld.

Algorithmus *Kürzester Weg durch ein Labyrinth*

Eingabe: Ein Labyrinth wie in Bild 4.1 dargestellt

Ausgabe: Kürzester Weg vom Eingang des Labyrinths bis zum Ausgang

Methode: setze $i = 0$

markiere das Eingangsfeld mit der Zahl 0

solange nicht alle Felder markiert sind wiederhole

für jedes mit der Zahl i markierte Feld f wiederhole

verbinde f mit allen noch nicht markierten Nachbarfeldern und markiere diese mit $i + 1$

setze $i = i + 1$

gib die Folge der Felder entlang der Verbindungen vom Ausgang zum Eingang in umgekehrter Reihenfolge aus

Bild 4.2 zeigt die Markierungen der Felder und die auf diese Weise berechneten Verbindungen zwischen den Feldern.

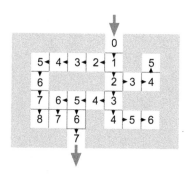

Bild 4.2: *Kürzester Weg durch das Labyrinth*

Bemerkung: Dieses Verfahren setzt voraus, dass wir globalen Überblick über das Labyrinth haben, dass wir quasi von oben auf das Labyrinth schauen. Wir haben also Zugriff auf „jedes mit der Zahl i markierte Feld". Wenn wir uns in einer realen Situation auf einem bestimmten Feld eines Labyrinths befinden, sehen wir immer nur die unmittelbar benachbarten Felder. Dann ist ein anderes Verfahren erforderlich.

Modellierung

Wir modellieren das Problem durch einen ungerichteten Graphen. Die Knoten des Graphen entsprechen den Feldern des Labyrinths; zwei Knoten sind durch eine Kante verbunden, wenn die entsprechenden Felder benachbart sind. Bild 4.3a zeigt den entsprechenden Graphen für das Labyrinth aus Bild 4.1. Der Kürzeste-Wege-Algorithmus entspricht einer *Breitensuche* (engl.: *breadth-first search*) in dem zugehörigen Graphen. Die erzeugten Wege bilden einen Baum mit dem Startknoten als Wurzel, einen *Breitensuchbaum* (Bild 4.3b).

Der Breitensuchbaum wird durch ein Array *pred* dargestellt, das für jeden Knoten dessen Vorgänger im Baum enthält (außer der Wurzel, diese hat keinen Vorgänger). Es wird ferner ein Array *dist* geführt, das zum Schluss die Entfernung jedes Knotens zur Wurzel enthält.

Der Algorithmus verwendet die Datenstruktur einer Schlange (*Queue*), um zu gewährleisten, dass die Knoten in der richtigen Reihenfolge, also *breadth-first*, besucht werden.

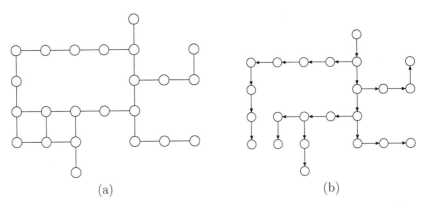

Bild 4.3: *Modellierung des Labyrinths durch einen ungerichteten Graphen (a), Breiten-suchbaum (b)*

Algorithmus *Breitensuche*

Eingabe: Ungerichteter Graph $G = (V, E)$ mit $V = \{0, ..., n-1\}$, Startknoten s

Ausgabe: Kürzeste Wege vom Startknoten s zu allen Knoten, dargestellt durch
                  ein Array *pred*

Methode: setze $dist[s] = 0$

                  setze $pred[s] = -1$

                  markiere s als besucht

                  hänge Knoten s an die Schlange an

                  solange die Schlange nicht leer ist wiederhole

                       entnimm den vordersten Knoten u aus der Schlange

                       für alle Nachbarknoten v von u wiederhole

                           wenn v noch nicht als besucht markiert ist dann

                               setze $dist[v] = dist[u] + 1$

                               setze $pred[v] = u$

                               markiere v als besucht

                               hänge Knoten v an die Schlange an

Der Weg von einem bestimmten Knoten v zurück zum Startknoten s lässt sich anhand der Vorgänger im Array *pred* zurückverfolgen (Methode *getShortestPath* in folgender Implementierung des Verfahrens).

Implementierung

Die folgende Klasse *BreadthFirstTree* berechnet die kürzesten Wege in einem Graphen vom Startknoten *s* zu allen anderen Knoten, sofern diese vom Startknoten aus erreichbar sind. Mit einem Array *tree* wird Buch darüber geführt, welche Knoten schon besucht worden sind, d.h. schon zum bisher berechneten Baum der kürzesten Wege dazugehören.

Die in dieser Implementierung zugrunde liegende Klasse *UndirectedGraph*, mit der ein Graph repräsentiert wird, ist im nächsten Abschnitt 4.2 angegeben.

Für das Durchlaufen aller Nachbarn eines Knotens wird ein Iterator verwendet. Eine Implementierung einer entsprechenden Klasse *NeighbourIterator* ist ebenfalls im nächsten Abschnitt 4.2 angegeben.

```java
import java.util.ArrayList;
import java.util.Iterator;

public class BreadthFirstTree
{
    private UndirectedGraph graph;  // Graph (ohne Kantengewichtung)
    private int n;                  // Anzahl der Knoten
    private double[] dist;   // Abstand zum Startknoten
    private int[] pred;      // Vorgänger im Baum
    private boolean[] tree;  // Zugehörigkeit zum Baum

    public BreadthFirstTree(UndirectedGraph graph_, int s)
    {
        graph=graph_;
        n=graph.getSize();
        dist=new double[n];
        pred=new int[n];
        tree=new boolean[n];
        // Arrays initialisieren
        for (int i=0; i<n; i++)
        {
            dist[i]=n;
            pred[i]=-1;
            tree[i]=false;
        }
        computeBreadthFirstTree(s);
    }
```

```
// führt den Algorithmus Breitensuche aus
private void computeBreadthFirstTree(int s)
{
    int u, v;
    Iterator<Integer> it;
    Queue<Integer> queue=new Queue<Integer>();

    dist[s]=0;
    tree[s]=true;
    queue.insert(s);
    while (!queue.isEmpty())
    {
        u=queue.extract();
        it=graph.getNeighbourIterator(u);
        while (it.hasNext())
        {
            v=it.next();
            if (!tree[v])
            {
                dist[v]=dist[u]+1;
                pred[v]=u;
                tree[v]=true;
                queue.insert(v);
            }
        }
    }
}
// liefert die Entfernung des Knotens v zum Startknoten
public double getDistance(int v)
{
    return dist[v];
}
// liefert den Vorgänger des Knotens v im Breitensuchbaum
public int getPredecessor(int v)
{
    return pred[v];
}
```

```
// liefert die Folge der Knoten vom Startknoten
// zum Knoten v im Breitensuchbaum
public ArrayList<Integer> getShortestPath(int v)
{
    ArrayList<Integer> p=new ArrayList<Integer>();
    while (v!=-1)
    {
        p.add(0, v);
        v=getPredecessor(v);
    }
    return p;
}

// liefert den Breitensuchbaum als gerichteten Graphen
public DirectedGraph getBreadthFirstTree()
{
    DirectedGraph bft=new DirectedGraph(n);
    for (int v=0; v<n; v++)
        if (pred[v]>=0)
            bft.setWeight(pred[v], v, true);
    return bft;
}

}    // end class BreadthFirstTree
```

Mit der Anweisung

```
BreadthFirstTree bft=new BreadthFirstTree(g, s);
```

werden die kürzesten Wege in einem Graphen *g* von einem Startkonten *s* zu allen anderen Knoten berechnet. Mit den Methoden *getDistance* und *getPredecessor* kann anschließend für jeden Knoten die Entfernung zum Startknoten und der jeweilige Vorgänger im Baum ermittelt werden. Die Methode *getShortestPath* liefert die Folge der Knoten von einem Knoten *v* zurück zum Startknoten *s*.

Zum Schluss folgt eine mögliche Implementierung der Klasse *Queue* auf Basis einer *ArrayList*.

```
import java.util.ArrayList;

public class Queue<Type> extends ArrayList<Type>
{
    public void insert(Type x)
    {
        add(x);
    }
```

```
public Type extract()
{
    return remove(0);
}
}
```

Zusammenfassung

Wir haben ein konkretes Problem als graphentheoretisches Problem modelliert.

Mit dem Verfahren *Breitensuche* (*breadth-first search*) lassen sich die kürzesten Wege in einem Graphen bestimmen. Die Länge eines Weges bemisst sich dabei nach der Anzahl der durchlaufenen Kanten, d.h. jeder Kante wird die Länge 1 zugeordnet.

Häufig werden Probleme durch Graphen modelliert, deren Kanten selbst bereits mit bestimmten Längen oder Gewichten markiert sind. Um die kürzesten Wege in einem Graphen mit Kantengewichtung zu finden, ist das im Abschnitt 4.7 angegebene Verfahren geeignet.

Wie bereits bemerkt, ist Breitensuche nicht möglich, wenn wir uns real in einem Labyrinth befinden, weil wir dann immer nur Zugriff auf die direkten Nachbarfelder desjenigen Feldes haben, auf dem wir uns gerade befinden. In diesem Fall lässt sich das Verfahren Tiefensuche (*depth-first search*) anwenden; allerdings findet es es nicht unbedingt den kürzesten Weg. Tiefensuche in einem realen Labyrinth angewandt geht so: Wir tasten uns immer an der rechten Wand entlang, dann kommen wir irgendwann zu einem Ausgang.

4.2   Graph als Datenstruktur

Gegeben ist ein gerichteter oder ungerichteter Graph $G = (V, E)$ mit $V = \{0, ..., n-1\}$, $n \in \mathbb{N}$ und $E \subseteq V \times V$.

Als Beispiel zeigt Bild 4.4 einen Graphen G.

Gesucht ist nach Möglichkeiten, einen solchen Graphen in Form einer geeigneten Datenstruktur darzustellen. Dabei soll die Datenstruktur so beschaffen sein, dass Graphenalgorithmen effizient darauf zugreifen können, z.B. dass sich alle Knoten, die zu einem bestimmten Knoten benachbart sind, effizient durchlaufen lassen.

Es stellt sich heraus, dass es schwierig ist, eine für alle Anwendungsfälle optimale Datenstruktur zu finden. Es gibt Graphen mit vielen Kanten oder wenigen Kanten, spezielle Graphen wie Gitter oder Bäume, gerichtete und ungerichtete Graphen, und später werden auch noch Graphen mit Kantenmarkierungen hinzukommen.

Daher werden wir die konkrete Implementierung als Datenstruktur zunächst offen lassen. Stattdessen fassen wir zunächst nur die als sicher geltenden Gemeinsamkeiten

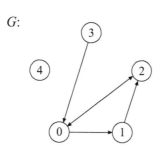

Bild 4.4: *Graph G*

aller dieser konkreten Implementierungen in Form einer abstrakten Klasse *Graph* zusammen.

Abstrakte Klasse *Graph*

Ähnlich wie ein Interface (siehe Anhang B.1) legt eine abstrakte Klasse abstrakte Methoden fest, die in allen konkreten Klassen, die von der abstrakten Klasse abgeleitet sind, implementiert sein müssen. Eine abstrakte Klasse kann aber zusätzlich auch Attribute und bereits implementierte Methoden enthalten. Von einer abstrakten Klasse können keine Objekte angelegt werden, sondern nur von konkreten Klassen, die von der abstrakten Klasse abgeleitet sind. Die folgende abstrakte Klasse *Graph* dient als Grundgerüst für konkrete Klassen, mit denen sowohl gerichtete als auch ungerichtete Graphen sowie ferner Graphen mit Kantenmarkierungen modelliert werden.

Um diese Einheitlichkeit zu erzielen, stellen wir die Kantenmenge E eines Graphen $G = (V, E)$ als Abbildung

$$w : V \times V \to T$$

dar, die jedem Knotenpaar (i, j) einen Wert aus einer Menge T zuweist. Hierbei wird ein spezieller Wert *noedge* $\in T$ genau allen Knotenpaaren $(i, j) \notin E$ zugewiesen. Kanten und Nicht-Kanten sind also mit Werten aus T markiert, und Nicht-Kanten sind daran zu erkennen, dass sie mit dem speziellen Wert *noedge* markiert sind. In der Implementierung wird die Menge T der Klasse als Typ-Parameter *Type* übergeben (zu Typ-Parametern siehe Anhang B.2).

Bei einem Graphen ohne Kantenmarkierungen ist $T = \{false, true\} = Boolean$. Der spezielle Wert *noedge*, mit dem Nicht-Kanten markiert werden, ist gleich *false*. Umgekehrt bedeutet $w(u, v) = true$, dass (i, j) eine Kante ist. Bei einem Graphen ohne Kantenmarkierungen sind also alle Kanten mit *true* markiert.

Bei einem Graphen mit Kantenmarkierungen ist beispielsweise $T = Double$, alle Nicht-Kanten (i, j) sind mit *noedge* $= \infty$ markiert, und bei allen Kanten entspricht $w(i, j)$ der jeweiligen Markierung der Kante. Kantenmarkierungen, die reelle Zahlen sind, werden auch als *Kantengewichte* bezeichnet.

Es folgt die abstrakte Klasse *Graph*.

```
import java.util.Iterator;

public abstract class Graph<Type>
{
    protected int n;

    public Graph(int n_)
    {
        n=n_;
    }
    // gibt die Anzahl der Knoten zurück
    public int getSize()
    {
        return n;
    }
    // löscht alle Kanten
    protected void initialize()
    {
        for (int i=0; i<n; i++)
            for (int j=0; j<n; j++)
                deleteEdge(i, j);
    }
    // true, wenn (i, j) eine Kante ist
    public boolean isEdge(int i, int j)
    {
        return !getWeight(i, j).equals(noEdge());
    }
    // löscht die Kante (i, j)
    public void deleteEdge(int i, int j)
    {
        setWeight(i, j, noEdge());
    }
    // liefert den speziellen Wert noedge, mit dem Nicht-Kanten markiert s
    public abstract Type noEdge();

    // liefert die Markierung w(i, j)
    public abstract Type getWeight(int i, int j);

    // setzt w(i, j)=w
    public abstract void setWeight(int i, int j, Type w);
```

```
// iteriert über alle Nachbarn des Knotens i
public abstract Iterator<Integer> getNeighbourIterator(int i);

}    // end class Graph
```

Die abstrakte Methode *noEdge()* ist dafür vorgesehen, den speziellen Wert *noedge* je nach konkreter Implementierung zu liefern. Die Methode *isEdge(i, j)* ergibt *true*, wenn (i, j) nicht mit *noedge* markiert ist, also eine Kante ist. Mit *deleteEdge(i, j)* wird der Kante (i, j) die Markierung *noedge* zugewiesen, hierdurch wird sie gelöscht. Die abstrakten Methoden *setWeight* und *getWeight* sind dazu gedacht, einem Paar von Knoten (i, j) die Markierung (das „Gewicht") $w(i, j)$ zuzuweisen bzw. es abzurufen.

Für das Durchlaufen aller derjenigen Knoten, zu denen von einem bestimmten Knoten aus eine Kante hinführt, wird ein Iterator (siehe Anhang B.3) verwendet. Die Methode *getNeighbourIterator* gibt einen solchen Iterator zurück. Je nach Implementierung des Graphen unterscheidet sich auch die Implementierung dieses Iterators und die Effizienz des Iterierens.

Implementierung mit Adjazenzmatrix

Eine einfache Möglichkeit zur konkreten Implementierung eines Graphen besteht darin, die Kanten des Graphen in Form einer Adjazenzmatrix darzustellen.

Definition: Sei $G = (V, E)$ ein Graph mit $V = \{0, ..., n - 1\}$, $n \in \mathbb{N}$. Die *Adjazenzmatrix* des Graphen ist eine boolesche $n \times n$-Matrix A, für die gilt

$$A_{i,j} = \begin{cases} true & \text{falls } (i, j) \text{ eine Kante ist, d.h. falls } (i, j) \in E \\ false & \text{sonst} \end{cases}$$

für alle $i, j \in V$.

Beispiel: Der Graph aus Bild 4.4 lässt sich durch folgende Adjazenzmatrix darstellen (leere Einträge = *false*, 1 = *true*):

	0	1	2	3	4
0		1	1		
1			1		
2	1				
3	1				
4					

Graphen mit Kantenmarkierungen aus einer Menge T lassen sich ebenfalls in Form einer Matrix speichern. Hierbei wird für jede Kante (i, j) die Kantenmarkierung $w(i, j)$ an Position (i, j) der Matrix gespeichert. Für alle Nicht-Kanten (i, j) wird der Wert *noedge* an Position (i, j) der Matrix gespeichert.

Abstrakte Klasse *GraphMatrixRepresentation*

Es folgt eine entsprechende Implementierung der wiederum noch abstrakten Klasse *GraphMatrixRepresentation*, die von der abstrakten Klasse *Graph* abgeleitet ist. Die Menge *T* für die Kantenmarkierungen wird der Klasse als Typ-Parameter *Type* übergeben.

Wir speichern die Matrix nicht als Array, da es in Java nicht möglich ist, Arrays mit Einträgen eines unbestimmten Typ-Parameters *Type* zu erzeugen. Stattdessen speichern wir die Matrix als *ArrayList* von Zeilen, wobei die Zeilen wiederum *ArrayLists* mit Einträgen eines zunächst unbestimmten Typs *Type* sind.

```
import java.util.ArrayList;
import java.util.Iterator;


public abstract class GraphMatrixRepresentation<Type> extends Graph<Type>
{
    private ArrayList<ArrayList<Type>> a;

    public GraphMatrixRepresentation(int n_)
    {
        super(n_);
        // Darstellung der Matrix als ArrayList von ArrayLists
        a=new ArrayList<ArrayList<Type>>();
        for (int i=0; i<n; i++)
        {
            a.add(new ArrayList<Type>());
            for (int j=0; j<n; j++)
                a.get(i).add(noEdge());
        }
    }
    @Override
    public Type getWeight(int i, int j)
    {
        return a.get(i).get(j);
    }
    @Override
    public void setWeight(int i, int j, Type b)
    {
        a.get(i).set(j, b);
    }
```

```
@Override
public Iterator<Integer> getNeighbourIterator(int i)
{
    return new NeighbourIterator(this, i);
}
```

}

Eine Implementierung des Iterators *NeighbourIterator* findet sich weiter unten.

Gerichtete Graphen

Nach so vielen Vorarbeiten sind wir nun in der Lage, die konkreten Klassen *DirectedGraph* für gerichtete Graphen und *WeightedDirectedGraph* für gerichtete Graphen mit Kantengewichten anzugeben. Es sind jeweils nur noch der konkrete Typ-Parameter und der zugehörige Wert *noedge* anzugeben. Darauf folgend werden wir entsprechende Klassen für ungerichtete Graphen angeben.

Das folgende Bild 4.5 zeigt das Klassendiagramm der betreffenden Klassen.

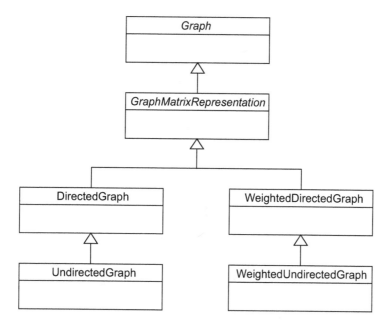

Bild 4.5: *Klassendiagramm der Implementierung von Graphen*

```
public class DirectedGraph extends GraphMatrixRepresentation<Boolean>
{
    public DirectedGraph(int n_)
    {
        super(n_);
    }

    @Override
    public Boolean noEdge()
    {
        return false;
    }

}
```

Für gerichtete Graphen mit Kantengewichten vom Typ *Double* ergibt sich folgende Klasse *WeightedDirectedGraph*.

```
public class WeightedDirectedGraph extends GraphMatrixRepresentation<Doubl
{
    public WeightedDirectedGraph(int n_)
    {
        super(n_);
    }

    @Override
    public Double noEdge()
    {
        return Double.POSITIVE_INFINITY;
    }

}
```

Ungerichtete Graphen

Ein ungerichteter Graph lässt sich als gerichteter Graph ansehen, dessen Kantenrelation symmetrisch ist, also als Spezialfall eines gerichteten Graphen. Entsprechend modellieren wir ungerichtete Graphen, indem wir die Klasse *UndirectedGraph* von *DirectedGraph* ableiten und nur die Methode *setWeight* in der Weise überschreiben, dass mit jeder Kante (i, j) auch die Kante (j, i) erzeugt wird.

```
public class UndirectedGraph extends DirectedGraph
{
    public UndirectedGraph(int n_)
    {
        super(n_);
    }
```

```
    @Override
    public void setWeight(int i, int j, Boolean w)
    {
        // Kanten in beiden Richtungen erzeugen
        super.setWeight(i, j, w);
        super.setWeight(j, i, w);
    }

}
```

In entsprechender Weise wird die Klasse *WeightedUndirectedGraph* von der Klasse *WeightedDirectedGraph* abgeleitet.

```
public class WeightedUndirectedGraph extends WeightedDirectedGraph
{
    public WeightedUndirectedGraph(int n_)
    {
        super(n_);
    }
    @Override
    public void setWeight(int i, int j, Double w)
    {
        // Kanten in beiden Richtungen erzeugen
        super.setWeight(i, j, w);
        super.setWeight(j, i, w);
    }

}
```

Iterator *NeighbourIterator*

Zum Durchlaufen aller Nachbarknoten eines bestimmten Knotens verwenden wir einen Iterator (siehe Anhang B.3).

Die Implementierung des Iterators *NeighbourIterator* berücksichtigt, dass ein Knoten möglicherweise gar keinen Nachbarknoten hat. Daher wird im Konstruktor zunächst die Methode *tryNext* aufgerufen. Die Methode *tryNext* sucht den ersten Nachbarknoten j; falls dieser nicht existiert, wird j bis zum Wert *getSize()* erhöht und die Methode *getNext* liefert gleich zu Beginn *false*.

```java
import java.util.Iterator;

public class NeighbourIterator implements Iterator<Integer>
{
    private Graph<?> g;
    private int i, j;

    public NeighbourIterator(Graph<?> g_, int i_)
    {
        g=g_;
        i=i_;
        j=0;
        tryNext();
    }
    @Override
    public boolean hasNext()
    {
        return j<g.getSize();
    }
    @Override
    public Integer next()
    {
        int k=j;
        j++;
        tryNext();
        return k;
    }
    private void tryNext()
    {
        while (j<g.getSize())
            if (g.isEdge(i, j))
                return;
            else
                j++;
    }
    @Override
    public void remove()
    {
        // not implemented
    }

}
```

Implementierung mit Adjazenzlisten

Eine Adjazenzliste ist eine Liste aller Knoten, zu denen von einem bestimmten Knoten aus eine Kante hinführt. Um einen Graphen (ohne Kantenmarkierungen) darzustellen, wird also für jeden seiner Knoten eine Adjazenzliste benötigt.

Beispiel: Der Graph G aus Bild 4.4 lässt sich durch folgende Adjazenzlisten seiner Knoten 0, ..., 4 darstellen:

$$
\begin{array}{c|cc}
0 & 1 & 2 \\
1 & 2 & \\
2 & 0 & \\
3 & 0 & \\
4 & &
\end{array}
$$

Aus dieser Darstellung geht hervor, dass vom Knoten 0 aus Kanten zu den Knoten 1 und 2 hinführen, vom Knoten 1 aus eine Kante zum Knoten 2, vom Knoten 2 zum Knoten 0 usw.

Es bietet sich an, die Adjazenzlisten als *ArrayList* zu implementieren. Als *Neighbour-Iterator* kann dann der Standard-Iterator des Typs *ArrayList* verwendet werden.

4.3   Zusammenhangskomponenten eines Graphen

Ein ungerichteter Graph besteht aus Knoten und Kanten, wobei die Kanten bestimmte Knoten verbinden. Dabei muss nicht unbedingt ein insgesamt zusammenhängendes Gebilde entstehen. Bild 4.6 zeigt einen Graphen mit 7 Knoten, der nicht zusammenhängend ist. Er besteht aus zwei Zusammenhangskomponenten, d.h. zwei Teilen, die jeweils für sich zusammenhängend sind.

Bild 4.6: *Ein Graph mit 7 Knoten, der nicht zusammenhängend ist*

Die Zusammenhangskomponenten eines Graphen lassen sich mit Hilfe der Tiefensuche bestimmen.

Tiefensuche .

Gegeben ist ein nichtleerer zusammenhängender ungerichteter Graph. Die *Tiefensuche* (*depth-first search*) ist ein Verfahren, das systematisch die Struktur des Graphen erkundet; es wird im Folgenden beschrieben.

Die Tiefensuche lässt sich sehr leicht rekursiv implementieren. Zu Beginn wird ein Startknoten v gewählt.

Funktion *depthFirstSearch(v)*

Methode: 1.   markiere den Knoten v

                2.   für alle Nachbarknoten w von v wiederhole

                        wenn w noch nicht markiert ist dann

                            depthFirstSearch(w)

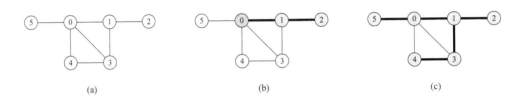

      (a)   (b)   (c)

Bild 4.7: *Tiefensuche in einem Graphen G*

Bild 4.7a zeigt als Beispiel einen Graphen G mit 6 Knoten. Als Startknoten wird der Knoten 0 gewählt; dieser wird markiert. Mit dem Nachbarn 1 wird fortgefahren; dieser wird ebenfalls markiert. Werden nun die Nachbarn von 1 betrachtet, so hat 0 bereits eine Markierung, also wird mit dem nächsten Nachbarn 2 fortgefahren; dieser wird als nächstes markiert. Bild 4.7b zeigt diese Situation. Die Kanten, die zu den jeweils neu markierten Knoten führen, sind fett gezeichnet.

Im weiteren Verlauf des Verfahrens wird festgestellt, dass Knoten 2 keine Nachbarn hat, die noch nicht markiert sind. Der entsprechende Aufruf von *depthFirstSearch* ist daher hier abgeschlossen und es wird mit dem nächsten Nachbarn des Knotens 1 fortgefahren, also mit Knoten 3.

Vom Knoten 4 schließlich ist wiederum kein Knoten mehr erreichbar, der noch nicht markiert ist. Hier enden nun alle rekursiven Aufrufe von *depthFirstSearch* mit Ausnahme des ersten, denn am Knoten 0 wird festgestellt, dass der Nachbar 5 noch nicht markiert ist. Nachdem dieser schließlich markiert ist, endet das Verfahren. Bild 4.7c zeigt die Situation am Ende. Alle Knoten sind markiert.

Zusammenhangskomponenten

Definition: Ein ungerichteter Graph G heißt *zusammenhängend*, wenn es von jedem Knoten u zu jedem anderen Knoten v mindestens einen Weg gibt.

Ein maximaler zusammenhängender Teilgraph eines ungerichteten Graphen G heißt *Zusammenhangskomponente (connected component)* von G.

Beispiel: Der Graph in Bild 4.7a ist zusammenhängend, der Graph in Bild 4.8a ist nicht zusammenhängend.

Wird das Verfahren der Tiefensuche auf einen nicht zusammenhängenden Graphen angewendet, so werden zunächst nur diejenigen Knoten markiert, die vom Startknoten aus erreichbar sind. Diese Knoten bilden eine Zusammenhangskomponente des Graphen. Unter den restlichen Knoten, die noch nicht markiert sind, wird dann ein neuer Startknoten gewählt und das Verfahren erneut gestartet, so dass damit die nächste Zusammenhangskomponente gefunden wird usw.

Das folgende Verfahren findet alle Zusammenhangskomponenten eines ungerichteten Graphen. Zu Beginn werden alle Knoten des Graphen mit der Zahl 0 markiert, dies soll bedeuten, dass sie nicht markiert sind. Das Verfahren *depthFirstSearch* markiert nun jeden besuchten Knoten mit einer Komponentennummer c; diese wird bei jedem neuen Start der Tiefensuche um 1 erhöht.

Algorithmus *connectedComponents*

Eingabe: Ungerichteter Graph G

Ausgabe: Markierung der Knoten, die für jeden Knoten die Nummer seiner Zusammenhangskomponente angibt

Methode: 1.   markiere alle Knoten mit 0

2.   setze $c = 0$

3.   für alle Knoten v wiederhole

wenn v mit 0 markiert ist dann

setze $c = c + 1$

$depthFirstSearch(v)$

Die für dieses Verfahren verwendete Funktion *depthFirstSearch* ist folgende:

Funktion *depthFirstSearch(v)*

Methode: 1.   markiere den Knoten v mit der Zahl c

2.   für alle Nachbarknoten w von v wiederhole

wenn w mit 0 markiert ist dann

$depthFirstSearch(w)$

Bild 4.8a zeigt einen nicht zusammenhängenden Graphen. Beim ersten Durchlauf mit dem Startknoten 0 erreicht *depthFirstSearch* die linke Zusammenhangskomponente des Graphen. Diese Knoten erhalten die Komponentennummer $c = 1$. Die Knoten der rechten Zusammenhangskomponente bleiben zunächst mit 0 markiert (Bild 4.8b). Beim erneuten Start von *depthFirstSearch* mit dem Startknoten 1 werden auch diese Knoten erreicht; sie erhalten die Komponentennummer $c = 2$ (Bild 4.8c).

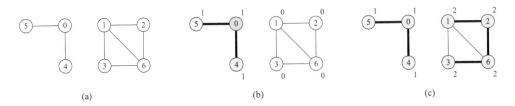

(a)   (b)   (c)

Bild 4.8: *Berechnung der Zusammenhangskomponenten mit Hilfe von depthFirstSearch*

Komplexität

Im Algorithmus *connectedComponents* wird für jeden Knoten v des Graphen irgendwann einmal *depthFirstSearch(v)* aufgerufen, entweder auf oberster Ebene oder innerhalb der Rekursion. In *depthFirstSearch(v)* werden alle Nachbarknoten w von v durchlaufen; es werden also alle Kanten (v, w) betrachtet. Insgesamt wird somit jede Kante (v, w) des Graphen genau zweimal betrachtet, einmal vom Knoten v aus und einmal vom Knoten w aus. Für einen Graphen mit m Kanten ergibt sich hieraus ein Aufwand von $\Theta(m)$ Schritten. Der Aufwand, der für das Markieren der n Knoten des Graphen erforderlich ist, lässt sich im Aufwand für die Kanten unterbringen, vorausgesetzt, dass der Graph mindestens n Kanten hat. Es kann schließlich sein, dass der Graph nur aus isolierten Knoten besteht. Daher wird die Komplexität des Algorithmus *connectedComponents* mit $\Theta(n + m)$ angegeben. Je nach Anzahl der Kanten des Graphen liegt die Komplexität also zwischen $\Theta(n)$ und $\Theta(n^2)$.

Implementierung

Das folgende Programm verwendet einen Iterator, um alle Nachbarknoten eines Knotens zu durchlaufen. *Iterator* und *ArrayList* sind zuvor aus dem Package *java.util* zu importieren.

```
public class ConnectedComponents
{
    private Graph<?> graph;
    private int n, c;
    private int[] mark;

    public ConnectedComponents(Graph<?> graph_)
    {
        graph=graph_;
        n=graph.getSize();
        mark=new int[n];
        computeComponents();
    }

    public void computeComponents()
    {
        // alle Knotenmarkierungen auf 0 setzen
        clearMarks();

        c=0;
        // alle Knoten v des Graphen durchlaufen
        for (int v=0; v<n; v++)
            if (!isMarked(v))
            {
                c=c+1;      // neue Zusammenhangskomponente gefunden
                depthFirstSearch(v);
            }
    }

    private void depthFirstSearch(int v)
    {
        setMark(v, c);      // Knoten v mit der Komponentennummer c markieren

        // alle Nachbarn w des Knotens v durchlaufen
        int w;
        Iterator<Integer> it=graph.getNeighbourIterator(v);
        while (it.hasNext())
        {
            w=it.next();
            if (!isMarked(w))
                depthFirstSearch(w);
        }
    }
}
```

```
// markiert Knoten v mit der Zahl c
private void setMark(int v, int c)
{
    mark[v]=c;
}
// liefert die Markierung von Knoten v
private int getMark(int v)
{
    return mark[v];
}
// liefert true, wenn der Knoten v markiert ist
private boolean isMarked(int v)
{
    return getMark(v)!=0;
}
// setzt alle Knotenmarkierungen auf 0
private void clearMarks()
{
    for (int v=0; v<n; v++)
        setMark(v, 0);
}
// liefert die Anzahl der Zusammenhangskomponenten des Graphen
public int getNumberOfComponents()
{
    return c;
}
// liefert alle Knoten der Zusammenhangskomponente i (i=1, 2, ...)
public ArrayList<Integer> getComponent(int i)
{
    ArrayList<Integer> a=new ArrayList<Integer>();
    for (int v=0; v<n; v++)
        if (getMark(v)==i)
            a.add(v);
    return a;
}

}   // end class ConnectedComponents
```

Die Berechnung der Zusammenhangskomponenten eines Graphen g lässt sich mit folgendem Programmstück aufrufen:

```
ConnectedComponents ccp=new ConnectedComponents(g);
// Ausgabe der Zusammenhangskomponenten
int k=ccp.getNumberOfComponents();
for (int i=1; i<=k; i++)
    System.out.println(ccp.getComponent(i));
```

4.4 Zweifacher Zusammenhang

Ein ungerichteter Graph heißt *zusammenhängend*, wenn es von jedem Knoten zu jedem anderen Knoten mindestens einen Weg gibt. In ähnlicher Weise lässt sich der zweifache Zusammenhang charakterisieren. Ein ungerichteter Graph heißt *zweifach zusammenhängend*, wenn es von jedem Knoten zu jedem anderen Knoten mindestens zwei disjunkte Wege gibt, also Wege, die außer Anfangs- und Endknoten keine Knoten gemeinsam haben.

Ist ein ungerichteter Graph nicht zusammenhängend, so besteht er aus mehreren *Zusammenhangskomponenten*, also Teilgraphen, die jeweils für sich zusammenhängend sind und die zusammengenommen den ganzen Graphen ergeben. Ist der Graph nicht zweifach zusammenhängend, so besteht er ganz entsprechend aus mehreren *Zweifach-Zusammenhangskomponenten* oder *Blöcken*.

Wie die (einfachen) Zusammenhangskomponenten lassen sich auch die Zweifach-Zusammenhangskomponenten mit Hilfe der Tiefensuche berechnen.

Tiefensuche

Gegeben ist ein nichtleerer zusammenhängender ungerichteter Graph. Mit Hilfe der *Tiefensuche* (*depth-first search*) lässt sich der Graph systematisch durchlaufen. In dieser Version der Tiefensuche werden die Knoten entsprechend der Reihenfolge nummeriert, in der sie durchlaufen werden.

Zu Beginn werden alle Knoten des Graphen G mit der Zahl 0 markiert und es wird ein Startknoten v gewählt. Die globale Zählvariable i wird mit 0 initialisiert.

Funktion *depthFirstSearch(v)*

Methode: 1. setze $i = i + 1$

2. markiere den Knoten v mit der Nummer i

3. für alle Nachbarknoten w von v wiederhole

wenn w mit 0 markiert ist dann

$depthFirstSearch(w)$

Die Markierung i, die ein Knoten v im Verlauf des Verfahrens erhält, wird als der *Tiefensuchindex* (*depth-first index*) $dfi(v)$ bezeichnet.

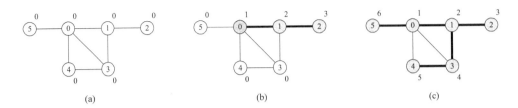

Bild 4.9: *Tiefensuche in einem Graphen*

Bild 4.9a zeigt als Beispiel einen Graphen mit Knotenmenge $\{a, ..., f\}$. Zu Beginn sind alle Knoten mit 0 markiert. Als Startknoten wird der Knoten a gewählt; dieser wird mit dem Tiefensuchindex $i = 1$ markiert. Mit dem Nachbarn b wird fortgefahren; dieser erhält die Markierung $i = 2$. Werden nun die Nachbarn von b betrachtet, so hat a bereits eine Markierung > 0, also wird mit dem nächsten Nachbarn c fortgefahren; dieser erhält die Markierung $i = 3$. Bild 4.9b zeigt diese Situation. Die Kanten, die zu den jeweils neu markierten Knoten führen, sind fett gezeichnet.

Im weiteren Verlauf des Verfahrens wird festgestellt, dass Knoten c keine Nachbarn hat, die mit 0 markiert sind. Der entsprechende Aufruf von *depthFirstSearch* ist daher hier abgeschlossen und es wird mit dem nächsten Nachbarn des Knotens b fortgefahren, also mit Knoten d.

Vom Knoten e schließlich ist wiederum kein Knoten mehr erreichbar, der mit 0 markiert ist. Hier enden nun alle rekursiven Aufrufe von *depthFirstSearch* mit Ausnahme des ersten, denn am Knoten a wird festgestellt, dass der Nachbar f noch mit 0 markiert ist. Nachdem dieser mit dem Tiefensuchindex $i = 6$ markiert ist, endet das Verfahren. Bild 4.9c zeigt die Situation am Ende. Alle Knoten sind mit einem Tiefensuchindex > 0 markiert.

Tiefensuchbaum

Die Kanten eines ungerichteten Graphen sind nichts anderes als jeweils zwei gerichtete Kanten, die in entgegengesetzte Richtungen zeigen. Unter dieser Sichtweise bilden die Knoten des Graphen zusammen mit den Kanten, die im Verlauf der Tiefensuche zu den jeweils neu markierten Knoten führen, einen gerichteten Baum mit dem Startknoten als Wurzel. Dieser Baum wird als *Tiefensuchbaum D* des Graphen bezeichnet. Die Kanten des Graphen, die zu diesem Tiefensuchbaum gehören, heißen daher in diesem Zusammenhang *Baumkanten*. Die Baumkanten sind immer vom Knoten mit dem kleineren zum Knoten mit dem größeren Tiefensuchindex gerichtet. Die entsprechenden entgegengesetzt gerichteten Kanten nennen wir *reverse Baumkanten*. Die verbleibenden Kanten des Graphen heißen *Vorwärts-* bzw. *Rückwärtskanten*, je nach dem, ob sie in Richtung vom kleineren zum größeren Tiefensuchindex führen oder umgekehrt. Ein Teilbaum des Tiefensuchbaums, der an einem Knoten v beginnt, wird mit $D(v)$ bezeichnet.

Bild 4.10 zeigt einen Ausschnitt aus Bild 4.9c mit einer Baumkante, einer reversen Baumkante, einer Vorwärts- und einer Rückwärtskante.

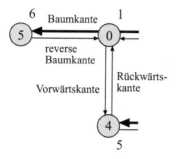

Bild 4.10: *Baumkante, reverse Baumkante, Vorwärts- und Rückwärtskante*

Behauptung: Jede von einem Knoten v ausgehende Vorwärtskante führt zu einem Nachfolger w von v im Tiefensuchbaum D, d.h.

(v, w) ist Vorwärtskante $\Rightarrow$ w ist Nachfolger von v in D.

Es ist also nicht möglich, dass eine Vorwärtskante quer im Tiefensuchbaum verläuft, wie in Bild 4.11 angedeutet; eine solche Kante gibt es bei einem Tiefensuchbaum nicht.

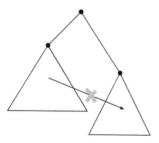

Bild 4.11: *Eine Vorwärtskante verläuft nie quer zum Tiefensuchbaum*

Beweis: Angenommen (v, w) sei Vorwärtskante, d.h. $dfi(v) < dfi(w)$, und w liege nicht im Teilbaum $D(v)$ der von v aus erreichbaren Knoten. Dann wird w erst markiert, nachdem alle von v aus erreichbaren Knoten markiert sind. Dies aber ist ein Widerspruch, denn w selbst ist (sogar direkt) von v aus erreichbar.

Die Folgerung ist, dass jede Rückwärtskante zu einem Vorgänger im Tiefensuchbaum führt.

Zweifach zusammenhängende Komponenten (Blöcke)

Definition: Ein ungerichteter Graph G heißt *zweifach zusammenhängend*, wenn es in G von jedem Knoten zu jedem anderen Knoten mindestens zwei disjunkte Wege gibt, also Wege, die außer Anfangs- und Endknoten keine Knoten gemeinsam haben.

Ein maximaler zweifach zusammenhängender Teilgraph eines Graphen G heißt *Zweifach-Zusammenhangskomponente* (*biconnected component*) oder *Block* (*block*) von G.

Ein Graph, der nur aus einem Knoten besteht, ist zweifach zusammenhängend, denn er hat keine anderen Knoten. Ein Graph mit zwei Knoten u und v, die durch eine Kante verbunden sind, ist ebenfalls zweifach zusammenhängend. Denn es gibt die beiden Wege (u, v) und (u, v). Diese sind zwar gleich, aber dennoch disjunkt, denn sie enthalten außer Anfangs- und Endknoten keine gemeinsamen Knoten.

Wird aus einem zusammenhängenden ungerichteten Graphen ein Knoten v entfernt (mitsamt seiner Kanten), so gibt es zwei Möglichkeiten: Entweder bleibt der Graph zusammenhängend, oder er zerfällt in mehrere Zusammenhangskomponenten. Ein solcher Knoten v, der den Graphen zerfallen lässt, wenn er entfernt wird, heißt *Zerfällungsknoten* (*cut point*).[2]

Satz: Ein zusammenhängender ungerichteter Graph G ist genau dann zweifach zusammenhängend, wenn er keine Zerfällungsknoten hat.

Bild 4.12 zeigt einen zusammenhängenden ungerichteten Graphen. Der Knoten c in der Mitte ist ein Zerfällungsknoten.

Die Blöcke und Zerfällungsknoten eines Graphen lassen sich mithilfe der Tiefensuche bestimmen.

Wir nennen einen Knoten v einen *Anführer eines Blocks* (*block leader*), wenn v im Tiefensuchbaum einen direkten Nachfolger w hat, von dessen Teilbaum $D(w)$ keine Rückwärtskante zu einem Vorgänger u von v führt. Die Knoten von $D(w)$ können dann von anderen Knoten aus nur über den Knoten v erreicht werden. Wenn $D(w)$ keine Anführer von weiteren Blöcken enthält, bildet v zusammen mit den Knoten von $D(w)$ einen Block.

---
[2]Weitere Bezeichnungen: trennender Knoten, Artikulation (=Gelenk)

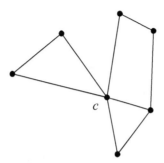

Bild 4.12: *Zusammenhängender ungerichteter Graph mit Zerfällungsknoten c*

Beispiel: Bild 4.13 zeigt eine Rückwärtskante von $D(w)$ zu einem Vorgänger u von v. Wenn eine derartige Rückwärtskante nicht existiert, so ist v Anführer eines Blocks.

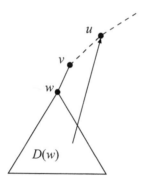

Bild 4.13: *Rückwärtskante von $D(w)$ zu einem Vorgänger u von v*

Ein Knoten c ist ein Zerfällungsknoten, wenn er Anführer eines Blocks ist und außerdem noch zu einem anderen Block gehört. Stets ist der Startknoten Anführer eines Blocks. Er ist Zerfällungsknoten, wenn er außerdem noch Anführer eines anderen Blocks ist. In einem zweifach zusammenhängenden Graphen ist nur der Startknoten Anführer eines Blocks.

Implementierung

Der folgende Algorithmus bestimmt die Blöcke und Zerfällungsknoten eines zusammenhängenden, ungerichteten Graphen mithilfe der Tiefensuche [AHU 74].

Jedem Knoten v wird zusätzlich zum Tiefensuchindex $dfi(v)$ ein Wert $min(v)$ zugeordnet. Dieser Wert wird mit $dfi(v)$ initialisiert. Er wird in zwei Fällen aktualisiert:

a) wenn eine Rückwärtskante (v, w) gefunden wird; dann wird $min(v)$ auf $dfi(w)$ gesetzt, falls $min(v)$ dadurch kleiner wird (Aufruf von *updateMin* am Ende des Else-Teils); [3]

b) wenn eine reverse Baumkante (w, v) durchlaufen wird; dann wird $min(v)$ auf $min(w)$ gesetzt, falls $min(v)$ dadurch kleiner wird (Aufruf von *updateMin* am Ende des If-Teils).

Somit ist $min(v)$ der minimale Tiefensuchindex aller Vorgänger von v, mit denen v oder ein Nachfolger von v durch eine Rückwärtskante verbundenen sind.

Ein Knoten v wird als Anführer eines Blocks identifiziert, wenn er einen direkten Nachfolger w hat, für den $min(w)$ größer oder gleich $dfi(v)$ ist. Dies bedeutet nämlich, dass weder von w noch von einem Nachfolger von w eine Rückwärtskante zu einem Vorgänger von v führt.

Die folgende Funktion *findBlocks* hat dieselbe rekursive Struktur wie *depthFirstSearch*. Jedem Knoten v ist zusätzlich zum Tiefensuchindex $dfi(v)$ der Wert $min(v)$, der Vorgänger $pre(v)$ im Tiefensuchbaum, sowie eine Liste der Nummern der Blöcke, denen v angehört, zugeordnet. Mit *assignBlockNumber*(v, bln) wird dem Knoten v die Blocknummer bln zugeordnet.

Die Nachbarn eines jeweiligen Knotens werden wiederum mit einem *NeighbourIterator* der Reihe nach durchlaufen.

Ferner wird ein globaler Stack *stk* verwendet, in dem die durchlaufenen Knoten des Tiefensuchbaums gespeichert werden. Wird ein Anführer eines Blocks gefunden, so befinden sich die Knoten des betreffenden Blocks als oberste im Stack; sie werden vom Stack entfernt und als zu dem Block gehörig gekennzeichnet.

Als Zerfällungsknoten werden am Ende diejenigen Knoten identifiziert, die mehreren Blöcken angehören.

---

[3]Wenn (v, w) eine Vorwärtskante ist, hat *updateMin*$(v, dfi(w))$ keine Wirkung, da bereits $min(v) \leq dfi(v) < dfi(w)$ gilt.

```
private void findBlocks(int v)
{
    dfn++; // Tiefensuchindex erhöhen
    dfi[v]=dfn;
    min[v]=dfn;
    int w, w1;
    Iterator<Integer> it=graph.getNeighbourIterator(v);
    while (it.hasNext()) // alle Nachbarn von v durchlaufen
    {
        w=it.next();
        if (notVisited(w)) // (v, w) ist neue Baumkante
        {
            stk.push(w); // Knoten auf den Stack legen
            pre[w]=v;    // w hat Vorgänger v
            findBlocks(w);
            if (min[w]>=dfi[v])
            {
                bln++;   // Blocknummer erhöhen
                // Blocknummer allen Knoten dieses Blocks zuweisen
                stk.push(v); // v is cut point
                do
                {
                    w1=stk.pop();
                    assignBlockNumber(w1, bln);
                }
                while (w!=w1);
            }
            updateMin(v, min[w]);
        }
        else if (dfi[v]>=dfi[w]) // (v, w) ist keine Vorwärtskante
            if (w!=pre[v])       // (v, w) ist keine reverse Baumkante
            // (v, w) ist Rückwärtskante
            updateMin(v, dfi[w]);
    }
}
```

Der angegebene Algorithmus funktioniert nicht mit einem Graphen, der nur aus einem isolierten Knoten besteht. Da der Knoten keinen Nachbarn hat, wird diesem Knoten kein Block zugeordnet. Es ist eine zusätzliche Abfrage erforderlich, ob der Graph nur aus einem Knoten besteht.

Mit einer ähnlichen Vorgehensweise wie bei der Berechnung der Zusammenhangs-komponenten lassen sich auch für beliebige, möglicherweise nicht zusammenhängende Graphen die Zerfällungsknoten und Blöcke ihrer Zusammenhangskomponenten bestim-men. Dies geschieht, indem die Tiefensuche gegebenenfalls mehrmals durchgeführt wird, beginnend jeweils bei einem Knoten, der noch mit dem Tiefensuchindex 0 markiert ist.

4.5   Floyd-Warshall-Algorithmus

Problem

Gegeben sei ein gerichteter Graph $G = (V, E)$ mit $V = \{0, ..., n-1\}$, $n \in \mathbb{N}$. Gefragt ist für alle Paare von Knoten (i, j), ob es in G einen Weg von i nach j gibt.

Der Algorithmus von WARSHALL [War 62] berechnet als Ergebnis einen Graphen $G^+ = (V, E^+)$, der genau dann eine Kante (i, j) enthält, wenn es in G einen Weg von i nach j gibt. Der Graph G^+ heißt transitive Hülle von G, da seine Kantenrelation E^+ die kleinste transitive Relation ist, die E umfasst.

Bild 4.14 zeigt als Beispiel einen Graphen G. Die transitive Hülle G^+ von G enthält zusätzliche Kanten, so beispielsweise die Kante (3,1), weil es in G einen Weg von 3 nach 1 gibt.

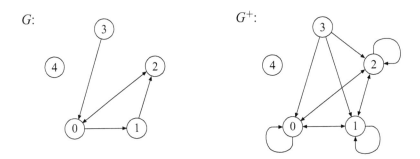

Bild 4.14: *Graph G und transitive Hülle G^+*

Idee

Der Graph G^+ wird aus G entwickelt, indem schrittweise neue Kanten hinzugenommen werden. In Schritt 0 kommt eine Kante (i, j) hinzu, wenn sich aus zwei Kanten ein Weg von i nach j bilden lässt, der über den Knoten 0 führt (d.h. wenn $(i, 0)$ und $(0, j)$ Kanten sind). In Schritt 1 kommt eine Kante (i, j) hinzu, wenn sich aus zwei Kanten ein Weg von i nach j bilden lässt, der über den Knoten 1 führt; hierbei werden die in Schritt 0 neu gefundenen Kanten mit berücksichtigt. Dieses Verfahren wird bis zum Knoten $n-1$ fortgesetzt.

In jedem Schritt k entsprechen die bis dahin gefundenen Kanten den Wegen, deren innere Knoten alle $\leq k$ sind. Damit repräsentieren die in Schritt $n-1$ bis dahin gefundenen Kanten alle Wege (Beweis durch vollständige Induktion).

Warshall-Algorithmus

Eingabe: Graph G mit $V = \{0, ..., n-1\}$

Ausgabe: Graph G^+

Methode: für Knoten $k = 0, ..., n-1$ wiederhole

               für alle Paare von Knoten (i, j) wiederhole

                    wenn (i, k) und (k, j) Kanten sind dann

                         erzeuge Kante (i, j)

Implementierung

Wir haben in Abschnitt 4.2 gesehen, dass es unterschiedliche Möglichkeiten gibt, einen Graphen als Datenstruktur zu darzustellen. Die folgende Implementierung des Warshall-Algorithmus arbeitet direkt mit einer als Array dargestellten Adjazenzmatrix A eines Graphen G und entwickelt daraus schrittweise die Adjazenzmatrix A^+ der transitiven Hülle G^+ des Graphen.

Algorithmus *warshall*

Eingabe: $n \times n$-Adjazenzmatrix A eines Graphen G mit n Knoten

Ausgabe: $n \times n$-Adjazenzmatrix A^+ des Graphen G^+ mit $A^+_{i,j} = $ *true*, falls es einen Weg von Knoten i nach Knoten j gibt und $A^+_{i,j} = $ *false* sonst

Methode:
```
for (k=0; k<n; k++)
    for (i=0; i<n; i++)
        for (j=0; j<n; j++)
            a[i][j]=a[i][j] || a[i][k] && a[k][j]
```

Wichtig ist die Reihenfolge der Schleifen: Die k-Schleife muss die äußere Schleife sein.

Wenn ein direkter Zugriff auf die Adjazenzmatrix nicht möglich ist, sondern der Graph als Objekt g vom Typ *DirectedGraph* vorliegt, lautet die letzte Zeile des Algorithmus:

```
g.setWeight(i, j, g.getWeight(i, j) || g.getWeight(i, k)
                                    && g.getWeight(k, j))
```

Kürzeste Wege

Gegeben sei ein Graph $G = (V, E)$ mit $V = \{0, ..., n-1\}$, $n \in \mathbb{N}$. Der Algorithmus von FLOYD [Flo 62] berechnet für alle Paare von Knoten (i, j) die Länge des kürzesten Weges von i nach j. Der Algorithmus hat dieselbe Struktur wie der Warshall-Algorithmus. Statt der Operationen || (Oder) und && (Und) werden die Operationen `min` und `+` verwendet. Statt der Adjazenzmatrix wird eine Matrix A eingegeben, wobei

$$A_{i,j} \quad = \quad \begin{cases} 1 & \text{falls } (i,j) \in E \\ \infty & \text{sonst} \end{cases}$$

Algorithmus *floyd*

Eingabe: $n \times n$-Matrix A mit $A_{i,j} = 1$ falls $(i,j) \in E$ und $A_{i,j} = \infty$ sonst

Ausgabe: $n \times n$-Matrix A mit $A_{i,j} = d$ falls der kürzeste Weg von Knoten i nach Knoten j die Länge d hat und $A_{i,j} = \infty$ falls es keinen Weg von i nach j gibt

Methode:
```
for (k=0; k<n; k++)
    for (i=0; i<n; i++)
        for (j=0; j<n; j++)
            a[i][j]=min(a[i][j], a[i][k]+a[k][j])
```

Der Beweis des Floyd-Algorithmus folgt analog dem Beweis des Warshall-Algorithmus.

Der Algorithmus funktioniert auch mit beliebigen, nichtnegativen Kantengewichten. Wenn ein Graph mit nichtnegativen Kantengewichten als Objekt g der Klasse *WeightedDirectedGraph* vorliegt, lautet die letzte Zeile des Algorithmus

```
g.setWeight(i, j, Math.min(g.getWeight(i, j), g.getWeight(i, k)
                                            + g.getWeight(k, j))
```

Der Floyd-Algorithmus berechnet in dieser Form nur die Länge des kürzesten Weges. Um den kürzesten Weg selbst zu konstruieren, wird parallel zu A eine weitere Matrix F geführt, in der als Eintrag $F_{i,j}$ jeweils der erste Knoten auf dem kürzesten Weg von i nach j steht. Jedesmal, wenn der Floyd-Algorithmus einen kürzeren Weg von i nach j als den bisher bekannten findet, wird $F_{i,j}$ aktualisiert.

Transitive Hülle und kürzeste Wege sind Spezialfälle des sogenannten *algebraischen Pfadproblems* [AHU 74][CLRS 01][Lan 88].

4.6   Minimaler Spannbaum

Gegeben ist ein ungerichteter, zusammenhängender Graph $G = (V, E)$, dessen Kanten mit Gewichten markiert sind. Gesucht ist ein Baum T, der den Graphen „aufspannt" und minimales Kantengewicht hat. Der Baum T *spannt* G *auf*, wenn er ein Teilgraph von G ist und alle Knoten von G enthält (Bild 4.15).

Grundlagen

Definition: Sei $G = (V, E)$ ein ungerichteter Graph. Ein Teilgraph $T = (V, E')$ heißt *Spannbaum* von G, wenn er ein Baum ist und aus allen Knoten von G besteht.

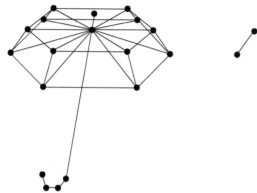 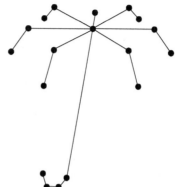

Bild 4.15: *Graph G und Spannbaum von G*

Definition: Sei $G = (V, E)$ ein ungerichteter Graph. Eine Abbildung $w : E \to \mathbb{R}$ heißt *Kantengewichtung*, wenn für alle $(i, j) \in E$ gilt:

$w(i, j) \geq 0$ und

$w(i, j) = w(j, i)$

Das Gewicht w einer Kante (i, j) lässt sich beispielsweise als Länge der Kante interpretieren, d.h. als Entfernung zwischen benachbarten Knoten i und j.

Definition: Sei $G = (V, E)$ ein ungerichteter Graph mit einer Kantengewichtung w. Das *Gewicht* $w(G)$ des Graphen ist gleich der Summe der Gewichte aller seiner Kanten:

$$w(G) = \sum_{e \in E} w(e)$$

Ein Spannbaum $T = (V, E')$ von G heißt *minimaler Spannbaum* von G, wenn sein Gewicht minimal ist, d.h. wenn für alle Spannbäume T' von G gilt:

$$w(T') \geq w(T)$$

Berechnung eines minimalen Spannbaums

Die Idee des Verfahrens von PRIM [Pri 57] zur Berechnung eines minimalen Spannbaums ist, den Baum ausgehend von einem Startknoten s Schritt für Schritt aufzubauen. Der Startknoten s kann beliebig gewählt werden.

Zu jedem Zeitpunkt besteht die Menge aller Knoten V aus drei disjunkten Mengen (Bild 4.16):

- aus der Menge der Knoten T, die schon zum Baum dazugehören; zu Anfang ist $T = \{s\}$,
- aus einer Menge von Kandidaten K, die zu einem Baumknoten benachbart sind, aber noch nicht selbst zum Baum gehören,
- und aus den restlichen, noch unberücksichtigten Knoten.

Die Strategie ist nun, nach einem Kandidaten v zu suchen, der durch eine Kante minimalen Gewichts mit T verbunden ist. Diese Kante wird zum Baum hinzugenommen, der Kandidat v wird zu T hinzugenommen und aus K entfernt. Anschließend wird die Menge der Kandidaten K aktualisiert, indem die zu v benachbarten Knoten hinzugenommen werden, die noch nicht zu T gehören.

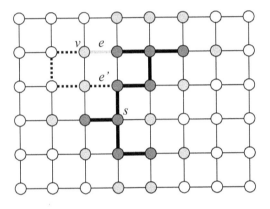

Knoten des Baumes T

Kandidaten K

übrige Knoten

Kante e minimalen Gewichts zu einem Kandidaten v

mögliche andere Verbindung zu v

Bild 4.16: *Graph mit Knotenmengen T und K*

Die Korrektheit dieses Vorgehens folgt daraus, dass die Kante e minimalen Gewichts, die von T zu einem Kandidaten v führt, sicherlich zu einem minimalen Spannbaum gehört und daher zum Baum hinzugenommen werden kann.

Angenommen, dies wäre falsch, und in jedem tatsächlichen minimalen Spannbaum S würde ein anderer Weg von T zu v führen. Die erste Kante e' eines solchen Weges müsste aber auch zu einem Kandidaten führen, hätte also mindestens dasselbe Gewicht wie e. Indem nun in S die Kante e' gegen e ausgetauscht wird, entsteht ein Spannbaum, der höchstens genauso viel wiegt wie S, also minimal ist. Also gehört e doch zu einem minimalen Spannbaum und kann in diesem Schritt zum Baum hinzugenommen werden.

Greedy-Strategie

Die Vorgehensweise des Algorithmus wird als *Greedy-Strategie* bezeichnet (engl.: *greedy* – gierig). Eine solche „Nimm-was-du-kriegen-kannst"-Strategie führt allerdings nicht bei allen Optimierungsproblemen zum Erfolg. Manchmal ist es besser, zunächst Verzicht zu üben, um dafür später umso reichlicher belohnt zu werden (vergl. Aufgabe 4 am Ende dieses Kapitels).

Die Konstruktion eines Huffman-Codes in Abschnitt 6.1 ist ein weiteres Beispiel für die erfolgreiche Anwendung der Greedy-Strategie.

Implementierung

Welche Art der Implementierung am günstigsten ist, hängt von der Datenstruktur ab, die für die Darstellung des Graphen verwendet wird. Welche Datenstruktur am günstigsten ist, hängt wiederum davon ab, ob die darzustellenden Graphen typischerweise viele, z.B. $\Omega(n^2)$ oder wenige, z.B. nur $O(n)$ Kanten haben ($n = |V|$, Anzahl der Knoten des Graphen).

Bei wenigen Kanten ist eine Darstellung in Form von Adjazenzlisten vorteilhaft. Dann lässt sich die im Folgenden skizzierte Implementierung des Algorithmus mit einer Prioritätenliste anwenden. Bei vielen Kanten ist eine Darstellung als Adjazenzmatrix geeignet, und der Algorithmus lässt sich ohne Verwendung einer Prioritätenliste implementieren.

a) mit Prioritätenliste

Eine *Prioritätenliste* (engl.: *priority queue*) ist eine Datenstruktur mit Operationen *insert* und *extract*. Die Operation *insert* fügt einen Eintrag mit einer bestimmten Priorität in die Liste ein, die Operation *extract* liefert den Eintrag mit der höchsten Priorität und entfernt ihn aus der Liste. Mit Hilfe der Datenstruktur eines Heaps (Abschnitt 2.3 – Heapsort) lässt sich eine Prioritätenliste mit m Einträgen so implementieren, dass die Operationen *insert* und *extract* nur jeweils $\log(m)$ Schritte benötigen.

Das Verfahren zur Berechnung eines minimalen Spannbaums lässt sich implementieren, indem die Kandidaten in einer Prioritätenliste P gehalten werden. Als Priorität wird jeweils der Abstand zum Baum genommen. Mit *extract* wird dann jeweils der Knoten minimalen Abstands zum Baum ermittelt und, sofern er nicht bereits zum Baum gehört, zum Baum hinzugenommen.

Jedesmal, wenn ein neuer Knoten zum Baum hinzukommt, werden seine Nachbarknoten, sofern sie noch nicht zum Baum gehören, mit *insert* in die Prioritätenliste eingefügt.

Da jeder Knoten u, der zum Baum hinzugenommen wird, maximal für jeden seiner Nachbarknoten v eine *insert*-Operation verursacht, entsteht maximal für alle benachbarten Knotenpaare (u, v), d.h. für alle Kanten, eine *insert*-Operation (und eine zugehörige *extract*-Operation). Die Komplexität des Verfahrens liegt also in $O(m \log(m))$, wobei $m = |E|$ die Anzahl der Kanten des Graphen ist.

Eine ausführliche Beschreibung dieses Verfahrens ist im Zusammenhang mit der Berechnung der kürzesten Wege in einem Graphen beschrieben.

b) ohne Prioritätenliste

Das Verfahren lässt sich auch ohne Prioritätenliste mit Komplexität $O(n^2)$ realisieren. Dies ist dann günstiger, wenn die Anzahl der Kanten des Graphen in $\Omega(n^2)$ liegt.

Algorithmus *Minimaler Spannbaum*

<u>Eingabe:</u>   Ungerichteter, zusammenhängender Graph $G = (V, E)$ mit Kantengewichtung w

<u>Ausgabe:</u>   Minimaler Spannbaum von G, dargestellt in den Arrays *pred* und *dist*: Für jeden Knoten v (außer der Wurzel 0) enthält $pred[v]$ den Vorgänger von v im Spannbaum; das entsprechende Kantengewicht steht in $dist[v]$.

<u>Methode:</u>   für alle $v \in V$ wiederhole

       setze $dist[v] = \infty$

   setze $u = 0$ // Startknoten 0

   setze $T = \{u\}$

   solange $T \neq V$ wiederhole

       für alle Knoten v mit $v \notin T$ wiederhole

          wenn $dist[v] > w(u, v)$ dann

             setze $dist[v] = w(u, v)$

             setze $pred[v] = u$

       suche $u \notin T$ mit $dist[u]$ minimal

       setze $T = T \cup \{u\}$

Programm

Die Implementierung des obenstehenden Algorithmus ist gekapselt in einer Klasse *MinimumSpanningTree*. Im Konstruktor der Klasse wird ein ungerichteter, kantenmarkierter Graph *graph* übergeben.

Abweichend von dem ursprünglichen Algorithmus ist die Gewichtsfunktion w nicht nur für die Kanten des Graphen definiert, sondern für alle Paare von Knoten (u, v). Ist (u, v) keine Kante, so ist das Gewicht der Kante gleich *noedge*$= \infty$. Dies führt zu einem robusten Verhalten des Verfahrens auch in dem Fall, dass der Graph nicht zusammenhängend ist; es wird dann für jede Zusammenhangskomponente der minimale Spannbaum berechnet.

Die folgende Implementation des Algorithmus führt ein boolesches Array *tree* zur Repräsentation der Knoten von T sowie einen Zähler k, der die Anzahl der Knoten von T enthält. Das Array *dist* wird mit *noedge* initialisiert. Die Kantengewichte werden mit der Funktion *graph.getWeight* abgerufen.

```
public class MinimumSpanningTree
{
    private WeightedUndirectedGraph graph;
    private int n;
    private int[] pred;        // Vorgänger im Baum
    private double[] dist;     // Abstand zum Vorgänger
    private boolean[] tree;    // Zugehörigkeit zum schon berechneten Baum
    public MinimumSpanningTree(WeightedUndirectedGraph graph_)
    {
        graph=graph_;
        n=graph.getSize();
        pred=new int[n];
        dist=new double[n];
        tree=new boolean[n];
        // Initialisierung
        for (int v=0; v<n; v++)
        {
            dist[v]=graph.noEdge();
            pred[v]=-1;
            tree[v]=false;
        }
        computeMinimumSpanningTree(0);  // Startknoten 0
    }
    public void computeMinimumSpanningTree(int u_)
    {
        int k, u, v;
        double w, m;

        u=u_;      // Startknoten
        dist[u]=0;
        tree[u]=true;
```

```
    for (k=1; k<n; k++)     // alle weiteren Knoten behandeln
    {
        // Kandidaten aktualisieren
        for (v=0; v<n; v++)
        {
            w=graph.getWeight(u, v);
            if (!tree[v] && dist[v]>w)
            {
                dist[v]=w;
                pred[v]=u;
            }
        }
        // u nicht in T mit u minimal suchen
        m=graph.noEdge();
        for (v=0; v<n; v++)
            if (!tree[v] && dist[v]<=m)
            {
                m=dist[v];
                u=v;
            }
        // u zu T hinzufügen
        tree[u]=true;
    }
}
// liefert die Entfernung des Knotens v zum Startknoten
public double getDistance(int v)
{
    return dist[v];
}
// liefert den Vorgänger des Knotens v im Baum der kürzesten Wege
public int getPredecessor(int v)
{
    return pred[v];
}
```

```
// gibt den minimalen Spannbaum als Graphen zurück
public WeightedUndirectedGraph getMinimumSpanningTree()
{
    WeightedUndirectedGraph mst=new WeightedUndirectedGraph(n);
    for (int v=0; v<n; v++)
        if (pred[v]>=0)
            mst.setWeight(pred[v], v, dist[v]);
    return mst;
}

}    // end class MinimumSpanningTree
```

4.7   Kürzeste Wege

Problem

Gegeben ist ein ungerichteter, zusammenhängender Graph mit einer Kantengewichtung. Gesucht sind die kürzesten Wege von einem bestimmten Startknoten zu allen anderen Knoten des Graphen.

Der Floyd-Algorithmus löst das Problem mit der Zeitkomplexität $\Theta(n^3)$. Er berechnet aber sogar die kürzesten Wege von allen Knoten zu allen anderen Knoten.

Wenn nur die kürzesten Wege von einem bestimmten Startknoten zu allen anderen Knoten gesucht sind, lässt sich das Problem mit geringerem Aufwand lösen.

Idee

Die kürzesten Wege von einem Startknoten zu allen anderen Knoten eines zusammenhängenden ungerichteten Graphen bilden einen Baum mit dem Startknoten als Wurzel.

Bei einem Graphen *ohne Kantengewichtung* kann dieser Baum durch eine Breitensuche aufgebaut werden. Es wird mit dem Startknoten begonnen, und dann werden alle Nachbarknoten hinzugenommen, dann deren Nachbarknoten, soweit sie noch nicht zum bisher berechneten Baum dazugehören usw. Es kommen also zuerst alle Knoten der Entfernung 1 hinzu, dann alle der Entfernung 2 usw.

Bei einem Graphen *mit Kantengewichtung* ist die Situation anders. Die Entfernung eines Knotens zur Wurzel berechnet sich nicht nach der minimalen Anzahl der Kanten eines Weges dorthin, sondern nach der minimalen Summe der Kantengewichte eines Weges zur Wurzel.

Entsprechend anders wird der Baum der kürzesten Wege berechnet. Zum jeweils schon berechneten Baum kommt als nächster immer derjenige Knoten hinzu, der die geringste Entfernung zur Wurzel hat, wobei alle Knoten betrachtet werden, die Nachbarn eines

Baumknotens sind und selbst noch nicht zum Baum dazugehören; diese werden als die *Kandidaten* bezeichnet. Dieses Vorgehen ist ähnlich wie bei der Berechnung des minimalen Spannbaums.

Beispiel: Der Algorithmus hat bereits folgenden Baum der kürzesten Wege vom Startknoten zu einigen anderen Knoten konstruiert (Bild 4.17). Der Abstand vom Startknoten ist jeweils in den Knoten notiert. Drei Kandidaten stehen zur Auswahl, um den Baum weiter zu vervollständigen.

Die Wahl fällt auf den unteren Kandidaten und die mit 3 markierte Kante, denn hierdurch ergibt sich der Abstand 10 für den Kandidaten, und dieser ist für die drei Kandidaten minimal.

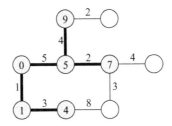

Bild 4.17: *Auswahl des nächsten Kandidaten*

Algorithmus

Bei der Breitensuche genügt eine Schlange (*queue*) als Datenstruktur, um die Kandidaten zu speichern und in der richtigen Reihenfolge zum schon berechneten Baum hinzunehmen. Wenn die Kantengewichte jedoch nicht alle 1 sind, sondern unterschiedlich sind, ist hierzu eine Prioritätenliste (*priority queue*) erforderlich. In eine Prioritätenliste werden mit *insert* Elemente eingefügt, mit *extract* wird jeweils das Element höchster Priorität entnommen und zurückgegeben.

Bei der Berechnung der kürzesten Wege werten wir als höchste Priorität die kleinste Entfernung zum Startknoten. Als Elemente werden die Kandidaten in die Prioritätenliste aufgenommen. Zu jedem Kandidaten v enthält $dist[v]$ die bisher gefundene kürzeste Entfernung zum Startknoten und $pred[v]$ den zugehörigen Vorgänger im Baum.

Algorithmus *Kürzeste Wege*

Eingabe: Ungerichteter, zusammenhängender Graph $G = (V, E)$ mit
                  Kantengewichtung w, Startknoten s

Ausgabe: Baum der kürzesten Wege in G vom Startknoten s zu allen anderen
                  Knoten, dargestellt in den Arrays *dist* und *pred*: Für jeden Knoten v
                  enthält $dist[v]$ den Abstand zum Startknoten und $pred[v]$ den
                  Vorgänger im Baum (außer für die Wurzel s)

Methode: setze $dist[s] = 0$

                  füge Startknoten s mit Priorität 0 in die Prioritätenliste ein

                  solange die Prioritätenliste nicht leer ist wiederhole

                          entnimm obersten Knoten u aus der Prioritätenliste

                          wenn u noch nicht zum Baum dazugehört dann

                                  füge Knoten u zum Baum hinzu

                                  für alle Nachbarn v von u wiederhole

                                          setze $d = dist[u] + w(u,v)$

                                          wenn $d < dist[v]$ dann

                                                  setze $dist[v] = d$

                                                  setze $pred[v] = u$

                                                  füge Knoten v mit Priorität d in die
                                                  Prioritätenliste ein

Implementierung

Das folgende Java-Programm implementiert den Algorithmus *Kürzeste Wege*. Für das
Durchlaufen aller Nachbarknoten eines Knotens wird ein Iterator verwendet.

```java
import java.util.Iterator;
import java.util.ArrayList;
import basic.PriorityQueue;
public class ShortestPathsTree
{
    private WeightedUndirectedGraph graph; // Graph mit Kantengewichtung
    private int n;           // Anzahl der Knoten
    private int s;           // Startknoten
    private double[] dist;   // Abstand zum Startknoten
    private int[] pred;      // Vorgänger im Baum
    private boolean[] tree;  // Zugehörigkeit zum Baum
    private PriorityQueue<Integer> pq;
```

```
public ShortestPathsTree(WeightedUndirectedGraph graph_, int s_)
{
    graph=graph_;
    s=s_;
    n=graph.getSize();
    dist=new double[n];
    pred=new int[n];
    tree=new boolean[n];
    for (int v=0; v<n; v++)              // Arrays initialisieren
    {
        dist[v]=graph.noEdge();
        pred[v]=-1;
        tree[v]=false;
    }
    pq=new PriorityQueue<Integer>(-1); // höchste Priorität: Minimum
    computeShortestPaths();
}

private void computeShortestPaths()
{
    int u, v;
    double d;
    Iterator<Integer> it;
    dist[s]=0;          // Startknoten s
    pq.insert(0, s);
    while (!pq.isEmpty())
    {
        u=pq.extractObj();
        if (!tree[u])
        {
            tree[u]=true;
            it=new NeighbourIterator(graph, u);
            while (it.hasNext())
            {
                v=it.next();
                d=dist[u]+graph.getWeight(u, v);
                if (d<dist[v])
                {
                    dist[v]=d;
                    pred[v]=u;
                    pq.insert(d, v);
                }
            }
        }
    }
}
```

```
// liefert die Entfernung des Knotens v zum Startknoten
public double getDistance(int v)
{
    return dist[v];
}
// liefert den Vorgänger des Knotens v im Baum der kürzesten Wege
public int getPredecessor(int v)
{
    return pred[v];
}
// liefert die Folge der Knoten vom Knoten v
// zum Startknoten im Baum der kürzesten Wege
public ArrayList<Integer> getShortestPath(int v)
{
    ArrayList<Integer> p=new ArrayList<Integer>();
    while (v!=-1)
    {
        p.add(0, v);
        v=getPredecessor(v);
    }
    return p;
}
public WeightedDirectedGraph getShortestPathsTree()
{
    WeightedDirectedGraph spt=new WeightedDirectedGraph(n);
    for (int v=0; v<n; v++)
        if (pred[v]>=0)
            spt.setWeight(pred[v], v, dist[v]);
    return spt;
}
```

}

Analyse

Gegeben sei ein Graph $G = (V, E)$ mit n Knoten und m Kanten. Wir betrachten die Anzahl der *insert*-Operationen in die Prioritätenliste. Jeder Knoten u, der mit $tree[u] = true$ zum Baum hinzugenommen wird, verursacht maximal für jeden seiner Nachbarknoten v eine *insert*-Operation. D.h. maximal gibt es für alle benachbarten Knotenpaare (u, v), d.h. für alle Kanten, eine *insert*-Operation, also $O(m)$ *insert*-Operationen (und natürlich ebenso viele *extract*-Operationen).

Die Prioritätenliste kann auf $O(m)$ Einträge anwachsen; die Operationen *insert* und *extract* dauern somit $O(\log(m))$ Schritte. Die Zeitkomplexität des Algorithmus beträgt daher $O(m \log(m))$.

Für Graphen mit wenigen Kanten ist dieses ein günstiges Ergebnis. Beispielsweise enthält ein gitterartig verbundener Graph nur $O(n)$ Kanten, somit ergibt sich hier eine Zeitkomplexität von $O(n \log n)$. Im allgemeinen kann ein Graph jedoch $\Theta(n^2)$ Kanten enthalten, damit ergibt sich eine Zeitkomplexität von $O(n^2 \log n)$. Hier ist dann das im Folgenden angegebene Verfahren von DIJKSTRA mit der Zeitkomplexität von $O(n^2)$ günstiger.

4.8   Dijkstra-Algorithmus

Idee

Der Algorithmus zur Berechnung der kürzesten Wege baut schrittweise den Baum der kürzesten Wege auf. Jedesmal wenn ein neuer Knoten u zum Baum hinzukommt, muss die Menge der Kandidaten aktualisiert werden. Hierzu werden alle Nachbarknoten von u durchlaufen. Dabei kommt es nun darauf an, wie viele Nachbarknoten die Knoten des Graphen typischerweise haben. Sind dies viele, etwa $\Theta(n)$, so kann „alle Nachbarknoten durchlaufen" ersetzt werden durch „alle Knoten durchlaufen".

Damit ergibt sich ein einfacheres und schnelleres Verfahren, das zudem ohne Prioritätenliste auskommt, das Verfahren von DIJKSTRA.

Es stellt sich heraus, dass sich der Dijkstra-Algorithmus durch eine geringfügige Modifikation des Algorithmus zu Berechnung eines minimalen Spannbaums ergibt. Die Änderung betrifft die Wahl des nächsten Kandidaten, der zu dem jeweils schon erzeugten Baum hinzugenommen wird. Bei der Berechnung des Baums der kürzesten Wege wird der Kandidat genommen, der den kürzesten Abstand zum Startknoten hat. Dieser Abstand ergibt sich aus dem Gewicht der Kante zwischen dem Kandidaten und einem Knoten des schon erzeugten Baumes plus dem Abstand dieses Knotens vom Startknoten.

Algorithmus Kürzeste Wege

Der Algorithmus zur Berechnung der kürzesten Wege ist fast identisch mit dem Algorithmus zur Berechnung eines minimalen Spannbaums. Die einzigen Abweichungen sind in der folgenden informellen Darstellung fett gedruckt gekennzeichnet.

Algorithmus *Kürzeste Wege* (*Dijkstra*)

Eingabe:	Ungerichteter, zusammenhängender Graph $G = (V, E)$ mit Kantengewichtung w, Startknoten s
Ausgabe:	Baum der kürzesten Wege in G vom Startknoten s zu allen anderen Knoten, dargestellt in den Arrays *pred* und *dist*: Für jeden Knoten v (außer der Wurzel s) enthält *pred*[v] den Vorgänger von v im Baum; der Abstand von v zum Startknoten steht in *dist*[v].

Methode: für alle $v \in V$ wiederhole

           setze $dist[v] = \infty$

     setze u = s

     setze $T = \{u\}$

     setze $dist[u] = 0$

     solange $T \neq V$ wiederhole

          für alle $v \notin T$ mit $(u, v) \in E$ wiederhole

               wenn $dist[v] > \boldsymbol{dist[u]} + w(u, v)$ dann

                    setze $dist[v] = \boldsymbol{dist[u]} + w(u, v)$

                    setze $pred[v] = u$

          suche $u \notin T$ mit $dist[u]$ minimal

          setze $T = T \cup \{u\}$

Das entsprechende Java-Programm ergibt sich mit den angegebenen Änderungen unmittelbar aus dem Programm zur Berechnung eines minimalen Spannbaums.

4.9 Travelling-Salesman-Problem

Das *Travelling-Salesman-Problem* (TSP) oder *Problem des Handlungsreisenden* besteht darin, dass ein Handlungsreisender eine Rundreise durch n Städte unternehmen und dabei einen möglichst kurzen Weg zurücklegen soll. Die Entfernungen zwischen den einzelnen Städten sind bekannt. Gefragt ist also nach der Reihenfolge, in der die Städte besucht werden müssen.

In einer graphentheoretischen Formalisierung entsprechen die Städte den Knoten eines ungerichteten Graphen $G = (V, E)$. Der Graph ist *vollständig verbunden*, d.h. zwischen je zwei verschiedenen Knoten gibt es eine Kante, und er ist mit einer Kantengewichtung $w : E \to \mathbb{R}$ versehen. Die Kantengewichte entsprechen den Entfernungen zwischen den betreffenden Städten. Eine *Rundreise* ist ein Kreis, der alle Knoten des Graphen durchläuft.[4] Die *Länge* der Rundreise ist gleich der Summe der Kantengewichte des Kreises. Gesucht ist eine Rundreise minimaler Länge.

Travelling-Salesman-Problem

Eingabe: Vollständig verbundener ungerichteter Graph mit Kantengewichtung

Ausgabe: Rundreise minimaler Länge

---

[4]Ein Kreis ist ein geschlossener Pfad, der keinen Knoten mehrfach durchläuft (siehe Anhang).

Es gibt $(n-1)!$ Möglichkeiten, beginnend bei einer bestimmten Stadt alle anderen $n-1$ Städte zu besuchen und wieder zur Ausgangsstadt zurückzukehren – zu viele, um alle durchzuprobieren. Ein wesentlich schnelleres Verfahren, das weniger als exponentielle Komplexität hat, ist nicht bekannt und existiert möglicherweise auch nicht, denn TSP ist NP-vollständig (siehe Abschnitt 10.4).

Dies ist eine neue Situation – die anderen Algorithmen, die in diesem Buch dargestellt sind, haben alle eine Komplexität von höchstens $O(n^3)$. Für das Travelling-Salesman-Problem aber gibt es wahrscheinlich keinen Algorithmus mit einer Komplexität von $O(n^k)$ (polynomielle Komplexität). Dies ist überraschend, denn das Problem sieht harmlos aus und unterscheidet sich scheinbar kaum etwa vom Kürzeste-Wege-Problem.

Es stellt sich daher die Frage nach Annäherungsverfahren, die zwar nicht unbedingt die beste Lösung finden, aber dieser sehr nahe kommen. Als erstes wird ein Verfahren mit polynomieller Komplexität angegeben, das für das *metrische* Travelling-Salesman-Problem eine Rundreise berechnet, die höchstens doppelt so lang ist wie die kürzeste Rundreise.

Meistens sind jedoch weitaus bessere Annäherungen an die optimale Lösung möglich. Hierzu werden sogenannte heuristische Verfahren[5] angewendet, wie etwa die Verfahren Simulated Annealing oder selbstorganisierende Karte, die im Anschluss daran dargestellt werden.

4.10   Faktor-2-Annäherungsverfahren

Das *metrische Travelling-Salesman-Problem* ist ein Spezialfall des Travelling-Salesman-Problems. Für diesen Fall gibt es ein Annäherungsverfahren, das in polynomieller Zeit eine Rundreise findet, die höchstens doppelt so lang ist wie die optimale Rundreise.

Metrisches Travelling-Salesman-Problem

Definition: Sei $G = (V, E)$ ein vollständig verbunden ungerichteter Graph und $w : E \to \mathbb{R}$ eine Kantengewichtung. Dann ist die Kantengewichtung w *metrisch*, wenn sie die folgende Eigenschaften einer Metrik (siehe Anhang A.3) hat:

$$w(i, j) = 0 \iff i = j$$
$$w(i, j) = w(j, i)$$
$$w(i, j) + w(j, k) \geq w(i, k)$$

Aus den drei Bedingungen folgt, dass alle Kantengewichte nichtnegativ sind. Die zweite Bedingung ist von sich aus erfüllt, da der Graph ungerichtet ist. Entscheidend ist die

---

[5]Kennzeichnend für diese Verfahren ist, dass sie ziemlich schnell ziemlich gute Lösungen finden, wobei jedoch „ziemlich" nicht genau quantifizierbar ist.

Gültigkeit der letzten Bedingung, der *Dreiecksungleichung*. Sie besagt, dass der direkte Weg zwischen zwei Knoten nie länger ist als ein Umweg über einen anderen Knoten.

Das Travelling-Salesman-Problem in einem Graphen mit metrischer Kantengewichtung heißt *metrisches Travelling-Salesman-Problem*.

Das metrische Travelling-Salesman-Problem kommt in der Praxis wahrscheinlich am häufigsten vor, da meistens Situationen modelliert werden, in denen die Kantengewichte tatsächliche Entfernungen sind, d.h. Abstände in einem metrischen Raum.

Verfahren

Das folgende Verfahren berechnet eine Rundreise, die höchstens doppelt so lang ist wie die optimale Rundreise. Grundlage ist das Verfahren zur Berechnung eines minimalen Spannbaums (siehe Abschnitt 4.6), das eine Zeitkomplexität von $O(n^2)$ hat.

Ausgangspunkt ist ein vollständig verbundener ungerichteter Graph G mit einer metrischen Kantengewichtung w.

G :

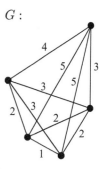

Sei K die (unbekannte) kürzeste Rundreise. In diesem Beispiel ist die Länge der kürzesten Rundreise

$$w(K) = 12.$$

K :

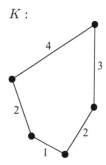

Wird eine Kante aus K entfernt, so entsteht ein Spannbaum S von G. Weil die Kante fehlt, gilt offenbar

$$w(S) \leq w(K).$$

In diesem Beispiel ist $w(S) = 9$.

S :

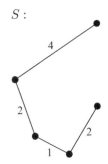

Mit dem Verfahren zur Berechnung eines minimalen Spannbaums wird ein minimaler Spannbaum M des Graphen G konstruiert. Da M minimal ist, gilt

$$w(M) \leq w(S) \leq w(K).$$

In diesem Beispiel ist $w(M) = 8$.

M :

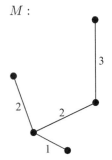

Sei nun D ein voller Durchlauf durch den minimalen Spannbaum M, d.h. ein Pfad, der bei einer Tiefensuche durch den Baum zustande kommt. Da jede Kante zweimal durchlaufen wird, gilt

$$w(D) \;=\; 2w(M) \leq 2w(S) \leq 2w(K).$$

In diesem Beispiel ist $w(D) = 16$.

D :

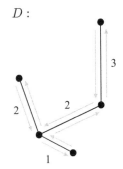

Der volle Durchlauf D besucht manche Knoten mehrmals; in einer Rundreise soll aber jeder Knoten nur genau einmal besucht werden. Daher wird der volle Durchlauf D abgekürzt: Knoten, die schon besucht worden sind, werden übersprungen. Ausgenommen ist natürlich der Startknoten, dort endet der abgekürzte Durchlauf.

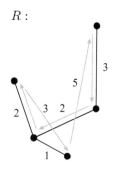

Das Ergebnis ist die gesuchte Rundreise R. Wegen der Dreiecksungleichung ist der abgekürzte Durchlauf R nicht länger als der volle Durchlauf D, d.h. es gilt

$$w(R) \ \leq \ w(D) \ = \ 2w(M) \ \leq \ 2w(S) \ \leq \ 2w(K).$$

Die Rundreise R ist also höchstens zweimal so lang wie die (unbekannte) kürzeste Rundreise K. In diesem Beispiel ist

$$w(R) = 15 \ \leq \ 2 \cdot 12.$$

4.11   Simulated Annealing

Heuristische Optimierungsverfahren versuchen meist, ausgehend von einer vorhandenen Lösung durch eine geeignete Abänderung zu einer besseren Lösung zu gelangen. Führt keine solche mögliche Abänderung mehr zu einer Verbesserung, so ist ein Optimum gefunden. Das Problem hierbei ist, dass es sich um ein lokales Optimum handeln kann, das wesentlich schlechter ist als das globale Optimum.

Bild 4.18 zeigt diese Situation am Beispiel eines Minimierungsverfahrens. Die Ausgangslösung ist A, durch schrittweise Verbesserung ist das Verfahren zur Lösung B gelangt. Alle Schritte, die von B aus möglich sind, führen zu einer Verschlechterung der Lösung, B ist ein lokales Minimum. Das globale Minimum liegt jedoch bei D. Das Verfahren kann das globale Minimum jetzt nur noch finden, wenn es für eine begrenzte Anzahl von Schritten auch eine Verschlechterung der Lösung in Kauf nimmt, so dass es über den Berg C gelangen kann.

Das Verfahren *Simulated Annealing* hat diese Eigenschaft, dass es zwar einerseits die Lösung zu verbessern versucht, andererseits aber auch Verschlechterungen um bis zu *sigma* akzeptiert. Der Parameter *sigma* wird im Verlauf des Verfahrens kontinuierlich verringert, bis schließlich überhaupt keine Verschlechterungen mehr zugelassen werden.

Annealing

Der Begriff *Annealing* stammt aus der Metallurgie und bezeichnet das Tempern von Metallen. Ein Metall ist umso härter, je besser sich eine geordnete Kristallstruktur

Bild 4.18: *Lokales und globales Minimum*

ausgebildet hat. Beim Erstarren aus der Schmelze bilden sich an vielen Stellen Kristallisationszentren, und das Ergebnis ist ein Metall, bei dem viele kleine Kristalle kreuz und quer durcheinander liegen. Beim Tempern wird nun das Metall nochmals bis kurz vor den Schmelzpunkt erhitzt und dann langsam wieder abgekühlt, so dass sich die Kristallstruktur des Metalls besser ausbilden kann; es bilden sich größere Kristalle.

Durch das Tempern wird den Metallatomen noch einmal die Möglichkeit gegeben, sich zu bewegen, so dass sie beim Abkühlen einen energetisch günstigeren Platz finden können. Das Tempern muss sehr vorsichtig geschehen: Wird das Metall zu stark erhitzt, kommen alle Atome wieder durcheinander und die vorher schon gefundene Ordnung wird wieder zerstört. Wird es zu schwach erhitzt, lösen sich die Atome nicht aus ihrer alten Ordnung und es wird keine bessere Ordnung gefunden.

Indem dieser Prozess des Temperns zur Herstellung eines Zustandes möglichst niedriger Energie simuliert wird – daher die Bezeichnung *Simulated Annealing* – erhält man ein Optimierungsverfahren. Die Temperatur entspricht hierbei dem erwähnten Parameter *sigma*.

Anwendung auf das Travelling-Salesman-Problem

Um das Travelling-Salesman-Problem mit Simulated Annealing zu lösen, wird wie folgt vorgegangen: Gestartet wird mit einer Rundreise, die die Städte in einer völlig zufälligen Reihenfolge durchläuft. Nun wird versucht, diese Lösung zu verbessern. Hierzu werden zwei Städte s_i und s_j zufällig ausgewählt, und der Weg von s_i nach s_j wird in umgekehrter Richtung durchlaufen (Bild 4.19).

Die Reihenfolge der Städte in der neuen Rundreise ergibt sich aus der alten Reihenfolge wie folgt:

> alte Reihenfolge: $\ldots s_{i-1} s_i s_{i+1} \cdots s_{j-1} s_j s_{j+1} \cdots$
>
> neue Reihenfolge: $\ldots s_{i-1} s_j s_{j-1} \cdots s_{i+1} s_i s_{j+1} \cdots$

Ist die neue Rundreise kürzer als die alte Rundreise, so wird mit dieser verbesserten Lösung fortgefahren. Ist sie länger, so wird sie nur dann akzeptiert, wenn sie um höchstens *sigma* länger ist als die alte Rundreise. Ansonsten wird sie verworfen, und es wird mit der alten Lösung fortgefahren.

Bild 4.19: *Ursprüngliche und verbesserte Lösung*

Nach jeweils einer bestimmten Anzahl von Iterationsschritten wird der Parameter *sigma* verringert, bis er den Wert 0 erreicht, so dass zum Schluss keine Verschlechterung der Lösung mehr zugelassen wird. Wenn sich die Lösung nicht mehr verbessert, wird die Iteration abgebrochen.

Durch mehrmaliges „Erhitzen", d.h. Vergrößern von *sigma*, und anschließendes „Abkühlen", d.h. Verringern von *sigma* auf 0, kann versucht werden, die Lösung noch weiter zu verbessern.

Bild 4.20 zeigt die Rundreise durch 100 Städte zu Beginn des Verfahrens und am Ende des Verfahrens.

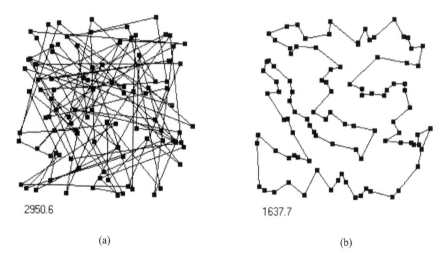

2950.6

1637.7

(a)

(b)

Bild 4.20: *Simulated Annealing: Rundreise zu Beginn (a) und am Ende des Verfahrens (b)*

4.12   Selbstorganisierende Karte

Eine selbstorganisierende Karte ist eine Form eines neuronalen Netzes. Gegeben ist
ein Raum (S, d) von *Stimuli*; d ist eine Metrik auf S. Ferner ist ein Raum (N, g) von
Neuronen gegeben; g ist eine Metrik auf N. Ziel ist es, eine Zuordnung z zwischen S
und N zu finden, derart dass nah beieinander liegenden Stimuli auch nah beieinander
liegende Neuronen zugeordnet sind, also eine Art stetige Abbildung.

Anwendung auf das Travelling-Salesman-Problem

Die Menge der Stimuli S ist eine endliche Menge von Punkten in der Ebene (die
Städte eines metrischen Travelling-Salesman-Problems), die zugehörige Metrik d ist
der euklidische Abstand. Die Neuronen N bilden die Knotenmenge eines ringförmigen
Graphen $G = (N, E)$, der Abstand g zwischen zwei Neuronen i und j ist gleich der
Anzahl der Kanten auf dem kürzesten Weg von i nach j. Jedem Neuron $n \in N$ ist ein
Punkt der Ebene $p(n)$ zugeordnet.

Bild 4.21 veranschaulicht diese Situation: Die Stimuli sind viereckig eingezeichnet. Die
runden Punkte sind die Neuronen, und zwar ist jedes Neuron $n \in N$ an der Position
$p(n)$ eingezeichnet. Außerdem sind die Kanten zwischen den Neuronen im Graphen G
eingezeichnet. Weiterhin ist eine Abbildung z eingezeichnet, die jedem Stimulus das
nächstgelegene Neuron zuordnet.

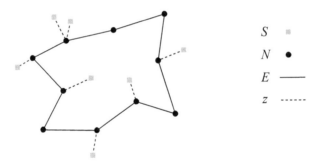

Bild 4.21: *Stimuli S und Neuronen N*

Die dargestellte Situation hat schon die gewünschte Eigenschaft, dass nah beieinander
liegenden Stimuli auch einigermaßen nah beieinander liegende Neuronen zugeordnet
sind. Die Situation lässt sich aber durch Adaptionsschritte noch verbessern.

Ein *Adaptionsschritt* besteht darin, dass zunächst ein Stimulus s zufällig gewählt wird.
Dann wird ein Neuron n mit minimaler Entfernung zum Stimulus s bestimmt. Dieses
Neuron n rückt nun um einen bestimmten Faktor h näher an s heran. Aber auch
die beiden Neuronen, die in dem ringförmigen Graphen der Neuronen direkt mit n

benachbart sind, rücken näher an s heran, allerdings um weniger als h. Und auch die Neuronen, die im Graphen den Abstand $g = 2, 3, \ldots$ zu n haben, rücken an s heran, jedoch umso weniger, je größer der Abstand g ist.

Bild 4.22 zeigt, wie die Neuronen in einem Adaptionsschritt an den Stimulus s heranrücken.

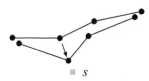

Bild 4.22: *Adaptionsschritt*

Bild 4.23 zeigt eine Einbettung des Rings der Neuronen N in den Raum S der Städte kurz nach Beginn des Verfahrens und am Ende des Verfahrens.

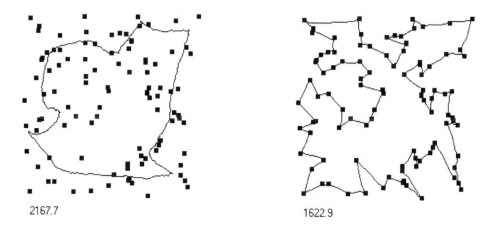

2167.7   1622.9

Bild 4.23: *Selbstorganisierende Karte: Ring der Neuronen kurz nach Beginn (a) und am Ende des Verfahrens (b)*

Begonnen wird mit einer beliebigen Verteilung der Neuronen in der Ebene, z.B. $p(n) = (0,0)$ für alle $n \in N$. Durch eine Folge von Adaptionsschritten wird die Zuordnung z dann verbessert. Wie gut dies gelingt, hängt zum einen von der Anzahl der

Neuronen ab und zum anderen davon, wie der Faktor h in Abhängigkeit vom Abstand g gewählt wird. Zu Anfang sollte der Einfluss einer Adaption auf weiter entfernte Neuronen größer sein und dann im Verlauf der Berechnung immer kleiner werden. Im allgemeinen wird die Formel

$$h(g) \;=\; \varepsilon \cdot e^{-g/sigma}$$

verwendet. Der Parameter *sigma* steuert den Einfluss der Adaption auf entferntere Neuronen, er ist zunächst groß und wird dann im Verlauf der Berechnung verringert. Der Parameter ε bestimmt die Stärke der Adaption überhaupt.

Am Ende der Berechnung ist der Raum N in den Raum S eingebettet. Damit ist N eine „Karte" von S, die sich durch die Adaption selbst organisiert hat, daher die Bezeichnung *selbstorganisierende Karte*. Eine Rundreise durch die Städte ergibt sich, indem die Städte nach $z(s)$ geordnet werden. Es zeigt sich, dass die erzeugten Rundreisen recht kurz sind.

4.13   Aufgaben

Aufgabe 1: Implementieren Sie Graphen auf Basis von Adjazenzlisten (siehe Abschnitt 4.2). Schreiben Sie hierzu eine abstrakte Klasse *GraphListRepresentation*. Stellen Sie die Adjazenzlisten durch Objekte vom Typ *ArrayList* mit Typ-Parameter *Integer* dar.

Hinweis: Als *NeighbourIterator* können Sie den Standarditerator von *ArrayList* verwenden.

Aufgabe 2: Geben Sie die Zeitkomplexität der Tiefensuche an, wenn der Graph

a) als Adjazenzmatrix

b) durch Adjazenzlisten

dargestellt ist.

Aufgabe 3: Sie sind Chef einer internationalen Schmugglerbande. Ihre Aufgabe ist es, die Schmuggelrouten auf dem gesamten Kontinent zu planen. Vor Ihnen liegt eine Landkarte, auf der Sie sehen können, welche der n Länder aneinander grenzen. Sie kennen jeweils die Wahrscheinlichkeit $p(i,j)$, dass ein Schmuggler beim Grenzübertritt von Land i nach Land j nicht erwischt wird.

Modellieren Sie die Situation mit Hilfe eines Graphen. Schreiben Sie ein Programm, das die sicherste Route zwischen zwei beliebigen Ländern berechnet.

Aufgabe 4: Gegeben seien n Punkte in der Ebene. Offenbar lässt sich hieraus ein metrisches Travelling-Salesman-Problem bilden, indem der euklidische Abstand zwischen den Punkten als Kantengewichtung genommen wird.

Zeigen Sie: Die kürzeste Rundreise ist planar. Oder anders ausgedrückt: Enthält eine Rundreise zwei sich überkreuzende Kanten, so kann sie nicht die kürzeste Rundreise sein.

Aufgabe 5: Bei der Konstruktion eines minimalen Spannbaums führt die Greedy-Strategie stets zum Erfolg. Beim Travelling-Salesman-Problem dagegen ist dies nicht so. Geben Sie einen möglichst einfachen Fall des Travelling-Salesman-Problems an, bei dem die Greedy-Strategie („Gehe immer zum nächstgelegenen, noch nicht besuchten Knoten") versagt, d.h. nicht die kürzeste Rundreise liefert.

5   Algorithmische Geometrie

Die algorithmische Geometrie beschäftigt sich mit der algorithmischen Lösung geome-
trischer Probleme. Anwendungen liegen in der Computergrafik, der Bildverarbeitung
und der Robotik.

Ein sehr elementares Problem der algorithmischen Geometrie ist die Bestimmung
der konvexen Hülle einer endlichen Menge von Punkten in der Ebene. Im Folgenden
werden auch hier wieder mehrere Algorithmen zur Bestimmung der konvexen Hülle
vorgestellt: der Graham-Scan-Algorithmus, der Jarvis-March-Algorithmus und der
Quickhull-Algorithmus. Daneben gibt es noch weitere Algorithmen wie etwa den
Mergehull-Algorithmus, den Obere/Untere-Kontur-Algorithmus und andere [Klei 97].

Interessant ist auch die Bestimmung der unteren Schranke für das Problem. Indem das
Sortierproblem auf das Problem der Bestimmung der konvexen Hülle reduziert wird,
ergibt sich eine untere Schranke von $\Omega(n \log(n))$.

5.1   Polygon

Zunächst folgen einige grundlegende Definitionen und Berechnungen für Punkte und
Polygone, ferner die Implementation dieser Berechnungen.

Grundlagen

Legt man ein Koordinatenkreuz in die Zeichenebene, so ist jeder Punkt der Zeichenebene
durch seinen x- und y-Wert bestimmt. Wir können also die Punkte der Ebene mit Paaren
von reellen Zahlen gleichsetzen. Die Menge der Punkte der Ebene ist dann die Menge
$\mathbb{R}^2$. Die Menge $\mathbb{R}^2$ bildet einen Vektorraum über $\mathbb{R}$ (siehe Anhang – Grundlagen).

Definition: Ein *Punkt* in der Ebene ist ein Paar von reellen Zahlen, also ein Element
$p \in \mathbb{R}^2$ mit $p = (x, y)$.

Geometrische Objekte wie Linien und Flächen sind Mengen von Punkten. Diese Punkte
lassen sich durch Vektoroperationen beschreiben.

Definition: Eine *Gerade* durch zwei Punkte p und q ist die Punktemenge
$$pq \;=\; \{r \in \mathbb{R}^2 \mid r = p + a(q - p),\; a \in \mathbb{R}\}.$$

Ein *Liniensegment* ist die Verbindungsstrecke von zwei Punkten p und q:

$$\overline{pq} \;=\; \{r \in \mathbb{R}^2 \mid r = p + a(q - p),\ a \in \mathbb{R},\ 0 \le a \le 1\}.$$

Wir lassen den Querstrich über pq auch weg, wenn klar ist, dass das Liniensegment zwischen p und q gemeint ist.

Aus Liniensegmenten lassen sich weitere geometrische Gebilde zusammensetzen.

Definition: Ein *Kantenzug* ist eine Kette von Liniensegmenten

$$w \;=\; p_0 p_1,\ p_1 p_2,\ \ldots,\ p_{n-1} p_n.$$

Die Punkte p_i heißen *Ecken* des Kantenzugs, die Liniensegmente heißen *Kanten*.

Ein *Polygonzug* ist ein geschlossener Kantenzug

$$w \;=\; p_0 p_1,\ p_1 p_2,\ \ldots,\ p_{n-1} p_0.$$

Ein Polygonzug, bei dem alle Ecken p_i verschieden sind und bei dem je zwei Kanten außer den gemeinsamen Ecken keine Punkte gemeinsam haben, heißt *einfacher Polygonzug*.

Das von einem einfachen Polygonzug umschlossene Gebiet, einschließlich des Polygonzugs selber, heißt *Polygon*.

Beispiel: Bild 5.1 zeigt drei einfache Polygonzüge. Die Ecken sind durch dicke Punkte gekennzeichnet.

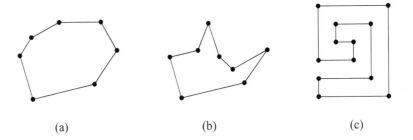

(a)   (b)   (c)

Bild 5.1: Einfache Polygonzüge

Fläche eines Polygons

Gegeben sei ein einfacher Polygonzug $p_0 p_1$, $p_1 p_2$, $\ldots$, $p_{n-1} p_0$. Die Ecken $p_i = (x_i, y_i)$ sind entgegen dem Uhrzeigersinn nummeriert, so dass die umschlossene Fläche stets links der Kanten $p_i p_{i+1}$ liegt (Bild 5.2).

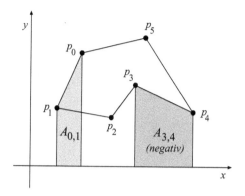

Bild 5.2: *Flächen unter den Kanten eines Polygonzugs*

Die Fläche des Trapezes unter der Kante $p_0 p_1$ berechnet sich als

$$A_{0,1} \;=\; (x_0 - x_1)(y_0 + y_1)/2.$$

Entsprechend berechnen sich auch die Flächen unter den anderen Kanten. Im Beispiel von Bild 5.2 ergibt sich für $A_{3,4}$ eine negative Fläche, da $x_3 < x_4$ ist.

Addiert man alle Trapezflächen $A_{0,1}, ..., A_{n-1,0}$, so heben sich die unterhalb des Polygons liegenden positiven und negativen Flächen auf und es ergibt sich die von dem Polygonzug umschlossene Fläche A:

$$A \;=\; \sum\nolimits_{i=0,\,...,\,n-1} A_{i,i+1}.$$

Hierbei wird $i+1$ modulo n gerechnet.

Fläche eines Dreiecks

Die Flächenberechnung gestaltet sich besonders einfach, wenn sie auf ein Dreieck mit den Eckpunkten p_0, p_1, p_2 angewendet wird, dessen Eckpunkt p_0 im Nullpunkt liegt (Bild 5.3). Dann gilt für die doppelte Fläche F des Dreiecks [1]

$$2F \;=\; x_1 y_2 - x_2 y_1.$$

Wichtig ist die Orientierung der Eckpunkte p_0, p_1 und p_2. Werden die Punkte in dieser Reihenfolge entgegen dem Uhrzeigersinn durchlaufen, ist die Dreiecksfläche positiv, im anderen Fall negativ.

Die Fläche eines beliebigen Dreiecks ergibt sich, indem die Punkte p_1 und p_2 relativ zu p_0 als Nullpunkt dargestellt werden und dann die obige Berechnung ausgeführt wird.

---

[1]Der Betrag von $2F$ entspricht dem Betrag des Vektorprodukts oder Kreuzprodukts der beiden Ortsvektoren p_1 und p_2.

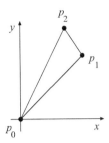

Bild 5.3: *Dreieck mit p_0 im Nullpunkt*

Konvexe und konkave Ecken

Definition: Eine Ecke p_i in einem Polygonzug p_0p_1, p_1p_2, ..., $p_{n-1}p_0$ heißt *konvex*,
wenn für den links liegenden Winkel α zwischen den Kanten $p_{i-1}p_i$ und p_ip_{i+1} gilt
$0° \leq \alpha < 180°$ ($i-1$ und $i+1$ werden modulo n gerechnet). Anderenfalls heißt
die Ecke *konkav*.

Die in Bild 5.4a dargestellten Kanten eines Polygonzugs bilden eine konvexe Ecke, die
in Bild 5.4b dargestellten Kanten bilden eine konkave Ecke.

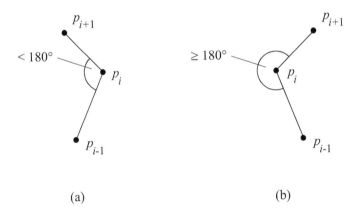

          (a)   (b)

Bild 5.4: *Konvexe Ecke eines Polygonzugs (a), konkave Ecke (b)*

Um festzustellen, ob eine Ecke p_i eines Polygonzugs konvex oder konkav ist, berechnet
man mit der oben angegebenen Methode die Fläche des Dreiecks $p_{i-1}p_ip_{i+1}$. Ergibt

die Flächenberechnung eine positive Dreiecksfläche, so sind die Eckpunkte des Dreiecks entgegen dem Uhrzeigersinn nummeriert. In diesem Fall ist die Ecke konvex.

Wenn alle drei Punkte auf einer Geraden liegen, ist die Dreiecksfläche 0. Dann wird geprüft, ob die Ecke neben oder zwischen den beiden anderen Punkten liegt. Liegt sie neben den beiden anderen Punkten, ist der Winkel 0° und die Ecke damit konvex. Liegt sie zwischen den beiden anderen Punkten, ist der Winkel 180° und die Ecke damit konkav.

Ist der Flächeninhalt des Dreiecks negativ, so sind die Eckpunkte des Dreiecks im Uhrzeigersinn nummeriert und die Ecke ist somit konkav.

Implementierung

Die folgende Klasse *Point* modelliert einen Punkt in der Ebene. Die Klasse enthält bereits eine ganze Reihe von Methoden, die für die Berechnung der konvexen Hülle einer Menge von Punkten benötigt werden. Im Folgenden sei t der aktuelle Punkt (this), mit dem die jeweiligen Methoden aufgerufen werden.

Die Funktion $relTo(p)$ erzeugt einen neuen Punkt, der t relativ zum Punkt p als Nullpunkt darstellt. Die Funktion $makeRelTo(p)$ transformiert t entsprechend. Die Funktionen $moved(x0, y0)$ und $reversed()$ erzeugen einen zu t verschobenen Punkt bzw. einen zu t am Nullpunkt gespiegelten Punkt.

Die Funktion $isLower(p)$ gibt *true* zurück, wenn t eine kleinere y-Koordinate als p hat, oder, bei gleicher y-Koordinate, eine kleinere x-Koordinate.

Die Funktion $isFurther(p)$ prüft, ob t weiter vom Nullpunkt entfernt liegt als p. Als Maß für die Entfernung vom Nullpunkt genügt hier der Manhattan-Abstand $|x| + |y|$. Die Funktion $mdist()$ berechnet den Manhattan-Abstand von t zum Nullpunkt.

Die Funktion $isBetween(p0, p1)$ prüft im Falle dass t, p_0 und p_1 auf einer Linie liegen, ob t zwischen p_0 und p_1 liegt.

Die Funktion $cross(p)$ berechnet das Kreuzprodukt $t \times p$; der Betrag dieses Wertes ist gleich dem doppelten Flächeninhalt des Dreiecks $0tp$. Diese Funktion wird als Hilfsfunktion mehrfach verwendet.

In der Funktion $isLess(p)$ wird geprüft, ob der Ortsvektor von t einen kleineren Winkel zum Nullpunkt hat als der Ortsvektor eines Punktes p. Unter der Voraussetzung, dass beide Punkte oberhalb der x-Achse liegen, ist dies ist genau dann der Fall, wenn die Punkte $0, t, p$ entgegen dem Uhrzeigersinn durchlaufen werden, der Flächeninhalt des Dreiecks $0tp$ also positiv ist. Die Funktion $isLess(p)$ gibt in diesem Fall *true* zurück, und außerdem auch dann, wenn der Flächeninhalt 0 ist, aber t weiter vom Nullpunkt entfernt liegt als p.

Die Funktion $area2(p0, p1)$ berechnet den doppelten Flächeninhalt des Dreiecks tp_0p_1. Die Funktion $area2(g)$ berechnet den doppelten Flächeninhalt eines Dreiecks, das durch die beiden Endpunkte $g.p0$ und $g.p1$ der Strecke g sowie den Punkt t gegeben ist. Ist der Flächeninhalt negativ, so liegt der Punkt t rechts von der Geraden g. Dies wird in der Funktion $isRightOf(g)$ verwendet.

Die Funktion $isConvex(p0, p1)$ prüft, ob die Ecke p_0tp_1 konvex ist.

```
public class Point
{
    public double x, y;

    public Point(double x, double y)
    {
        this.x=x;
        this.y=y;
    }

    public Point(Point p)
    {
        this(p.x, p.y);
    }

    public Point relTo(Point p)
    {
        return new Point(x-p.x, y-p.y);
    }

    public void makeRelTo(Point p)
    {
        x-=p.x;
        y-=p.y;
    }

    public Point moved(double x0, double y0)
    {
        return new Point(x+x0, y+y0);
    }

    public Point reversed()
    {
        return new Point(-x, -y);
    }

    public boolean isLower(Point p)
    {
        return y<p.y || y==p.y && x<p.x;
    }
```

```
public double mdist()    // Manhattan-Distanz
{
    return Math.abs(x)+Math.abs(y);
}
public double mdist(Point p)
{
    return relTo(p).mdist();
}

public boolean isFurther(Point p)
{
    return mdist()>p.mdist();
}

public boolean isBetween(Point p0, Point p1)
{
    return p0.mdist(p1)>=mdist(p0)+mdist(p1);
}

public double cross(Point p)
{
    return x*p.y-p.x*y;
}

public boolean isLess(Point p)
{
    double f=cross(p);
    return f>0 || f==0 && isFurther(p);
}

public double area2(Point p0, Point p1)
{
    return p0.relTo(this).cross(p1.relTo(this));
}

public double area2(Line g)
{
    return area2(g.p0, g.p1);
}

public boolean isRightOf(Line g)
{
    return area2(g)<0;
}
```

```
public boolean isConvex(Point p0, Point p1)
{
    double f=area2(p0, p1);
    return f<0 || f==0 && !isBetween(p0, p1);
}
```

```
}    // end class Point
```

5.2   Konvexe Hülle

Konvexe Polygone

Wir betrachten nun Polygone, also Gebiete, die von einfachen Polygonzügen umschlossen sind.

Definition: Sei p ein Punkt in einem Polygon. Ein Punkt q ist von p aus *sichtbar*, wenn die Verbindungsstrecke zwischen p und q ganz im Polygon enthalten ist.

Die Vorstellung ist, dass der Rand des Polygons undurchsichtig ist. Ein Punkt ist von einem anderen Punkt aus nicht sichtbar, wenn die Verbindungsstrecke zwischen den Punkten den Rand des Polygons schneidet. In folgendem Bild 5.5 ist q von p aus nicht sichtbar.

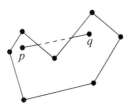

Bild 5.5: *Punkt q ist von p aus nicht sichtbar*

Definition: Ein Polygon heißt *sternförmig*, wenn es einen Punkt enthält, von dem aus alle Punkte des Polygons sichtbar sind. Ein Polygon heißt *konvex*, wenn von jedem seiner Punkte aus alle Punkte des Polygons sichtbar sind.

Beispiel: Das Polygon von Bild 5.1a ist konvex; das Polygon von Bild 5.1b ist sternförmig – alle Punkte sind von der unteren Ecke aus sichtbar.

Satz: Ein einfacher Polygonzug, der nur konvexe Ecken hat, umschließt ein konvexes Polygon.

Die Umkehrung gilt ebenfalls: wenn die Ecken eines konvexen Polygons entgegen dem Uhrzeigersinn durchlaufen werden, also so, dass die umschlossene Fläche stets links liegt, dann sind alle Ecken konvex.

Konvexe Hülle

Ein konvexes Polygon ist ein Spezialfall einer allgemeinen konvexen Menge von Punkten.

Definition: Eine Menge von Punkten in der Ebene heißt *konvex*, wenn sie mit je zwei Punkten auch deren Verbindungsstrecke enthält.

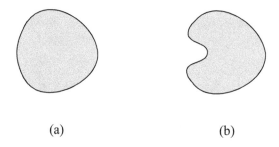

(a)   (b)

Bild 5.6: *Konvexe Menge (a) und nicht konvexe Menge (b)*

Definition: Gegeben sei eine Menge M von Punkten in der Ebene. Die *konvexe Hülle* von M ist die kleinste konvexe Menge, in der M enthalten ist.

Satz: Wenn M eine endliche Menge ist, so ist die konvexe Hülle von M ein konvexes Polygon oder, wenn die Punkte von M alle auf einer Linie liegen, ein Liniensegment.

Beispiel: Bild 5.7 zeigt eine endliche Menge von Punkten und deren konvexe Hülle.

Stellt man sich die Punkte als Nägel vor, die in einem Brett stecken, dann erhält man den Rand der konvexen Hülle, indem man ein Gummiband um die Nägel spannt.

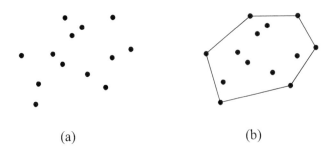

(a)   (b)

Bild 5.7: *Menge von Punkten (a) und deren konvexe Hülle (b)*

Problem Konvexe Hülle

Eingabe: Endliche Menge M von Punkten in der Ebene

Ausgabe: Diejenigen Punkte von M, die auf dem Rand des konvexen
                  Hüllpolygons von M liegen, in umlaufender Reihenfolge.

Untere Schranke

Es wird gezeigt, dass die Berechnung der konvexen Hülle von n Punkten mindestens so
schwer ist wie das Sortieren von n verschiedenen Zahlen.

Hierzu wird das Sortierproblem auf das Problem der Berechnung der konvexen Hülle
reduziert (siehe hierzu auch Kapitel 9). Dies geschieht in drei Schritten:

- Transformation des Sortierproblems in ein Konvexe-Hülle-Problem,
- Lösung des Konvexe-Hülle-Problems,
- Rücktransformation der Lösung des Konvexe-Hülle-Problems in die Lösung des
  Sortierproblems.

Gegeben sei also ein beliebiges Exemplar des Sortierproblems mit n verschiedenen
Zahlen x_0, ..., x_{n-1}. Zu jeder dieser Zahlen x_i wird der Punkt (x_i, x_i^2) erzeugt.

Die n Punkte liegen auf der Normalparabel (Bild 5.8), alle sind Eckpunkte des konvexen
Hüllpolygons. Das Ergebnis der Berechnung der konvexen Hülle sind die n Eckpunkte
in umlaufender Reihenfolge.

Die Lösung des Sortierproblems ergibt sich hieraus, indem zunächst der Eckpunkt
mit kleinster x-Koordinate gesucht wird und von diesem aus die x-Koordinaten der
anderen Eckpunkte in umlaufender Reihenfolge ausgegeben werden. Die Folge dieser
x-Koordinaten ist die sortierte Folge x_0, ..., x_{n-1}.

Die Transformation, nämlich das Erzeugen der n Punkte aus den n Zahlen, benötigt
Zeit $O(n)$. Die Rücktransformation, nämlich das Suchen des Punktes mit kleinster x-
Koordinate, benötigt ebenfalls Zeit $O(n)$. Somit muss die Berechnung der konvexen

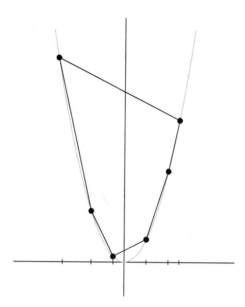

Bild 5.8: *Konvexe Hülle der Punktemenge $\{(x_i, x_i^2)\}$*

Hülle Zeit $\Omega(n \log(n))$ benötigen. Denn ginge es schneller, so könnten wir schneller als in Zeit $\Omega(n \log(n))$ sortieren. Dies aber ist nicht möglich, da $\Omega(n \log(n))$ eine untere Schranke für das Sortierproblem ist (siehe Abschnitt 2.8).

Satz: Die Zeitkomplexität der Berechnung der konvexen Hülle von n Punkten liegt in $\Omega(n \log(n))$.

Die im Folgenden vorgestellten Algorithmen mit der Zeitkomplexität von $O(n \log n)$ sind also optimal.

Konvexe Hülle eines sternförmigen Polygons

Satz: Die konvexe Hülle eines sternförmigen Polygons mit n Ecken lässt sich in Zeit $\Theta(n)$ berechnen.

Beweis: Ein sternförmiges Polygon kann konkave Ecken haben. Die Idee ist, diese konkaven Ecken zu überbrücken, so dass schließlich ein konvexes Polygon entsteht.

Die Ecken des sternförmigen Polygons werden der Reihe nach entgegen dem Uhrzeigersinn durchlaufen. Immer wenn dabei eine konkave Ecke gefunden wird,

wird diese überbrückt, so dass sie anschließend im Inneren des Polygons liegt
(Bild 5.9a). Es kann vorkommen, dass die vorherige Ecke, die zunächst konvex
war, hierdurch zu einer konkaven Ecke wird (Bild 5.9b). Es muss also in diesem
Fall so weit zurückgegangen werden, bis die jeweils letzte Ecke konvex ist (Bild
5.9c).

Der Durchlauf beginnt bei einer Ecke mit minimaler y-Koordinate; diese ist
auf jeden Fall konvex und braucht nicht untersucht zu werden. Während der
Ausführung des Verfahrens bleibt das Polygon immer sternförmig. Zum Schluss
hat es nur konvexe Ecken und ist damit konvex.

Obwohl möglicherweise auf dem Weg entlang des Polygonzugs auch zurückgegangen werden muss, benötigt das Verfahren nur $O(n)$ Schritte, denn ein
Rückwärtsschritt entsteht nur, wenn zuvor eine Ecke ins Innere des Polygons
verbannt wurde. Dies kann höchstens n-mal geschehen.

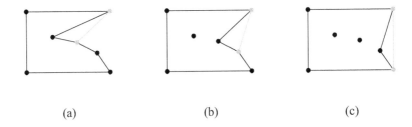

(a)   (b)   (c)

Bild 5.9: *Überbrücken von konkaven Ecken*

Das Verfahren funktioniert im allgemeinen nur mit sternförmigen Polygonen.[2]

Algorithmen zur Berechnung der konvexen Hülle

Der erste im Folgenden angegebene Algorithmus zur Berechnung der konvexen Hülle
einer endlichen Menge von Punkten, der Graham-Scan-Algorithmus, baut auf dem
Verfahren für sternförmige Polynome auf.

Es folgen dann zwei weitere Algorithmen, der Jarvis-March-Algorithmus und der
Quickhull-Algorithmus.

---

[2]Es gibt jedoch andere Verfahren, die für beliebige einfache Polygonzüge die konvexe Hülle in Zeit
$\Theta(n)$ berechnen.

5.3   Graham-Scan-Algorithmus

Idee

Gesucht ist die konvexe Hülle einer endlichen Menge von Punkten in der Ebene. Die
Idee des Verfahrens von GRAHAM [Gra 72] ist, aus der Punktemenge zunächst ein
sternförmiges Polygon zu konstruieren und dieses anschließend in ein konvexes Polygon
umzuformen.

Verfahren

Aus der Punktemenge (Bild 5.10a) wird zunächst der Punkt q mit minimaler y-
Koordinate, bzw. bei mehreren Punkten mit minimaler y-Koordinate, von diesen der
Punkt mit minimaler x-Koordinate gewählt. Ausgehend von q werden die Winkel zu
allen anderen Punkten bestimmt (Bild 5.10b). Die Punkte werden nach diesem Winkel
sortiert und zu einem Polygonzug verbunden. Es entsteht ein sternförmiges Polygon
(Bild 5.10c).

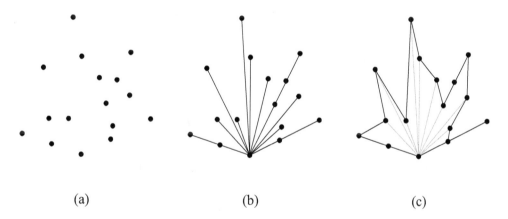

(a)   (b)   (c)

Bild 5.10:   *Aus der Punktemenge konstruierter sternförmiger Polygonzug*

Es kann vorkommen, dass mehrere Punkte den gleichen Winkel haben (vgl. Bild 5.10b).
Punkte gleichen Winkels werden zusätzlich absteigend nach ihrem Abstand zu q sortiert.
Bei dem entstehenden Polygonzug können sich Kanten überlappen, so dass ein nicht
einfacher Polygonzug entsteht. Dieser ist aber dennoch für den Algorithmus geeignet.

Der sternförmige Polygonzug wird nun ausgehend von q durchlaufen; dabei werden
konkave Ecken überbrückt (siehe konvexe Hülle eines sternförmigen Polygons). Das
Ergebnis ist ein konvexes Polygon, das die konvexe Hülle der Punktemenge darstellt.

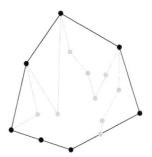

Bild 5.11: *Aus dem sternförmigen Polygonzug erzeugtes konvexes Polygon*

In folgender Realisierung des Graham-Scan-Algorithmus wird die Tatsache ausgenutzt,
dass aufgrund der Sortierung der Punkte die Ecken p_0 und p_1 konvex sind.

Algorithmus *Graham-Scan*

Eingabe: Array p mit n Punkten

Ausgabe: Array p derart umgeordnet, dass die ersten h Einträge die Ecken des
konvexen Hüllpolygons sind

Methode: 1.   bestimme Punkt q mit minimaler y-Koordinate

                    2.   subtrahiere q von allen Punkten des Arrays (so dass q selbst zum
Nullpunkt wird)

                    3.   sortiere die Punkte des Arrays nach ihrem Winkel, und bei
gleichem Winkel nach ihrem Abstand zum Nullpunkt (der Punkt
q wird zu p_0)

                    4.   addiere q zu allen Punkten des Arrays (so dass die ursprünglichen
Punkte wiederhergestellt werden)

                    5.   // durchlaufe die Punkte und überbrücke konkave Ecken:

                            setze $i = 3$ und $k = 3$

                            solange $k < n$ wiederhole

                                    vertausche p_i und p_k

                                    solange $p_{i-2}p_{i-1}p_i$ nicht konvex wiederhole

                                            vertausche p_{i-1} und p_i

                                            setze $i = i - 1$

                                    setze $i = i + 1$ und $k = k + 1$

                            setze $h = i$

Der Algorithmus hat die kleine Unschönheit, dass die letzte Ecke des berechneten konvexe Hüllpolygons eine 180°-Ecke sein kann (vgl. Bild 5.11). Wenn dies stört, ist es einfach, diese noch zu entfernen.

Sortieren der Punkte

Um die Punkte nach ihrem Winkel zu sortieren, ist es nicht nötig, die Winkel tatsächlich zu berechnen. Der Sortieralgorithmus muss nur wissen, welcher von jeweils zwei Punkten p_i und p_j den größeren Winkel hat. Dies lässt sich danach entscheiden, ob das Dreieck $0p_ip_j$ einen positiven oder negativen Flächeninhalt hat. Der doppelte Flächeninhalt ergibt sich durch die einfache Berechnung $x_iy_j - x_jy_i$ (vgl. Fläche eines Dreiecks in Abschnitt 5.1). Bei gleichem Winkel, d.h. wenn die Dreiecksfläche gleich Null ist, werden die Punkte nach ihrem Abstand zum Nullpunkt sortiert. Es genügt hier, mit dem Manhattan-Abstand $|x| + |y|$ zu rechnen.

Die Methode *isLess* der Klasse *Point* implementiert einen solchen Vergleich. Sie wird in der Sortierfunktion des Graham-Scan-Algorithmus benutzt.

Implementierung

Die folgende Klasse *GrahamScan* implementiert den Graham-Scan-Algorithmus. Der Aufruf erfolgt mit

```
GrahamScan c=new GrahamScan();
h=c.computeHull(p);
```

Hierbei ist p ein Array von Punkten. Als Ergebnis der Berechnung werden die Punkte im Array so umgeordnet, dass die ersten h Punkte die Ecken des konvexen Hüllpolynoms in umlaufender Reihenfolge bilden.

Die weiteren Funktionen sind Hilfsfunktionen. Die Funktion *exchange(i, j)* vertauscht zwei Punkte im Array. Die Funktion *makeRelTo(p0)* rechnet alle Punkte des Arrays relativ zu p_0 als Nullpunkt um. Die Funktion *indexOfLowestPoint()* sucht den Punkt mit kleinster y-Koordinate, oder bei mehreren Punkten mit kleinster y-Koordinate, von diesen den Punkt mit kleinster x-Koordinate. Als Ergebnis wird die Position des Punktes im Array zurückgegeben. Die Funktion *isConvex(i)* testet, ob die Punkte $p_{i-1}p_ip_{i+1}$ eine konvexe Ecke eines Polygonzuges darstellen. Für das Sortieren der Punkte wird Quicksort verwendet.

```
public class GrahamScan
{
    private Point[] p;
    private int n;
    private int h;
```

```
public int computeHull(Point[] p)
{
    this.p=p;
    n=p.length;
    if (n<3) return n;
    h=0;
    grahamScan();
    return h;
}
private void grahamScan()
{
    exchange(0, indexOfLowestPoint());
    Point p1=new Point(p[0]);
    makeRelTo(p1);
    sort();
    makeRelTo(p1.reversed());
    int i=3, k=3;
    while (k<n)
    {
        exchange(i, k);
        while (!isConvex(i-1))
            exchange(i-1, i--);
        k++;
        i++;
    }
    h=i;
}
private void exchange(int i, int j)
{
    Point t=p[i];
    p[i]=p[j];
    p[j]=t;
}
private void makeRelTo(Point p0)
{
    int i;
    Point p1=new Point(p0); // notwendig, weil p0 in p[] sein kann
    for (i=0; i<n; i++)
        p[i].makeRelTo(p1);
}
```

```
private int indexOfLowestPoint()
{
    int i, min=0;
    for (i=1; i<n; i++)
        if (p[i].y<p[min].y || p[i].y==p[min].y && p[i].x<p[min].x)
            min=i;
    return min;
}
private boolean isConvex(int i)
{
    return p[i].isConvex(p[i-1], p[i+1]);
}
private void sort()
{
    quicksort(1, n-1); // ohne Punkt 0
}
private void quicksort(int lo, int hi)
{
    int i=lo, j=hi;
    Point q=p[(lo+hi)/2];
    while (i<=j)
    {
        while (p[i].isLess(q)) i++;
        while (q.isLess(p[j])) j--;
        if (i<=j) exchange(i++, j--);
    }
    if (lo<j) quicksort(lo, j);
    if (i<hi) quicksort(i, hi);
}
```

`}   // end class GrahamScan`

5.4   Jarvis-March-Algorithmus

Idee

Beim Verfahren von Jarvis [Jar 73] zur Berechnung der konvexen Hülle wird die
Menge der Punkte in der Ebene wie mit einer Schnur umwickelt. Begonnen wird bei
einem Punkt, der mit Sicherheit auf dem Rand der konvexen Hülle liegt, also z.B. mit
einem Punkt mit minimaler y-Koordinate. Von dort aus wird der „am weitesten rechts
liegende" Punkt gesucht; dies ist ein Punkt mit folgender Eigenschaft: Alle Punkte liegen
links von der Verbindungsgeraden zu diesem Punkt oder auf der Verbindungsgeraden zu

diesem Punkt. Von dort aus wird wiederum der nächste Punkt mit dieser Eigenschaft gesucht usw. Gibt es mehrere Punkte mit dieser Eigenschaft, so wird der am weitesten entfernte Punkt gewählt.

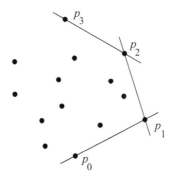

Bild 5.12: *Folge gefundener Ecken beim Jarvis-March-Algorithmus*

Das Verfahren endet, wenn der Ausgangspunkt wieder erreicht ist. Bild 5.12 zeigt, wie der Polygonzug, der den Rand der konvexen Hülle bildet, auf diese Weise erzeugt wird.

Implementierung

Die folgende Klasse *JarvisMarch* implementiert den Jarvis-March-Algorithmus. Der Aufruf erfolgt mit

```
JarvisMarch c=new JarvisMarch();
h=c.computeHull(p);
```

Hierbei ist p ein Array von Punkten der Klasse *Point*. Die Punkte des Arrays werden so umgeordnet, dass die ersten h Punkte die Ecken des konvexen Hüllpolygons in umlaufender Reihenfolge bilden.

In der Funktion *jarvisMarch* wird als erstes durch die Aufruf von *indexOfLowestPoint* der Index eines Punktes mit minimaler y-Koordinate ermittelt. Dieser Punkt ist bereits eine Ecke der konvexen Hülle. Die Anzahl h der Ecken bleibt jedoch zunächst auf dem Anfangswert 0.

Anschließend werden folgende Schritte in einer Schleife wiederholt:

- die zuletzt gefundene Ecke der konvexen Hülle wird an die Position h im Array gebracht;
- von dieser Ecke aus wird der am weitesten rechts liegende Punkt gesucht; dieser stellt die nächste Ecke dar;

- die Anzahl h der Ecken wird um 1 erhöht.

Die Schleife bricht ab, wenn die Anfangsecke wieder erreicht ist, also der am Anfang gefundene Punkt mit minimaler y-Koordinate, der an Position 0 im Array steht. Die Variable h enthält nun die Anzahl der Ecken; die Arrayelemente 0, ..., $h-1$ sind die Ecken der konvexen Hülle in umlaufender Reihenfolge.

Die Funktion *indexOfRightmostPointFrom* verwendet die Funktion *isLess* aus der Klasse *Point*, die anhand des Flächeninhalts des Dreiecks qp_ip_j feststellt, welcher der Punkte p_i und p_j von q aus weiter rechts liegt.

```
public class JarvisMarch
{
    private Point[] p;
    private int n;
    private int h;

    public int computeHull(Point[] p)
    {
        this.p=p;
        n=p.length;
        h=0;
        jarvisMarch();
        return h;
    }
    private void jarvisMarch()
    {
        int i=indexOfLowestPoint();
        do
        {
            exchange(h, i);
            i=indexOfRightmostPointFrom(p[h]);
            h++;
        }
        while (i>0);
    }
    private int indexOfLowestPoint()
    {
        int i, min=0;
        for (i=1; i<n; i++)
            if (p[i].y<p[min].y || p[i].y==p[min].y && p[i].x<p[min].x)
                min=i;
        return min;
    }
```

```
private int indexOfRightmostPointFrom(Point q)
{
    int i=0, j;
    for (j=1; j<n; j++)
        if (p[j].relTo(q).isLess(p[i].relTo(q)))
            i=j;
    return i;
}
private void exchange(int i, int j)
{
    Point t=p[i];
    p[i]=p[j];
    p[j]=t;
}

}   // end class JarvisMarch
```

Analyse

Die Bestimmung des Punktes mit minimaler y-Koordinate unter den n gegebenen Punkten dauert Zeit $\Theta(n)$. Die Schleife in der Funktion *jarvisMarch* wird h-mal durchlaufen, wobei h die Anzahl der Ecken des konvexen Hüllpolygons ist. Die Bestimmung des am weitesten rechts liegenden Punktes in jedem Aufruf von *indexOfRightmostPointFrom* dauert Zeit $\Theta(n)$.

Insgesamt ergibt dies eine Zeitkomplexität von $\Theta(n \cdot h)$. Die Zeitkomplexität des Verfahrens hängt also davon ab, wie viele Ecken das konvexe Hüllpolygon am Ende hat. Dies können konstant viele sein, wenn etwa die konvexe Hülle ein Viereck ist. Im schlechtesten Fall aber kann das Hüllpolygon auch n Ecken haben, z.B. wenn die n Punkte auf einem Kreisumfang liegen. Die Komplexität liegt damit also zwischen $\Theta(n)$ und $\Theta(n^2)$.

5.5   Quickhull-Algorithmus

Idee

Der *Quickhull-Algorithmus* zur Berechnung der konvexen Hülle einer endlichen Menge von Punkten in der Ebene verwendet eine ähnliche Technik wie Quicksort: Teilmengen der Punkte werden jeweils partitioniert in diejenigen Punkte, die links von einer bestimmten Geraden liegen und diejenigen, die rechts der Geraden liegen. Diese Punktemengen werden dann rekursiv weiter behandelt.

Gegeben sei eine Gerade g durch zwei Ecken p_0 und p_1 des konvexen Hüllpolygons sowie die Menge R derjenigen Punkte, die rechts von g liegen (Bild 5.13).

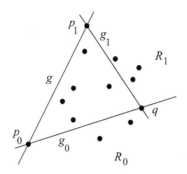

Bild 5.13: *Situation bei der Ausführung des Quickhull-Algorithmus*

In der Menge R wird der am weitesten von g entfernte Punkt q gesucht, dieser ist eine weitere Ecke des konvexen Hüllpolygons. Dann wird eine Gerade g_0 durch p_0 und q gelegt, und die Punktemenge R wird partitioniert in die Menge R_0 derjenigen Punkte, die rechts von g_0 liegen und die Menge L_0 derjenigen Punkte, die links von g_0 liegen.

Ferner wird eine Gerade g_1 durch q und p_1 gelegt, und L_0 wird partitioniert in die Menge R_1 derjenigen Punkte, die rechts von g_1 liegen und die Menge L_1 derjenigen Punkte, die links von g_1 liegen.

Die Punkte der Menge L_1 liegen im Inneren des konvexen Hüllpolygons. Mit den Geraden g_0 und g_1 und den zugehörigen Mengen R_0 und R_1 wird rekursiv weiter verfahren.

Um die Ausgangssituation herzustellen, wird der Punkt mit kleinster y-Koordinate bestimmt. Bei mehreren Punkten mit kleinster y-Koordinate wird von diesen der Punkt mit kleinster x-Koordinate gewählt. Dieser Punkt p_0 ist eine Ecke des konvexen Hüllpolygons. Als zweite Ecke p_1 wird ebenfalls p_0 genommen. Damit die Abstandsberechnung durch Flächenberechnung mithilfe der Funktion $area2$ aus der Klasse *Point* funktioniert, wird p_1 um ein sehr kleines Stück nach links verschoben.[3] Durch p_0 und p_1 wird eine waagerechte Gerade g gelegt. Alle Punkte liegen somit rechts von g.

Implementierung

Die folgende Klasse *QuickHull* implementiert den QuickHull-Algorithmus. Der Aufruf erfolgt mit

```
QuickHull c=new QuickHull();
h=c.computeHull(p);
```

---

[3]Ein – zugegeben – etwas unsauberer Trick.

Hierbei ist p ein Array von Punkten. Als Ergebnis der Berechnung werden die Punkte im Array so umgeordnet, dass die ersten h Punkte die Ecken des konvexen Hüllpolynoms in umlaufender Reihenfolge bilden.

In der Funktion *quickhull* wird zunächst der Punkt mit kleinster y-Koordinate gesucht und an die Position 0 im Array gebracht. Dann wird eine waagerechte Gerade durch die Punkte p_0 und p_0' erzeugt, wobei p_0' durch Verschiebung von p_0 nach links um ein sehr kleines Stück hervorgeht. Die rechts von der Geraden oder auf ihr liegenden Punkte (also alle Punkte), mit Ausnahme von p_0, bilden den Anfangsbereich von Punkten, von dem die Ecken des Hüllpolygons berechnet werden. Die geschieht rekursiv mit der Funktion *computeHullPoints(g, lo, hi)*.

Zunächst wird im Indexbereich von *lo* bis *hi* mit der Funktion *indexOfFurthestPoint* der am weitesten rechts von der Geraden liegende Punkt gesucht. Wiederum wird dies realisiert durch Berechnung des Flächeninhalts des Dreiecks, das aus den beiden gegebenen Punkten der Geraden und dem jeweils untersuchten Punkt p_i gebildet wird. Alle Punkte p_i liegen rechts von oder auf der Geraden, daher ist der Flächeninhalt stets 0 oder negativ. Da die Grundlinie des Dreiecks konstant bleibt, ist der negative Flächeninhalt ein Maß für die Höhe des Dreiecks, also für den Abstand des Punktes.

Wenn alle Punkte auf einer waagerechten Linie liegen und somit alle Flächeninhalte 0 sind, wird als der „am weitesten rechts von der Geraden" liegende Punkt der am weitesten rechts von p_0 liegende Punkt genommen.

Von den beiden gegebenen Punkten der Geraden werden dann Verbindungsstrecken g_0 und g_1 zu dem entferntesten Punkt gezogen.

Die Funktion *partition* sortiert die Punkte des Arrays im Indexbereich zwischen *lo* und *hi* so, dass der Indexbereich zwischen *lo* und $i-1$ die Punkte enthält, die rechts von g liegen, und der Indexbereich zwischen i und *hi* die Punkte enthält, die links von oder auf g liegen. Als Rückgabewert liefert die Funktion die Position i.

Eine Besonderheit dieser Implementation besteht darin, dass die gefundenen Ecken des Hüllpolygons in der richtigen Reihenfolge an die Positionen 0, ..., $h-1$ des Arrays getauscht werden (so wie beim Graham-Scan- und beim Jarvis-March-Algorithmus). Dies geschieht durch jeweils drei Aufrufe der Funktion *exchange*.

```
public class QuickHull
{
    private Point[] p;
    private int n;
    private int h;
    private final static double eps=1e-3;
```

```
    public int computeHull(Point[] p_)
    {
        p=p_;
        n=p.length;
        h=0;
        quickHull();
        return h;
    }

    private void quickHull()
    {
        exchange(0, indexOfLowestPoint());
        h++;
        Line g=new Line(p[0], p[0].moved(-eps,0));
        computeHullPoints(g, 1, n-1);
    }

    private void computeHullPoints(Line g, int lo, int hi)
    {
        if (lo>hi) return;
        int k=indexOfFurthestPoint(g, lo, hi);
        Line g0=new Line(g.p0, p[k]);
        Line g1=new Line(p[k], g.p1);
        exchange(k, hi);

        int i=partition(g0, lo, hi-1);
        // alle Punkte von lo bis i-1 liegen rechts von g0
        // alle Punkte von i bis hi-1 liegen links von g0
        computeHullPoints(g0, lo, i-1);

        // alle eben rekursiv erzeugten Punkte liegen
        // auf dem Hüllpolygonzug vor p[hi]
        exchange(hi, i);
        exchange(i, h);
        h++;

        int j=partition(g1, i+1, hi);
        // alle Punkte von i+1 bis j-1 liegen rechts von g1,
        // alle Punkte von j bis hi liegen im Inneren
        computeHullPoints(g1, i+1, j-1);
    }
```

```
private int indexOfLowestPoint()
{
    int i, min=0;
    for (i=1; i<n; i++)
        if (p[i].y<p[min].y || p[i].y==p[min].y && p[i].x<p[min].x)
            min=i;
    return min;
}

private void exchange(int i, int j)
{
    Point t=p[i];
    p[i]=p[j];
    p[j]=t;
}

private int indexOfFurthestPoint(Line g, int lo, int hi)
{
    int i, f=lo;
    double d, mx=0;
    for (i=lo; i<=hi; i++)
    {
        d=-p[i].area2(g);
        if (d>mx || d==mx && p[i].x>p[f].x)
        {
            mx=d;
            f=i;
        }
    }
    return f;
}

private int partition(Line g, int lo, int hi)
{
    int i=lo, j=hi;
    while (i<=j)
    {
        while (i<=j &&  p[i].isRightOf(g)) i++;
        while (i<=j && !p[j].isRightOf(g)) j--;
        if (i<=j)
            exchange(i++, j--);
    }
    return i;
}

}   // end class QuickHull
```

Analyse

Die Analyse der Zeitkomplexität des Quickhull-Algorithmus gestaltet sich ähnlich wie bei Quicksort. Im besten Fall werden in jedem Rekursionsschritt (außer dem ersten) immer mindestens so viele Punkte ins Innere des bis dahin erzeugten Polygons verbannt, wie noch außerhalb verbleiben. Dann liegt die Komplexität in $\Theta(n \log(n))$. Im schlechtesten Fall besteht R_0 in jedem Rekursionsschritt jeweils aus allen Punkten von R außer dem entferntesten Punkt q. Dann beträgt die Komplexität $\Theta(n^2)$. Im Durchschnitt liegt die Komplexität in $\Theta(n \log(n))$.

5.6 Aufgaben

Aufgabe 1: Gesucht ist die konvexe Hülle eines Polygons. Betrachten Sie folgendes Verfahren:

Durchlaufe die Ecken des Polygons und überbrücke dabei konkave Ecken.

Wir hatten beim Graham-Scan-Algorithmus gesehen, dass dieses Verfahren bei sternförmigen Polygonen funktioniert. Bei beliebigen Polygonen dagegen kann als Ergebnis ein nicht einfacher Polygonzug entstehen. Geben Sie ein solches Polygon an, bei dem das Verfahren nicht funktioniert.

6   Codierung

Codierung ist die Darstellung von Information mit Hilfe von Zeichen. Wenn die Information bereits durch Zeichen dargestellt ist, kann es aus verschiedenen Gründen notwendig sein, sie noch einmal umzucodieren.

Übertragung in ein anderes Alphabet

Beispiele sind etwa der Morse-Code, der ASCII-Code oder Strichcodes auf Lebensmittelverpackungen. Beim Morse-Code werden Zeichenreihen, die aus Buchstaben und Ziffern bestehen, in Zeichenreihen aus den Symbolen „·" und „–" sowie „⊔" (kurze Pause) umcodiert. Beim ASCII-Code werden die Zeichenreihen in Folgen von Nullen und Einsen umcodiert. Bei Strichcodes werden Ziffern in verschieden dicke Striche in verschiedenen Abständen codiert.

Verringerung von Redundanz

Wenn die Information mit mehr Zeichen als eigentlich notwendig dargestellt ist, so bezeichnet man die Darstellung als *redundant*. Durch Umcodierung in eine weniger redundante Darstellung gelingt es, dieselbe Information mit weniger Zeichen, also kürzer darzustellen. Dies ist das Ziel der *Datenkompression*.

In geschriebenen Texten codieren wir gelegentlich einzelne Wörter so um, dass wir ein Endstück des Wortes durch einen Punkt ersetzen. Aus dem Wort „Abkürzung" wird so das Wort „Abk."

Hinzufügen von Redundanz

Eine redundante Darstellung von Information ist immer dann notwendig, wenn durch Störungen Zeichen verfälscht werden können. Nur wenn die Information redundant dargestellt ist, kann eine Störung erkannt werden und möglicherweise die Information sogar wieder hergestellt werden.

Wenn in der Darstellung „Abk." das „k" durch eine Störung in ein „t" verfälscht wird, entsteht „Abt." Es ist nicht zu erkennen, dass eine Störung aufgetreten ist, denn „Abt." bedeutet Abteilung. Die richtige Information ist unwiederbringlich verloren.

Wenn in der redundanten Darstellung „Abkürzung" das „k" in ein „t" verfälscht wird, so entsteht ein Wort, das es nicht gibt. Daran ist zu erkennen, dass eine Störung aufgetreten ist. Indem das Wort „Abtürzung" durch ein möglichst ähnliches, aber in der Sprache vorhandenes Wort ersetzt wird, lässt sich der Fehler sogar korrigieren.

In der Darstellung von Information im Computer ist es möglich, durch Anhängen von Prüfbits, also durch gezieltes Hinzufügen von relativ wenig Redundanz, Fehler zu erkennen und gegebenenfalls auch zu korrigieren.

Verschlüsselung

Bei der Verschlüsselung geht es paradoxerweise darum, die Information so zu codieren, dass sie verloren geht. Aus der verschlüsselten Darstellung der Information darf die Information nicht zurück zu gewinnen sein, außer wenn noch eine Zusatzinformation vorliegt, der Schlüssel.

In diesem Kapitel werden wir ein Verfahren zur Datenkompression und ein Verfahren zur Fehlererkennung kennen lernen, im folgenden Kapitel dann ein Verfahren zur Verschlüsselung.

Grundlagen

Definition: Seien A^+ und B^+ die Wortmengen über den Alphabeten A und B. Eine *Codierung* (der Wortmenge A^+) ist eine injektive Abbildung

$$c \; : \; A^+ \to B^+$$

die jedem Wort $x \in A^+$ ein Wort $c(x)$ über dem Alphabet B zuordnet.

Die Menge aller Codewörter, d.h. das Bild $c(A^+) \subseteq B^+$ nennt man den *Code*.

Unter der *Dekodierung* versteht man die Umkehrabbildung $c^{-1} : c(A^+) \to A^+$.

Definition: Eine Codierung $c : A^+ \to B^+$ heißt *homomorphe Codierung*, wenn c bereits durch die Codierung des Alphabets A festliegt, d.h. wenn gilt:

$$c(x) = c(x_0) \ldots c(x_{n-1})$$

für alle $x \in A^+$ mit $x = x_0 \ldots x_{n-1}, \quad n \in \mathbb{N}$.

Entsprechend wird das Bild des Alphabets $c(A) \subseteq B^+$ in diesem Fall als der Code bezeichnet.

In der Umgangssprache werden die Begriffe Codierung und Code gleichbedeutend verwendet; unter Code versteht man hier auch die Zuordnung der Codewörter.

Beispiel: (Morse-Code) $A = \{\text{a}, \text{b}, \text{c}, \ldots, \text{z}\}$, $B = \{\cdot, -\}$

a	$\cdot \; -$
b	$- \; \cdot \; \cdot \; \cdot$
c	$- \; \cdot \; - \; \cdot$
$\vdots$	
i	$\cdot \; \cdot$
s	$\cdot \; \cdot \; \cdot$
u	$\cdot \; \cdot \; -$
usw.	

Auch wenn die Codierung c des Alphabets A injektiv ist und damit die Umkehr-abbildung eindeutig ist, muss dies für die Dekodierung von Wörtern aus $c(A^+)$ nicht gelten:

Beispiel: Morse-Code

Es ist $c(\text{usa}) = \cdot\ \cdot\ -\ \cdot\ \cdot\ \cdot\ \cdot\ - = c(\text{idea})$.

Abhilfe: Einführung eines weiteren Zeichens „⊔" (kurze Pause) am Ende jedes Codewortes, d.h. $B = \{\cdot,\ -,\ ⊔\}$; damit genügt der Code der folgenden Bedingung:

Satz: (Fano-Bedingung)

Wenn kein Codewort Anfangswort eines anderen Codewortes ist, dann ist jede homomorph codierte Zeichenreihe eindeutig dekodierbar.

Die Fano-Bedingung ist wichtig bei Codes mit variabler Codewortlänge wie dem Huffman-Code.

Die folgenden Verfahren codieren die Information als Folge von Nullen und Einsen. Wir verwenden das Symbol $\mathbb{B}$ für die Menge $\{0, 1\}$.

6.1   Huffman-Code

Idee

In einem deutschen oder englischen Text kommt der Buchstabe e sehr viel häufiger vor als beispielsweise der Buchstabe q. Um den Text mit möglichst wenigen Bits zu codieren, liegt die Idee nahe, häufig vorkommende Zeichen durch möglichst kurze Codewörter zu codieren. Diese Idee ist auch beim Morse-Code verwirklicht, in dem das Zeichen e durch ein Codewort der Länge 1, nämlich einen $\cdot$, das Zeichen q dagegen durch ein Codewort der Länge 4, nämlich $-\ -\ \cdot\ -$ codiert wird.

Gegeben sei ein Alphabet A und ein Text $t \in A^+$. Ziel des Verfahrens von HUFFMAN [Huf 52] ist die systematische Konstruktion eines Codes $c(A) \subseteq \mathbb{B}^+$, der die Fano-Bedingung erfüllt und der den Text mit möglichst wenigen Bits codiert.

Anwendung findet die Huffman-Codierung nicht nur bei der Kompression von Texten, sondern u.a. in der Fax-Übertragung und im Bilddaten-Kompressionsverfahren JPEG.

Konstruktion des Huffman-Codes

Das Verfahren konstruiert einen binären Baum mit einer Knotenmarkierung p und einer Kantenmarkierung h.

Algorithmus *Huffman*

Eingabe: Text t

Ausgabe: Binärer Baum mit einer Knotenmarkierung p und einer
                  Kantenmarkierung h

Methode: 1. erzeuge für jedes Zeichen x, das im zu codierenden Text t
                  vorkommt, einen Knoten und markiere den Knoten mit der
                  Häufigkeit, mit der x im Text vorkommt

              2. solange es mehr als einen Knoten gibt, zu dem keine Kante
                  hinführt, wiederhole

                  a) suche zwei Knoten u und v mit minimaler Markierung $p(u)$
                      bzw. $p(v)$, zu denen noch keine Kante hinführt

                  b) erzeuge einen neuen Knoten w und verbinde w mit u und
                      v; markiere die eine Kante mit 0, die andere mit 1;
                      markiere den Knoten w mit $p(u) + p(v)$

Nach Konstruktion dieses Baumes ergibt sich für jedes Zeichen x die Codierung $c(x)$
als Folge der Kantenmarkierungen auf dem Pfad von der Wurzel zu dem Blatt, das zu
x gehört.

Beispiel

Der zu codierende Text sei: im westen nichts neues

Im folgenden Bild 6.1 ist die Situation nach Schritt 1 des Algorithmus dargestellt. Die
darauf folgenden Bilder 6.2 bis 6.5 zeigen weitere Stadien im Verlauf der Konstruktion
des Baumes in Schritt 2. Die Kanten sind von oben nach unten gerichtet; die Kantenmarkierungen sind zunächst weggelassen.

Bild 6.1: *In Schritt 1 erzeugte Knoten*

Wir können die Knoten des Baumes mit Mengen von Zeichen aus A identifizieren. Nach
Schritt 1 besteht der Graph $T = (V, E)$ zunächst nur aus isolierten Knoten:

$$V \;=\; \{\{x\} \mid \text{Zeichen } x \text{ kommt im zu codierenden Text vor } \}\,.$$

Ein in Schritt 2 erzeugter Knoten w stellt die Menge $w = u \cup v$ dar, wobei u und
v die beiden Nachfolgerknoten sind. Die Knotenmarkierung $p(w)$ lässt sich als die

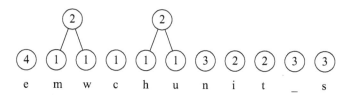

Bild 6.2: *Die ersten beiden in Schritt 2 neu erzeugten Knoten*

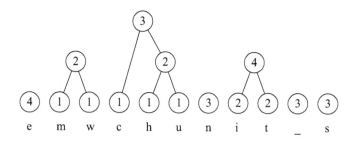

Bild 6.3: *Weitere neu erzeugte Knoten*

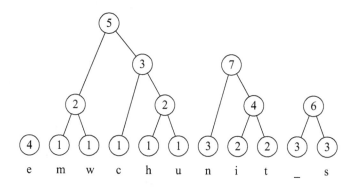

Bild 6.4: *Weitere neu erzeugte Knoten*

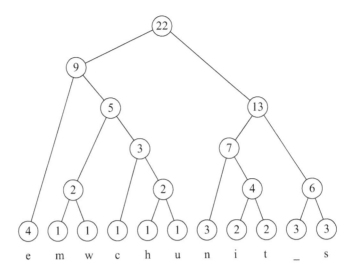

Bild 6.5: *Der fertige Huffman-Baum*

Wahrscheinlichkeit interpretieren, mit der die Zeichen, die in w liegen, insgesamt im Text vorkommen.

Da u und v disjunkte Mengen sind, ergibt sich $p(w)$ als Summe der Wahrscheinlichkeiten $p(u)$ und $p(v)$.

Im Beispiel gibt also die Markierung 4 des Knotens $\{e\}$ die Wahrscheinlichkeit an, mit der das Zeichen e im Text vorkommt: nämlich 4/22; die Markierung 7 gibt an, wie oft n, i, oder t im Text vorkommen, nämlich zusammen mit der Wahrscheinlichkeit 7/22.

Huffman-Codierung und -Dekodierung

Im folgenden Bild 6.6 sind die Kantenmarkierungen des Baumes angegeben. Die Markierungen der Wege von der Wurzel zu den Blättern sind die Codewörter des Huffman-Codes, also z.B. 00 für e, 100 für n, 01111 für u usw.

Die Codierung des Textes im westen nichts neues   ist:

101001001100101001111011001001101001010011001110101111111010100000111100111

Die Länge der Codierung ist 73 Bit; diese Zahl ergibt sich auch als Summe der Markierungen der inneren Knoten des Huffman-Baumes.

Der Informationsgehalt des Textes ist $-\sum_{i=0,\,\ldots,\,n-1}\log(p_i)$ Bit, wobei n die Länge des Textes ist und p_i die Wahrscheinlichkeit, mit der das i-te Textzeichen im Text vorkommt. Mit $p_0 = 2/22$, $p_1 = 1/22$, $p_2 = 3/22$ usw. ergibt sich ein Informationsgehalt von 71,84 Bit.

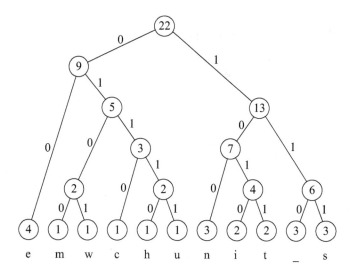

Bild 6.6: *Kantenmarkierungen des Huffman-Baumes*

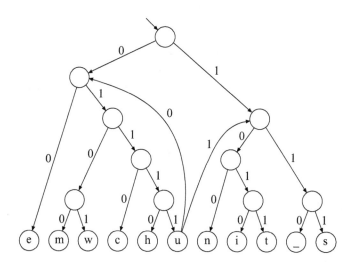

Bild 6.7: *Aus dem Huffman-Baum konstruierter Automat (nicht alle Zustandsübergänge dargestellt)*

Bei Codierung der 11 verschiedenen Zeichen des Textes mit einem 4-Bit-Blockcode wären $22 \cdot 4$ Bit $= 88$ Bit erforderlich gewesen.

Der codierte Text wird dekodiert, indem der Baum von oben nach unten jeweils abhängig vom gelesenen Zeichen durchlaufen wird. Beim Erreichen eines Blattes wird das zugehörige Textzeichen ausgegeben. Anschließend wird wieder bei der Wurzel gestartet, sofern noch Zeichen zu lesen sind.

Aus dem Huffman-Baum lässt sich in ein deterministischer endlicher Automat machen, indem die Knoten als Zustände aufgefasst werden und die (von oben nach unten gerichteten) Kanten als Zustandsübergänge für die gelesenen Symbole 0 bzw. 1. Die Wurzel ist der Startzustand, an den Blättern wird jeweils das dekodierte Zeichen ausgegeben. Zusätzlich müssen von jedem Blatt noch Zustandsübergänge wieder zurück zu den beiden Folgezuständen der Wurzel eingefügt werden, wie dies in Bild 6.7 exemplarisch für ein Blatt angedeutet ist.

Bei der Übertragung von Huffman-codierten Nachrichten muss im allgemeinen die Code-Tabelle mit übertragen werden. Die Kompressionsrate ist stark von der Wahrscheinlichkeitsverteilung der zu codierenden Zeichen abhängig.

6.2   CRC-Verfahren

Bei der Speicherung und Übertragung von binär dargestellten Daten können durch Störungen einzelne Bits verfälscht werden. Um derartige Fehler zu erkennen, werden an die Daten Prüfbits angehängt.

Das einfachste Mittel zur Erkennung von Fehlern bei der Übertragung von Wörtern aus $\mathbb{B}^+$ ist das Anhängen eines Paritätsbits. Dies entspricht einer Codierung $c : \mathbb{B}^+ \to \mathbb{B}^+$ mit

$$c(x) = \begin{cases} x0 & \text{falls } x \text{ eine gerade Anzahl von Einsen enthält} \\ x1 & \text{falls } x \text{ eine ungerade Anzahl von Einsen enthält} \end{cases}$$

für alle $x \in \mathbb{B}^+$.

Nach dem Anhängen des zusätzlichen Bits haben alle Codewörter gerade Parität, d.h. eine gerade Anzahl von Einsen. Wird ein Wort mit ungerader Parität empfangen, so muss bei der Übertragung ein Fehler aufgetreten sein (z.B. eine Verfälschung eines einzelnen Bits). Dieser Fehler wird auf diese Weise erkannt.

Wird dagegen ein Wort mit gerader Parität empfangen, so sind zwei Fälle möglich: entweder es handelt sich um ein fehlerfrei übertragenes Codewort, oder es ist ein Fehler aufgetreten, der aber die Parität nicht verändert hat (z.B. durch Verfälschung von zwei Bits). Ein solcher Fehler wird nicht erkannt.

Unter der Annahme, dass Fehler mit einer geraden bzw. ungeraden Anzahl von verfälschten Bits gleich wahrscheinlich sind, werden im Mittel durch diese Art der

Codierung 50% aller Fehler erkannt (nämlich diejenigen, in denen eine ungerade Anzahl von Bits verfälscht ist, denn hierdurch wird die Parität verändert), und 50% aller Fehler werden nicht erkannt.

Durch Anhängen von mehr als nur einem Prüfbit lässt sich die Fehlererkennungsrate drastisch steigern. Das *CRC-Verfahren* stellt eine Methode dar, um diese Prüfbits zu erzeugen.[1]

Algebraische Grundlagen

Auf der Menge $\mathbb{B}$ werden Verknüpfungen $\oplus$ und $\cdot$ definiert; hierbei entspricht die Verknüpfung $\oplus$ der Addition modulo 2 bzw. dem logischen Exklusiv-Oder, die Verknüpfung $\cdot$ entspricht der Multiplikation bzw. dem logischen Und.

Definition: Verknüpfungen $\oplus$ und $\cdot$ in $\mathbb{B}$

$\oplus$	0	1
0	0	1
1	1	0

$\cdot$	0	1
0	0	0
1	0	1

Die Menge $\mathbb{B}$ bildet mit diesen Operationen einen Körper, d.h. eine mathematische Struktur, in der man nach den gewohnten Rechenregeln addieren, subtrahieren, multiplizieren und dividieren kann.

Im Folgenden betrachten wir Polynome über dem Körper $(\mathbb{B}, \oplus, \cdot)$.

Die Menge $\mathbb{B}[x]$ aller Polynome über $\mathbb{B}$ ist ein Ring, d.h. eine Struktur, in der man addieren, subtrahieren und multiplizieren kann (z.B. ist die Menge $\mathbb{Z}$ der ganzen Zahlen auch ein Ring). Die Rechenoperationen in $\mathbb{B}[x]$ gehen aus den Rechenregeln des Körpers $\mathbb{B}$ hervor.

Beispiel: (Polynom-Addition in $\mathbb{B}[x]$)

$$
\begin{aligned}
f &= x^2 \oplus x &&= 0 \cdot x^3 \oplus 1 \cdot x^2 \oplus 1 \cdot x^1 \oplus 0 \cdot x^0 \\
g &= x^3 \oplus x &&= 1 \cdot x^3 \oplus 0 \cdot x^2 \oplus 1 \cdot x^1 \oplus 0 \cdot x^0 \\
f \oplus g &= x^3 \oplus x^2 &&= 1 \cdot x^3 \oplus 1 \cdot x^2 \oplus 0 \cdot x^1 \oplus 0 \cdot x^0
\end{aligned}
$$

Beispiel: (Polynom-Multiplikation in $\mathbb{B}[x]$)

$$
\begin{aligned}
f &= x^3 \oplus x \\
g &= x^2 \oplus 1 \\
f \cdot g &= x^5 \oplus x^3 \oplus x^3 \oplus x = x^5 \oplus x
\end{aligned}
$$

---

[1]CRC steht für *cyclic redundancy check*.

Anders als in einem Körper kann man aber in einem Ring nicht dividieren, sondern es gibt (wie in $\mathbb{Z}$) nur eine *Division mit Rest*.

Satz: Seien f und g Polynome, $g \neq 0$. Dann gibt es eine eindeutige Darstellung

$$f = q \cdot g + r \quad \text{mit} \quad \operatorname{grad}(r) < \operatorname{grad}(g),$$

d.h. das Polynom r ist der Rest bei Division von f durch g, das Polynom q ist der Quotient.

Beispiel: (Division mit Rest in $\mathbb{B}[x]$)

$$f = x^5$$
$$g = x^2 \oplus 1$$
$$f = q \cdot g \oplus r = (x^3 \oplus x) \cdot (x^2 \oplus 1) \oplus x$$

Definition: Sei $\mathbb{B}_n[x] \subseteq \mathbb{B}[x]$ die Menge der Polynome p mit $\operatorname{grad}(p) < n$. Dann entspricht jedem Polynom $p \in \mathbb{B}_n[x]$ in natürlicher Weise ein Wort $w \in \mathbb{B}^n$, bestehend aus den Koeffizienten von p:

$$p = a_{n-1}x^{n-1} \oplus \dots \oplus a_0 x^0$$
$$w = a_{n-1}\dots a_0$$

Wir identifizieren daher Polynome aus $\mathbb{B}_n[x]$ und Wörter aus $\mathbb{B}^n$ miteinander.

Beispiel: Sei $p = x^3 \oplus x \in \mathbb{B}_6[x]$. Dann ist

$$w = 001010$$

das entsprechende Wort aus $\mathbb{B}^6$.

Definition: Sei g ein Polynom aus $\mathbb{B}_n[x]$. Der von g *erzeugte Code* $C \subseteq \mathbb{B}^n$ ist die Menge aller Wörter, die Vielfachen von g in $\mathbb{B}_n[x]$ entsprechen. Das Polynom g heißt *Generatorpolynom* von C.

Beispiel: Sei $g = x \oplus 1$ und $n = 4$. Die folgende Tabelle zeigt alle Vielfachen von g in $\mathbb{B}_4[x]$ sowie die entsprechenden Codewörter aus $\mathbb{B}^4$.

$$
\begin{array}{lll}
(x \oplus 1) \cdot 0 & = 0 & 0\,0\,0\,0 \\
(x \oplus 1) \cdot 1 & = x \oplus 1 & 0\,0\,1\,1 \\
(x \oplus 1) \cdot x & = x^2 \oplus x & 0\,1\,1\,0 \\
(x \oplus 1) \cdot (x \oplus 1) & = x^2 \oplus 1 & 0\,1\,0\,1 \\
(x \oplus 1) \cdot x^2 & = x^3 \oplus x^2 & 1\,1\,0\,0 \\
(x \oplus 1) \cdot (x^2 \oplus 1) & = x^3 \oplus x^2 \oplus x \oplus 1 & 1\,1\,1\,1 \\
(x \oplus 1) \cdot (x^2 \oplus x) & = x^3 \oplus x & 1\,0\,1\,0 \\
(x \oplus 1) \cdot (x^2 \oplus x \oplus 1) & = x^3 \oplus 1 & 1\,0\,0\,1 \\
\end{array}
$$

Der erzeugte Code entspricht einem 3-Bit-Binärcode mit angehängtem Paritätsbit.

Der CRC-Algorithmus

Mithilfe des CRC-Algorithmus wird aus einer gegebenen Nachricht in systematischer Weise das zugehörige Codewort konstruiert. Zugrunde gelegt wird das Generatorpolynom; das erzeugte Codewort entspricht einem Vielfachen des Generatorpolynoms. Dies ist das Kriterium für die Fehlererkennung: alle Wörter, die nicht Vielfachen des Generatorpolynoms entsprechen, werden als fehlerhaft zurückgewiesen.

Algorithmus CRC

Eingabe: Nachricht der Länge k (entsprechend einem Polynom p vom Grad $< k$), Generatorpolynom g vom Grad m

Ausgabe: Codewort der Länge $n = k + m$ (entsprechend einem Polynom h vom Grad $< n$)

Methode: 1.   multipliziere p mit x^m (m Nullen an die Nachricht anhängen):

$$f \; = \; p \cdot x^m$$

2.   teile das Ergebnis f durch das Generatorpolynom g und bilde den Rest r:

$$f \; = \; q \cdot g \oplus r \qquad \text{mit } \operatorname{grad}(r) < \operatorname{grad}(g) \; = \; m$$

3.   addiere r zu f:

$$h \; = \; f \oplus r \; = \; q \cdot g \oplus r \oplus r \; = \; q \cdot g$$

Das Ergebnis h entspricht dem gesuchten Codewort; h ist durch g teilbar.

Durch die Addition von r in Schritt 3 findet nur innerhalb der letzten m Stellen eine Veränderung statt, da $\operatorname{grad}(r) < m$ ist. Das Codewort besteht also aus der ursprünglichen Nachricht mit angehängten m Prüfbits. Damit ist die Dekodierung eines Codewortes sehr einfach: Durch Weglassen der Prüfbits ergibt sich wieder die Nachricht.

Die Fehlererkennung wird durchgeführt, indem das dem empfangenen Wort entsprechende Polynom durch das Generatorpolynom geteilt wird. Ist der Rest ungleich Null, so ist ein Fehler aufgetreten.

Beispiel: Gegeben sei das Generatorpolynom $g = x^5 \oplus x^2 \oplus x \oplus 1$, entsprechend dem Wort 1 0 0 1 1 1, sowie die Nachricht 1 0 0 1 0 1 1 1 0 0 1 1 1 0 1.

1. multipliziere das Polynom p, das der Nachricht entspricht, mit x^5 (5 Nullen an die Nachricht anhängen)

2. teile das Ergebnis f durch das Generatorpolynom g und bilde den Rest r

```
1 0 0 1 0 1 1 1 0 0 1 1 1 0 1 0 0 0 0 0
1 0 0 1 1 1
0 0 0 0 1 0 1 1 0 0
          1 0 0 1 1 1
          0 0 1 0 1 1 1 1
              1 0 0 1 1 1
              0 0 1 0 0 0 1 0
                  1 0 0 1 1 1
                  0 0 0 1 0 1 1 0 0
                      1 0 0 1 1 1
                      0 0 1 0 1 1 0 0
                          1 0 0 1 1 1
                          0 0 1 0 1 1 0
```

(das Wort 1 0 1 1 0 entspricht dem Rest r)

3. addiere r zu f; das Ergebnis h entspricht dem gesuchten Codewort 1 0 0 1 0 1 1 1 0 0 1 1 1 0 1 1 0 1 1 0

Implementierung in Hardware

Die Polynomdivision lässt sich, nach dem im obigen Beispiel verwendeten normalen Divisionsverfahren, überraschend einfach in Hardware realisieren.

In Bild 6.8 dargestellt ist ein Schieberegister, in das von rechts das zu dividierende Polynom h hinein geschoben wird. Wenn eine 1 in der vordersten Schieberegisterzelle erscheint, wird das Generatorpolynom (in Bild 6.8 das Polynom 1 0 0 1 1 1) mit dieser 1 multipliziert (Und-Gatter) und an der entsprechenden Position von dem zu dividierenden Polynom h subtrahiert (Xor-Gatter).[2] Der verbleibende Rest zusammen mit der nächstfolgenden Stelle von h wird anschließend um eine Position nach links geschoben. Wenn in der vordersten Schieberegisterzelle eine 0 erscheint, wird das 0-fache des Generatorpolynoms subtrahiert, d.h. es geschieht nichts, außer dass der Schieberegisterinhalt geschoben wird.

Es ist leicht zu sehen, dass durch diese Hardware genau das o.a. Divisionsverfahren realisiert wird. Wenn das zu dividierende Polynom h zu Ende ist, d.h. keine Stellen mehr in das Schieberegister eingegeben werden, steht im Schieberegister der Divisionsrest.

Die Schaltung kann sowohl zur Codierung als auch zur Fehlererkennung verwendet werden. Zur Fehlererkennung wird durch eine Oder-Schaltung überprüft, ob der

---

[2]Anstelle der DIN-Schaltsymbole sind hier die alten Schaltsymbole verwendet, aus denen die Signalflussrichtung (Eingänge/Ausgänge) deutlicher hervorgeht.

Divisionsrest gleich Null oder ungleich Null ist. Zur Codierung wird der Divisionsrest an die Nachricht angehängt. Vor Beginn einer Division muss das Schieberegister gelöscht werden.

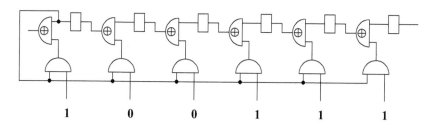

Bild 6.8: *Schaltung zur Polynomdivision*

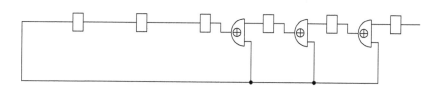

Bild 6.9: *Vereinfachte Schaltung (Linear Feed-Back Shift Register – LFSR)*

Die Schaltung von Bild 6.8 kann vereinfacht werden, wenn das Generatorpolynom festliegt. Dann können alle Und-Gatter mit einer 1 am Eingang durch eine einfache Drahtverbindung ersetzt werden. Alle Und-Gatter mit einer 0 am Eingang liefern am Ausgang konstant 0 und können daher wegfallen; die entsprechenden Xor-Gatter mit dieser 0 am Eingang können durch Drahtverbindungen ersetzt werden. Das vorderste Xor-Gatter kann ebenfalls entfallen, da sein Ausgang nicht verwendet wird (er ist im übrigen immer 0).

Bild 6.9 zeigt die vereinfachte Schaltung, ein rückgekoppeltes Schieberegister (*Linear Feed-Back Shift Register* – LFSR), für das Generatorpolynom 1 0 0 1 1 1.

Erkennung von Fehlern

Bei Auftreten eines Fehlers werden in dem gesendeten Wort ein oder mehrere Bits invertiert. Wird das Wort als Polynom aufgefasst, entspricht das Invertieren eines Bits der Addition eines *Fehlerpolynoms*, das eine 1 an dieser Position hat.

Beispiel: Durch Addition des Fehlerpolynoms 1 0 1 0 0 werden zwei Bits verfälscht.

$$
\begin{array}{r}
1\ 0\ 1\ 1\ 0\ 0\ 0\ 1\ 1\ 0\ 0\ 0\ 1 \\
\oplus \qquad\qquad\qquad\qquad 1\ 0\ 1\ 0\ 0 \\
\hline
1\ 0\ 1\ 1\ 0\ 0\ 0\ 1\ 0\ 0\ 1\ 0\ 1
\end{array}
$$

Das gesendete Polynom h ist durch das Generatorpolynom g teilbar. Somit ist das empfangene Polynom $h' = h \oplus e$ genau dann durch das Generatorpolynom teilbar, wenn das Fehlerpolynom e durch das Generatorpolynom teilbar ist.

Wenn also das Fehlerpolynom ungleich Null ist und durch das Generatorpolynom teilbar ist, wird der Fehler nicht erkannt. Umgekehrt wird der Fehler erkannt, wenn das Fehlerpolynom nicht durch das Generatorpolynom teilbar ist.

Satz: Ist $x \oplus 1$ Teiler des Generatorpolynoms g, so wird jede ungerade Anzahl von Fehlern erkannt.

Beweis: Eine ungerade Anzahl von Fehlern entspricht einem Fehlerpolynom e mit einer ungeraden Anzahl von Einsen. Polynome mit einer ungeraden Anzahl von Einsen sind nicht durch $x \oplus 1$ teilbar. Dies kann man sich leicht anhand des Divisionsverfahrens klarmachen. Damit ist e nicht durch $x \oplus 1$ teilbar, also erst recht nicht durch g, d.h. der Fehler wird erkannt.

Eine wichtige Eigenschaft des CRC-Verfahrens ist die Fähigkeit, Mehrfachfehler zu erkennen, bei denen die verfälschten Bits innerhalb eines begrenzten Bereiches auftreten.

Definition: Ein *Fehlerbündel* der Länge b ist ein Fehler, bei dem die Position des ersten und des letzten falschen Bits den Abstand $b - 1$ haben. Das einem Fehlerbündel der Länge b entsprechende Fehlerpolynom lässt sich schreiben als

$$
e \;=\; e_1 \cdot x^i \quad \text{mit } \operatorname{grad}(e_1) = b - 1.
$$

Beispiel: Nachricht: $h \;=\;$ 1 1 0 1 0 0 1 0 1 0 1 0
                  Fehlerbündel der Länge 5: $e \;=\;$ 1 0 0 1 1 0 0 0
                  verfälschte Nachricht: $h \oplus e \;=\;$ 1 1 0 1 1 0 1 1 0 0 1 0

Es ist $e \;=\; x^7 \oplus x^4 \oplus x^3 \;=\; (x^4 \oplus x \oplus 1) \cdot x^3 \;=\; e_1 \cdot x^3.$

Satz: Ist x kein Teiler des Generatorpolynoms g, so wird jedes Fehlerbündel der Länge $b \leq \operatorname{grad}(g)$ erkannt.

Beweis: Es liege ein Fehlerbündel der Länge $b \leq \operatorname{grad}(g)$ vor. Das entsprechende Fehlerpolynom sei

$$e \;=\; e_1 \cdot x^i \quad \text{mit grad}(e_1) = b - 1.$$

Angenommen, der Fehler wird nicht erkannt. Dann teilt das Generatorpolynom g das Fehlerpolynom e, d.h. es gilt

$$g \mid e$$
$$\Rightarrow \quad g \mid x^i \cdot e_1$$
$$\Rightarrow \quad g \mid e_1, \quad \text{da } x \text{ nicht Teiler von } g$$
$$\Rightarrow \quad \text{grad}(g) \leq \text{grad}(e_1) = b - 1,$$

im Widerspruch dazu, dass $b \leq \text{grad}(g)$ ist.

In der Praxis werden u.a. folgende Generatorpolynome verwendet:

CRC-16 (Magnetband) $\quad x^{16} \oplus x^{15} \oplus x^2 \oplus 1$

CRC-CCITT (Disketten) $\quad x^{16} \oplus x^{12} \oplus x^5 \oplus 1$

CRC-Ethernet $\quad x^{32} \oplus x^{26} \oplus x^{23} \oplus x^{22} \oplus x^{16} \oplus x^{12} \oplus x^{11} \oplus x^{10}$
$\oplus\, x^8 \oplus x^7 \oplus x^5 \oplus x^4 \oplus x^2 \oplus x \oplus 1$

6.3 Aufgaben

Aufgabe 1: Konstruieren Sie einen Huffman-Code für die Buchstaben a, ..., z, wobei Sie die Buchstabenwahrscheinlichkeiten der untenstehenden Tabelle zugrunde legen.

Codieren Sie die beiden gleich langen Wörter „erdbeeren" und „oxydation" mit diesem Code. Wie lang ist jeweils die Codierung?

Berechnen Sie jeweils den Informationsgehalt der beiden Wörter. (Setzen Sie voraus, dass die Buchstaben unabhängig voneinander sind – in Wirklichkeit gilt dies nicht: Die Buchstabenkombination „er" ist z.B. häufiger als etwa die Kombination „nr".)

1.	e	17,2		8.	d	5,1		15.	o	2,5		22.	v	0,7
2.	n	9,6		9.	h	4,8		16.	b	1,9		23.	j	0,3
3.	i	7,6		10.	u	4,4		17.	w	1,9		24.	y	0,1
4.	s	7,3		11.	l	3,4		18.	f	1,7		25.	x	0,1
5.	r	7,0		12.	c	3,1		19.	k	1,2		26.	q	0,0
6.	a	6,5		13.	g	3,0		20.	z	1,1				
7.	t	6,2		14.	m	2,5		21.	p	0,8				

Tabelle: *Buchstabenwahrscheinlichkeiten in Prozent*

Aufgabe 2: Codieren Sie die Nachricht 1 1 1 0 1 0 1 0 0 0 1 0 1 1 0 0 mit dem CRC-Verfahren unter Verwendung des Generatorpolynoms $g(x) = x^9 \oplus x^6 \oplus x^2 \oplus 1$.

7   Kryptografie

Die Kommunikation über das Internet ist so gut wie öffentlich, unberechtigte Dritte können Nachrichten mitlesen, abfangen oder fälschen. Da dies so ist, kann auch ein tatsächlicher Sender einer Nachricht behaupten, diese nie gesendet zu haben, und ein tatsächlicher Empfänger kann behaupten, eine Nachricht nie erhalten zu haben.

Abhilfe schafft die moderne Kryptografie; sie ermöglicht nicht nur die Verschlüsselung von Nachrichten, sondern auch digitale Unterschriften, die Authentifizierung von Kommunikationspartnern und ebenso die Anonymisierung von Kommunikationspartnern.

Die zentrale Idee ist die *Public-Key-Kryptografie*. Hierbei verschlüsselt der Sender die Nachricht mit dem *öffentlichen Schlüssel* des Empfängers. Obwohl dieser Schlüssel allgemein öffentlich zugänglich ist, kann kein unberechtigter Dritter die Nachricht damit wieder entschlüsseln. Nur der Empfänger kann mit Hilfe eines nur ihm bekannten *privaten Schlüssels* die Nachricht wieder entschlüsseln.

Dass dies möglich ist, scheint zunächst der Intuition zu widersprechen. Im täglichen Leben aber gibt es eine Parallele: Jeder kann Briefe in einen öffentlich zugänglichen Hausbriefkasten werfen, aber nur der Besitzer kann mit seinem privaten Schlüssel den Kasten öffnen und die Briefe entnehmen. Der Grund ist, dass der Briefschlitz eine *Einbahnfunktion* oder *Einwegfunktion* (engl.: *one way function*) darstellt – wenn der Brief einmal durchgesteckt ist, bekommt man ihn durch den Schlitz nicht wieder heraus.

Moderne kryptografische Verfahren basieren auf der Zahlentheorie. Hier lassen sich ähnliche Einbahnfunktionen realisieren – Funktionen, die leicht zu berechnen sind, deren Umkehrfunktion aber sehr schwer zu berechnen ist. Ein Beispiel ist das Produkt von zwei großen Primzahlen, dieses ist leicht zu berechnen, aber schwer wieder zurückzurechnen. Die Primfaktorzerlegung von großen Zahlen ist so rechenaufwendig, dass sie praktisch nicht durchzuführen ist.

Die Sicherheit der modernen kryptografischen Verfahren basiert auf der praktischen Undurchführbarkeit, nicht auf der theoretischen Unmöglichkeit, Einbahnfunktionen umzukehren. Voraussetzung dabei ist, dass die beteiligten Zahlen sehr groß sind, z.B. 512 Bit lang.

Implementierungen in der Programmiersprache Python

Für das Rechnen mit derart großen Zahlen steht in Java die Klasse *java.math.BigInteger* zur Verfügung. Allerdings lassen sich *BigInteger*-Objekte nicht mit den normalen

Rechenzeichen verknüpfen; statt $a * (b + c)$ heißt es $a.multiply(b.add(c))$. Hierdurch werden die Programme sehr unübersichtlich.

Die Programmiersprache Python dagegen ermöglicht die Benutzung der normalen Rechenzeichen mit beliebig großen Zahlen, so dass sich die Berechnungen sehr viel anschaulicher nachvollziehen lassen. Daher benutzen wir in diesem Kapitel für die Implementierung der Algorithmen die Programmiersprache Python.

Ein besonders krasses Beispiel ist die Implementierung des Fermat-Tests (siehe Abschnitt 7.5). Es geht darum zu prüfen, ob $2^{n-1} \bmod n = 1$ ist, mithilfe einer Funktion $modexp$ zur modularen Exponentiation. In Python lautet die entsprechende Funktionsdefinition

```
def fermatTest(n):
    return modexp(2, n-1, n) == 1
```

Die entsprechende Funktionsdefinition in Java, unter Benutzung der Klasse *BigInteger*, passt schon nicht mehr in eine Zeile und ist kaum noch auf einen Blick nachzuvollziehen.

```
boolean fermatTest(BigInteger n)
{
    return modexp(new BigInteger("2"), n.subtract(BigInteger.ONE), n)
        .equals(BigInteger.ONE);
}
```

Der Umstieg auf Python in diesem Kapitel erfolgt aus rein didaktischen Gründen. Die Python-Programme sind ähnlich wie Pseudocode gut lesbar, aber gleichwohl auch mit den in der Kryptografie erforderlichen großen Zahlen ausführbar.

7.1 RSA-Verschlüsselung

Das *RSA-Verfahren* ist nach seinen Urhebern RIVEST, SHAMIR und ADLEMAN [RSA 78] benannt. Es handelt sich um ein *asymmetrisches Verschlüsselungsverfahren*: Der Sender verschlüsselt den Klartext m mit dem *öffentlichen Schlüssel (public key)* e des Empfängers; der Empfänger entschlüsselt das Ergebnis, den Geheimtext c, mit seinem zugehörigen *privaten Schlüssel (private key)* d.

Asymmetrische Verfahren beruhen auf dem Begriff der *Einbahnfunktion* oder *Einwegfunktion (one way function)* – hier realisiert dadurch, dass es leicht ist, $c = m^e \bmod n$ zu berechnen, aber praktisch unmöglich, die Umkehrfunktion zu berechnen. Nur durch Kenntnis einer *Hintertür (trapdoor)* d lässt sich die Funktion wieder umkehren, d.h. der Geheimtext c wieder entschlüsseln.

Verschlüsselung

Der Klartext wird als Binärzahl $m \in \{0, ..., n-1\}$ aufgefasst. Ist der Klartext zu lang, so wird er in mehrere Stücke zerlegt, die jeweils für sich verschlüsselt werden.

Es sind

n	öffentliche Zahl
e	öffentlicher Schlüssel des Empfängers
d	privater Schlüssel des Empfängers
$m < n$	Klartext
c	Geheimtext

Zur Verschlüsselung berechnet der Sender

$$c = m^e \bmod n$$

und erhält damit den Geheimtext c. [1]

Die Zahl n ist das Produkt von zwei verschiedenen Primzahlen p und q, diese sind geheim. Wie können p und q geheim sein, wenn doch $n = pq$ öffentlich bekannt ist? Dies beruht nur darauf, dass die Primfaktorzerlegung von n zu rechenaufwendig ist, da n sehr groß ist (z.B. 512 Bit lang).

Für die Zahl e muss gelten

$$\gcd(e, \varphi(n)) = 1$$

Hierbei ist

$$\varphi(n) \;=\; (p-1)(q-1)$$

die Anzahl der zu n teilerfremden Zahlen, die kleiner als n sind (siehe Abschnitt 7.2).

Entschlüsselung

Der Empfänger hat als privaten Schlüssel eine Zahl d mit

$$d \cdot e \bmod \varphi(n) \;=\; 1 \;, \quad \text{d.h.}$$

$$d \cdot e \;=\; k \cdot \varphi(n) + 1 \quad \text{für irgendein } k \in \mathbb{N}_0$$

Ist $n = pq$, so gilt nach einem Satz von Euler (siehe Abschnitt 7.2) für alle Zahlen m mit $m < n$ und alle natürlichen Zahlen k :

$$m^{k \cdot \varphi(n)+1} \bmod n \;=\; m$$

Zur Entschlüsselung berechnet der Empfänger

$$
\begin{aligned}
c^d \bmod n \;&=\; m^{d \cdot e} \bmod n \\
&=\; m^{k \cdot \varphi(n)+1} \bmod n \\
&=\; m
\end{aligned}
$$

und erhält damit den Klartext m.

---

[1] Die Funktion mod liefert den Rest bei ganzzahliger Division; siehe Anhang A.7

Protokoll

Das folgende Bild 7.1 zeigt die Abfolge der Berechnungen und Datenübermittlungen. A erzeugt zunächst die Zahl n sowie den öffentlichen Schlüssel e und den zugehörigen privaten Schlüssel d und veröffentlicht n und e.

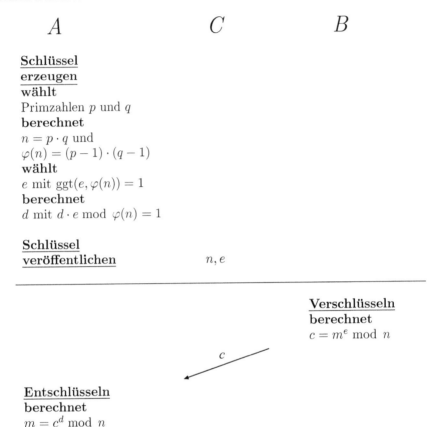

$$A \qquad\qquad C \qquad\qquad B$$

Schlüssel
erzeugen
wählt
Primzahlen p und q
berechnet
$n = p \cdot q$ und
$\varphi(n) = (p-1) \cdot (q-1)$
wählt
e mit $\mathrm{ggt}(e, \varphi(n)) = 1$
berechnet
d mit $d \cdot e \bmod \varphi(n) = 1$

Schlüssel
veröffentlichen n, e

Verschlüsseln
berechnet
$c = m^e \bmod n$

c

Entschlüsseln
berechnet
$m = c^d \bmod n$

Bild 7.1: *Erzeugen der Schlüssel sowie Ver- und Entschlüsseln mit dem RSA-Verfahren*

Nach Veröffentlichung des öffentlichen Schlüssels kann ein beliebiger Sender B einen Klartext m verschlüsseln und an A als Empfänger schicken. Nur A kann mithilfe seines privaten Schlüssels d den Geheimtext c wieder entschlüsseln und den Klartext m zurückgewinnen. Ein Dritter C kennt zwar n und e, kann aber dennoch c nicht entschlüsseln (außer mit undurchführbar hohem Aufwand).

Sicherheit

Um RSA zu knacken, müsste ein unbefugter Dritter versuchen, den privaten Schlüssel d aus dem öffentlichen Schlüssel e zu berechnen oder $\varphi(n)$ irgendwie zu bestimmen. Es lässt sich zeigen, dass beides mindestens so schwer ist, wie die Primfaktorzerlegung $n = p \cdot q$ zu berechnen. Dieses ist nach heutiger Kenntnis zu rechenaufwendig. Auch direkt die e-te Wurzel aus c zu berechnen (modulo n) ist zu rechenaufwendig.

Effizienz

Für das Verständnis der Korrektheit und Effizienz des RSA-Verfahrens werden einige zahlentheoretische Grundlagen und Berechnungsverfahren gebraucht.

Die grundlegenden Begriffe wie Teilbarkeit, größter gemeinsamer Teiler, Primzahl, Kongruenz modulo n sind im Anhang angegeben. Einige weitere zahlentheoretische Grundlagen des RSA-Verfahrens folgen im nächsten Abschnitt.

In den weiteren Abschnitten folgt ein Algorithmus für die modulare Exponentiation (um etwa $m^e \bmod n$ zu berechnen), ferner der erweiterte euklidische Algorithmus (um einen privaten Schlüssel d mit $d \cdot e \bmod \varphi(n) = 1$ zu berechnen) sowie ein Algorithmus zur Berechnung von großen Primzahlen (um p und q zu erhalten).

Als Beispiel für ein Verfahren zur Faktorisierung einer zusammengesetzten Zahl folgt anschließend noch der Algorithmus *Quadratisches Sieb*.

7.2 Zahlentheoretische Grundlagen

In diesem Abschnitt werden die zahlentheoretischen Grundlagen des RSA-Verfahrens und der weiteren kryptografischen Verfahren erläutert. Hierbei werden die Begriffe der *Gruppe* und der *Kongruenz modulo n* verwendet; diese sind im Anhang erläutert.

Die Menge $\mathbb{Z}_{10} = \{0, ..., 9\}$ bildet mit der Addition modulo 10 als Verknüpfung eine Gruppe. Mit der Multiplikation modulo 10 als Verknüpfung bildet $\mathbb{Z}_{10}$ jedoch keine Gruppe, auch nicht, wenn die 0 ausgenommen wird, die bekanntlich kein inverses Element hat. Es stellt sich heraus, dass noch mehr Zahlen ausgenommen werden müssen, die ebenfalls kein inverses Element haben, nämlich 2, 4, 5, 6 und 8. Dieses sind genau die Zahlen, die einen echten Teiler mit 10 gemeinsam haben. Die schließlich verbleibenden vier Elemente bilden die multiplikative Gruppe $\mathbb{Z}_{10}^*$.

Gruppe $\mathbb{Z}_n^*$

Definition: Sei $n \in \mathbb{N}$. Die Menge $\mathbb{Z}_n^*$ besteht aus allen Elementen von $\mathbb{Z}_n$, die teilerfremd zu n sind. Mit $\varphi(n)$ wird die Anzahl der Elemente von $\mathbb{Z}_n^*$ bezeichnet.

$$\mathbb{Z}_n^* = \{k \in \mathbb{Z}_n \mid \mathrm{ggt}(k, n) = 1\}$$
$$\varphi(n) = |\mathbb{Z}_n^*|$$

Die Menge $\mathbb{Z}_n^*$ bildet mit der Multiplikation modulo n als Verknüpfung und der 1 als neutralem Element eine abelsche Gruppe. Die Anzahl der Elemente von $\mathbb{Z}_n^*$ wird durch die *eulersche Phi-Funktion* $\varphi(n)$ angegeben.

Beispiel:

$$\mathbb{Z}_7^* = \{1, 2, 3, 4, 5, 6\}$$
$$\mathbb{Z}_{10}^* = \{1, 3, 7, 9\}$$
$$\mathbb{Z}_{15}^* = \{1, 2, 4, 7, 8, 11, 13, 14\}$$
$$\varphi(7) = 6, \ \varphi(10) = 4, \ \varphi(15) = 8$$

Satz: Sei $n \in \mathbb{N}, n > 1$. Dann ist

$$\varphi(n) = n \cdot \prod_{p|n} (1 - 1/p)$$

Hierbei durchläuft p alle Primzahlen, die Teiler von n sind, einschließlich n selber, falls n eine Primzahl ist.

Beweis: Von den anfänglich n Zahlen 1, ..., n ist jede p-te durch die erste Primzahl p teilbar; werden diese gestrichen, verbleiben $n \cdot (1 - 1/p)$ Zahlen. Von diesen ist wiederum ein Anteil von $1/q$ durch die zweite Primzahl q teilbar; werden diese gestrichen, verbleiben $n \cdot (1 - 1/p) \cdot (1 - 1/q)$ Zahlen usw.

Beispiel: $\varphi(10) = 10 \cdot (1 - 1/2) \cdot (1 - 1/5) = 10 \cdot 1/2 \cdot 4/5 = 4$

Korollar: Wenn p eine Primzahl ist, gilt

$$\varphi(p) = p - 1$$

Korollar: Für das Produkt zweier verschiedener Primzahlen p, q gilt

$$\varphi(pq) = (p - 1)(q - 1)$$

Zyklische Gruppe

Definition: Eine Gruppe G heißt *zyklisch*, wenn sie das Erzeugnis eines einzelnen Elements ist, d.h. wenn sie aus den Potenzen eines einzigen Elements $a \in G$ besteht:

$$G \text{ zyklisch} \Leftrightarrow G = \langle a \rangle = \{a^k \mid k \in \mathbb{Z}\}$$

Bei endlichen zyklischen Gruppen brauchen nur die Potenzen a^k mit $k \in \{1, ..., |G|\}$ gebildet zu werden, danach wiederholen sich die Werte.

Beispiel: Die Gruppe $\mathbb{Z}_{10}^*$ ist zyklisch, denn

$$\mathbb{Z}_{10}^* = \langle 3 \rangle = \{3^1, 3^2, 3^3, 3^4\} = \{3, 9, 7, 1\}$$

Die Gruppe $\mathbb{Z}_7^*$ ist zyklisch, denn

$$\mathbb{Z}_7^* = \langle 5 \rangle = \{5^1, ..., 5^6\} = \{5, 4, 6, 2, 3, 1\}$$

Die Gruppe $\mathbb{Z}_{15}^*$ ist nicht zyklisch. Jedes einzelne Element von $\mathbb{Z}_{15}^*$ erzeugt eine echte Untergruppe.

Satz: Die Gruppe $\mathbb{Z}_n^*$ ist genau dann zyklisch, wenn n gleich $2, 4, p^k$ oder $2p^k$ mit p Primzahl, $p > 2$ und $k \in \mathbb{N}$ ist. Insbesondere ist $\mathbb{Z}_p^*$ zyklisch, wenn p eine Primzahl ist.

Untergruppen

Auch wenn eine Gruppe G zyklisch ist, bedeutet dies nicht, dass *jedes* Element die Gruppe erzeugt. Manche Elemente erzeugen auch echte Untergruppen von G.

Beispiel: Das Erzeugnis von 2 in der Gruppe $\mathbb{Z}_7^*$ ist

$$\langle 2 \rangle = \{2^1, 2^2, 2^3\} = \{2, 4, 1\},$$

also eine echte Untergruppe. Allgemein sind, sofern $\mathbb{Z}_n^*$ selbst mehr als zwei Elemente enthält, stets

$$\langle 1 \rangle = \{1\} \quad \text{und}$$
$$\langle n - 1 \rangle = \{n - 1, 1\}$$

echte Untergruppen.

Die Anzahl der erzeugenden Elemente einer Gruppe $G = \mathbb{Z}_p^*$ mit p Primzahl und $p > 2$ hängt von der Anzahl der echten Untergruppen von G ab. Je weniger echte Untergruppen, desto mehr erzeugende Elemente hat G.

Nach dem Satz von Lagrange teilt die Anzahl der Elemente einer Untergruppe U einer endlichen Gruppe G die Anzahl der Elemente von G:

$$|U| \mid |G|$$

Je weniger Teiler also $|\mathbb{Z}_p^*| = p - 1$ hat, desto weniger Untergruppen sind vorhanden und desto mehr erzeugende Elemente.

Da p ungerade ist, gilt

$$p - 1 \;=\; 2 \cdot q$$

Somit sind $1, 2, q$ und $2q$ Teiler von $p - 1$. Ist q Primzahl, so gibt es darüber hinaus keine weiteren Teiler.

Beispiel: Es sei $p = 7$. Dann ist $p - 1 = 2 \cdot q$ mit $q = 3$ Primzahl. Die Untergruppen von $\mathbb{Z}_7^*$ ergeben sich als Erzeugnisse $\langle a \rangle$ der Elemente $a \in G$. Es gibt vier Untergruppen mit 1, 2, $q = 3$ und $2q = 6$ Elementen:

$$
\begin{aligned}
U_0 &= \langle 1 \rangle = \{1\} \\
U_1 &= \langle 6 \rangle = \{1, 6\} \\
U_2 &= \langle 2 \rangle = \langle 4 \rangle = \{1, 2, 4\} \\
U_3 &= \langle 3 \rangle = \langle 5 \rangle = \{1, 2, 3, 4, 5, 6\}
\end{aligned}
$$

Allgemein erzeugt je ein Element U_0 und U_1, $q - 1$ Elemente erzeugen U_2; somit verbleiben

$$p - 1 - (q - 1) - 1 - 1 \;=\; p - 1 - q - 1 \;=\; 2q - q - 1 \;=\; \frac{p - 1}{2} - 1$$

erzeugende Elemente der Gruppe $\mathbb{Z}_p^*$. Fast die Hälfte aller Elemente von $\mathbb{Z}_p^*$ sind also erzeugende Elemente, wohlgemerkt jedoch nur, wenn $p - 1 = 2q$ mit q Primzahl ist, sonst sind es weniger. Eine Primzahl p dieser Form wird als starke Primzahl bezeichnet.

Starke Primzahl

Definition: Eine Primzahl p heißt *starke Primzahl*, wenn sie von der Form

$$p = 2 \cdot q + 1$$

mit q Primzahl ist.

Beispiel: Die Primzahlen 5, 7, 11, 23, ... sind starke Primzahlen. Dagegen ist z.B. die Primzahl 13 keine starke Primzahl, weil $13 = 2 \cdot 6 + 1$ ist und 6 keine Primzahl ist.

Satz: Sei p eine starke Primzahl und sei $a \in \{2, ..., p-2\}$. Dann ist a erzeugendes Element von $\mathbb{Z}_p^*$ genau dann, wenn gilt

$$a^{(p-1)/2} \bmod p \neq 1$$

Um ein erzeugendes Element zu finden, wählt man solange zufällig ein $a \in \{2, ..., p-2\}$, bis $a^{(p-1)/2} \bmod p \neq 1$ gilt. Die Wahrscheinlichkeit, dabei ein erzeugendes Element zu wählen, beträgt wie oben gesehen jedesmal annähernd $1/2$.

Satz von Euler

Ein wichtiger Satz der Gruppentheorie (siehe Anhang A.4) sagt Folgendes aus:

Satz: Sei $(G, \circ, e)$ eine endliche Gruppe mit neutralem Element e. Dann gilt für alle $a \in G$
$$a^{|G|} = e.$$

Dieser Satz bildet die Grundlage für folgenden Satz von EULER.

Satz: (Euler)

Sei $n \in \mathbb{N}$. Dann gilt für alle $a \in \mathbb{N}$, die teilerfremd zu n sind
$$a^{\varphi(n)} \equiv 1 \ (\bmod\, n).$$

Beweis: Da $\equiv (\bmod\, n)$ eine Kongruenzrelation ist, also verknüpfungstreu ist, gilt
$$a^{\varphi(n)} \equiv (a \bmod n)^{\varphi(n)} \ (\bmod\, n),$$

d.h. statt mit a können wir auch mit dem Repräsentanten $a \bmod n$ rechnen. Da $\gcd(a,n) = \gcd(p, a \bmod n) = 1$, gehört $a \bmod n$ zur Gruppe $\mathbb{Z}_n^*$, und diese hat $\varphi(n)$ Elemente. Somit folgt mit dem vorigen Satz die Behauptung.

Satz von Fermat

Ein Spezialfall des Satzes von Euler ist der (historisch wesentlich früher gefundene) kleine Satz von FERMAT:

Satz: (Fermat)

Sei p eine Primzahl. Dann gilt für alle $a \in \mathbb{N}$, die nicht durch p teilbar sind
$$a^{p-1} \equiv 1 \ (\bmod\, p).$$

Der Satz von Fermat folgt unmittelbar aus dem Satz von Euler, da für Primzahlen p gilt $\varphi(p) = p - 1$.

Modifizierter Satz von Euler

Für das RSA-Verschlüsselungsverfahren (siehe Abschnitt 7.1) wird folgende etwas abgeänderte Form des Satzes von Euler benötigt.

Satz: Sei $n = p \cdot q$, wobei p und q zwei verschiedene Primzahlen sind. Dann gilt für alle $a \in \mathbb{N}_0$ und für alle $k \in \mathbb{N}_0$

$$a^{k \cdot \varphi(n)+1} \equiv a \pmod{n}.$$

Für a mit a teilerfremd zu n ist dieser Satz eine unmittelbare Folgerung aus dem weiter oben angegebenen Satz von Euler. Die Aussage gilt jedoch sogar für beliebige $a \in \mathbb{N}_0$. Für den Beweis wird zunächst folgender Hilfssatz benötigt.

Hilfssatz: Seien p, q zwei verschiedene Primzahlen. Dann gilt für alle $a, b \in \mathbb{Z}$

$$
\begin{aligned}
& a \equiv b \pmod{p} \\
\wedge \quad & a \equiv b \pmod{q} \\
\Rightarrow \quad & a \equiv b \pmod{pq}.
\end{aligned}
$$

Beweis: Nach Definition von $\equiv$ ist $a - b$ teilbar durch p und durch q, also auch durch pq.

Es folgt der Beweis des modifizierten Satzes von Euler. Nach Voraussetzung sind p und q zwei verschiedene Primzahlen.

Beweis: Sei zunächst $a \not\equiv 0 \pmod{p}$. Dann gilt nach dem Satz von Fermat

$$a^{p-1} \equiv 1 \pmod{p}$$

und damit, zunächst modulo p gerechnet

$$a^{k \cdot \varphi(n)+1} \equiv a^{k(p-1)(q-1)+1} \equiv a \cdot (a^{p-1})^{k(q-1)} \equiv a \cdot 1^{k(q-1)} \equiv a \pmod{p}.$$

Diese Formel gilt auch für $a \equiv 0 \pmod{p}$, also insgesamt für alle $a \in \mathbb{N}_0$.

Mit den gleichen Überlegungen erhält man dasselbe modulo q:

$$a^{k \cdot \varphi(n)+1} \equiv a \pmod{q}.$$

Nach dem Hilfssatz folgt schließlich

$$a^{k \cdot \varphi(n)+1} \equiv a \pmod{pq}$$

und mit $n = p \cdot q$ folgt die Behauptung.

Berechnung des multiplikativ inversen Elements

Das inverse Element eines Elements $a \in \mathbb{Z}_n^*$ lässt sich mit Hilfe des erweiterten euklidischen Algorithmus berechnen (siehe Abschnitt 7.4). Eine andere Möglichkeit besteht darin, das inverse Element durch modulare Exponentiation auf Grundlage des Satzes von Euler zu berechnen.

Berechnung mit dem erweiterten euklidischen Algorithmus

Der erweiterte euklidische Algorithmus berechnet für zwei Zahlen $a, b \in \mathbb{N}$ den größten gemeinsamen Teiler $\mathrm{ggt}(a, b)$ sowie die Darstellung des ggt als ganzzahlige Linearkombination von a und b:

$$\mathrm{ggt}(a, b) = u \cdot a + v \cdot b \quad \text{mit} \quad u, v \in \mathbb{Z}.$$

Die multiplikative Gruppe $\mathbb{Z}_n^*$ besteht aus den Elementen von $\mathbb{Z}_n$, die teilerfremd zu n sind. Für jedes $a \in \mathbb{Z}_n^*$ gilt dann

$$\mathrm{ggt}(a, n) = 1$$

und die 1 lässt sich als ganzzahlige Linearkombination von a und b darstellen:

$$1 = u \cdot a + v \cdot n.$$

Modulo n gerechnet ergibt sich

$$1 \equiv u \cdot a + v \cdot n \equiv u \cdot a \pmod{n}.$$

Multiplikation mit a^{-1} ergibt

$$a^{-1} \equiv u \pmod{n}.$$

Damit ist $u \bmod n$ das inverse Element von a in $\mathbb{Z}_n^*$.

Berechnung durch modulare Exponentiation

Nach dem Satz von Euler gilt für jedes Element $a \in \mathbb{Z}_n^*$

$$a^{\varphi(n)} \bmod n = 1.$$

Multiplikation mit a^{-1} ergibt

$$a^{\varphi(n)-1} \bmod n = a^{-1}.$$

Als Spezialfall ergibt sich für Primzahlen p

$$a^{p-2} \bmod p = a^{-1}.$$

Die Berechnung des multiplikativ inversen Elements durch modulare Exponentiation ist zwar vom Konzept her einfacher als die Berechnung mithilfe des erweiterten euklidischen Algorithmus, aber sie ist langsamer. Außerdem ist die Kenntnis von $\varphi(n)$ und damit die Kenntnis der Primfaktorzerlegung von n erforderlich.

Berechnung der Schlüssel e und d für das RSA-Verfahren

Für die Schlüssel e und d des RSA-Verfahrens muss gelten

$$e \cdot d \bmod \varphi(n) = 1,$$

d.h. e und d sind zueinander inverse Elemente in der Gruppe $\mathbb{Z}^*_{\varphi(n)}$.

Die Zahl e wird beliebig gewählt, sie muss nur in $\mathbb{Z}^*_{\varphi(n)}$ liegen, d.h. es muss gelten

$$\text{ggt}(e, \varphi(n)) = 1.$$

Aus naheliegenden Gründen sollte allerdings nicht $e = 1$ und auch nicht $e = \varphi(n) - 1$ gewählt werden.

Das zu e inverse Element d lässt sich mit einer der oben angegebenen Methoden berechnen.

7.3   Modulare Exponentiation

Die modulare Exponentiation spielt allgemein in der Kryptografie eine große Rolle. Im RSA-Verfahren beispielsweise besteht die Chiffrierung in der Berechnung von $m^e \bmod n$. Hierbei sind m, e und n sehr große Zahlen (typischerweise 512 oder 1024 Bit lang).

Um $m^e \bmod n$ zu berechnen, sind zum Glück nicht e Multiplikationen von m mit sich selbst erforderlich. Schon bei einer Länge von e von nur 50 Bit wären dies eine Billiarde Multiplikationen.

Tatsächlich genügen weniger als $2\log(e)$ Multiplikationen, also weniger als 100 bei einem 50-Bit-Exponenten.

Idee

Ausgangspunkt ist die Auswertung der Binärdarstellung des Exponenten nach dem Horner-Schema.

So wird beispielsweise die Binärdarstellung 1101 nach dem Horner-Schema wie folgt ausgewertet:

$$((((0) \cdot 2 + 1) \cdot 2 + 1) \cdot 2 + 0) \cdot 2 + 1 \quad = \quad 13$$

Daraus ergibt sich unmittelbar das Verfahren zur Exponentiation, hier also zur Berechnung von m^{13}:

$$m^{((((0) \cdot 2 + 1) \cdot 2 + 1) \cdot 2 + 0) \cdot 2 + 1} \quad = \quad m^{13}$$

Unter Anwendung der Regeln für die Potenzrechnung ergibt sich somit

$$((((m^0)^2 \cdot m^1)^2 \cdot m^1)^2 \cdot m^0)^2 \cdot m^1 \quad = \quad m^{13}$$

Zur Auswertung einer k-Bit-Binärzahl sind k Multiplikationen mit 2 und k Additionen erforderlich (bzw. sogar weniger Additionen, wenn die Addition von 0 weggelassen wird). Entsprechend sind für die Exponentiation nach diesem Verfahren bei einem k-Bit-Exponenten k Quadrate und k Multiplikationen erforderlich (bzw. sogar weniger Multiplikationen, wenn die Multiplikation mit $m^0 = 1$ weggelassen wird).

Programm

Das entsprechende Programm in der Programmiersprache Python ist im Folgenden angegeben. Nach jeder Multiplikation wird das Zwischenergebnis modulo n reduziert. Mit $binary(e)$ wird die Binärdarstellung des Exponenten e in Form eines Strings erzeugt, die Implementation dieser Funktion ist weiter unten angegeben.

Funktion *modexp*

Eingabe:	Zahl m, Exponent e, Modul n
Ausgabe:	$m^e \bmod n$
Methode:	

```
def modexp(m, e, n):
    s=1
    for b in binary(e):
        s=s*s % n
        if b=="1":
            s=s*m % n
    return s
```

Die Binärdarstellung einer Zahl e als String lässt sich mit folgender Funktion unter Benutzung der Python-Funktion *bin* erzeugen:

```
def binary(e):
    return bin(e)[2:]
```

Zusammenfassung

Die schnelle modulare Exponentiation ist von fundamentaler Bedeutung in der Kryptografie, so etwa für RSA-Verschlüsselung und -Signatur, Diffie-Hellman-Schlüsselvereinbarung, aber auch für den Miller-Rabin-Primzahltest.

Das hier dargestellte Verfahren zur schnellen modularen Exponentiation $m^e \bmod n$ erfordert $O(\log e)$ Multiplikationen und Reduktionen modulo n, d.h. die Zeitkomplexität verhält sich höchstens linear zur Länge des Exponenten in Bit.

7.4   Erweiterter euklidischer Algorithmus

Euklidischer Algorithmus

Der euklidische Algorithmus berechnet den größten gemeinsamen Teiler von zwei ganzen Zahlen. Der Algorithmus wurde bereits ca. 300 v.Chr. von EUKLID beschrieben.

Da $\mathrm{ggt}(a,b) = \mathrm{ggt}(|a|,|b|)$ und $\mathrm{ggt}(a,0) = a$ für alle $a,b \in \mathbb{Z}$, genügt es, das Berechnungsverfahren auf Zahlen $a \in \mathbb{N}_0$ und $b \in \mathbb{N}$ zu beschränken.

Der euklidische Algorithmus beruht auf der Tatsache, dass jeder gemeinsame Teiler d von zwei Zahlen $a \in \mathbb{N}_0, b \in \mathbb{N}$ auch deren Differenz $a - b$ teilt. Damit teilt d auch $a \bmod b = a - q \cdot b$ mit $q = a$ div b (ganzzahlige Division). Umgekehrt gilt ebenso, dass jeder gemeinsame Teiler von b und $a - q \cdot b$ auch a teilt.

Damit gilt dies auch für den größten gemeinsamen Teiler von a und b, d.h. es gilt der folgende Satz.

Satz: Seien $a \in \mathbb{N}_0, b \in \mathbb{N}$. Dann gilt

$$\mathrm{ggt}(a,b) \quad = \quad \mathrm{ggt}(b, a \bmod b)$$

Dieser Satz bildet die Grundlage für die folgende rekursive Version des euklidischen Algorithmus. Ist $b = 0$, so liefert die Funktion das korrekte Ergebnis $\mathrm{ggt}(a,0) = a$ (und insbesondere auch $\mathrm{ggt}(0,0) = 0$). Ansonsten ruft sich die Funktion rekursiv selber mit den Argumenten b und $a \bmod b$ auf. Das Zeichen % steht in der Programmiersprache Python für die mod-Operation.

Funktion *ggt*

Eingabe:	Zahlen $a, b \in \mathbb{N}_0$
Ausgabe:	Größter gemeinsamer Teiler $\mathrm{ggt}(a,b)$

Methode:

```
def ggt(a, b):
    if b==0:
        return a
    else:
        return ggt(b, a%b)
```

Die Rekursion terminiert, da $a \bmod b$ stets kleiner als b ist; das zweite Argument der Funktion wird also irgendwann 0.

Umgeformt in eine iterative Version ergibt sich folgendes Programm. In Python ist eine gleichzeitige Wertzuweisung eines Tupels von Werten an ein Tupel von Variablen möglich.

```
def ggt(a, b):
    while b>0:
        a, b = b, a%b
    return a
```

Lemma von Bézout

Der folgende Satz ist als Lemma von BÉZOUT bekannt.

Satz: (Lemma von Bézout)

Seien $a, b \in \mathbb{N}_0$. Der größte gemeinsame Teiler $\text{ggt}(a, b)$ lässt sich als ganzzahlige Linearkombination von a und b darstellen:

$$\text{ggt}(a, b) \;=\; u \cdot a + v \cdot b \quad \text{mit} \;\; u, v \in \mathbb{Z}$$

Die Darstellung ist nicht eindeutig; die Gleichung wird durch verschiedene Zahlenpaare u, v erfüllt.

Beispiel: Der größte gemeinsame Teiler von 16 und 6 ist 2. Er lässt sich mit $u = -1$ und $v = 3$ darstellen als

$$2 \;=\; -1 \cdot 16 + 3 \cdot 6$$

Beweis: Der Beweis des obigen Satzes wird konstruktiv geführt. In folgendem Schema werden zunächst a und b jeweils als ganzzahlige Linearkombination von a und b dargestellt (mit $u = 1$ und $v = 0$ sowie $s = 0$ und $t = 1$).

Durch Subtraktion des q-fachen der zweiten Zeile lässt sich auch der Rest $a \bmod b = a - q \cdot b$ als ganzzahlige Linearkombination von a und b darstellen. Hierbei ist $q = a \text{ div } b$, also der Quotient, der sich bei ganzzahliger Division von a durch b ergibt.

$$
\begin{array}{rcccc}
a & = & u \cdot a & + & v \cdot b \\
b & = & s \cdot a & + & t \cdot b \\
\hline
a - q \cdot b & = & (u - q \cdot s) \cdot a & + & (v - q \cdot t) \cdot b
\end{array}
$$

Indem das Schema wie bei der iterativen Version des euklidischen Algorithmus iteriert wird, mit

$$
\begin{aligned}
a_{i+1} &= b_i & u_{i+1} &= s_i & v_{i+1} &= t_i \\
b_{i+1} &= a_i - q_i \cdot b_i & s_{i+1} &= u_i - q_i \cdot s_i & t_{i+1} &= v_i - q_i \cdot t_i
\end{aligned}
$$

ergibt sich einerseits der größte gemeinsame Teiler von a und b und parallel dazu seine Darstellung als ganzzahlige Linearkombination von a und b. Zu Anfang ist

$$
\begin{aligned}
a_0 &= a & u_0 &= 1 & v_0 &= 0 \\
b_0 &= b & s_0 &= 0 & t_0 &= 1
\end{aligned}
$$

Erweiterter euklidischer Algorithmus

Der erweiterte euklidische Algorithmus setzt dieses Iterationsverfahren um. Er berechnet den größten gemeinsamen Teiler g zweier Zahlen a und b und zusätzlich die Koeffizienten u und v einer Darstellung von g als ganzzahlige Linearkombination.

In Python ergibt sich die folgende Implementierung in Form der Funktion *extendedGcd* (engl.: *gcd = greatest common divisor*). Der Operator // bedeutet ganzzahlige Division. Wiederum wird von der Tupel-Wertzuweisung Gebrauch gemacht, und die Funktion gibt ein Tupel von Werten zurück.

```
def extendedGcd(a, b):
    u=t=1
    v=s=0
    while b>0:
        q=a//b
        a, b = b, a-q*b
        u, s = s, u-q*s
        v, t = t, v-q*t
    return a, u, v
```

Der erweiterte euklidische Algorithmus wird für die Berechnung des inversen Elements in der Gruppe $\mathbb{Z}_n^*$ (Abschnitt 7.2) sowie für die Berechnungen nach dem chinesischen Restsatz (Abschnitt 7.6) gebraucht.

7.5   Primzahltest

Bei der Implementierung des RSA-Verfahrens stellt sich das Problem, zwei große, zufällig gewählte Primzahlen zu finden. Die Länge der Primzahlen ist typischerweise etwa 256 oder 512 Bit.

Verteilung der Primzahlen

Zunächst ist die Frage, ob es überhaupt ausreichend viele große Primzahlen gibt, so dass man überhaupt eine größere Auswahl hat. Es könnte ja auch sein, dass große Primzahlen sehr selten sind. Denn je größer eine Zahl n ist, desto mehr Zahlen gibt es, die als mögliche Teiler von n in Betracht kommen, desto unwahrscheinlicher ist es also, dass n eine Primzahl ist. Tatsächlich kommen allerdings nur die Zahlen, die kleiner oder gleich $\sqrt{n}$ sind, als Teiler in Betracht.

Es stellt sich heraus, dass der Anteil der Primzahlen unter den Zahlen von 1 bis N ungefähr $1/\ln(N)$ beträgt. D.h. die durchschnittlichen Abstände zwischen den Primzahlen wachsen zwar, je größer N wird, jedoch nur logarithmisch. Bei zufälliger Wahl einer beliebigen Zahl n aus dem Bereich $\{1, ..., N\}$ ist also die Chance, dass es sich um eine Primzahl handelt, relativ groß, nämlich immerhin $1 : \ln(N)$, also z.B. $1 : 70$ für $N = 2^{100}$.

Klassische Methode

Um herauszufinden, ob eine Zahl n zusammengesetzt oder eine Primzahl ist, liegt zunächst die klassische Methode nahe. Die Zahl n wird als zusammengesetzt identifiziert, wenn ein Primfaktor gefunden wird. Wenn n überhaupt Primfaktoren hat, muss mindestens einer kleiner oder gleich $\sqrt{n}$ sein. Wird kein Primfaktor gefunden, ist n eine Primzahl.

Funktion *isCompositeClassic*

Eingabe:	Zahl n
Ausgabe:	*true* falls n zusammengesetzt ist, *false* sonst
Methode:	für alle Primzahlen p mit $p \le \sqrt{n}$ wiederhole

               wenn n mod $p = 0$ dann

                       gib *true* zurück

            gib *false* zurück

Wie wir gesehen haben, gibt es allerdings ziemlich viele Primzahlen, die kleiner als $\sqrt{n}$ sind, nämlich $\sqrt{n}/\ln(\sqrt{n})$. Dies sind exponentiell viele im Verhältnis zur Länge von n in Bits. Alle müssen als mögliche Teiler ausgeschlossen werden. Für große Zahlen, z.B. Zahlen mit mehr als 100 Bit, scheidet dieses Verfahren also aus.

Fermat-Test

Überraschenderweise ist es jedoch gar nicht notwendig, einen Primfaktor der Zahl n zu kennen, um sie als zusammengesetzt identifizieren zu können. Den Ansatz dazu bietet der schon in Abschnitt 7.2 erwähnte Satz von Fermat:

Satz: Wenn n eine Primzahl ist, dann gilt für alle $a \in \mathbb{N}$, die nicht durch n teilbar sind:
$$a^{n-1} \bmod n = 1.$$

Man nehme also irgendeine Zahl, die nicht durch n teilbar ist, zum Beispiel 2, und bilde
$$2^{n-1} \bmod n.$$

Kommt etwas anderes als 1 heraus, so kann n *keine* Primzahl sein! Kommt 1 heraus, so ist n *ziemlich wahrscheinlich* eine Primzahl.

Im ersteren Fall spielt die Zahl 2 die Rolle eines *Belastungszeugen* (engl.: *witness*) dafür, dass n zusammengesetzt ist. Im zweiten Fall kann der Zeuge 2 die Zahl n nicht belasten. Somit muss n mangels Beweisen freigesprochen werden. Ob n wirklich unschuldig (= prim) ist, bleibt jedoch im Prinzip zweifelhaft.

Funktion *isCompositeFermat*

Eingabe:	Zahl n
Ausgabe:	*true* falls 2 bezeugen kann, dass n zusammengesetzt ist, *false* sonst
Methode:	gib $2^{n-1} \bmod n \neq 1$ zurück

In der Programmiersprache Python ergibt dies folgende Implementation unter Benutzung der Funktion *modexp*:

```
def isCompositeFermat(n):
    return modexp(2, n-1, n) != 1
```

Ergibt der Fermat-Test *true*, so kann die Zahl n keine Primzahl sein, sie ist dann mit Sicherheit zusammengesetzt. Ergibt er *false*, so kann die Zahl n eine Primzahl sein – oder auch nicht. Es ist nicht ganz sicher, ob n wirklich eine Primzahl ist, sie könnte eine *Basis-2-Pseudoprimzahl* sein. Zum Beispiel ist 561 eine Basis-2-Pseudoprimzahl, denn es gilt

$$2^{560} \bmod 561 = 1, \quad \text{aber } 561 = 3 \cdot 11 \cdot 17$$

Derartige Zahlen sind allerdings selten; im Bereich der 100-Bit-Zahlen etwa beträgt das Verhältnis zwischen Basis-2-Pseudoprimzahlen und echten Primzahlen $1 : 10^{13}$.

Die naheliegende Idee, noch einen anderen Zeugen als nur 2 zu befragen, zum Beispiel 3, hat in diesem Beispiel Erfolg:

$$3^{560} \bmod 561 \neq 1.$$

Damit ist 561 überführt, zusammengesetzt zu sein. Dies war allerdings Glück; es liegt in diesem Fall daran, dass $\text{ggt}(3, 561) \neq 1$ ist. Für alle a, die teilerfremd zu 561 sind, ist 561 eine Basis-a-Pseudoprimzahl. Derartige Zahlen heißen *Carmichael-Zahlen*.

Um eine Carmichael-Zahl n als zusammengesetzt zu identifizieren, müssen wir einen Zeugen a finden, der nicht teilerfremd zu n ist, also im Prinzip einen Primfaktor von n. Dies ist genauso schwer wie der Primzahltest von n nach der klassischen Methode.

Der Fermat-Test liefert also keine hundertprozentig sichere Aussage darüber, ob n eine Primzahl ist, außer wenn ein Aufwand in Kauf genommen wird, der genauso groß wie bei der klassischen Methode ist.

Miller-Rabin-Test

Der *Miller-Rabin-Test* ist eine Weiterentwicklung des Fermat-Tests. Es werden noch weitere Zeugen vernommen.

Eine Zahl x gilt ebenfalls als Belastungszeuge für n, wenn $x^2 \bmod n = 1$ ist, aber $x \neq 1$ und $x \neq n - 1$. Die Begründung hierfür ist folgende:

Wenn n eine Primzahl ist, dann ist $\mathbb{Z}_n$ ein Körper (siehe Anhang A.5). In einem Körper hat jede quadratische Gleichung höchstens zwei verschiedene Lösungen. Nun hat aber in $\mathbb{Z}_n$ die quadratische Gleichung $x^2 = 1$ schon die beiden Lösungen $x = 1$ und $x = -1 = n - 1$. Da $n > 2$ vorausgesetzt werden kann, sind diese auch verschieden. Gibt es nun noch eine weitere Lösung x, dann kann $\mathbb{Z}_n$ kein Körper sein. Dann kann auch n keine Primzahl sein.

Die folgende Funktion *isCompositeWitness* realisiert den Fermat-Test mit dem Zeugen a. Die Berechnung von a^{n-1} mod n wird wie in der Funktion *modexp* durch fortgesetztes Multiplizieren und Quadrieren modulo n realisiert. Nach jedem Quadrieren des Zwischenergebnisses x wird jedoch zusätzlich geprüft, ob das Ergebnis 1 ist. Ist $x \neq 1$ und $x \neq n - 1$, so ist ein Belastungszeuge gefunden, durch den n als zusammengesetzt entlarvt ist, und die Funktion bricht mit dem Rückgabewert *true* ab.

Zum Schluss wird wie im Fermat-Test geprüft, ob a^{n-1} mod $n \neq 1$ ist. Wenn ja, wird *true* zurückgegeben und sonst *false*.

Funktion *isCompositeWitness*

Eingabe:	Zahl a, Zahl n
Ausgabe:	*true* falls ein Zeuge dafür gefunden worden ist, dass n zusammengesetzt ist, *false* sonst
Methode:	

```
def isCompositeWitness(a, n):
    s=1
    for b in binary(n-1):
        x=s
        s=x*x % n
        if s==1 and x!=1 and x!=n-1:
            return True
        if b=="1":
            s=s*a % n
    return s!=1
```

Bei der Zahl $n = 561$ liefert der Fermat-Test mit dem Zeugen 2 nicht das Ergebnis, dass n zusammengesetzt ist. Die Funktion *isCompositeWitness* dagegen berechnet 2^{140} mod $561 = 67$ und anschließend 67^2 mod $561 = 1$. Damit ist 561 als zusammengesetzt entlarvt.

Der Miller-Rabin-Test besteht aus einem k-maligen Aufruf der Funktion *isComposite-Witness* mit zufällig gewählten Zeugen $a \in \{2, ..., n - 2\}$.

Funktion *isCompositeMillerRabin*

Eingabe:	Zahl n, Anzahl der Versuche k
Ausgabe:	*true* falls ein Zeuge dafür gefunden worden ist, dass n zusammengesetzt ist, *false* sonst

Methode:
```
def isCompositeMillerRabin(n, k):
    for i in range(k):
        a=randint(2, n-2)
        if isCompositeWitness(a, n):
            return True
    return False
```

Für die zufällige Wahl von a wird die Funktion *randint* aus der Bibliothek *random* benutzt.

Es lässt sich zeigen, dass die Wahrscheinlichkeit dafür, dass eine ungerade zusammengesetzte Zahl n durch den Miller-Rabin-Test *nicht* als zusammengesetzt identifiziert wird, kleiner als $1/2^k$ ist. Bei Erhöhung der Anzahl der Versuche sinkt die Fehlerrate exponentiell auf beliebig kleine Werte.

Zusammenfassung

Der Miller-Rabin-Test ist ein probabilistisches Verfahren. Es ist effizient, aber es liefert die richtige Antwort nur in 99,9...9 % aller Fälle (die Anzahl der Neunen hängt von der Anzahl k der Iterationen des Miller-Rabin-Tests ab).

Das klassische Verfahren ist deterministisch, liefert also garantiert die richtige Antwort, aber es benötigt exponentielle Zeit bezogen auf die Länge m der zu testenden Zahl.

Seit einiger Zeit gibt es auch ein deterministisches Verfahren, das nur polynomielle Zeit benötigt [AKS 04] [Die 04]. Mit der Komplexität von $\Theta(m^{12})$ ist es allerdings nicht für praktische Zwecke geeignet. Verbesserte Versionen des Verfahrens kommen jedoch inzwischen immerhin auf eine Komplexität von $\Theta(m^6)$.

7.6   Chinesischer Restsatz

Herr A. hat in diesem Jahr einen runden Geburtstag gefeiert; gleichzeitig hat er auch ein volles Jahrsiebt vollendet. Wie alt ist Herr A. geworden? Die Antwort – 70 Jahre – ist nicht schwer zu erraten. Herr L. dagegen hat das letzte volle Jahrsiebt vor 2 Jahren vollendet; sein letzter runder Geburtstag liegt bereits 8 Jahre zurück. Wie alt ist Herr L.?

Interessant ist, dass tatsächlich auch das Alter x von Herrn L. durch diese beiden Angaben eindeutig festliegt, jedenfalls wenn man von einem realistischen Alter eines Menschen ausgeht.

Problem

Die Zahl x ergibt bei ganzzahliger Division durch 7 den Rest 2 und bei ganzzahliger Division durch 10 den Rest 8. Welche Zahl ist x?

Die Zahl x lässt sich also darstellen als

$$x \;=\; s \cdot 7 + 2 \;=\; t \cdot 10 + 8$$

oder allgemein

$$x \;=\; s \cdot m + a \;=\; t \cdot n + b$$

Anders ausgedrückt gilt

$$x \equiv a \pmod{m} \quad \text{und}$$

$$x \equiv b \pmod{n}.$$

Die Zahlen m und n werden in diesem Zusammenhang als *Moduln* bezeichnet, die Zahlen a und b als die zugehörigen *Reste*.

Der sogenannte *chinesische Restsatz* sagt aus, dass wenn die Moduln m und n teilerfremd sind, es modulo $m \cdot n$ eine eindeutige Lösung x gibt.

Durch Anwendung des chinesischen Restsatzes lassen sich Berechnungen in $\mathbb{Z}_k$ zurückführen auf Berechnungen in $\mathbb{Z}_{k_0} \times \ldots \times \mathbb{Z}_{k_{i-1}}$, wobei k_0, ..., k_{i-1} die Primfaktoren von n sind.

Berechnung

Da m und n teilerfremd sind, lässt sich der größte gemeinsame Teiler 1 darstellen als

$$1 \;=\; u \cdot m + v \cdot n$$

Die Koeffizienten u und v sind hier nicht eindeutig bestimmt, sondern es gibt viele Werte für u und v, die die Gleichung erfüllen. Der erweiterte euklidische Algorithmus berechnet aus m und n den größten gemeinsamen Teiler sowie jeweils einen möglichen Wert für u und v.

Multiplikation mit $(b - a)$ ergibt

$$b - a \;=\; (b - a) \cdot u \cdot m + (b - a) \cdot v \cdot n$$

Durch Umordnen ergibt sich

$$(b - a) \cdot u \cdot m + a \;=\; -(b - a) \cdot v \cdot n + b$$

Damit sind die gesuchten Koeffizienten s und t für m und n gefunden. Somit ist

$$x \;=\; (b - a) \cdot u \cdot m + a$$

eine mögliche Lösung.

Gesucht ist jedoch die eindeutige Lösung modulo $m \cdot n$. Um den Wert von x modulo $m \cdot n$ zu berechnen, genügt es, das Produkt $(b - a) \cdot u$ modulo n zu reduzieren, denn es ist

$$(b - a) \cdot u \bmod n \cdot m + a$$

$$< \quad (b - a) \cdot u \bmod n \cdot m + m \quad (\text{da } a < m)$$

$$= \quad ((b - a) \cdot u \bmod n + 1) \cdot m$$

$$\leq \quad ((n - 1) + 1) \cdot m$$

$$= \quad n \cdot m$$

Somit ist

$$x \quad = \quad (b - a) \cdot u \bmod n \cdot m + a$$

die gesuchte, eindeutig bestimmte Zahl.

Implementierung

Der chinesische Restsatz lässt sich allgemein für k teilerfremde Moduln und zugehörige Reste formulieren.

Satz: (Chinesischer Restsatz)

Gegeben sind $k \in \mathbb{N}$ teilerfremde Moduln $q_0, ..., q_{k-1}$ und zugehörige Reste $r_0, ..., r_{k-1}$. Die Zahl x, die jeweils modulo q_i den Rest r_i ergibt, ist modulo des Produktes aller q_i eindeutig bestimmt.

Die folgende rekursive Funktion *chineseRemainder* erhält als Parameter eine Liste q von Moduln und eine Liste r von zugehörigen Resten. Wenn diese Listen nur aus jeweils einem Element bestehen, gibt die Funktion diese Elemente zurück. Ansonsten berechnet sie rekursiv zuerst die Zahl a modulo m, die sich nach dem chinesischen Restsatz aus der ersten Hälfte der q_i und r_i ergibt, und dann die Zahl b modulo n, die sich aus der zweiten Hälfte der q_i und r_i ergibt. Die Produkte m und n sind teilerfremd, da alle q_i untereinander teilerfremd sind. Mithilfe des erweiterten euklidischen Algorithmus *extendedGcd* wird der Wert u berechnet; die Werte g und v werden nicht verwendet. Aus m und n sowie den zugehörigen Resten a und b lässt sich dann nach dem oben angegebenen Verfahren die Lösung x berechnen. Die Funktion gibt außer dieser Lösung x auch den zugehörigen Modul $m \cdot n$ zurück.

Es folgt die Implementierung in der Programmiersprache Python. Es wird wiederum von der Möglichkeit der Tupel-Wertzuweisung Gebrauch gemacht (so liefert etwa die Funktion *extendedGcd* ein Tupel von drei Werten). Die Notation `q[:k]` bezeichnet einen Ausschnitt (*slice*) aus der Liste q vom Beginn bis zum Index k (ausschließlich). In ähnlicher Weise bezeichnet `q[k:]` einen Ausschnitt vom Index k (einschließlich) bis zum Ende der Liste.

Algorithmus *Chinesischer Restsatz*

Eingabe: Liste q von teilerfremden Moduln, Liste r von Resten

Ausgabe: Produkt der Moduln, Zahl x nach dem chinesischen Restsatz

Methode:
```
def chineseRemainder(q, r):
    if len(q)==1:
        return q[0], r[0]
    else:
        k=len(q)//2
        m, a=chineseRemainder(q[:k], r[:k])
        n, b=chineseRemainder(q[k:], r[k:])
        g, u, v=extendedGcd(m, n)
        x=(b-a)*u%n*m+a
    return m*n, x
```

Der Vorteil dieser Implementierung nach dem Divide-and-Conquer-Prinzip besteht darin, dass in den unteren Rekursionsebenen viele Berechnungen mit kleinen Zahlen stattfinden und erst in den oberen Rekursionsebenen wenige Berechnungen mit großen Zahlen.

7.7 Quadratisches Sieb

Die Sicherheit des RSA-Verschlüsselungsverfahrens beruht darauf, dass es schwer ist, eine große ganze Zahl n zu faktorisieren, d.h. in ihre Primfaktoren zu zerlegen. Das naheliegende Faktorisierungsverfahren, nämlich Probedivision von n durch die Primzahlen 2, 3, 5, 7, 11, usw., ist hoffnungslos zu langsam, denn es gibt zu viele Primzahlen.

Als Beispiel für ein schnelleres, wenn auch für sehr große Zahlen n immer noch praktisch undurchführbares Faktorisierungsverfahren wird im Folgenden das Quadratische Sieb (engl.: *quadratic sieve*) dargestellt [Pom 96].

Idee

Wenn für zwei ganze Zahlen x und y gilt

$$x^2 \equiv y^2 \pmod{n},$$

so gilt nach Definition von $\equiv$

$$n \mid x^2 - y^2$$

und damit nach der binomischen Formel

$$n \mid (x + y) \cdot (x - y).$$

Sofern n nicht bereits einen dieser beiden Faktoren teilt, sind mit

$$\mathrm{ggt}(n, x + y) \quad \text{und} \quad \mathrm{ggt}(n, x - y)$$

zwei Faktoren von n gefunden.

Die Bedingung, dass n weder $x + y$ noch $x - y$ teilt, lässt sich nach Definition von $\equiv$ formulieren als

$$x \not\equiv \pm y \pmod{n}$$

Ziel ist es also, zwei Zahlen $x, y \in \mathbb{Z}$ zu finden, für die gilt

$$x^2 \equiv y^2 \pmod{n} \quad \text{und}$$
$$x \not\equiv \pm y \pmod{n}.$$

Als Beispiel sei die Zahl $n = 2041$ zu faktorisieren. Wir bilden die Folge der auf 2041 folgenden Quadratzahlen x_i^2 und die Folge der Differenzen $x_i^2 - n$.

x_i^2	46^2	47^2	48^2	49^2	50^2	51^2	...
$x_i^2 - n$	75	168	263	360	459	560	...

Ist eine der Zahlen $x_i^2 - n$ eine Quadratzahl y^2, so gilt

$$\begin{aligned} x_i^2 - n &= y^2 \\ \Rightarrow \quad x_i^2 &\equiv y^2 \pmod{n} \end{aligned}$$

In diesem Beispiel wird erst bei $85^2 - n = 5184 = 72^2$ eine Quadratzahl gefunden. Ist n sehr groß, so dauert es möglicherweise sehr lange, bis unter den $x_i^2 - n$ eine Quadratzahl gefunden wird.

Produkt von Differenzen

Im obigen Beispiel ist keine einzelne der aufgeführten Zahlen $x_i^2 - n$ eine Quadratzahl. Aber auch wenn ein Produkt mehrerer Zahlen $x_{i_j}^2 - n$ eine Quadratzahl ergibt, etwa y^2, so gilt

$$y^2 \equiv (x_{i_1}^2 - n) \cdot \ldots \cdot (x_{i_k}^2 - n) \equiv x_{i_1}^2 \cdot \ldots \cdot x_{i_k}^2 \equiv (x_{i_1} \cdot \ldots \cdot x_{i_k})^2 \equiv x^2 \pmod{n}$$

Sofern hierbei

$$x \not\equiv \pm y \pmod{n}$$

gilt, ist eine Zerlegung von n in Faktoren gefunden.

Im Beispiel ist das Produkt folgender $x_{i_j}^2 - n$ eine Quadratzahl:

$$75 \cdot 168 \cdot 360 \cdot 560 = 50400^2 = y^2$$

Modulo n ist diese Quadratzahl y^2 kongruent zum Produkt x^2 der entsprechenden $x_{i_j}^2$:

$$46^2 \cdot 47^2 \cdot 49^2 \cdot 51^2 = (46 \cdot 47 \cdot 49 \cdot 51)^2 = 5402838^2 = x^2$$

Es stellt sich heraus, dass

$$5402838 \equiv 311 \pmod{2041} \quad \text{und}$$

$$50400 \equiv 1416 \pmod{2041} \quad \text{sowie}$$

$$311 \not\equiv \pm 1416 \ (\mathrm{mod}\ 2041)$$

gilt. Somit ergibt

$$\mathrm{ggt}(1416 - 311, 2041) = 13$$

einen Faktor von $n = 2041$.

Sieb

Das Problem ist: Wie findet man eine geeignete Auswahl von Zahlen $x_{i_j}^2 - n$, deren Produkt eine Quadratzahl y^2 ist?

In der Primfaktorzerlegung einer Quadratzahl muss jeder Primfaktor einen geraden Exponenten haben. Daher wird jede der Zahlen $x_i^2 - n$ zunächst in ihre Primfaktoren zerlegt, und es werden dann diejenigen Zahlen ausgewählt, die zu einem Produkt von Primzahlpotenzen mit geraden Exponenten kombiniert werden können.

Im Beispiel ist etwa

$$
\begin{aligned}
75 &= 3 \cdot 5^2 \\
168 &= 2^3 \cdot 3 \cdot 7 \\
360 &= 2^3 \cdot 3^2 \cdot 5 \\
560 &= 2^4 \cdot 5 \cdot 7
\end{aligned}
$$

Im Produkt aller vier Zahlen hat jeder Primfaktor einen geraden Exponenten:

$$75 \cdot 168 \cdot 360 \cdot 560 \ = \ 2^{10} \cdot 3^4 \cdot 5^4 \cdot 7^2 \ = \ y^2$$

Technisch lässt sich die Suche wie folgt durchführen. Zunächst wird eine *Faktorbasis* festgelegt. Dies sind diejenigen Primfaktoren, die bei den möglichen Kombinationen eine Rolle spielen sollen; zweckmäßigerweise werden hierzu alle Primzahlen unterhalb einer festen Grenze B genommen. Nehmen wir für das Beispiel $B = 10$, so ist die Faktorbasis

$$a \ = \ 2, 3, 5, 7$$

In einer ähnlichen Weise wie beim Sieb des Eratosthenes[2] wird nun mit jedem Element a_j der Faktorbasis die Folge der $x_i^2 - n$ durchlaufen (siehe Bild 7.2). Dabei wird, so oft es ganzzahlig geht, durch a_j geteilt.

Der Siebvorgang wird wie folgt durchgeführt. Ist unter den ersten p Zahlen $x_i^2 - n$ eine durch p teilbare Zahl, so sind auch alle in p-Schritten folgenden Zahlen durch p teilbar; ist $x_i^2 - n$ nicht durch p teilbar, so sind auch alle in p-Schritten folgenden Zahlen nicht durch p teilbar. Denn es gilt für alle $k \in \mathbb{Z}$

$$x_i^2 - n \ \equiv \ (x_i + k \cdot p)^2 - n \ (\mathrm{mod}\ p).$$

---

[2]Verfahren zur Berechnung aller Primzahlen kleiner als k: In der Liste der Zahlen von 2 bis k werden alle echten Vielfachen von 2 gestrichen, dann alle echten Vielfachen von 3, dann von 4, dann von 5 usw. Die Zahlen, die übrig bleiben, sind die Primzahlen.

Unter den ersten p Zahlen $x_i^2 - n$ können höchstens zwei durch p teilbare Zahlen sein, denn $x_i^2 - n$ ist ein Polynom vom Grad 2; es hat daher im Körper $\mathbb{Z}_p$ höchstens zwei Nullstellen, und diese treten bei den ersten p aufeinander folgenden Werten x_i irgendwo auf.

Im Beispiel sind etwa von den ersten 5 Zahlen die erste (75) und die vierte (360) durch 5 teilbar. Daher sind auch die 6., 11., 16. usw. sowie die 9., 14., 19. usw. Zahl durch 5 teilbar.

Um also r Folgenelemente $x_i^2 - n$ durch ein Element p der Faktorbasis zu dividieren, sind maximal $2r/p$ Schritte erforderlich.

	75	168	263	360	459	560
2	2^0	2^3	2^0	2^3	2^0	2^4
	75	21	263	45	459	35
3	3^1	3^1	3^0	3^2	3^3	3^0
	25	7	263	5	17	35
5	5^2	5^0	5^0	5^1	5^0	5^1
	1	7	263	1	17	7
7	7^0	7^1	7^0	7^0	7^0	7^1
	1	1	263	1	17	1

Bild 7.2: *Schema des Siebvorgangs*

Diejenigen Elemente $x_i^2 - n$, die zum Schluss zu 1 geworden sind, lassen sich durch die Faktorbasis mit einem geeigneten *Exponentenvektor* darstellen. Die Zahl 75 ergibt beispielsweise den Exponentenvektor

$$\begin{bmatrix} 0 \\ 1 \\ 2 \\ 0 \end{bmatrix}$$

denn es ist $75 = 2^0 \cdot 3^1 \cdot 5^2 \cdot 7^0$.

Da es nicht auf die tatsächlichen Exponenten ankommt, sondern nur darauf, ob diese gerade oder ungerade sind, lässt sich mit den modulo 2 reduzierten Exponentenvektoren rechnen. Diese sind Elemente eines Vektorraums über $\mathbb{B} = \{0,1\}$.

Auswahl von Exponentenvektoren

Unter diesen Vektoren wird eine Menge von linear abhängigen Vektoren gesucht, also eine Auswahl von gewissen Vektoren, deren Summe den Nullvektor ergibt (modulo 2 gerechnet). Dies entspricht der Lösung eines linearen Gleichungssystems; im Beispiel ist dieses

$$\lambda_0 \cdot \begin{bmatrix} 0 \\ 1 \\ 0 \\ 0 \end{bmatrix} + \lambda_1 \cdot \begin{bmatrix} 1 \\ 1 \\ 0 \\ 1 \end{bmatrix} + \lambda_2 \cdot \begin{bmatrix} 1 \\ 0 \\ 1 \\ 0 \end{bmatrix} + \lambda_3 \cdot \begin{bmatrix} 0 \\ 0 \\ 1 \\ 1 \end{bmatrix} = \begin{bmatrix} 0 \\ 0 \\ 0 \\ 0 \end{bmatrix}$$

Dieser Schritt verursacht den größten Rechenaufwand.

Für das Beispiel ergibt sich $\lambda_0 = \lambda_1 = \lambda_2 = \lambda_3 = 1$; es bilden also alle vier aufgeführten modulo 2 reduzierten Exponentenvektoren eine linear abhängige Menge. Wie gesehen, ergibt das zugehörige Produkt $75 \cdot 168 \cdot 360 \cdot 560$ eine Quadratzahl.

Die Zahlen $x_i^2 - n$ lassen sich auch für $x^2 < n$ verwenden; dann wird $x_i^2 - n$ negativ. In die Primfaktorzerlegung muss dann auch die Einheit -1 einbezogen werden, und die -1 muss in die Faktorbasis mit aufgenommen werden.

7.8 Diffie-Hellman-Schlüsselvereinbarung

Zwei Kommunikationspartner A und B wollen einen gemeinsamen geheimen Schlüssel vereinbaren, jedoch kann der zur Verfügung stehende Kommunikationskanal von einem Dritten C abgehört werden. Auf den ersten Blick erscheint dies paradox – wie kann der Schlüssel geheim bleiben, wenn die Kommunikation abgehört wird? Die Lösung besteht in einer indirekten Vereinbarung des Schlüssels mithilfe des Diffie-Hellman-Protokolls [DH 76]. Wir werden sehen, dass es für C zwar theoretisch möglich ist, den Schlüssel zu ermitteln, praktisch aber aufgrund des hohen Rechenaufwandes undurchführbar ist.

Die Diffie-Hellman-Schlüsselvereinbarung lässt sich nutzen, um das Problem des Schlüsselaustauschs bei klassischen symmetrischen Verschlüsselungsverfahren, bei denen Sender und Empfänger denselben Schlüssel verwenden, zu lösen. Wir werden aber sehen, dass die Diffie-Hellman-Schlüsselvereinbarung auch Grundlage eines asymmetrischen Verschlüsselungsverfahrens mit öffentlichem Schlüssel ist, nämlich des Verschlüsselungsverfahrens von ElGamal (siehe nächster Abschnitt 7.9).

Auch bei kryptografischen Verfahren auf Basis elliptischer Kurven (siehe Abschnitt 7.10) spielt die Diffie-Hellman-Schlüsselvereinbarung eine entscheidende Rolle.

Protokoll

Zu Beginn tauschen A und B öffentlich eine Primzahl p und eine Zahl g aus.

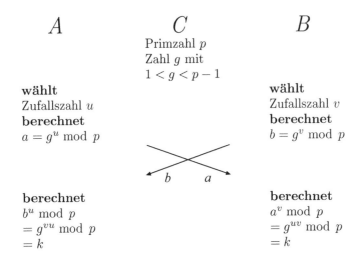

Bild 7.3: *Diffie-Hellman-Schlüsselvereinbarung*

Die Zahl k kann nunmehr A und B als gemeinsamer Schlüssel dienen. Sind die verwendeten Zahlen groß genug, so kann aus der Kenntnis von a sowie p und g nicht u berechnet werden, jedenfalls nicht mit vertretbarem Aufwand (Problem des diskreten Logarithmus). Ein Dritter C kann somit nicht $k = b^u \bmod p$ berechnen.

Auswahl von g

Die Zahl g darf nicht beliebig gewählt werden, sondern g muss die Ordnung $p - 1$ haben. D.h. g muss die Gruppe $\mathbb{Z}_p^*$ erzeugen und nicht nur eine Untergruppe mit möglicherweise sehr viel weniger Elementen. Denn nur die Elemente der von g erzeugten Gruppe kommen als Ergebnis k in Betracht.

Der Extremfall für eine falsche Wahl von g ist $g = 1$. Die von $g = 1$ erzeugte Untergruppe ist $\{1\}$, d.h. als Ergebnis für k ist nur 1 möglich. Auch $g = p - 1$ ist eine schlechte Wahl, denn die von $p - 1$ erzeugte Untergruppe ist $\{1, p - 1\}$, so dass als mögliche Ergebnisse für k nur 1 und $p - 1$ in Betracht kommen. Ein Angreifer braucht also in diesem Fall keine diskreten Logarithmen zu berechnen, sondern nur die Schlüssel $k = 1$ und $k = p - 1$ auszuprobieren.

Wichtig ist also, dass g kein Element einer echten Untergruppe von $\mathbb{Z}_p^*$ ist. Welche weiteren Untergruppen von $\mathbb{Z}_p^*$ es gibt, hängt von den Teilern der Gruppenordnung ab (in dem hier betrachteten Fall ist $p - 1$ die Gruppenordnung, da p eine Primzahl ist).

Auswahl von p

Zweckmäßigerweise nimmt man in der Praxis für p eine starke Primzahl, d.h. eine Primzahl p, für die gilt

$$p - 1 \;=\; 2 \cdot q$$

mit q Primzahl.

Dann sind nur 2 und q echte Teiler von $p-1$ und es gibt nur zwei nichttriviale Untergruppen – eine der Ordnung 2 und eine der Ordnung q.

Die Untergruppe der Ordnung 2 ist $\{1, p-1\}$, die restlichen Elemente sind je zur Hälfte Elemente der Untergruppe der Ordnung q und erzeugende Elemente der gesamten Gruppe.

Beispiel: Sei $p = 11$. Offenbar ist p eine starke Primzahl. Die Menge $\mathbb{Z}_{11}^*$ besteht dann aus folgenden Elementen:

$$\mathbb{Z}_{11}^* = \{1,\, 2,\, 3,\, 4,\, 5,\, 6,\, 7,\, 8,\, 9,\, 10\}$$

Die Untergruppe der Ordnung 2 besteht aus den Elementen 1 und 10, die Untergruppe der Ordnung 5 besteht aus den Elementen 1, 3, 4, 5, 9. Die Elemente 2, 6, 7, 8 sind erzeugende Elemente von $\mathbb{Z}_{11}^*$.

Wenn also $p - 1 = 2 \cdot q$ ist, findet man ein erzeugendes Element von $\mathbb{Z}_p^*$, indem man zufällig ein Element g mit $1 < g < p-1$ wählt und prüft, ob $g^q = 1$ ist (modulo p gerechnet). Ist dies der Fall, so verwirft man g, denn dann ist g kein erzeugendes Element der gesamten Gruppe, sondern Element der Untergruppe der Ordnung q. Man wählt dann ein neues Element usw. Die Wahrscheinlichkeit, dass man auch nach n Versuchen noch kein erzeugendes Element gefunden hat, beträgt lediglich $1/2^n$.

Sicherheit

Die Sicherheit der Diffie-Hellman-Schlüsselvereinbarung beruht darauf, dass es praktisch undurchführbar ist, den Logarithmus einer Zahl modulo p zu berechnen (Problem des diskreten Logarithmus).

Allerdings gibt es eine andere Form des Angriffs: die sogenannte *man-in-the-middle attack*. Dabei gibt sich der Angreifer C gegenüber A als B und gegenüber B als A aus. Tatsächlich also vereinbart C mit A einerseits und mit B andererseits jeweils einen gemeinsamen Schlüssel. Anschließend schaltet sich C dazwischen, wenn A und B Nachrichten austauschen.

7.9 ElGamal-Verschlüsselung

Das Verschlüsselungsverfahren von ELGAMAL [ElG 85] ist im Prinzip nichts anderes als eine Diffie-Hellman-Schlüsselvereinbarung mit anschließendem Senden einer Nachricht, die mit dem vereinbarten Schlüssel verschlüsselt ist.

Prinzip

Öffentlich bekannt ist wiederum eine Primzahl p und eine Zahl g. Zunächst wird das Diffie-Hellman-Protokoll ausgeführt; beide Kommunikationspartner verfügen anschließend über den gemeinsamen Schlüssel k. Danach verschlüsselt der Sender B den Klartext m mit dem gemeinsamen Schlüssel k und sendet den resultierenden Geheimtext c an A. Der Empfänger A entschlüsselt den Geheimtext c mithilfe des gemeinsamen Schlüssels k und erhält den Klartext m zurück.

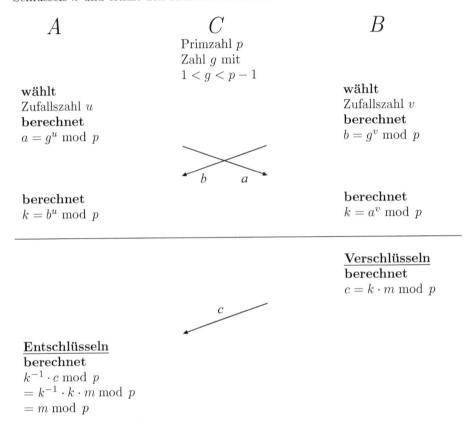

Bild 7.4: *Diffie-Hellman-Schlüsselvereinbarung mit anschließender Verschlüsselung*

Das Verschlüsseln des Klartextes m mit dem Schlüssel k entspricht einer Multiplikation

$$c \;=\; k \cdot m \mod p.$$

Das Entschlüsseln des Geheimtextes c mit dem Schlüssel k entspricht der Multiplikation

$$m = k^{-1} \cdot c \bmod p.$$

Realisierung

In der tatsächlichen Realisierung finden die Berechnungen und Übertragungen von Daten gegenüber dem obigen Diagramm zeitlich versetzt statt (siehe Bild 7.5).

A erzeugt die Zahlen p, g und a und veröffentlicht diese als seinen öffentlichen Schlüssel, hält aber die Zahl u als privaten Schlüssel geheim.

Von diesem Zeitpunkt an kann ein beliebiger Sender B einen Klartext m mit dem öffentlichen Schlüssel des Empfängers A verschlüsseln, indem er zunächst k berechnet und daraufhin m mit k verschlüsselt. Zusätzlich zum eigentlichen Geheimtext c sendet er nun die Zahl b an den Empfänger A. Dieser kann mithilfe seines privaten Schlüssels u die Zahl k^{-1} berechnen und den Klartext m zurückgewinnen.

Sicherheit

Die Sicherheit des Verschlüsselungsverfahrens von ElGamal beruht auf der Sicherheit der Diffie-Hellman-Schlüsselvereinbarung. Wichtig ist hier, dass g erzeugendes Element von $\mathbb{Z}_p^*$ ist.

Anhand von Bild 7.4 lässt sich erkennen, dass der Klartext m aus dem Geheimtext c nur durch Kenntnis des Schlüssels k zurückgewonnen werden kann. Die Zahl k aber lässt sich aus den öffentlich bekannten Zahlen p, g, a und b nicht effizient berechnen (Problem des diskreten Logarithmus).

Durch eine Known-Plaintext-Attack allerdings, also bei Kenntnis eines Klartextes m und des zugehörigen Geheimtextes c, lässt sich k berechnen, nämlich durch

$$k = c \cdot m^{-1} \bmod p$$

Daher ist es wichtig, den Schlüssel k immer nur ein einziges Mal zu verwenden. Dies geschieht dadurch, dass der Sender B bei jeder neuen Verschlüsselung eine neue Zufallszahl v wählt, so dass jedesmal ein neues k und ein neues b erzeugt werden.

Auch wenn ein längerer Klartext in Zahlen m_0, m_1, m_2 usw. zerlegt wird, die einzeln verschlüsselt werden, muss jedesmal eine neue Zufallszahl v verwendet werden.

Effizienz

Für die Verschlüsselung einer Zahl m sind zwei modulare Exponentiationen und eine modulare Multiplikation erforderlich.

Für die Entschlüsselung ist eine modulare Exponentiation und eine modulare Multiplikation erforderlich. Die Berechnung $b^{-u} \bmod p$ lässt sich nämlich, sofern $u < p$

gewählt wird, als modulare Exponentiation $b^{p-1-u} \bmod p$ ausführen, denn es ist
(modulo p gerechnet)

$$b^{p-1-u} \;=\; b^{p-1} \cdot b^{-u} \;=\; 1 \cdot b^{-u} \;=\; b^{-u}.$$

$$A \qquad\qquad\qquad C \qquad\qquad\qquad B$$

Schlüssel
erzeugen
wählt
Primzahl p
Zahl g mit
$1 < g < p - 1$
Zufallszahl u
berechnet
$a = g^u \bmod p$

Schlüssel
veröffentlichen p, g, a

                                                          Verschlüsseln
                                                          wählt
                                                          Zufallszahl v
                                                          berechnet
                                                          $b = g^v \bmod p$
                                                          $k = a^v \bmod p$
                                                          berechnet
                                                          $c = k \cdot m \bmod p$

                                b, c

Entschlüsseln
berechnet
$k^{-1} = b^{-u} \bmod p$
berechnet
$k^{-1} \cdot c \bmod p$
$= k^{-1} \cdot k \cdot m \bmod p$
$= m \bmod p$

Bild 7.5: *Verschlüsselungsverfahren von ElGamal*

Beispiel

Anhand eines Zahlenbeispiels mit kleinen Zahlen lässt sich der Ablauf der Berechnungen noch einmal nachvollziehen.

Der Empfänger A veröffentlicht als öffentlichen Schlüssel drei Zahlen p, g und a. Hierbei ist p eine starke Primzahl, also z.B. $p = 11$, g ist erzeugendes Element der Gruppe $\mathbb{Z}_{11}^*$, also z.B. $g = 2$. Um a zu berechnen, wählt A eine Zufallszahl u mit $1 < u < p - 1$, also z.B. $u = 3$, und berechnet

$$a \;=\; g^u \bmod p \;=\; 2^3 \bmod 23 \;=\; 8$$

Der öffentliche Schlüssel von A ist also $(p, g, a) = (11, 2, 8)$.

Um eine Nachricht, z.B. $m = 7$, an A zu schicken, wählt der Sender B zunächst eine Zufallszahl v, also z.B. $v = 6$, und berechnet

$$b \;=\; g^v \bmod p \;=\; 2^6 \bmod 11 \;=\; 9 \quad \text{und}$$

$$k \;=\; a^v \bmod p \;=\; 8^6 \bmod 11 \;=\; 3$$

sowie anschließend

$$c \;=\; k \cdot m \bmod p \;=\; 3 \cdot 7 \bmod 11 \;=\; 10$$

Somit sendet B den Geheimtext $(b, c) = (9, 10)$ an A.

Der Empfänger A berechnet zunächst

$$k^{-1} \;=\; b^{-u} \bmod p \;=\; b^{p-1-u} \bmod p \;=\; 9^{11-1-3} \bmod 11 \;=\; 4$$

sowie anschließend

$$m \;=\; k^{-1} \cdot c \bmod p \;=\; 4 \cdot 10 \bmod 11 \;=\; 7$$

und erhält somit den Klartext $m = 7$ zurück.

7.10   Elliptische Kurven

Wir betrachten elliptische Kurven zunächst in der Ebene des $\mathbb{R}^2$. Für die kryptografische Anwendung wird später der Körper $\mathbb{R}$ durch den endlichen Körper $\mathbb{Z}_n$ ersetzt.[3] Die hier gewählte Darstellung lehnt sich an [SSP 08] an.

Definition: Eine *elliptische Kurve* ist eine Menge von Punkten (x, y) in der Ebene, die folgender Gleichung genügen:

$$E \;=\; \{(x, y) \mid y^2 \;=\; x^3 + ax + b\} \cup \{u\}$$

Die Parameter a und b sind reelle Zahlen. Der Punkt u ist ein unendlich ferner Punkt.

---

[3]Zum Begriff Körper siehe Anhang. Wenn n eine Primzahlpotenz ist, bildet die Menge $\mathbb{Z}_n$ einen Körper. Üblich sind in diesem Fall auch die Bezeichnungen $\mathbb{F}_n$ oder $GF(n)$.

Verknüpfung von Punkten von E

Auf der Menge E der Punkte einer elliptischen Kurve wird in folgender Weise eine
Verknüpfung definiert. Zwei Punkte p und q werden verknüpft, indem eine Gerade g
durch p und q gelegt wird. Diese Gerade schneidet die Kurve E in einem dritten Punkt
s. Dieser Punkt s wird an der x-Achse gespiegelt, der hierdurch entstehende Punkt r
ist das Ergebnis der Verknüpfung:

$$p \circ q \;=\; r$$

Man beachte, dass r wieder ein Punkt der Kurve ist, weil diese symmetrisch zur x-Achse
verläuft (Bild 7.6).

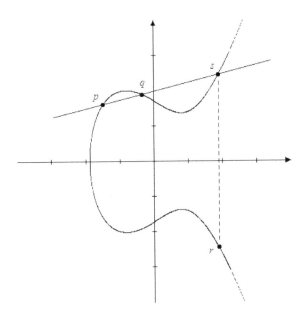

Bild 7.6: *Schnittpunkte einer Geraden mit einer elliptischen Kurve*

Einige Sonderfälle sind zu betrachten.

Wenn $p = q$ ist, so ist die Gerade durch p und q die Tangente an die Kurve E im Punkt
p. Bei Tangenten zählt der Berührpunkt als Zweifachpunkt, so dass die Gerade und die
Kurve auch in diesem Fall drei Punkte gemeinsam haben. Bei der Tangente durch einen
Wendepunkt der Kurve zählt der Wendepunkt sogar als Dreifachpunkt.

Wenn einer der Punkte der unendlich ferne Punkt u ist, so ist das Ergebnis der
Verknüpfung der andere Punkt. D.h. es gilt für alle Punkte $p \in E$

$$p \circ u \;=\; u \circ p \;=\; p$$

Wenn die x-Koordinaten der Punkte p und q gleich sind, so verläuft die Gerade g parallel zur y-Achse. Dann ist der dritte Schnittpunkt s der unendlich ferne Punkt u. Der unendlich ferne Punkt u, an der x-Achse gespiegelt, ergibt wiederum den unendlich fernen Punkt u.

Gruppenstruktur von E

Die Menge E bildet zusammen mit der oben definierten Verknüpfung $\circ$ eine abelsche Gruppe.

Die Verknüpfung ist also assoziativ. Das neutrale Element der Gruppe ist der unendlich ferne Punkt u. Jeder Punkt p hat ein inverses Element p^{-1}, dies ist der an der x-Achse gespiegelte Punkt, denn es gilt $p \circ p^{-1} = u$. Und schließlich ist die Verknüpfung sogar kommutativ, denn die Gerade durch p und q ist gleich der Geraden durch q und p, der dritte Schnittpunkt s ist somit derselbe.

Berechnung des Schnittpunktes s

Wir setzen zunächst der Einfachheit halber voraus, dass keiner der angegebenen Sonderfälle vorliegt, d.h. wir setzen voraus, dass die x-Koordinaten der beiden Punkte p und q verschieden sind.

Eine Gerade g ist die Menge aller Punkte (x, y), die der Geradengleichung $y = mx + c$ genügen:

$$g \;=\; \{(x,y) \mid y = mx + c\}$$

Hierbei ist m die Steigung der Geraden, c ist der y-Achsenabschnitt.

Die Schnittpunkte der Geraden g mit der elliptischen Kurve E liegen im Durchschnitt der entsprechenden Punktmengen; für die Schnittpunkte gelten also jeweils beide Gleichungen. Durch Einsetzen von

$$y = mx + c$$

in die Gleichung von E ergibt sich

$$(mx + c)^2 \;=\; x^3 + ax + b$$

bzw. ausmultipliziert und geordnet

$$-x^3 + m^2 x^2 + (2mc - a)x + c^2 - b \;=\; 0$$

Zwei der Lösungen dieser Gleichung sind bekannt, nämlich x_p und x_q, die x-Koordinaten der Punkte p und q. Gesucht ist x_s, die x-Koordinate des dritten Schnittpunktes s.

Allgemein gilt für die drei Nullstellen x_p, x_q und x_s eines Polynoms 3. Grades

$$d(x - x_p)(x - x_q)(x - x_s) \;=\; 0$$

Durch Ausmultiplizieren und Koeffizientenvergleich mit der obigen Gleichung ergibt sich

$$d = -1 \quad \text{und}$$

$$m^2 \;=\; x_p + x_q + x_s$$

Somit gilt für die x-Koordinate des dritten Schnittpunktes s

$$x_s \;=\; m^2 - x_p - x_q$$

Die Steigung m der Geraden lässt sich mithilfe der beiden Punkte p und q berechnen:

$$m \;=\; \frac{y_p - y_q}{x_p - x_q}$$

Mithilfe der Formel für die Steigung lässt sich auch die y-Koordinate des Punktes s bestimmen:

$$y_s \;=\; m(x_s - x_p) + y_p$$

Sonderfälle

Wenn die x-Koordinaten der Punkte p und q gleich sind, aber die y-Koordinaten verschieden sind, so verläuft die Gerade g durch p und q parallel zur y-Achse, d.h. ihre Steigung ist unendlich. Der dritte Schnittpunkt mit der elliptischen Kurve ist dann der unendlich ferne Punkt u.

Wenn die Punkte p und q gleich sind, so ist die Gerade g die Tangente an die elliptische Kurve im Punkt p. Die Steigung m der Tangente ergibt sich aus den partiellen Ableitungen der Gleichung der elliptischen Kurve E im Punkt p:

$$m \;=\; \frac{3x_p^2 + a}{2y_p}$$

Formel für die Addition

Unter Beachtung der Sonderfälle ergibt sich somit folgende Berechnungsvorschrift für die Verknüpfung zweier Punkte p und q der elliptischen Kurve E:

$$p \circ q \;=\; \begin{cases} p & \text{falls } q = u \\ q & \text{falls } p = u \\ u & \text{falls } x_p = x_q, \ \text{aber } y_p \neq y_q \\ r & \text{sonst, wobei } \ x_r = m^2 - x_p - x_q \\ & \text{und} \ \ y_r = m(x_p - x_r) - y_p \end{cases}$$

Zu beachten ist außerdem, dass die Steigung m der Geraden auf unterschiedliche Weise berechnet wird, je nach dem, ob die Punkte p und q gleich oder verschieden sind.

Elliptische Kurven über endlichen Körpern

Alle gezeigten Berechnungen lassen sich statt im Körper $\mathbb{R}$ der reellen Zahlen auch in anderen Körpern durchführen. In der Kryptografie wird der endliche Körper $\mathbb{Z}_n$ verwendet, wobei n eine Primzahl mit $n > 3$ ist. Der Körper $\mathbb{Z}_n$ besteht aus den ganzen Zahlen $\{0, ..., n-1\}$, Addition und Multiplikation werden modulo n durchgeführt.

Da $\mathbb{Z}_n$ eine endliche Menge ist, besteht die elliptische Kurve als Teilmenge von $\mathbb{Z}_n^2$ auch nur aus endlich vielen Punkten. Bild 7.7 zeigt die Punkte der elliptischen Kurve $y^2 = x^3 - 2x + 3$ über dem Körper $\mathbb{Z}_{23}$.

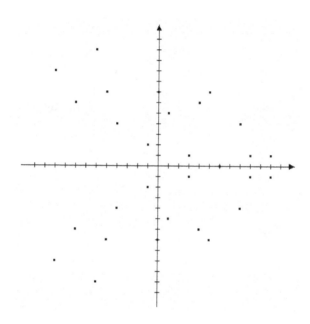

Bild 7.7: *Elliptische Kurve über $\mathbb{Z}_{23}$*

Die Punkte einer elliptischen Kurve über einem endlichen Körper bilden keine zusammenhängende Linie. Dennoch bleibt die Anschaulichkeit der Verknüpfung von zwei Punkten p und q erhalten: Eine Gerade, die durch zwei Punkte der elliptischen Kurve gezogen wird, erreicht irgendwann einen dritten Punkt der elliptischen Kurve. Gegebenenfalls wird die Gerade, wenn sie das Bild am linken oder rechten Rand verlässt, am gegenüber liegenden Rand wieder hereingeführt. Dies ist durch die Modulo-Rechnung bedingt, denn z.B. bei $n = 23$ lassen sich die Ränder $x = -11$ und $x = 12$ miteinander identifizieren, da $-11 \equiv 12 \pmod{23}$ gilt.

Die Berechnungsvorschrift für die Verknüpfung von Punkten bleibt ebenfalls gültig.

Anwendung in der Kryptografie

Wird ein Punkt g auf einer elliptischen Kurve E über $\mathbb{Z}_n$ gewählt und v-mal mit sich selbst verknüpft, so lässt sich aus dem Ergebnis $q = g^v$ nicht auf v zurückschließen (Problem des diskreten Logarithmus elliptischer Kurven – *Elliptic Curve Discrete Logarithm Problem* ECDLP). Voraussetzung ist natürlich, dass die beteiligten Zahlen n und v sehr groß sind, so dass es zu lange dauert, die Lösung durch Ausprobieren herauszufinden.

Diese Tatsache wird beispielsweise bei der Diffie-Hellman-Schlüsselvereinbarung ausgenutzt.

7.11 Diffie-Hellman-Schlüsselvereinbarung mit elliptischer Kurve

Die klassische Diffie-Hellman-Schlüsselvereinbarung legt die multiplikative Gruppe $\mathbb{Z}_n^*$ mit n Primzahl zugrunde. Das Diffie-Hellman-Protokoll auf Basis elliptischer Kurven legt stattdessen die Gruppe der Punkte einer elliptischen Kurve über dem endlichen Körper $\mathbb{Z}_n$ mit n Primzahl und $n > 3$ zugrunde.

In der Gruppe der Punkte einer elliptischen Kurve ist in bestimmter Weise eine Verknüpfung zwischen den Punkten definiert. Im Diffie-Hellman-Protokoll wird die u-malige Verknüpfung eines Punktes g mit sich selbst verwendet; wir fassen die Verknüpfung multiplikativ auf und schreiben hierfür g^u, in Analogie zum klassischen Diffie-Hellman-Protokoll.[4]

Genau wie die klassische Diffie-Hellman-Schlüsselvereinbarung lässt sich die Diffie-Hellman-Schlüsselvereinbarung auf Basis elliptischer Kurven nutzen, um das Verschlüsselungsverfahren von ElGamal (siehe Abschnitt 7.9) zu implementieren.

Protokoll

Zu Beginn tauschen die Kommunikationspartner A und B öffentlich eine elliptische Kurve E und einen Basispunkt $g \in E$ aus. Im Verlauf des Protokolls werden Punkte $a, b, k \in E$ berechnet.

---

[4]In der Literatur wird die Verknüpfung von Punkten einer elliptischen Kurve meist additiv aufgefasst, so dass die u-malige Verknüpfung eines Punktes g mit sich selbst dann als $g \cdot u$ geschrieben wird.

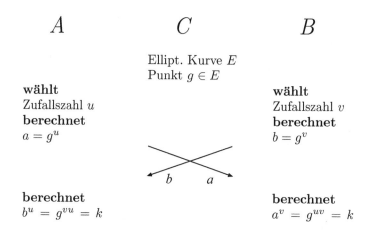

$$A \qquad\qquad C \qquad\qquad B$$

Ellipt. Kurve E
Punkt $g \in E$

wählt
Zufallszahl u
berechnet
$a = g^u$

wählt
Zufallszahl v
berechnet
$b = g^v$

berechnet
$b^u = g^{vu} = k$

berechnet
$a^v = g^{uv} = k$

Bild 7.8: *Diffie-Hellman-Schlüsselvereinbarung auf Basis einer elliptischen Kurve*

Der Punkt k kann nunmehr den Kommunikationspartnern A und B als gemeinsamer Schlüssel dienen. Sind die verwendeten Zahlen groß genug, so kann aus der Kenntnis von a sowie E und g nicht u berechnet werden, jedenfalls nicht mit vertretbarem Aufwand (Problem des diskreten Logarithmus elliptischer Kurven – *Elliptic Curve Discrete Logarithm Problem* ECDLP). Ein Dritter C kann somit nicht $k = b^u$ berechnen.

7.12 Aufgaben

Aufgabe 1: Heute ist Mittwoch. Welcher Wochentag ist, wenn es dann noch Wochentage gibt, in 2^{999} Tagen? Die Antwort ist Donnerstag. Wieso?

Aufgabe 2: Geben Sie die Elemente der Gruppe $\mathbb{Z}_{21}^*$ an. Geben Sie zu jedem Element das multiplikativ inverse Element an.

Aufgabe 3: Geben Sie die Elemente der Gruppe $\mathbb{Z}_7^*$ an. Geben Sie zu jedem Element $a \in \mathbb{Z}_7^*$ die von a erzeugte Untergruppe $\langle a \rangle$ an.

Aufgabe 4: Es ist ein Glücksfall für das RSA-Verfahren, dass für $n = p \cdot q$, wobei p und q zwei verschiedene Primzahlen sind, die Aussage des modifizierten Satzes von Euler gültig ist:

Für alle $a \in \mathbb{N}_0$ gilt

$\quad a^{\varphi(n)+1} \equiv a \ (\mathrm{mod} \ n)$.

Geben Sie ein möglichst einfaches Gegenbeispiel dafür an, dass diese Aussage für ein beliebiges n nicht gültig ist.

8 Arithmetik

Alle Algorithmen, die wir bisher kennen gelernt haben, sind sequentielle Algorithmen. D.h. diese Algorithmen sind für ein Maschinenmodell entworfen, das nur sequentiell eine Operation nach der anderen ausführen kann. Paradoxerweise ist nun ausgerechnet der klassische sequentielle Computer eigentlich ein Parallelrechner. Er verarbeitet nämlich die Maschinenwörter bit-parallel. Die Rechnerarithmetik ist insofern ein Gebiet, in dem schon seit langem parallele Verfahren angewendet werden.

Aber auch die bit-parallele Verarbeitung von Maschinenwörtern kostet Zeit. Hier spielen die Signallaufzeiten zwischen den Speicherstellen der einzelnen Bits eine Rolle. Im folgenden werden Verfahren zur Addition von n-Bit-Zahlen mit bit-paralleler Zeitkomplexität $O(n)$, $O(\log(n))$ und $O(1)$ vorgestellt.

Ein neues Verfahren für die modulare Multiplikation, wie es für die Kryptografie (siehe Kapitel 7) benötigt wird, schließt sich daran an.

8.1 Ripple-Carry-Addierer

Gegeben sind zwei n-Bit-Zahlen a und b. Die Summe $s = a + b$ wird nach folgendem Schema berechnet, wobei die c_i die entstehenden Übertragsbits der jeweils vorherigen Stellen sind (Bild 8.1):

		a_{n-1}	...	a_1	a_0
$\oplus$		b_{n-1}	...	b_1	b_0
$\oplus$	c_n	c_{n-1}	...	c_1	c_0
$=$	s_n	s_{n-1}	...	s_1	s_0

Bild 8.1: *Additionsschema*

Die Operation $\oplus$ ist das logische Exklusiv-Oder (Xor). Im Folgenden werden ferner das Zeichen $\cdot$ für das logische Und sowie das Zeichen $+$ für das logische Oder verwendet.

Bei der Addition ist $c_0 = 0$; bei der Subtraktion werden die b_i invertiert und es ist $c_0 = 1$.

Die Summenbits s_i können im Prinzip alle parallel berechnet werden, allerdings nur, wenn die Übertragsbits c_i bekannt sind:

$$s_i = a_i \oplus b_i \oplus c_i \quad (i = 0, ..., n-1).$$

Die Übertragsbits dagegen hängen vom jeweils vorhergehenden Übertragsbit ab:

$$c_{i+1} = a_i \cdot b_i + a_i \cdot c_i + b_i \cdot c_i \quad (i = 0, ..., n-1).$$

Die Schwierigkeit liegt also in der Berechnung der Übertragsbits. Jedes Übertragsbit c_i hängt indirekt von allen a_j und b_j mit $j < i$ ab. Am schwierigsten zu berechnen ist offenbar das Übertragsbit c_n, da es insgesamt von allen Stellen der Zahlen a und b abhängt.

Die normale Schulmethode berechnet die Übertragsbits nacheinander von rechts nach links. Dabei kann es vorkommen, dass ein Übertrag von ganz rechts bis nach ganz links durchklappert. Dies ist z.B. bei der Addition von 00...01 und 11...11 der Fall. Daher benötigt das Verfahren, obwohl die Operandenbits parallel addiert werden, im schlechtesten Fall $\Theta(n)$ Zeit. Von dem Durchklappern der Übertragsbits leitet sich der Name des Verfahrens ab: *Ripple-Carry-Addition*.

Bild 8.2 zeigt einen aus n Volladdierern (engl.: *full adder* – FA) aufgebauten n-Bit-Ripple-Carry-Addierer. Ein Volladdierer ist ein Schaltnetz, das die oben angegebenen Funktionen für s_i und c_{i+1} realisiert.

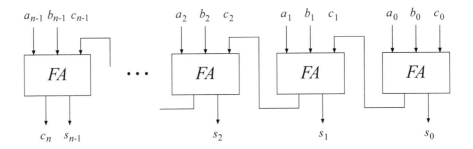

Bild 8.2: *Ripple-Carry-Addierer*

8.2 Carry-Lookahead-Addierer

Statt in $\Theta(n)$ Schritten lässt sich eine n-Bit-Addition bit-parallel auch in $\Theta(\log(n))$ Schritten durchführen.

Idee

Beim Carry-Lookahead-Verfahren wird die in den Stellen $0, ..., n-1$ enthaltene Information, die zum Wert von c_n beiträgt, über einen vollständigen binären Baum in $O(\log(n))$ Schritten zusammengefasst. Die benötigte Information ist die folgende:

Entsteht irgendwo innerhalb der Stellen $0, ..., n-1$ ein Übertrag c_{k+1} (dadurch, dass $a_k \cdot b_k = 1$ ist) und klappert dieser Übertrag nach links bis an Position n durch (dadurch dass an allen Positionen i mit $k < i < n$ gilt: $a_i + b_i = 1$)?[1] Dann bedeutet dies, dass die Stellen $0, ..., n-1$ einen Übertrag *generieren*:

$$g(0, n-1) = 1.$$

Oder ist $c_0 = 1$ und klappert es bis an Position n durch (dadurch dass an allen Positionen i mit $0 \leq i < n$ gilt: $a_i + b_i = 1$)? Dann bedeutet dies, dass die Stellen $0, ..., n-1$ einen Übertrag *propagieren*:

$$p(0, n-1) = 1.$$

Das folgende Bild 8.3 zeigt das Additionsschema ohne Summenbits sowie andeutungsweise die beiden eben geschilderten Möglichkeiten:

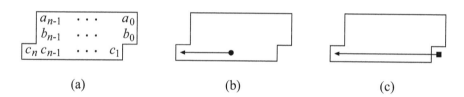

      (a)   (b)   (c)

Bild 8.3: *(a) Additionsschema, (b) Generieren eines Übertrags, (c) Propagieren des Übertrags* c_0

Durch Verwendung der Funktionen g und p ergibt sich also

$$c_n = g(0, n-1) + c_0 \cdot p(0, n-1),$$

d.h. das Übertragsbit c_n ist gleich 1, wenn die Stellen $0, ..., n-1$ einen Übertrag generieren oder wenn c_0 gleich 1 ist und die Stellen $0, ..., n-1$ den Übertrag propagieren.

---

[1] Tatsächlich genügt $a_i \oplus b_i = 1$. Aber + funktioniert auch und ist leichter zu implementieren.

Diese an sich triviale Tatsache bekommt dadurch ihre Bedeutung, dass sich die Funktionen g und p rekursiv in $O(\log(n))$ Schritten berechnen lassen.

Berechnung der Funktionen g und p

Es gilt für alle $i \leq k < j$:

$$p(i,j) = p(i,k) \cdot p(k+1,j) \quad \text{und}$$
$$g(i,j) = g(k+1,j) + g(i,k) \cdot p(k+1,j).$$

Für $i = j$ gilt:

$$p(i,i) = a_i + b_i \quad \text{und}$$
$$g(i,i) = a_i \cdot b_i.$$

In Bild 8.4 ist das Zustandekommen von $p(i,j)$ sowie von $g(i,j)$ schematisch dargestellt. Die Stellen von i bis j propagieren einen Übertrag, wenn zunächst die Stellen von i bis k den Übertrag propagieren und dann die Stellen von $k+1$ bis j den Übertrag weiterpropagieren (Bild 8.4 a). Die Stellen von i bis j generieren einen Übertrag, wenn die Stellen von $k+1$ bis j einen Übertrag generieren (Bild 8.4 b) oder wenn die Stellen von i bis k einen Übertrag generieren und die Stellen von $k+1$ bis j den Übertrag propagieren (Bild 8.4 c).

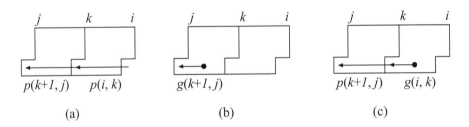

Bild 8.4: *Berechnung von* $p(i,j) = p(i,k) \cdot p(k+1,j)$, $g(k+1,j)$ *und* $g(i,k) \cdot p(k+1,j)$

Die Werte $g(0, n-1)$ und $p(0, n-1)$ lassen sich nach dem Divide-and-Conquer-Prinzip effizient berechnen. Das Problem wird in zwei Hälften geteilt und die Teilprobleme parallel nach derselben Methode gelöst. Beispielsweise wird $g(0, n-1)$ wie folgt berechnet (im Folgenden sei der Einfachheit halber vorausgesetzt, dass n eine Zweierpotenz ist):

$$g(0, n-1) = g(n/2, n-1) + g(0, n/2-1) \cdot p(n/2, n-1).$$

Die Teilprobleme $g(n/2, n-1), g(0, n/2-1)$ und $p(n/2, n-1)$ werden wiederum in kleinere Teilprobleme aufgespalten usw., bis sich schließlich Teilprobleme der Länge

1 ergeben, die direkt aus a und b berechnet werden können. Das folgende Bild 8.5 zeigt den Datenflussgraphen für $n = 8$.

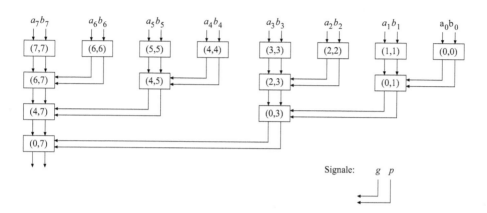

Bild 8.5: *Datenfluss bei der Berechnung von $g(0,7)$ und $p(0,7)$*

Berechnung aller Übertragsbits

Bisher ist lediglich

$$c_n = g(0, n-1) + c_0 \cdot p(0, n-1)$$

berechnet worden. Auf ähnliche Weise lassen sich auch die anderen Übertragsbits berechnen, und zwar in $O(\log(n))$ Schritten unter Verwendung der bereits berechneten g- und p-Werte sowie bereits berechneter Übertragsbits (indem der Baum aus Bild 8.5 in noch einmal umgekehrter Richtung durchlaufen wird).

Es gilt nämlich für beliebige $i, k \in \{1, ..., n\}$ mit $i < k$:

$$c_k = g(i, k-1) + c_i \cdot p(i, k-1),$$

d.h. ein Übertragsbit c_k ist gleich 1, wenn es von den Stellen i, ..., $k-1$ generiert wird oder wenn c_i gleich 1 ist und es von den Stellen i, ..., $k-1$ propagiert wird.

Dies wird benutzt, um z.B. c_6 mithilfe von c_4 zu berechnen:

$$c_6 = g(4, 5) + c_4 \cdot p(4, 5).$$

Bild 8.6 zeigt die entsprechende Erweiterung von Bild 8.5 zur Berechnung der Übertragsbits und der Summenbits.

Schaltbild

Der Datenflussgraph des Carry-Lookahead-Addierers lässt sich direkt in eine Schaltung umsetzen; diese besteht aus folgenden Bausteinen (Bild 8.7). [2]

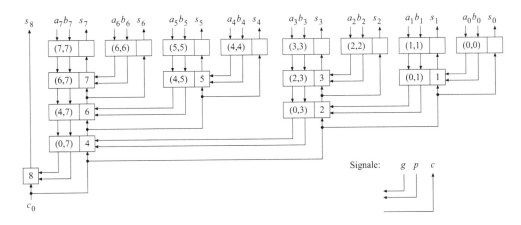

Bild 8.6: *Datenfluss des Carry-Lookahead-Addierers*

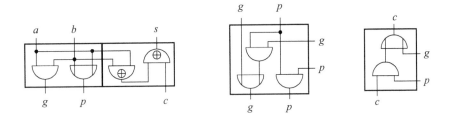

Bild 8.7: *Bausteine des Carry-Lookahead-Addierers*

Analyse

Der Carry-Lookahead-Addierer-Baum hat die Tiefe $\log(n)$. Der längste Datenpfad führt offenbar zu c_{n-1}. Setzt man die Schaltzeit für ein Und- bzw. ein Oder-Gatter mit 1 an

---

[2]Statt der DIN-Schaltsymbole sind die alten Schaltsymbole verwendet worden, da sie den Signalfluss (Eingänge/Ausgänge) besser veranschaulichen.

und die Schaltzeit für ein Xor-Gatter mit 3, so ergibt sich für die Schaltzeit des Carry-Lookahead-Addierers

$$T(n) = 1 + 2 \cdot (\log(n) - 1) + 2 \cdot \log(n) + 3 = 4 \cdot \log(n) + 2.$$

8.3 Carry-Save-Addierer

Wir haben gesehen, dass eine n-Bit-Addition mit einem Ripple-Carry-Addierer Zeit $\Theta(n)$ und mit einem Carry-Lookahead-Addierer Zeit $\Theta(\log(n))$ benötigt.

Tatsächlich ist es möglich, eine n-Bit-Addition sogar in konstanter Zeit auszuführen. Bei der Carry-Save-Addition werden allerdings nicht zwei Summanden zu einem Ergebnis zusammengezählt, sondern drei Summanden zu zwei Ergebnissen. Diese beiden Ergebnisse sind die bei der Addition gebildeten Summenbits und Übertragsbits.

Das folgende Bild zeigt, wie drei Bits stellenrichtig zu einem Summenbit und einem Übertragsbit zusammengezählt werden; ferner eine entsprechende Addition dreier 3-Bit-Zahlen. Das Bit c_0 ist immer 0.

		1						1	0	1
		1						0	1	1
		1						1	0	1
s		1				s		0	1	1
c	1					c	1	0	1	0

Die Darstellung einer Binärzahl als Paar (s, c) kann als eine Art redundanter Zahlendarstellung angesehen werden. Nach einer Carry-Save-Addition liegt das Ergebnis in dieser Form vor. Der Carry-Save-Addierer kann auch für die Addition einer normal dargestellten und einer redundant dargestellten Zahl verwendet werden. Bild 8.8 zeigt die Addition $a + (s, c) = (s', c')$ mit einem n-Bit-Carry-Save-Addierer.

Die Rückkonvertierung von der redundanten Darstellung (s, c) in die normale Binärdarstellung geschieht, indem s und c mit einem Carry-Lookahead-Addierer addiert werden. Dies dauert dann allerdings wieder Zeit $\Theta(\log(n))$.

Der Zeitvorteil der Carry-Save-Addition macht sich erst dann bemerkbar, wenn mehrere Zahlen summiert werden sollen. Dann werden alle Additionen als Carry-Save-Additionen ausgeführt und nur die letzte abschließende Konvertierung als Carry-Lookahead-Addition.

Typischerweise sind bei einer Multiplikation viele Additionen erforderlich; hier ist es sinnvoll, den Carry-Save-Addierer zu verwenden. Wir werden dies beim Verfahren für die modulare Multiplikation tun.

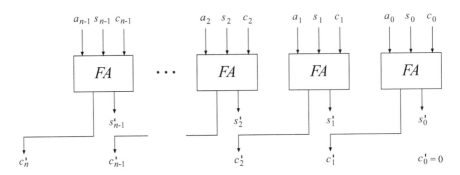

Bild 8.8: *Carry-Save-Addition $a + (s, c) = (s', c')$*

8.4   Modulare Multiplikation

Schulmethode der Division

Seien $x, m \in \mathbb{N}$. Um $r = x$ mod m zu berechnen, wird x durch m geteilt und der Rest r ermittelt. Die Schulmethode der Division liefert den Rest zum Schluss, wenn der Divisor nicht mehr subtrahiert werden kann.

Für die Berechnung von 72 mod 13 beispielsweise wird 72 durch 13 geteilt; es verbleibt der Rest $r = 7$. Bild 8.9 zeigt das entsprechende Schema der Schulmethode für die Division.

```
    1 0 0 1 0 0 0 : 1 1 0 1 = 0 1 0 1
  - 0 0 0 0
    ───────
    1 0 0 1 0
  -   1 1 0 1
      ───────
        1 0 1 0
  -     0 0 0 0
        ───────
        1 0 1 0 0
  -       1 1 0 1
          ───────
            1 1 1
```

Bild 8.9: *Schulmethode der Division*

Die Schwierigkeit bei der Division besteht darin, dass jedesmal ein Vergleich notwendig ist, um zu entscheiden, ob der Divisor subtrahiert werden kann oder ob 0 subtrahiert werden muss.

Ein Vergleich kann durch eine Subtraktion realisiert werden. D.h. der Divisor wird in jedem Fall subtrahiert. Es wird dann mit dem Wert vor der Subtraktion oder mit dem Wert nach der Subtraktion fortgefahren, je nach dem, ob das Ergebnis der Subtraktion negativ oder nichtnegativ ist.

Ob das Ergebnis negativ ist, lässt sich anhand des entstehenden Übertragsbits erkennen. Ist dieses 1, so ist das Ergebnis negativ.

Das Divisionsverfahren benötigt $n - d$ Subtraktionen, wobei n die Länge des Dividenden und d die Länge des Divisors ist. Es bietet sich an, diese Subtraktionen mit einem Carry-Save-Addierer jeweils in konstanter Zeit durchzuführen. Die bei der Carry-Save-Addition verwendete redundante Zahlendarstellung ermöglicht jedoch leider nicht, in konstanter Zeit zu erkennen, ob eine Zahl negativ ist, ebenso wenig ermöglicht sie einen Vergleich zwischen zwei Zahlen in konstanter Zeit.

Sichere Subtraktion

Das folgende Verfahren für Berechnungen modulo m ist auch für die Carry-Save-Addition geeignet.

Die Idee ist, den Divisor nur dann zu subtrahieren, wenn er sich *sicher* subtrahieren lässt. Dies ist dann der Fall, wenn die Zahl, von der er subtrahiert wird, um ein Bit länger ist. Die Tatsache, ob eine Zahl länger ist als eine andere, lässt sich auch bei redundanter Zahlendarstellung feststellen.

Statt den Divisor m direkt zu subtrahieren, werden zwei Schritte ausgeführt:

1) das vorne überstehende Bit wird weggelassen, dies entspricht der Subtraktion einer bestimmten Zweierpotenz 2^k

2) da nicht 2^k subtrahiert werden sollte, sondern nur m, wird der Korrekturwert $2^k \bmod m$ addiert

Beispiel: Die Zahl 1 0 0 1 0 ist um ein Bit länger als 1 1 0 1. Daher kann 1 1 0 1 sicher subtrahiert werden:

$$
\begin{array}{cccccc}
 & 1 & 0 & 0 & 1 & 0 \\
- & & 1 & 1 & 0 & 1 \\
\hline
 & & 1 & 0 & 1 \\
\end{array}
$$

Die Subtraktion wird realisiert, indem das vorne überstehende Bit weggelassen wird – dies entspricht hier einer Subtraktion von 16. Da aber nicht 16, sondern 13 subtrahiert werden sollte, wird der Korrekturwert 16 mod 13 = 3 addiert:

```
          0  0  1  0
    +           1  1
        _____
          1  0  1
```

Folgendes Bild zeigt das Divisionsverfahren nach dieser Methode. Der Divisor wird nur dann subtrahiert, wenn er sich sicher subtrahieren lässt. Die jeweils weggelassenen Bits sind grau hinterlegt dargestellt.

```
      1  0  0  1  0  0  0  :  1  1  0  1
  +                1  1
     _____
        0  1  0  1  0
  +                   0
        _____
           1  0  1  0  0
  +                1  1
           _____
              1  1  1
```

Bild 8.10: Berechnung 72 mod 13 = 7

Es kann vorkommen, dass im Verlauf dieses Verfahrens zwei Bits vorne überstehen, wie in folgendem Bild zu sehen ist. Dann muss beim Weglassen dieser Bits ein entsprechender anderer Korrekturwert addiert werden. Hier entsprechen die weggelassenen Bits 1 0 dem Wert 32, der Korrekturwert ist somit 32 mod 13 = 6.

```
      1  1  1  1  1  0  0  :  1  1  0  1  =  1  0  1
  +                1  1
     _____
        1  0  0  1  0  0
  +                1  1  0
        _____
           1  0  1  0  0
  +                   1  1
           _____
              1  1  1
```

Bild 8.11: Berechnung 124 mod 13 = 7

Mehr als zwei Bits können vorne nicht überstehen. Denn nach der Addition des Korrekturwertes kann höchstens ein Bit überstehen. Nach dem Schieben können daher höchstens zwei Bits überstehen.

In einem Vorlauf des Verfahrens werden also drei Korrekturwerte bestimmt: $2^k \bmod m$, $2 \cdot 2^k \bmod m$ und $3 \cdot 2^k \bmod m$. Der Aufwand hierfür ist natürlich nur dann gerechtfertigt, wenn der Modul m feststeht und viele Berechnungen modulo m durchgeführt werden sollen.

Der Vorteil dieses Verfahrens besteht darin, dass es sich für die Carry-Save-Addition eignet.

Multiplikation modulo m

Bild 8.12 zeigt das Schema der Schulmethode für die Multiplikation zweier Binärzahlen. In diesem Beispiel werden die Zahlen 8 und 9 multipliziert, das Ergebnis ist 72.

$$
\begin{array}{rrrrrrrrr}
  & 1 & 0 & 0 & 0 & \cdot & 1 & 0 & 0 & 1 \\
  \hline
  & 1 & 0 & 0 & 0 & & & & \\
+ & & 0 & 0 & 0 & 0 & & & \\
+ & & & 0 & 0 & 0 & 0 & & \\
+ & & & & 1 & 0 & 0 & 0 & \\
  \hline
= & 1 & 0 & 0 & 1 & 0 & 0 & 0 &
\end{array}
$$

Bild 8.12: *Schulmethode der Multiplikation* $8 \cdot 9 = 72$

Für die Multiplikation modulo m bietet es sich an, das Schema für die Multiplikation und das Schema für die Division ineinander zu verschränken, d.h. jeweils nach einer Addition des Multiplikationsschemas eine Subtraktion des Divisionsschemas auszuführen (Bild 8.13). Der Rechenaufwand verringert sich dadurch nicht, allerdings wird nicht erst ein Ergebnis der Länge $2n$ erzeugt.

$$
\begin{array}{l}
\underline{1\ 0\ 0\ 0 \ \cdot \ 1\ 0\ 0\ 1} \ : \ 1\ 1\ 0\ 1 = 0\ 1\ 0\ 1 \\
\quad 1\ 0\ 0\ 0 \\
-\ 0\ 0\ 0\ 0 \\
\overline{\quad 1\ 0\ 0\ 0} \\
+\quad\ \ 0\ 0\ 0\ 0 \\
-\quad\ \ 1\ 1\ 0\ 1 \\
\overline{\quad\ \ \ 0\ 0\ 1\ 1} \\
+\quad\quad\ 0\ 0\ 0\ 0 \\
-\quad\quad\ 0\ 0\ 0\ 0 \\
\overline{\quad\quad\ 0\ 1\ 1\ 0} \\
+\quad\quad\quad\ 1\ 0\ 0\ 0 \\
-\quad\quad\quad\ 1\ 1\ 0\ 1 \\
\overline{\quad\quad\quad\ 0\ 1\ 1\ 1}
\end{array}
$$

Bild 8.13: *Verschränkte Multiplikation und Division* $8 \cdot 9 : 13 = 5$ *Rest* 7

Das folgende Verfahren realisiert die Multiplikation modulo m durch verschränkte Multiplikation und Division unter Benutzung der Carry-Save-Addition [BS 03].

Die durch Zeilenkommentare dargestellten Zusicherungen betreffen die Länge der auftretenden Zahlen. Es zeigt sich, dass nicht mehr als zwei überstehende Bits auftreten können.

Der Subtraktionsschritt bei der verschränkten Multiplikation und Division wird jeweils durch Weglassen der überstehenden Bits und Addition eines entsprechenden Korrekturwertes durchgeführt.

Algorithmus *ModulareMultiplikation*

Eingabe: Zahlen $x = x_{n-1}, ..., x_0$ und $y = y_{n-1}, ..., y_0$

Ausgabe: Zahl $z = x \cdot y \bmod m$

Methode: $s = 0$ // $\mathrm{len}(s) \leq n$

                 $c = 0$ // $\mathrm{len}(c) \leq n$

                 für $i = n - 1$ abwärts bis 0 wiederhole

                            $s = s \cdot 2$ // $\mathrm{len}(s) \leq n + 1$

                            $c = c \cdot 2$ // $\mathrm{len}(c) \leq n + 2$

$$p = x \cdot y_i \quad // \ \text{len}(p) \leq n$$

$$(s, c) = \text{carrySaveAdd}(s, c, p)$$

$$// \ \text{len}(s) \leq n + 2$$

$$// \ \text{len}(c) \leq n + 2$$

$$a = \text{correctionValue}(s, c)$$

$$// \ \text{len}(a) \leq n$$

$$s = s \bmod 2^n \quad // \ \text{len}(s) \leq n$$

$$c = c \bmod 2^n \quad // \ \text{len}(c) \leq n$$

$$(s, c) = \text{carrySaveAdd}(s, c, a)$$

$$// \ \text{len}(s) \leq n$$

$$// \ \text{len}(c) \leq n + 1$$

$$z = s + c \quad // \ \text{konventionelle Addition}$$

$$z = z \bmod m \quad // \ \text{höchstens 3 konventionelle Subtraktionen}$$

Analyse

Die Schleife wird n-mal durchlaufen. Alle Operationen in der Schleife lassen sich bit-parallel in konstanter Zeit ausführen. Die Operation $\cdot 2$ entspricht einem Linksschieben um 1; die Operation $\bmod 2^n$ entspricht einem Weglassen der Bits n und $n + 1$.

Der Korrekturwert a wird aus einer Tabelle in Abhängigkeit von den beiden, jeweils bei s und c überstehenden Bits abgelesen. Die Summe dieser Bits kann einem Wert zwischen 0 und 5 entsprechen (der Wert 6 ist nicht möglich). Dementsprechend müssen in einem Vorlauf die fünf Korrekturwerte

$$1 \cdot 2^n \bmod m, \ ..., \ 5 \cdot 2^n \bmod m$$

berechnet und in die Tabelle eingetragen werden. Dies kann in Zeit $O(n)$ geschehen.

Die Addition am Schluss des Algorithmus kann mit einem Ripple-Carry-Addierer in $O(n)$ Schritten durchgeführt werden. Ebenso kann die abschließende mod-m-Berechnung mit der Schulmethode der Division ausgeführt werden; es sind hierbei höchstens 3 Subtraktionen zu je $O(n)$ Schritten erforderlich. Damit bleibt das gesamte Verfahren in Zeit $O(n)$.

9   Transformationen

Idee

Gelegentlich ist es vorteilhafter, ein Problem über einen Umweg zu lösen, als es auf direktem Wege zu lösen.

So ist es schwierig, aus Papier einen Stern auf direktem Wege auszuschneiden. Der indirekte Weg besteht darin, das Papier zunächst zu falten. Dann wird eine Ecke von dem gefalteten Papier abgeschnitten. Zum Schluss wird das Papier wieder auseinander gefaltet. Das Ergebnis ist ein perfekt regelmäßiger Stern (Bild 9.1).

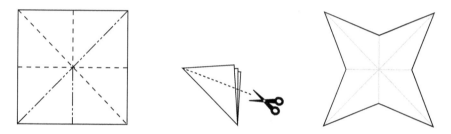

Bild 9.1: *Ausschneiden eines Sterns*

Der indirekte Weg besteht darin, dass das ursprüngliche Problem *A* transformiert wird. Es entsteht ein neues, gänzlich anders geartetes Problem *B*, das leichter zu lösen ist. Zum Schluss wird eine Rücktransformation vorgenommen, um aus der Lösung des transformierten Problems *B* die Lösung des ursprünglichen Problems *A* zu gewinnen. Bild 9.2 zeigt schematisch diese Vorgehensweise.

Ein anderes Beispiel ist das Rechnen mit Logarithmen. Um zwei Zahlen miteinander zu multiplizieren, werden zunächst ihre Logarithmen aus einer Logarithmentafel herausgesucht (Transformation). Die Logarithmen werden addiert (Verfahren *B*). Zu diesem Ergebnis wird nun die zugehörige Zahl, also der inverse Logarithmus, aus der Logarithmentafel herausgesucht (Rücktransformation). Diese Zahl ist das Produkt der Zahlen. Die Rechnung basiert auf der Beziehung

$$\log(a \cdot b) = \log(a) + \log(b)$$

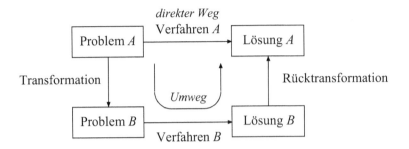

Bild 9.2: *Indirekte Lösung eines Problems durch Transformation*

Der Umweg über die Logarithmentafel lohnt sich dann, wenn der Aufwand für das Heraussuchen der Logarithmen, die anschließende Addition sowie das Heraussuchen des inversen Logarithmus schneller geht als die direkte Multiplikation. Dies ist der Fall, wenn längere Rechnungen mit mehreren Multiplikationen und insbesondere mit Potenzen und Wurzeln auszuführen sind.

Anwendungen

Polynommultiplikation

Die Polynommultiplikation lässt sich mit Hilfe der schnellen Fouriertransformation beschleunigen. Statt zwei Polynome vom Grad $n/2$ auf direktem Wege in Zeit $\Theta(n^2)$ zu multiplizieren, werden die Polynome zunächst an n jeweils gleichen Stützstellen ausgewertet, dann werden die jeweils n Funktionswerte miteinander multipliziert, und zum Schluss wird aus diesen n Werten durch Interpolation das Ergebnispolynom vom Grad n berechnet.

Durch Anwendung der schnellen Fouriertransformation benötigen Auswertung und Interpolation jeweils Zeit $O(n \log(n))$. Die Multiplikation der Funktionswerte benötigt Zeit $O(n)$. Insgesamt ergibt sich für die Polynommultiplikation auf diesem indirekten Wege somit eine Zeitkomplexität von $O(n \log(n))$.

Filterung von Signalen

Die Fouriertransformation findet auch Anwendung in der Signalverarbeitung. Durch die Transformation wird beispielsweise ein Tonsignal von der zeitabhängigen Darstellung in die frequenzabhängige Darstellung überführt. Das Signal lässt sich dann sehr leicht filtern, indem bestimmte Frequenzanteile verstärkt oder abgeschwächt werden.

Kompression von Signalen

Beim Bild-Kompressionsverfahren JPEG wird die ortsabhängige Darstellung der Bildpunkte in eine frequenzabhängige Darstellung transformiert. Durch Vergröberung der frequenzabhängigen Darstellung wird dann die Datenmenge reduziert. Dadurch geht zwar Bildinformation verloren, aber der Unterschied zum Original ist nach der Rücktransformation sehr viel weniger stark sichtbar, als wenn direkt die Bildpunkte vergröbert worden wären.

Reduktion

Eine weitere wichtige Anwendung der Transformation ist die *Reduktion*. Wenn es möglich ist, den Umweg in Bild 9.2 zu gehen, so lässt sich Problem A auf Problem B *reduzieren*.

Dies ist dann interessant, wenn beispielsweise kein direktes Verfahren zur Lösung von Problem A bekannt ist. Wenn sich aber Problem A auf Problem B reduzieren lässt und für Problem B ein Lösungsverfahren bekannt ist, ergibt sich somit ein indirektes Verfahren zur Lösung von Problem A.

Durch Reduktion eines Problems auf ein anderes Problem lassen sich auch oft obere und untere Schranken für die Komplexität der Probleme gewinnen.

Obere Schranken

Hat beispielsweise Problem B polynomielle Komplexität, d.h. $T(n) \in O(n^k)$, und lässt sich Problem A auf Problem B *polynomiell reduzieren* (d.h. Transformation und Rücktransformation haben ebenfalls polynomielle Komplexität), so hat Problem A ebenfalls polynomielle Komplexität.

Aus einer oberen Schranke von Problem B lässt sich also unter diesen Bedingungen eine obere Schranke für Problem A gewinnen.

Untere Schranken

Kennt man dagegen eine untere Schranke für Problem A, etwa $\Omega(f(n))$, so muss auch der Umweg über ein Problem B in $\Omega(f(n))$ liegen. Denn ginge der Umweg schneller, so könnte man ihn beschreiten – damit wäre aber $\Omega(f(n))$ keine untere Schranke für Problem A mehr.

Ein Beispiel für diese Vorgehensweise ist die Bestimmung der unteren Schranke für die Berechnung der konvexen Hülle von n Punkten (siehe Kapitel 5.2). Es lässt sich nämlich das Sortierproblem (Problem A) auf das Problem der Berechnung der konvexen Hülle (Problem B) reduzieren. Das Sortierproblem hat eine untere Schranke von $\Omega(n \log(n))$ (siehe Abschnitt 2.8). Transformation und Rücktransformation liegen in $O(n)$. Also muss Problem B, also das Problem der Berechnung der konvexen Hülle, eine Komplexität von $\Omega(n \log(n))$ haben.

9.1   Transformation von Polynomen

Polynomauswertung

Gegeben sei ein Polynom

$$p(x) \;=\; a_0 \cdot x^0 + a_1 \cdot x^1 + a_2 \cdot x^2 + \ldots + a_{n-1} \cdot x^{n-1}.$$

Die Berechnung des Wertes $p(x_0)$ an einer Stelle x_0 wird als *Polynomauswertung* bezeichnet. Der Wert $p(x_0)$ ergibt sich, indem der Wert x_0 für die Variable x eingesetzt wird und die im Polynom vorkommenden Rechenoperationen ausgeführt werden.

Beispiel: Es sei $p(x) = 5 \cdot x^0 + 7 \cdot x^1 + 3 \cdot x^2$. Die Auswertung von $p(x)$ an der Stelle $x_0 = 2$ ergibt

$$p(2) \;=\; 5 \cdot 1 + 7 \cdot 2 + 3 \cdot 4 \;=\; 5 + 14 + 12 \;=\; 31$$

oder in Vektorschreibweise

$$31 \;=\; [5\ 7\ 3] \cdot \begin{bmatrix} 1 \\ 2 \\ 4 \end{bmatrix}$$

Allgemein ist in Vektorschreibweise der Wert $y_0 = p(x_0)$ gleich dem Produkt

$$y_0 \;=\; [a_0 \ldots a_{n-1}] \cdot \begin{bmatrix} x_0^0 \\ \vdots \\ x_0^{n-1} \end{bmatrix}$$

Bei Auswertung des Polynoms an n Stellen $x_0, \ldots, x_{n-1}$ ergibt sich ein Ergebnisvektor $[y_0 \ldots y_{n-1}]$, und die Berechnung entspricht einer Vektor-Matrix-Multiplikation

$$[y_0 \ldots y_{n-1}] \;=\; [a_0 \ldots a_{n-1}] \cdot \begin{bmatrix} x_0^0 & \ldots & x_{n-1}^0 \\ & \vdots & \\ x_0^{n-1} & \ldots & x_{n-1}^{n-1} \end{bmatrix}$$

oder kürzer

$$y \;=\; a \cdot T$$

Die Matrix T ist die *Transformationsmatrix*. Sie ist eine sogenannte Vandermonde-Matrix der Werte $x_0, \ldots, x_{n-1}$.

Polynominterpolation

Sind die n Stellen $x_0, \ldots, x_{n-1}$ alle verschieden, so ist die Transformationsmatrix T invertierbar. Dann können die Koeffizienten des Polynoms aus den n Werten $y_0, \ldots, y_{n-1}$ in eindeutiger Weise zurückberechnet werden:

$$a \;=\; y \cdot T^{-1}$$

Die Berechnung der Koeffizienten eines Polynoms, dessen Werte an n verschiedenen Stellen gegeben sind, heißt *Polynominterpolation*.

Es ist also möglich, n Punkte in der Ebene, deren x-Werte verschieden sind, durch ein Polynom vom Grad $< n$ zu interpolieren. Für den Fall $n = 2$ ist dies wohlbekannt, denn durch zwei Punkte verläuft genau eine Gerade, und die Gleichung einer Geraden ist ein Polynom vom Grad < 2.

Tatsächlich aber verläuft auch durch drei Punkte genau eine Kurve, die einem Polynom vom Grad < 3 entspricht, also eine Parabel. Durch vier Punkte verläuft genau eine Kurve, die einem Polynom vom Grad < 4 entspricht, usw.

Bild 9.3 zeigt vier Punkte und die Interpolation durch ein Polynom vom Grad < 4.

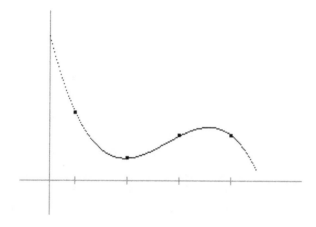

Bild 9.3: *Interpolation durch ein Polynom*

Koeffizienten- und Stützstellendarstellung

Ein Polynom vom Grad $< n$ lässt sich als gewichtete Summe der n fest vorgegebenen *Basisfunktionen* $b_i(x) = x^i$ mit $i = 0$, ..., $n - 1$ auffassen. Die Gewichte, mit denen die Basisfunktionen in die Summe eingehen, sind die Koeffizienten des Polynoms. Durch Angabe der entsprechenden Koeffizienten a_0, ..., a_{n-1} lässt sich das Polynom eindeutig darstellen. Diese Darstellung heißt *Koeffizientendarstellung* des Polynoms.

Wenn nun n verschiedene Stellen x_0, ..., x_{n-1} fest vorgegeben sind und das Polynom an diesen Stellen ausgewertet wird, so ergeben sich die Ergebnisse y_0, ..., y_{n-1}. Es stellt sich heraus, dass sich das Polynom durch Angabe dieser Ergebnisse ebenfalls eindeutig darstellen lässt. Die Darstellung des Polynoms durch y_0, ..., y_{n-1} heißt *Stützstellendarstellung* des Polynoms.

Wie eben gesehen, lässt sich die Stützstellendarstellung des Polynoms aus der Koeffizientendarstellung durch Multiplikation mit einer Matrix T gewinnen:

$$[y_0 \ ... \ y_{n-1}] \ = \ [a_0 \ ... \ a_{n-1}] \cdot T$$

und umgekehrt die Koeffizientendarstellung aus der Stützstellendarstellung durch Multiplikation mit der inversen Matrix T^{-1}

$$[a_0 \ ... \ a_{n-1}] \ = \ [y_0 \ ... \ y_{n-1}] \cdot T^{-1}$$

Es lässt sich also zwischen den beiden Darstellungen hin- und zurückrechnen.

Wahl der Basisfunktionen und der Stützstellen

Die *Transformationsmatrix* T ist abhängig von den Basisfunktionen $b_i(x)$ und von den Stützstellen x_j, wobei $i, j = 0$, ..., $n - 1$, und zwar ist allgemein

$$T_{i,j} \ = \ b_i(x_j).$$

Eine invertierbare Transformationsmatrix T ergibt sich, wenn die Basisfunktionen linear unabhängig sind (was bei $b_i(x) = x^i$ der Fall ist) und die Stützstellen alle verschieden sind.

Statt der Potenzfunktionen x^i lassen sich auch andere Funktionen als Basisfunktionen $b_i(x)$ verwenden. So werden etwa bei der diskreten Kosinustransformation (siehe Abschnitt 9.3) die Basisfunktionen $b_i(x) = \cos(i \cdot x)$ verwendet.[1]

Durch Verwendung anderer Basisfunktionen kommt eine andere Art der Interpolation zustande. Bild 9.4 zeigt die Interpolation von zwei Punkten

a) durch die Summe der Basisfunktionen x^0 und x^1, d.h. durch ein Polynom vom Grad < 2 (eine Gerade)   und

b) durch die Summe der Basisfunktionen $\cos(0 \cdot x)$ und $\cos(1 \cdot x)$, d.h. durch eine diskrete Kosinustransformation.

Bei der diskreten Fouriertransformation werden die Potenzfunktionen x^i als Basisfunktionen $b_i(x)$ verwendet und als Stützstellen x_j die komplexen Werte

$$\cos(j \cdot 2\pi/n) + \mathbf{i}\sin(j \cdot 2\pi/n) \ = \ e^{\mathbf{i} \cdot j \cdot 2\pi/n}$$

mit $i, j = 0$, ..., $n - 1$.[2]

Polynommultiplikation

Die Multiplikation eines Polynoms vom Grad k mit einem Polynom vom Grad m ergibt ein Polynom vom Grad $n = k + m$. Sind die Polynome in Koeffizientendarstellung

---

[1]Aus praktischen Gründen werden die Funktionen b_i noch mit einem konstanten Faktor s_i skaliert.
[2]$\mathbf{i} = \sqrt{-1}$ ist die imaginäre Einheit.

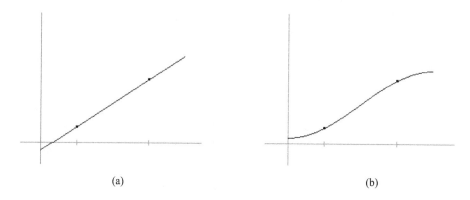

(a)   (b)

Bild 9.4: *Interpolation durch ein Polynom (a) und durch Kosinusfunktionen (b)*

gegeben, so erfordert das direkte Ausmultiplizieren der Polynome $\Theta(k \cdot m)$ Operationen. Im schlechtesten Fall, wenn $k = m = n/2$ ist, sind dies also $\Theta(n^2)$ Operationen.

Sind dagegen die Polynome in Stützstellendarstellung gegeben, so dauert die Multiplikation nur $\Theta(n)$ Schritte. Voraussetzung ist dabei allerdings, dass die Stützstellen x_i beider Polynome übereinstimmen und dass n Stützstellen vorliegen, wenn das Ergebnispolynom den Grad $n - 1$ hat.

Sind $y_0, ..., y_{n-1}$ und $z_0, ..., z_{n-1}$ die Stützstellendarstellungen zweier Polynome p und q mit $\text{grad}(p) + \text{grad}(q) < n$, so ist $y_0 \cdot z_0, ..., y_{n-1} \cdot z_{n-1}$ die Stützstellendarstellung des Produkts der beiden Polynome. Es sind also nur die n Werte an den Stützstellen miteinander zu multiplizieren.

Die Idee liegt nahe, die Polynommultiplikation zu beschleunigen, indem die Polynome zunächst von der Koeffizientendarstellung in Stützstellendarstellung umgeformt werden und dann multipliziert werden. Aber leider scheint die Umformung bereits $\Theta(n^2)$ Zeit zu dauern, also genauso lange wie die direkte Multiplikation in Koeffizientendarstellung.

Tatsächlich jedoch gibt es eine Methode zur Umformung von Koeffizientendarstellung in Stützstellendarstellung, die nur Zeit $O(n \log(n))$ benötigt: die schnelle Fouriertransformation (engl.: *Fast Fourier Transform* – FFT). Der Trick dieser Methode besteht darin, die Symmetrie der Stützstellen, die bei der Fouriertransformation verwendet werden, auszunutzen. Dadurch vereinfacht sich die Berechnung. Bild 9.5 zeigt, wie mit Hilfe der FFT die Polynommultiplikation über den Umweg der Stützstellendarstellung beschleunigt werden kann.

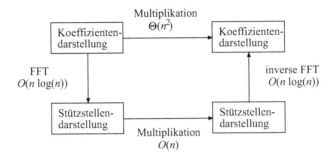

Bild 9.5: *Polynommultiplikation: direkt und indirekt über FFT*

9.2   Schnelle Fouriertransformation (FFT)

Die *diskrete Fouriertransformation* lässt sich als Transformation eines Polynoms vom Grad $< n$ von der Koeffizientendarstellung in die Stützstellendarstellung interpretieren. Als Stützstellen werden hier ganz bestimmte komplexe Zahlen gewählt, die komplexen n-ten Einheitswurzeln.

Die mit diesen Stützstellen gebildete Vandermonde-Matrix heißt *Fouriermatrix*. Es stellt sich heraus, dass die Fouriermatrix starke Symmetrien aufweist, die sich ausnutzen lassen, um die Berechnung der Transformation zu beschleunigen. Das entsprechende Verfahren ist die *schnelle Fouriertransformation* (engl.: *Fast Fourier Transform* – FFT).

Grundlagen

Definition: Sei $\mathbb{C}$ der Körper der komplexen Zahlen. Ein Element $w \in \mathbb{C}$ heißt *n-te Einheitswurzel*, wenn $w^n = 1$ ist, und w heißt *primitive n-te Einheitswurzel*, wenn $w^n = 1$ ist, aber $w^k \neq 1$ für alle $k \in \{1, ..., n-1\}$.

Beispiel: Sei $n = 4$. Dann ist $\mathbf{i}$ primitive 4-te Einheitswurzel[3] . Alle 4-ten Einheitswurzeln sind:

$$\mathbf{i}^0 = 1, \quad \mathbf{i}^1 = \mathbf{i}, \quad \mathbf{i}^2 = -1, \quad \mathbf{i}^3 = -\mathbf{i}.$$

Für $n = 6$ ist $\cos(2\pi/6) + \mathbf{i}\sin(2\pi/6)$ primitive 6-te Einheitswurzel (Bild 9.6).

Allgemein gilt in $\mathbb{C}$:

$$w \quad = \quad \cos(k \cdot 2\pi/n) + \mathbf{i}\sin(k \cdot 2\pi/n) \quad\quad \text{mit} \quad k \in \{0, ..., n-1\}$$

---

[3]Die Zahl $\mathbf{i}$ ist die imaginäre Einheit $\mathbf{i} = \sqrt{-1}$

ist n-te Einheitswurzel; ist k teilerfremd zu n, so ist w primitiv.

In der eulerschen Schreibweise lässt sich eine n-te Einheitswurzeln w auch ausdrücken als

$$w \;=\; e^{ik2\pi/n} \quad \text{mit} \quad k \in \{0, ..., n-1\}.$$

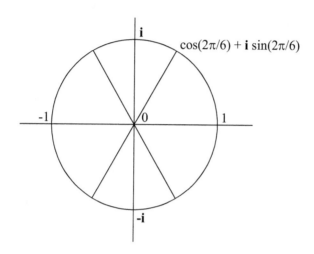
$$\cos(2\pi/6) + \mathbf{i}\sin(2\pi/6)$$

Bild 9.6: *Einheitskreis in der gaußschen Zahlenebene mit 4-ten und 6-ten Einheitswurzeln*

Eigenschaften von n-ten Einheitswurzeln

1) Es gibt in $\mathbb{C}$ genau n verschiedene n-te Einheitswurzeln, diese sind darstellbar als die Potenzen einer primitiven n-ten Einheitswurzel w:
   $$w^0, w^1, w^2, ..., w^{n-1}.$$

2) Jede ganzzahlige Potenz w^k einer n-ten Einheitswurzel w ist wieder n-te Einheitswurzel, denn
   $$(w^k)^n \;=\; w^{k \cdot n} \;=\; (w^n)^k \;=\; 1^k \;=\; 1.$$
   Dies gilt auch für negative k.

3) Ist n gerade, so gilt für jede primitive n-te Einheitswurzel w:
   $$w^{n/2} \;=\; -1,$$
   denn $(w^{n/2})^2 = w^n = 1$, d.h. $w^{n/2}$ ist 2-te Einheitswurzel, also 1 oder -1. Da aber $w^{n/2} \neq 1$ ist, da w primitiv ist, gilt $w^{n/2} = -1$.

4) Das Quadrat w^2 einer primitiven n-ten Einheitswurzel (n gerade) ist primitive $n/2$-te Einheitswurzel, denn

a) $(w^2)^{n/2} = w^n = 1$.

b) Angenommen, w^2 sei nicht primitiv, dann existiert ein
$k \in \{1, ..., n/2 - 1\}$ mit $(w^2)^k = 1$. Dann ist aber $w^{2k} = 1$ mit $2k < n$, im Widerspruch dazu, dass w primitiv ist.

5) Ist w primitive n-te Einheitswurzel, so ist w^{-1} ebenfalls primitive n-te Einheitswurzel, denn

a) $(w^{-1})^n = w^{-n} = 1/w^n = 1/1 = 1$.

b) Angenommen, w^{-1} sei nicht primitiv, dann existiert ein $k \in \{1, ..., n - 1\}$ mit $(w^{-1})^k = w^{-k} = 1$. Dann ist aber $w^k = 1/w^{-k} = 1/1 = 1$, im Widerspruch dazu, dass w primitiv ist.

6) In $\mathbb{C}$ gilt für die zu einer n-ten Einheitswurzel w konjugierte Zahl $\overline{w}$
$$\overline{w} = w^{-1}$$
denn es ist
$$\begin{aligned} w \cdot \overline{w} &= (\cos(k \cdot 2\pi/n) + \mathbf{i}\sin(k \cdot 2\pi/n)) \cdot (\cos(k \cdot 2\pi/n) - \mathbf{i}\sin(k \cdot 2\pi/n)) \\ &= \cos(k \cdot 2\pi/n)^2 + \sin(k \cdot 2\pi/n)^2 \\ &= 1. \end{aligned}$$

Diskrete Fouriertransformation

Definition: Sei $n \in \mathbb{N}$ und w primitive n-te Einheitswurzel in $\mathbb{C}$. Eine $n \times n$-Matrix F mit
$$F_{i,j} = w^{i \cdot j}$$
für alle $i, j \in \{0, ..., n - 1\}$ heißt *Fouriermatrix*.[4]
Die lineare Abbildung $f : \mathbb{C}^n \to \mathbb{C}^n$ mit
$$f(a) = a \cdot F$$
für alle (Zeilen-)vektoren $a \in \mathbb{C}^n$ heißt *diskrete Fouriertransformation* (DFT).[5]

Beispiel: Sei $n = 4$. Dann ist $\mathbf{i}$ primitive n-te Einheitswurzel. Die zugehörige Fouriermatrix ist
$$F = \begin{bmatrix} 1 & 1 & 1 & 1 \\ 1 & \mathbf{i} & -1 & -\mathbf{i} \\ 1 & -1 & 1 & -1 \\ 1 & -\mathbf{i} & -1 & \mathbf{i} \end{bmatrix}$$

---

[4]Da es für $n > 2$ stets mehrere primitive n-te Einheitswurzeln gibt, ist die Fouriermatrix insofern nicht eindeutig festgelegt.

[5]Da die Fouriermatrix symmetrisch ist, lässt sich die Fouriertransformation auch als $f(a) = F \cdot a$ für Spaltenvektoren a definieren.

So ist etwa die -1 in der letzten Zeile der Matrix das Element

$$F_{3,2} = w^{3 \cdot 2} = w^6 = (-1)^3 = -1$$

(die Elemente der Matrix werden von 0 bis $n - 1$ indiziert).

Die Fouriertransformation des Vektors $a = [1\ 1\ 1\ 0]$ ergibt

$$y = a \cdot F = [3\ \mathbf{i}\ 1\ -\mathbf{i}]$$

Offenbar ist die Fouriermatrix F die Vandermonde-Matrix des Vektors w^0, ..., w^{n-1}. Die Matrix-Vektor-Multiplikation $y = a \cdot F$ lässt sich somit als Polynomauswertung an den Stellen w^0, ..., w^{n-1} auffassen, wobei der Vektor a die Koeffizienten des Polynoms enthält. Das Ergebnis y_0, ..., y_{n-1} ist die Stützstellendarstellung des Polynoms.

Satz: Die inverse Fouriermatrix F^{-1} existiert und ist gleich

$$F_{i,j}^{-1} = 1/n \cdot w^{-i \cdot j}$$

für alle $i, j \in \{0, ..., n - 1\}$. Die inverse Fouriermatrix enthält also die zu den Elementen der Fouriermatrix inversen Elemente, dividiert durch n.

Definition: Die lineare Abbildung $f^{-1} : \mathbb{C}^n \to \mathbb{C}^n$ mit

$$f^{-1}(a) = a \cdot F^{-1}$$

für alle $a \in \mathbb{C}^n$ heißt *inverse Fouriertransformation*.

Beispiel: Sei $n = 4$. Die inverse Fouriermatrix ist

$$F^{-1} = 1/4 \cdot \begin{bmatrix} 1 & 1 & 1 & 1 \\ 1 & -\mathbf{i} & -1 & \mathbf{i} \\ 1 & -1 & 1 & -1 \\ 1 & \mathbf{i} & -1 & -\mathbf{i} \end{bmatrix}$$

Die inverse Fouriertransformation des Vektors $y = [3\ \mathbf{i}\ 1\ -\mathbf{i}]$ ergibt

$$a = y \cdot F^{-1} = [1\ 1\ 1\ 0].$$

In dieser Form ist die Fouriertransformation eine Matrix-Vektor-Multiplikation mit der Komplexität $O(n^2)$. Durch Ausnutzung der Symmetrie der n-ten Einheitswurzeln lässt sich die Berechnung auf $O(n \log(n))$ beschleunigen. Dieses Verfahren heißt *schnelle Fouriertransformation (Fast Fourier Transform – FFT)* [CT 65].

Schnelle Fouriertransformation (FFT)

Die Idee des Verfahrens der schnellen Fouriertransformation ist, die einzelnen Berechnungen der Matrix-Vektor-Multiplikation $y = a \cdot F$ in einer speziellen Reihenfolge auszuführen, so dass jeweils auf schon berechnete Zwischenergebnisse zurückgegriffen werden kann. Dabei werden die o.a. Eigenschaften (3) und (4) ausgenutzt, nämlich dass

$w^{n/2} = -1$ ist und dass das Quadrat w^2 der primitiven n-ten Einheitswurzel w primitive $n/2$-te Einheitswurzel ist. Das Verfahren setzt voraus, dass n eine Zweierpotenz ist.

Zunächst werden die Komponenten von y mit geradem Index berechnet, indem der Vektor a mit den entsprechenden Spalten der Fouriermatrix multipliziert wird. Es gilt für alle $k \in \{0, ..., n/2 - 1\}$:

$$y_k' \;=\; y_{2k} \;=\; \sum_{i=0, ..., n-1} a_i w^{i \cdot 2k}.$$

Die Summe wird in zwei Hälften aufgespalten:

$$y_k' \;=\; \sum_{i=0, ..., n/2-1} a_i w^{i \cdot 2k} \;+\; \sum_{i=0, ..., n/2-1} a_{i+n/2} w^{(i+n/2) \cdot 2k}.$$

Nun ist aber

$$w^{(i+n/2) \cdot 2k} \;=\; w^{i \cdot 2k + nk} \;=\; w^{i \cdot 2k} \cdot w^{nk} \;=\; w^{i \cdot 2k},$$

da $w^{nk} = 1$ ist, und damit

$$y_k' \;=\; \sum_{i=0, ..., n/2-1} (a_i + a_{i+n/2}) w^{i \cdot 2k}.$$

Mit $m = n/2$ sowie $v = w^2$, v primitive m-te Einheitswurzel, gilt:

$$y_k' \;=\; \sum_{i=0, ..., m-1} (a_i + a_{i+m}) v^{i \cdot k},$$

d.h. y_k' ist nichts anderes als die k-te Komponente der Fouriertransformation des Vektors

$$(a_i + a_{i+m})_{i=0, ..., m-1}$$

der Länge m.

Ähnlich werden die Komponenten von y mit ungeradem Index berechnet. Es gilt für alle $k \in \{0, ..., n/2 - 1\}$:

$$y_k'' \;=\; y_{2k+1} \;=\; \sum_{i=0, ..., n-1} a_i w^{i \cdot (2k+1)}.$$

Wiederum wird die Summe in zwei Hälften aufgespalten:

$$y_k'' = \sum_{i=0, ..., n/2-1} a_i w^{i \cdot (2k+1)} \;+\; \sum_{i=0, ..., n/2-1} a_{i+n/2} w^{(i+n/2) \cdot (2k+1)}.$$

Nun ist aber

$$w^{(i+n/2) \cdot (2k+1)} \;=\; w^{i \cdot 2k + nk + i + n/2} \;=\; -w^i \cdot w^{i \cdot 2k},$$

da $w^{nk} = 1$ ist und $w^{n/2} = -1$ ist. Somit gilt:

$$y_k'' = \sum_{i=0, ..., n/2-1} a_i w^i \cdot w^{i \cdot 2k} \;+\; \sum_{i=0, ..., n/2-1} -a_{i+n/2} w^i \cdot w^{i \cdot 2k}$$

$$= \sum_{i=0, ..., n/2-1} w^i \cdot (a_i - a_{i+n/2}) w^{i \cdot 2k}.$$

Mit $m = n/2$ sowie $v = w^2$ gilt wiederum:

$$y_k'' \;=\; \sum_{i=0, ..., m-1} w^i \cdot (a_i - a_{i+m}) v^{i \cdot k},$$

d.h. y_k'' ist nichts anderes als die k-te Komponente der Fouriertransformation des Vektors

$$w_i \cdot (a_i - a_{i+m})_{i=0,\,...,\,m-1}.$$

Durch rekursive Anwendung dieses Verfahrens auf Vektoren jeweils halber Länge wird im Ergebnis die Fouriertransformation berechnet. Bild 9.7 zeigt schematisch den Ablauf der Berechnung für $n = 8$.

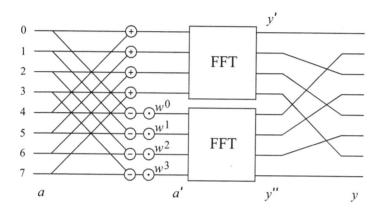

Bild 9.7: *Datenfluss der schnellen Fouriertransformation*

Analyse

Um die Fouriertransformation eines Vektors a zu berechnen, ist zunächst ein Vektor a' zu berechnen, dessen Komponenten a_i' für $i = 0$, ..., $m - 1$ wie oben gesehen folgende Werte haben:

$$a_i' \;=\; a_i + a_{i+m} \qquad \text{sowie}$$

$$a_{i+m}' \;=\; w^i \cdot (a_i - a_{i+m}).$$

Hierfür sind m Additionen, m Subtraktionen und m Multiplikationen erforderlich sowie nochmals m Multiplikationen, um jeweils w^i aus w^{i-1} zu berechnen. Insgesamt ergibt dies also $2m = n$ Additionen und $2m = n$ Multiplikationen.

Anschließend ist rekursiv auf die beiden Hälften von a' die Fouriertransformation anzuwenden.

Die Ergebnisvektoren y' und y'' stellen die geraden und die ungeraden Komponenten von y dar; sie sind noch ineinander zu verschränken (*perfect shuffle*), um den gewünschten

Vektor y zu erhalten. Die Permutation perfect shuffle lässt sich, etwa mit der unten angegebenen Prozedur, in $\frac{3}{2}n$ Schritten durchführen.

Die Zeitkomplexität $T(n)$ der FFT ergibt sich somit als

$$T(n) = 3.5n + 2 \cdot T(n/2) \quad \text{sowie}$$

$$T(1) = 0.$$

Die Auflösung dieser Rekursion ergibt

$$T(n) = 3.5n \cdot \log(n), \quad \text{d.h.}$$

$$T(n) \in O(n \log(n)).$$

Programm

Die folgende Prozedur berechnet die Fouriertransformation eines komplexen Vektors a, beginnend beim Index lo und der Länge n. Der Parameter w steht für die primitive n-te Einheitswurzel. Rechenoperationen mit komplexen Zahlen sind der Übersichtlichkeit halber mit normalen Rechenzeichen $(+, -, *)$ dargestellt, obwohl diese in Java eigentlich nicht zur Verfügung stehen.

```
void fft(Complex[] a, int n, int lo, Complex w)
{
    int i, m;
    Complex z, v, h;

    if (n>1)
    {
        m=n/2;
        z=1;
        for (i=lo; i<lo+m; i++)
        {
            h=a[i]-a[i+m];
            a[i]=a[i]+a[i+m];
            a[i+m]=h*z;
            z=z*w;
        }
        v=w*w;
        fft(a, m, lo, v);
        fft(a, m, lo+m, v);
        shuffle (a, n, lo);
    }
}
```

Die Prozedur *shuffle* verschränkt die beiden, von den rekursiven Aufrufen von *fft* erzeugten Hälften reißverschlussartig ineinander. Die entsprechende Permutation für $n = 8$ lautet

```
0 1 2 3 4 5 6 7
0 4 1 5 2 6 3 7
```

Zur Ausführung der Permutation wird ein Hilfsarray b verwendet, in das zunächst die eine Hälfte der Folge ausgelagert wird.

```
void shuffle(Complex[] a, int n, int lo)
{
    int i, m=n/2;
    Complex[] b=new Complex[m];

    for (i=0; i<m; i++)
        b[i]=a[lo+i];
    for (i=0; i<m; i++)
        a[lo+i+i+1]=a[lo+i+m];
    for (i=0; i<m; i++)
        a[lo+i+i]=b[i];
}
```

Inverse Fouriertransformation

Die inverse Fouriertransformation lässt sich mit demselben Verfahren durchführen. Aufgrund der Definition der inversen Fouriermatrix F^{-1} wird jedoch statt mit der primitiven n-ten Einheitswurzel w mit der inversen n-ten Einheitswurzel w^{-1} gearbeitet. In $\mathbb{C}$ ist dies die konjugiert komplexe n-te Einheitswurzel $\overline{w}$ (vgl. o.a. Eigenschaften (5) und (6)). Ferner werden die Elemente der invers zu transformierenden Folge zunächst durch n geteilt.

Zusammenfassung

Die diskrete Fouriertransformation lässt sich interpretieren als Transformation eines Polynoms vom Grad $n - 1$ von der Koeffizientendarstellung in die Stützstellendarstellung. Als Stützstellen werden die n-ten Einheitswurzeln $w^0, w^1, ..., w^{n-1}$ verwendet. Im Körper $\mathbb{C}$ der komplexen Zahlen sind die Werte

$$w^k \quad = \quad \cos(k \cdot 2\pi/n) + \mathbf{i}\sin(k \cdot 2\pi/n) \quad = \quad e^{\mathbf{i}k2\pi/n} \quad \text{mit} \quad k \in \{0, ..., n-1\}$$

die n-ten Einheitswurzeln.

Durch Ausnutzung der Symmetrien der n-ten Einheitswurzeln lässt sich die Fouriertransformation beschleunigen; das Verfahren ist die schnelle Fouriertransformation FFT.

Mit Hilfe der FFT lässt sich die Zeitkomplexität der Polynommultiplikation von $\Theta(n^2)$ auf $\Theta(n \log(n))$ verbessern.

9.3   Diskrete Kosinustransformation

Wenn sich Töne überlagern, entsteht wieder einen Ton. Aber ist es umgekehrt möglich, einen beliebigen Ton in seine Grundschwingungen zu zerlegen? Die Antwort ist ja.

In der Praxis liegt der Ton als ein *Sample*, d.h. als eine Folge von Messwerten an dicht aufeinander folgenden Stellen in einem bestimmten Bereich vor (Bild 9.8). Gesucht sind einfache, sinusförmige Schwingungen, deren Überlagerung mit dem Ton (zumindest an den Messwerten) übereinstimmt.

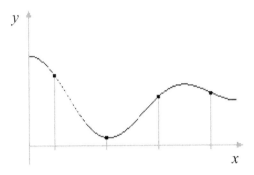

Bild 9.8: *Sample-Werte einer Schwingung*

Mathematisch gesehen besteht ein Sample aus den Funktionswerten einer Funktion an bestimmten, vorgegebenen Stützstellen. Die Darstellung der Funktion durch ein Sample heißt *Stützstellendarstellung*. Gesucht ist die Darstellung der Funktion als gewichtete Summe von bestimmten, vorgegebenen *Basisfunktionen*. Die Gewichte, mit der die Basisfunktionen in die Summe eingehen, heißen Koeffizienten. Die entsprechende Darstellung der Funktion heißt *Koeffizientendarstellung*. Die Umwandlung der Funktion von der Stützstellendarstellung in die Koeffizientendarstellung ist eine Transformation (siehe Abschnitt 9.1).

Statt eines Tons lassen sich auch beliebige andere Schwingungen auf diese Weise transformieren, und nicht nur Schwingungen, sondern beliebige Samples, z.B. die Grauwerte von nebeneinander liegenden Bildpunkten.

Transformationen spielen bei der Filterung und Kompression von Ton- und Bildsignalen eine bedeutende Rolle. Durch Transformation, Veränderung der Koeffizienten und anschließende Rücktransformation lässt sich das Signal gezielt filtern. Ferner lässt sich durch Verringern der Darstellungsgenauigkeit bei den Koeffizienten die Datenmenge reduzieren. Es zeigt sich, dass die hieraus resultierende Qualitätseinbuße weniger stark wahrnehmbar ist, als wenn die Darstellungsgenauigkeit direkt bei den Sample-Werten verringert würde.

Beim Bild-Kompressionsverfahren JPEG wird die diskrete Kosinustransformation
verwendet.

Diskrete Kosinustransformation

Bei der *diskreten Kosinustransformation* (*Discrete Cosine Transform* – DCT) werden
als Basisfunktionen die Kosinusfunktionen $c_i(x) = \cos(i \cdot x)$ und als Stützstellen die
Werte $x_j = (j + 1/2) \cdot \pi/n$ verwendet.

In folgendem Bild 9.9 sind für den Fall $n = 4$ die Basisfunktionen $\cos(i \cdot x)$ und die
Stützstellen $(j + 1/2) \cdot \pi/n$ dargestellt $(i, j \in \{0, ..., 3\})$.

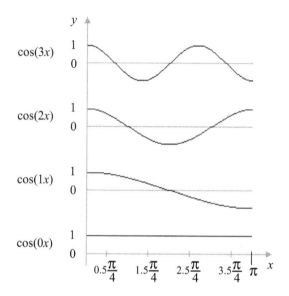

Bild 9.9: *Basisfunktionen* $\cos(i \cdot x)$ *sowie Stützstellen* $(j + 1/2) \cdot \pi/n$

Aus praktischen Gründen werden die Kosinusfunktionen c_i noch mit konstanten
Faktoren s_i skaliert, und zwar mit

$$s_0 = 1/\sqrt{n} \quad \text{und}$$
$$s_i = \sqrt{2}/\sqrt{n} \quad \text{für } i > 0.$$

Entsprechend ergibt sich die Transformationsmatrix T als

$$T_{i,j} = s_i \cdot c_i(x_j) = s_i \cdot \cos(i \cdot (j + 1/2) \cdot \pi/n)$$

für alle $i, j \in \{0, ..., n - 1\}$.

Die Skalierung hat zur Folge, dass für die Transformationsmatrix T gilt

$$T^{-1} = T^\top$$

d.h. die Inverse von T ergibt sich einfach durch Transponieren von T.

Für $n = 4$ ist die Transformationsmatrix somit

$$T = \begin{bmatrix} 0,5 & 0,5 & 0,5 & 0,5 \\ 0,653 & 0,271 & -0,271 & -0,653 \\ 0,5 & -0,5 & -0,5 & 0,5 \\ 0,271 & -0,653 & 0,653 & -0,271 \end{bmatrix}$$

Die diskrete Kosinustransformation ist definiert als Umwandlung von der Stützstellendarstellung in die Koeffizientendarstellung. Entsprechend ist der zu transformierende Vektor $[y_0 \ \dots \ y_{n-1}]$ mit $T^{-1} = T^\top$ zu multiplizieren: [6]

$$[y_0 \ \dots \ y_{n-1}] \cdot T^\top = [a_0 \ \dots \ a_{n-1}]$$

Zweidimensionale diskrete Kosinustransformation

Bei Bilddaten ist statt eines Vektors $[y_0 \ \dots \ y_{n-1}]$ eine $n \times n$-Matrix Y von Grauwerten zu transformieren. Diese zweidimensionale Transformation lässt sich auf die eindimensionale Transformation zurückführen.

Zunächst werden alle Zeilenvektoren der Matrix Y eindimensional transformiert, d.h. mit der inversen Transformationsmatrix $T^\top$ multipliziert.

Dies entspricht einer Matrixmultiplikation

$$Y \cdot T^\top = A.$$

Das Ergebnis A ist eine $n \times n$-Matrix, deren Zeilenvektoren die Ergebnisvektoren der eindimensionalen Transformationen sind.

Nun werden die Spaltenvektoren der Matrix A eindimensional transformiert. Realisiert wird dies, indem A transponiert und mit $T^\top$ multipliziert wird. Das Ergebnis wird erneut transponiert.

Dies entspricht der Matrixmultiplikation

$$(A^\top \cdot T^\top)^\top = T \cdot A.$$

---

[6]Die Auswertung dieser Vektor-Matrix-Multiplikation liefert für $n = 8$ die in der Literatur häufig genannte Formel für die diskrete Kosinustransformation:

$$\begin{aligned} a_j &= \sum_{i=0,\dots,7} y_i \cdot T_{j,i} \\ &= \sum_{i=0,\dots,7} y_i \cdot s_j \cdot \cos(j \cdot (i+1/2) \cdot \pi/8) \\ &= s_j \cdot \sum_{i=0,\dots,7} y_i \cdot \cos(j \cdot (2i+1) \cdot \pi/16) \end{aligned}$$

mit $s_0 = 1/\sqrt{8} = \sqrt{2}/4$ und $s_j = \sqrt{2}/\sqrt{8} = 1/2$ für $j > 0$.
Wenn n festliegt, werden die Werte $T_{i,j}$ der Transformationsmatrix allerdings zweckmäßigerweise im voraus berechnet und gespeichert, daher wird diese Formel in dieser Form dann nicht benötigt.

Insgesamt wird also gerechnet

$$B \;=\; T \cdot Y \cdot T^\top$$

d.h. es werden zwei Matrixmultiplikationen ausgeführt. Die Matrix B ist das Ergebnis der zweidimensionalen diskreten Kosinustransformation der Matrix Y.

Zusammenfassung

Bei der eindimensionalen diskreten Kosinustransformation werden die n zu transformierenden Werte als Stützstellendarstellung einer Funktion aufgefasst, wobei n Stützstellen zwischen 0 und π zugrunde gelegt werden. Die Funktion wird nun von der Stützstellendarstellung in die Koeffizientendarstellung umgewandelt, d.h. die Funktion wird als gewichtete Summe von Basisfunktionen dargestellt. Die Basisfunktionen sind die Kosinusfunktionen $\cos(i \cdot x)$. Die Transformation entspricht einer Vektor-Matrix-Multiplikation.

Die zweidimensionale diskrete Kosinustransformation lässt sich auf den eindimensionalen Fall zurückführen. Die Transformation entspricht zwei Matrix-Multiplikationen.

9.4   Aufgaben

Aufgabe 1: Schreiben Sie eine Klasse *Complex* zur Darstellung von komplexen Zahlen. Implementieren Sie in der Klasse die Grundrechenarten mit komplexen Zahlen sowie eine Funktion

```
public static Complex root(int n)
```

zur Erzeugung einer primitiven n-ten Einheitswurzel.

Implementieren Sie den FFT-Algorithmus auf Grundlage Ihres Datentyps *Complex*.

10 NP-vollständige Probleme

10.1 Effizient lösbare Probleme

Ein Algorithmus zur Lösung eines Problems der Größe n wird als *effizient* bezeichnet, wenn er eine Zeitkomplexität von $O(n^k)$ hat, wobei k eine Konstante ist. Beispielsweise ist ein Algorithmus mit einer Zeitkomplexität von $\Theta(n^2)$ effizient, dagegen ein Algorithmus mit einer Zeitkomplexität von $\Theta(2^n)$ nicht.

Die Unterscheidung zwischen Problemen, die effiziente Lösungsalgorithmen haben und Problemen, die keine effizienten Lösungsalgorithmen haben, ist äußerst wichtig – die Frage ist nur, woran man erkennt, zu welcher der beiden Klassen ein Problem gehört. Wir hatten in Kapitel 4 gesehen, dass von zwei ähnlich aussehenden Graphenproblemen, nämlich Berechnung der kürzesten Wege und der kürzesten Rundreise, nur das erste ein effizientes Lösungsverfahren hat. Aber kann es nicht sein, dass auch das zweite ein effizientes Lösungsverfahren hat, dieses nur noch nicht gefunden ist? Die Antwort ist: im Prinzip ja, andererseits auch wieder nein.

Zwar ist nicht bewiesen, dass die Berechnung der kürzesten Rundreise (das Travelling-Salesman-Problem – TSP) nicht effizient lösbar ist, aber das Gegenteil auch nicht. Ein Indiz dafür, dass TSP effizient lösbar ist, kann darin gesehen werden, dass TSP immerhin einen effizienten nichtdeterministischen Lösungsalgorithmus hat. Ein Indiz dagegen ist, dass TSP zu den schwersten Problemen gehört, die effiziente nichtdeterministische Lösungsalgorithmen haben.

In diesem Kapitel sollen die Grundzüge der Theorie hierzu entwickelt werden mit dem Ziel, zumindest ein Gefühl dafür zu vermitteln, wann ein Problem möglicherweise prinzipiell nicht effizient lösbar ist. Wir bewegen uns hier im Grenzgebiet zur Theoretischen Informatik; im Rahmen dieses Buches begnügen wir uns daher teilweise mit einer informellen Darstellung des Themas.

10.2 Reduktion von Problemen

Wie am Anfang von Kapitel 9 beschrieben, lässt sich häufig ein Problem durch Transformation in ein anderes Problem überführen und dessen Lösung durch Rücktransformation in die Lösung des ursprünglichen Problems verwandeln. Bei Entscheidungsproblemen entfällt sogar die Rücktransformation.

Entscheidungsprobleme

Definition: Ein *Entscheidungsproblem* ist ein Problem, das nur zwei mögliche
Lösungen hat: entweder „ja" oder „nein".

Beispiel: Das Primzahlproblem ist ein Entscheidungsproblem. Das Primzahlproblem
besteht darin, für eine beliebige natürliche Zahl m die Frage zu beantworten: „Ist
m eine Primzahl?"

Wir verwenden hier den Begriff „Problem" eigentlich für eine ganze Klasse gleichartiger
Einzelprobleme. Das Primzahlproblem etwa enthält als Einzelprobleme: „Ist 1 eine
Primzahl?", „Ist 2 eine Primzahl", „Ist 3 eine Primzahl?" usw. Ein solches Einzel-
problem nennen wir einen *Fall* (engl.: *instance*) des Problems. „Ist 38 eine Primzahl?"
ist also ein Fall des Primzahlproblems.

Ein sehr universelles Entscheidungsproblem ist das Wortproblem.

Definition: Sei A ein Alphabet und A^* die Menge aller Wörter über A. Sei ferner
$L \subseteq A^*$ eine Sprache über A. Das *Wortproblem* besteht darin, für ein beliebiges
Wort $w \in A^*$ folgende Frage zu beantworten: „Ist $w \in L$?"

Sei das Alphabet A vorgegeben. Dann ist das Wortproblem also charakterisiert durch
die entsprechende Sprache L, und ein Fall des Wortproblems ist charakterisiert durch
ein Paar (w, L).

Durch eine geeignete Codierung lässt sich ein Entscheidungsproblem in ein Wortproblem umwandeln. Beispielsweise kann man die natürlichen Zahlen als Wörter
über $A = \{0, ..., 9\}$ codieren (was man gemeinhin auch tut, indem man sie in
Dezimaldarstellung schreibt). Die Primzahlen, ebenfalls in Dezimaldarstellung codiert,
bilden dann eine Teilmenge der Menge aller Wörter über A, nämlich die Sprache
PRIMES $\subseteq A^*$. Die Frage „Ist die Zahl 789 eine Primzahl?" lässt sich nun umformulieren in „Ist das Wort 789 ein Element der Sprache PRIMES?"

Entscheidungsprobleme lassen sich also zurückführen auf Wortprobleme, und Wortprobleme entsprechen Sprachen. Wir können daher die Begriffe „Entscheidungsproblem"
und „Sprache" miteinander identifizieren, wenn wir uns das Entscheidungsproblem als
Wortproblem codiert vorstellen. Die Problemgröße eines bestimmten Falles des Wortproblems entspricht dann der Länge des Wortes.

Im Folgenden geht es darum, Entscheidungsprobleme durch Transformation ineinander
umzuformen.

Transformation und Reduktion

Definition: Gegeben seien zwei Sprachen R und S über einem gemeinsamen Alphabet A. Die Sprache R lässt sich in die Sprache S *transformieren*, wenn es eine berechenbare Abbildung $f : A^* \to A^*$ gibt, derart dass für alle $w \in A^*$ gilt

$$w \in R \quad \Leftrightarrow \quad f(w) \in S.$$

Diese Abbildung f wird dann als *Transformation* von R nach S bezeichnet.

Wichtig ist, dass die Abbildung f berechenbar ist und dass sie auf ganz A^*, also auf der Menge aller Wörter über dem Alphabet A, definiert ist und nicht nur auf R.

Beispiel: Sei $A = \{0, ..., 9\}$ und sei R diejenige Sprache, die aus den Dezimaldarstellungen aller durch 5 teilbaren nichtnegativen ganzen Zahlen besteht, wobei führende Nullen zugelassen sind, d.h.

$$R \;=\; 0^*\{0, 5, 10, 15, 20, 25, \ldots\}$$

Die Abbildung f sei wie folgt definiert. Für alle Wörter $w \in A^*$ mit $w = w_0 \ldots w_{n-1}$ sei

$$f(w) \;=\; w_{n-1}$$

d.h. wir betrachten nur die letzte Ziffer von w.

Die Sprache S sei nun

$$S \;=\; \{0, 5\}.$$

Tatsächlich ist f eine Transformation von R nach S, denn es gilt für alle Wörter $w \in A^*$

$$w \in R \quad \Leftrightarrow \quad f(w) \in S,$$

denn eine beliebige nichtnegative ganze Zahl ist genau dann durch 5 teilbar, wenn ihre letzte Ziffer gleich 0 oder 5 ist.

Ist eine Transformation f einer Sprache R nach einer Sprache S gegeben, so lässt sich das Wortproblem (w, R) lösen, indem $w' = f(w)$ berechnet wird und dann das Wortproblem (w', S) gelöst wird. Man sagt dann, dass sich das Problem R auf das Problem S *reduzieren* lässt.

Indem also das Problem w' gelöst wird, ist damit auch w gelöst. Haben wir also ein Problemlösungsverfahren für S, haben wir damit auch eines für R, indem wir die Transformation f und das Problemlösungsverfahren für S hintereinander ausführen. Die Prüfung der Teilbarkeit durch 5 ist ein Beispiel hierfür.

Im täglichen Leben versuchen wir meist, schwierige Probleme, die wir nicht lösen können, auf leichtere Probleme, die wir lösen können, zu reduzieren. In Wirklichkeit aber ist es nicht möglich, ein schweres Problem R auf ein leichtes Problem S zu reduzieren, es sei denn, die Schwierigkeit steckt in der Transformation. Denn das Problem R ist ja tatsächlich nicht schwierig, wenn man es leicht in ein leichtes Problem S transformieren und dieses dann lösen kann.

Umgekehrt ist es dagegen möglich, ein leichtes Problem in ein schweres Problem zu transformieren, nach dem Motto: „Warum einfach, wenn's auch kompliziert geht?" Wir kleiden gewissermaßen das leichte Problem so ein, dass es zu einem schwierigen Problem wird. Wenn wir das schwierige Problem dann lösen, fällt die Lösung des leichten Problems dabei ab.

So können wir z.B. feststellen, ob eine Zahl durch 5 teilbar ist (leichtes Problem), indem wir die Zahl in ihre Primfaktoren zerlegen (schweres Problem) und prüfen, ob die 5 unter den Primfaktoren auftritt.

Die Frage ist nun: Wenn es unmöglich ist, schwere auf leichte Probleme zu reduzieren und wenn es unsinnig ist, leichte auf schwere Probleme zu reduzieren, wozu werden dann Reduktionen überhaupt gebraucht? Die Antwort ist: Um zu zeigen, dass ein Problem mindestens so schwer ist wie ein anderes, oder dass es höchstens so schwer ist, oder dass die beiden Probleme im wesentlichen gleich schwer sind.

10.3   Die Mengen P und NP

Im Bereich der Algorithmen entsprechen sich „schwierig" und „zeitaufwendig". Ein Problem ist schwierig, wenn seine Lösung zeitaufwendig ist. Der Begriff zeitaufwendig ist natürlich relativ, aber es hat sich als sinnvoll erwiesen, hier eine Grenze zu ziehen zwischen Problemen mit höchstens polynomieller Zeitkomplexität und Problemen mit größerer als polynomieller Zeitkomplexität.

Die Menge P

Definition: Eine Zeitkomplexität von $T(n) \in O(n^k)$ wird als *polynomielle Zeitkomplexität* bezeichnet. Hierbei ist k ein konstanter Wert, der nicht von n abhängt.

Definition: Ein Problem hat *polynomielle Zeitkomplexität*, wenn es einen Algorithmus zur Lösung des Problems gibt, der polynomielle Zeitkomplexität hat.

Die Menge aller Entscheidungsprobleme, die polynomielle Komplexität haben, wird mit P bezeichnet.

Beispiel: Sei $G = (V, E)$ ein beliebiger ungerichteter, zusammenhängender Graph mit einer Kantengewichtung $w : E \rightarrow \mathbb{N}$ sowie k eine beliebige Zahl.

Das Entscheidungsproblem „Hat G einen Spannbaum mit einem Gewicht $\leq k$?" liegt in P.

Wir konstruieren einen minimalen Spannbaum, dies erfordert Zeit $O(n^2)$, wobei n die Anzahl der Knoten des Graphen ist, und vergleichen das Gewicht des minimalen Spannbaums mit der Zahl k.

Nichtdeterministische Algorithmen

Ein *nichtdeterministischer Algorithmus* ist dadurch gekennzeichnet, dass er in jedem Schritt möglicherweise mehrere Wahlmöglichkeiten hat. Eine solche Wahlmöglichkeit könnte beispielsweise darin bestehen, dass der Algorithmus wählen kann, ob er die Anweisung x=1 , x=2 oder x=3 ausführt. Je nach dem, welche Möglichkeit er wählt, gerät er aus seiner aktuellen Konfiguration in eine andere Folgekonfiguration. Eine solche Wahlmöglichkeit gibt es bei einem deterministischen Algorithmus nicht, die jeweilige Folgekonfiguration ist stets eindeutig bestimmt. Eine Berechnung eines deterministischen Algorithmus lässt sich durch eine Kette von Konfigurationen wie in Bild 10.1a veranschaulichen. Eine Berechnung eines nichtdeterministischen Algorithmus gleicht dagegen einem Baum wie in Bild 10.1b.

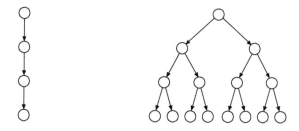

Bild 10.1: *Deterministische Berechnung (a), nichtdeterministische Berechnung (b)*

Es ist schwierig, sich einen nichtdeterministischen Algorithmus vorzustellen. Welche Wahl trifft der Algorithmus, wenn er mehrere Wahlmöglichkeiten hat? Hier gibt es mehrere Möglichkeiten der Vorstellung: Eine ist, dass der Algorithmus mit schlafwandlerischer Sicherheit immer die richtige Wahl trifft, die zur Lösung des Problems führt. Die andere ist, dass er alle Wahlmöglichkeiten gleichzeitig durchspielt. Der Algorithmus erzeugt entsprechend viele Kopien von sich selbst, und jede dieser Kopien rechnet in der entsprechenden Folgekonfiguration weiter. Wenn irgendeine dieser Kopien die Lösung des Problems gefunden hat, stoppt der Algorithmus.

Die Menge NP

Definition: Ein Problem hat *nichtdeterministisch polynomielle Zeitkomplexität*, wenn es einen nichtdeterministischen Algorithmus zur Lösung des Problems gibt, der polynomielle Zeitkomplexität hat.

Die Menge aller Entscheidungsprobleme, die nichtdeterministisch polynomielle Zeitkomplexität haben, wird mit NP bezeichnet.

Offenbar gilt P ⊆ NP, denn wenn es einen deterministischen polynomiellen Algorithmus zur Lösung eines Problems gibt, dann gibt es auch einen nichtdeterministischen polynomiellen Algorithmus zur Lösung des Problems, denn ein deterministischer Algorithmus lässt sich als Spezialfall eines nichtdeterministischen Algorithmus ansehen. Ob allerdings P eine echte Teilmenge von NP ist, weiß man nicht. Dies ist die bekannteste ungelöste Frage der Informatik.

Es sollen nun einige Probleme betrachtet werden, die in NP, aber wahrscheinlich nicht P liegen.

Travelling-Salesman-Problem

Das Travelling-Salesman-Problem (TSP) liegt in NP. Als Entscheidungsproblem formuliert lautet es: „Gegeben n Städte und die Entfernungen zwischen ihnen. Gibt es eine Rundreise der Länge $\leq k$?" Die Länge einer Rundreise lässt sich deterministisch in linearer Zeit berechnen. Ein nichtdeterministischer Algorithmus verzweigt in jeder Stadt in alle Städte, die er noch nicht besucht hat, und spielt so alle Rundreisen durch.

Erfüllbarkeitsproblem

Definition: Das *Erfüllbarkeitsproblem (satisfiability problem* – SAT) besteht darin, für eine beliebige boolesche Formel f mit Variablen x_0, ..., x_{k-1} die Frage zu beantworten: „Ist f erfüllbar?" Eine boolesche Formel ist erfüllbar, wenn es eine Belegung ihrer Variablen mit den Wahrheitswerten *true* und *false* gibt, so dass die Auswertung der Formel den Wahrheitswert *true* ergibt.

Beispiel: Die Formel
$$f = (x_0 \vee x_1) \wedge (\overline{x}_0 \vee \overline{x}_1) \wedge (x_0 \vee \overline{x}_1)$$
ist erfüllbar, denn mit der Belegung $x_0 = true$ und $x_1 = false$ ergibt die Formel den Wert *true*.

Die Formel
$$g = x_1 \wedge (\overline{x}_0 \vee \overline{x}_1) \wedge (x_0 \vee \overline{x}_1)$$
ist dagegen nicht erfüllbar.

Das Erfüllbarkeitsproblem liegt in NP. Eine boolesche Formel der Länge n lässt sich deterministisch in linearer Zeit auswerten, wenn eine Belegung gegeben ist. Ein nichtdeterministischer Algorithmus verzweigt für jede Variable x_j, auf die er bei der Auswertung trifft, in die beiden Möglichkeiten $x_j = true$ und $x_j = false$ und spielt dadurch alle Belegungen durch.

Cliquen-Problem

Definition: Das *Cliquen-Problem* (CLIQUE) besteht darin, für einen beliebigen
ungerichteten Graphen G mit n Knoten und für beliebiges $k \in \mathbb{N}$ die Frage
zu beantworten: „Enthält G eine k-Clique?" Eine k-Clique ist ein vollständig
verbundener Teilgraph mit k Knoten.

Das Cliquen-Problem liegt in NP. Der nichtdeterministische Algorithmus verzweigt im
ersten Schritt zu allen Knoten des Graphen. Von diesen Knoten aus verzweigt er zu
allen benachbarten Knoten, von dort aus wiederum zu den benachbarten Knoten usw.,
insgesamt k-mal. In jedem Schritt prüft der Algorithmus (in polynomieller Zeit), ob der
neue Knoten von allen bisher besuchten verschieden ist und mit diesen allen verbunden
ist. Ist dies in allen k Schritten der Fall, so hat er eine k-Clique gefunden.

Hamiltonscher Kreis

Definition: Gegeben ist ein ungerichteter Graph $G = (V, E)$. Ein *Hamiltonscher Kreis*
ist ein Kreis, der alle Knoten enthält, also ein Pfad, der jeden Knoten genau einmal
durchläuft und zum Ausgangsknoten zurückführt.

Das Problem des Hamiltonschen Kreises (*Hamiltonian circuit* – HC) besteht
darin, für einen beliebigen ungerichteten Graphen G zu entscheiden, ob G einen
Hamiltonschen Kreis enthält.

Das Problem des Hamiltonschen Kreises liegt in NP. Ein nichtdeterministischer
Algorithmus zur Lösung von HC verzweigt an jedem Knoten zu allen benachbarten
Knoten, die er noch nicht besucht hat, und sucht so alle Pfade durch den Graphen, die
alle Knoten genau einmal enthalten und zum Ausgangsknoten zurückführen.

10.4   NP-Vollständigkeit

Deterministische polynomielle Algorithmen sind bisher für keines der angegebenen
Probleme gefunden worden, und es ist fraglich, ob dies jemals geschehen wird. Diese
Probleme sind nämlich NP-vollständig; damit gehören sie zu den schwersten Problemen
in NP.

NP-vollständige Probleme

Definition: Ein Problem p heißt *NP-schwer*, wenn sich jedes Problem q, das in NP
liegt, in deterministisch polynomieller Zeit auf p reduzieren lässt.

Ein Problem p heißt *NP-vollständig*, wenn es NP-schwer ist und selbst in NP liegt.

Ein NP-schweres Problem ist also mindestens so schwer wie das schwerste Problem in NP. Ein NP-vollständiges Problem ist NP-schwer und liegt selbst in NP; damit gehört es selbst zu den schwersten Problemen in NP.

Wenn es gelingt, auch nur für ein einziges NP-vollständiges Problem p einen deterministischen polynomiellen Algorithmus zu finden, so lassen sich alle Probleme in NP in deterministisch polynomieller Zeit lösen. Denn alle Probleme in NP lassen sich dann ja in deterministisch polynomieller Zeit auf das Problem p reduzieren und sind damit selbst in deterministisch polynomieller Zeit lösbar. Dann wäre also die Menge NP gleich der Menge P. Vieles spricht jedoch dafür, dass dies nicht gilt.

Um zu zeigen, dass ein Problem q, das in NP liegt, NP-vollständig ist, genügt es, ein anderes NP-vollständiges Problem p in polynomieller Zeit auf q zu reduzieren. Denn dass p NP-vollständig ist, bedeutet ja, dass sich alle Probleme in NP in polynomieller Zeit auf p reduzieren lassen. Indem p nun in polynomieller Zeit weiter auf q reduziert wird, lassen sich somit alle Probleme in NP in polynomieller Zeit auf q reduzieren, und somit ist q ebenfalls NP-vollständig (Bild 10.2).

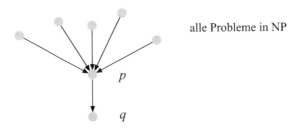

Bild 10.2: *Reduktion eines NP-vollständigen Problems p auf ein Problem q*

Als Beispiel für einen solches Vorgehen soll im Folgenden das Erfüllbarkeitsproblem (SAT) in polynomieller Zeit auf das Cliquen-Problem reduziert werden [Koz 92]. Wir wissen, dass das Erfüllbarkeitsproblem NP-vollständig ist, und wir zeigen dadurch, dass das Cliquen-Problem ebenfalls NP-vollständig ist. Wir transformieren also einen beliebigen gegebenen Fall des Erfüllbarkeitsproblems in polynomieller Zeit in einen Fall des Cliquen-Problems, in der Weise, dass die Lösung des Cliquen-Problems (ja oder nein) gleich der Lösung des Erfüllbarkeitsproblems ist.

Reduktion von SAT auf CLIQUE

Gegeben sei ein Fall des Erfüllbarkeitsproblems, also eine boolesche Formel f in konjunktiver Form. Die Formel besteht aus k Oder-Termen c_0, ..., c_{k-1}, die durch Und verknüpft sind. Die Oder-Terme enthalten Variablen x_i, die auch in negierter Form $\overline{x}_i$ vorkommen können.

Die Formel wird in folgender Weise in einen ungerichteten Graphen G transformiert. Jedes Vorkommen einer Variablen in der Formel f ist ein Knoten des Graphen. Je zwei Knoten sind durch eine Kante verbunden, *außer* wenn die entsprechenden Vorkommen der Variablen

- im gleichen Oder-Term liegen oder
- zueinander negiert sind.

Die Formel f ist genau dann erfüllbar, wenn der Graph G eine k-Clique enthält. Die Formel f wird erfüllt, wenn die Vorkommen der Variablen, die den Knoten der Clique entsprechen, mit dem Wahrheitswert *true* belegt werden. Diese Belegung ist widerspruchsfrei, denn zueinander negierte Variablen sind nie durch eine Kante verbunden, und in jedem Oder-Term kommt einmal der Wert *true* vor.

Beispiel: Die Formel sei

$$f \ = \ (x_0 \vee x_1) \wedge (\overline{x}_0 \vee \overline{x}_1) \wedge (x_0 \vee \overline{x}_1)$$

Sie besteht aus den drei Oder-Termen c_0, c_1, c_2, d.h. es ist $k = 3$. Der entsprechend konstruierte Graph ist in Bild 10.3 dargestellt. Er enthält die 3-Clique mit den Knoten x_0 in c_0, $\overline{x}_1$ in c_1 und $\overline{x}_1$ in c_2. Mit $x_0 = true$ und $x_1 = false$ ist die Formel somit erfüllt.

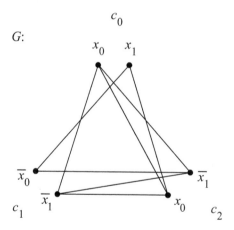

Bild 10.3: *Aus der booleschen Formel f konstruierter Graph G mit 3-Clique*

In ähnlicher Weise, durch polynomielle Reduktion eines bekannten NP-vollständigen Problems, sind mittlerweile Tausende von Problemen als NP-vollständig klassifiziert worden [GJ 79]. Das Erfüllbarkeitsproblem ist das Ur-Problem, dessen NP-Vollständig-keit auf andere Weise bewiesen worden ist.

Sucht man einen Lösungsalgorithmus für ein Problem, so prüft man zunächst, ob das Problem in NP liegt. Dann besteht eine gewisse Chance, dass es einen effizienten, also deterministisch polynomiellen Algorithmus zur Lösung des Problems gibt. Findet man jedoch keinen solchen, so versucht man, eines der bekannten NP-vollständigen Probleme auf das Problem zu reduzieren, um zu zeigen, dass es NP-vollständig ist und es somit wahrscheinlich keinen effizienten Algorithmus zu seiner Lösung gibt. Dann bleiben nur noch Approximationsverfahren, die eine gewisse Annäherung an die Lösung liefern (die Faktor-2-Annäherung für das metrische TSP in Abschnitt 4.10 ist ein Beispiel) oder probabilistische Verfahren, die mit einer gewissen Wahrscheinlichkeit die korrekte Lösung liefern (wie etwa der Primzahltest in Abschnitt 7.5) oder heuristische Verfahren, die mit einer hohen Wahrscheinlichkeit eine gute Annäherung an die Lösung liefern (z.B. das Verfahren Simulated Annealing in Abschnitt 4.11).

10.5   Aufgaben

Aufgabe 1: Das Problem des Hamiltonschen Kreises (HC) ist NP-vollständig. Reduzieren Sie HC polynomiell auf das Travelling Salesman Problem (TSP) und zeigen Sie so, dass TSP ebenfalls NP-vollständig ist.

Hinweis: Benutzen Sie die Formulierung von TSP als Entscheidungsproblem. Geben Sie eine Transformation an, die einen beliebigen Fall von HC in einen Fall von TSP umwandelt, derart dass deren Lösungen (ja oder nein) gleich sind. Welche Zeitkomplexität hat die Transformation?

11 Formale Verifikation

Bei allen hier vorgestellten Algorithmen haben wir Überlegungen zur Korrektheit angestellt, aber stets auf der algorithmischen Ebene, nicht auf der Ebene der Implementierung. Beim Sortierverfahren Insertionsort haben wir beispielsweise argumentiert, dass die Datenfolge stets aus einem schon sortierten Teil und einem noch unsortierten Teil besteht und dass sich der sortierte Teil in jedem Schritt um ein Element verlängert, so dass am Ende die ganze Folge sortiert ist. Der Algorithmus ist also korrekt, aber was ist mit der Implementation als Programm? Falsch implementiert funktioniert auch ein an sich korrekter Algorithmus nicht.

Durch systematisches Testen des Programms kann man versuchen, Fehler zu finden. Aber im allgemeinen ist es nicht möglich, alle möglichen Fälle durchspielen, weil es zu viele sind, meist unendlich viele. Ein Programm, das den größten gemeinsamen Teiler von zwei natürlichen Zahlen a und b berechnen soll, müsste mit allen unendlich vielen Zahlenpaaren (a, b) getestet werden. „Testing can only show the presence of errors, not their absence" (E.W. Dijkstra).

In diesem Kapitel wird gezeigt, dass es im Prinzip möglich ist, die Korrektheit einer Implementierung, also eines Programmcodes, formal zu beweisen.

Hierzu sind zwei Dinge notwendig: zum einen eine formale Beschreibung dessen, was das Programm tun soll (die Spezifikation des Programms), und zum anderen eine formale Beschreibung dessen, was das Programm tut (die Semantik des Programms) – das Programm ist korrekt, wenn die beiden übereinstimmen.

Die Idee ist, für jede einzelne Anweisung der Programmiersprache formal zu beschreiben, was sie tut, so dass daraus schrittweise abgeleitet werden kann, was das ganze Programm tut.

Weiterführende Themen zur formalen Verifikation finden sich u.a. in den Büchern [AA 78], [AO 94], [GSchn 94].

11.1 Semantikregeln

Definition: Die *Syntax* einer Programmiersprache ist die Gesamtheit der Regeln, die angeben, was ein Programm ist.

Definition: Die *Semantik* einer Programmiersprache ist die Gesamtheit der Regeln, die angeben, was ein Programm tut.

Die Syntax der Programmiersprache bestimmt also, welche Zeichenreihen vom Compiler als gültiges Programm angesehen werden. Formal werden die Syntaxregeln im wesentlichen durch eine Grammatik angegeben.

Die Semantik der Programmiersprache bestimmt, was der Computer macht, wenn er ein Programm ausführt. Formal werden die Semantikregeln beispielsweise durch die im Folgenden angegebenen Korrektheitsformeln (*Hoare-Tripel* – nach C.A.R. HOARE) und darauf aufbauende Schlussregeln definiert [Hoa 69].

Korrektheitsformeln

Die Semantik einer Programmiersprache wie Java enthält Regeln darüber, wie Ausdrücke ausgewertet werden, wie Anweisungen ausgeführt werden, wie Funktionsaufrufe behandelt werden und welche Auswirkungen die Deklaration von Variablen, Typen und Funktionen hat.

Wir beschränken uns auf die Semantik der grundlegenden Anweisungen. Die entsprechenden Semantikregeln werden im Folgenden definiert. Eine solche Regel ist entweder eine *Korrektheitsformel* der Form $\{P\}S\{Q\}$ oder eine *Schlussregel*.

Definition: Die Korrektheitsformel $\{P\}S\{Q\}$ ist wie folgt zu interpretieren: Wenn die *Vorbedingung* P vor Ausführung der Anweisung S gilt, so gilt nach der Ausführung der Anweisung S die *Nachbedingung* Q.

Die Bedingungen P und Q sind logische Formeln. Die Anweisung S kann auch eine zusammengesetzte Anweisung sein, z.B. eine strukturierte Anweisung wie eine Schleife oder ein Block von mehreren Anweisungen.

Die Schlussregeln sind Vorschriften, die angeben, wie aus vorhandenen Korrektheitsformeln oder logischen Formeln neue Korrektheitsformeln gebildet werden können. Die Schreibweise ist folgende:

$$\frac{A_1, ..., A_k}{B}$$

Die Bedeutung einer solchen Schlussregel ist: Wenn $A_1, ..., A_k$ logische Formeln oder Korrektheitsformeln sind, so ist auch B eine Korrektheitsformel. Die über dem Strich stehenden Formeln heißen *Prämissen*, die unter dem Strich stehende Formel heißt *Konklusion*.

Es folgen die Semantikregeln für einige grundlegende Anweisungen der Programmiersprache Java.

Regeln

$$\{P[x \leftarrow e]\} \text{ x=e; } \{P\} \qquad \text{(Wertzuweisungsaxiom)}$$

$$\frac{\{P\}S_1\{Q\}, \ \{Q\}S_2\{R\}}{\{P\}S_1S_2\{R\}} \qquad \text{(Kompositionsregel)}$$

$$\frac{P \Rightarrow Q}{\{P\}\{Q\}} \qquad \text{(Konsequenzregel / leere Anweisung)}$$

$$\frac{\{P \wedge B\}S_1\{Q\}, \ \{P \wedge \neg B\}S_2\{Q\}}{\{P\} \text{ if } (B) \ S_1 \text{ else } S_2 \ \{Q\}} \qquad \text{(If-Else-Regel)}$$

$$\frac{\{P \wedge B\}S\{P\}}{\{P\} \text{ while } (B) \ S \ \{P \wedge \neg B\}} \qquad \text{(While-Regel)}$$

Wertzuweisungsaxiom

Von grundlegender Bedeutung ist die Regel für die Wertzuweisung. Sie gibt die schwächste Vorbedingung an, die vor der Zuweisung x=e; gilt, wenn als Nachbedingung P gilt. Hierbei ergibt sich die Vorbedingung $P[x \leftarrow e]$, indem in der Nachbedingung P alle freien Vorkommen der Variablen x durch den Ausdruck e ersetzt werden.

Beispiel: Es gilt

$$\{x + 1 = 3\} \text{ x=x+1; } \{x = 3\}$$

In der Nachbedingung $P: x = 3$ kommt x als freie Variable vor. Wird in P die Variable x durch den Ausdruck $x + 1$ ersetzt, so ergibt sich die Vorbedingung $x + 1 = 3$.

Da die Vorbedingung sich aus der Nachbedingung ergibt, werden Programme „von unten nach oben" bewiesen. Der fertige Beweis wird dann von oben nach unten gelesen.

Kompositionsregel

Die Regel für die Komposition, also für die Hintereinanderausführung von Anweisungen, wird gebraucht, um einen Beweis für ein Programm Schritt für Schritt führen zu können. Zwischen je zwei Anweisungen steht eine Bedingung Q, die Nachbedingung der einen und zugleich Vorbedingung der anderen Anweisung ist. Eine solche Bedingung, die in geschweiften Klammern an bestimmter Stelle im Programm steht, wird als *Zusicherung* (engl.: *assertion*) bezeichnet.

Beispiel: In folgendem Programm werden die Werte der Variablen a und b vertauscht. Der Beweis wird von unten nach oben geführt. Als erstes werden in der Zusicherung (1) alle (freien) Vorkommen der Variablen b, die auf der linken Seite der Anweisung b=h; steht, durch die rechte Seite h ersetzt. Das Ergebnis ist die Zusicherung (2). Dann werden in (2) alle Vorkommen von a durch b ersetzt, und schließlich in (3) alle Vorkommen von h durch a.

$$\{b = A \,\wedge\, a = B\} \quad (4)$$
```
h=a;
```
$$\{b = A \,\wedge\, h = B\} \quad (3)$$
```
a=b;
```
$$\{a = A \,\wedge\, h = B\} \quad (2)$$
```
b=h;
```
$$\{a = A \,\wedge\, b = B\} \quad (1)$$

Insgesamt gilt also

$$\{b = A \,\wedge\, a = B\} \; \texttt{h=a; a=b; b=h;} \; \{a = A \,\wedge\, b = B\},$$

d.h. wenn vor Ausführung des Programms die Variable b den Wert A und die Variable a den Wert B hat, dann hat nach Ausführung des Programms a den Wert A und b den Wert B. Die Werte werden also vertauscht.

Konsequenzregel

Die Konsequenzregel besagt Folgendes: Falls Q Nachbedingung der leeren Anweisung ist, so ist jede Bedingung P als Vorbedingung gültig, für die gilt $P \Rightarrow Q$. Die Konsequenzregel erlaubt es also, in Verbindung mit der Kompositionsregel, im Beweis eines Programms Bedingungen nach oben hin zu verschärfen bzw. nach unten hin abzuschwächen. Insbesondere erlaubt sie auch, Bedingungen durch äquivalente Bedingungen zu ersetzen.

Beispiel: Zu zeigen ist

$$\{x > 0\} \; \texttt{x=x+1;} \; \{x > 0\}$$

Der Beweis wird von unten nach oben geführt.

$$\Downarrow \quad \begin{array}{ll} \{x > 0\} & (3) \\ \{x + 1 > 0\} & (2) \end{array}$$
```
x=x+1;
```
$$\{x > 0\} \qquad (1)$$

Der Übergang zwischen Bedingung (2) und Bedingung (3) ergibt sich aufgrund der Konsequenzregel, denn es gilt

$$x > 0 \quad \Rightarrow \quad x + 1 > 0$$

Zwischen (2) und (3) steht eine leere Anweisung.

Die Schlussregeln für die If-Else-Anweisung und für die While-Schleife werden in den folgenden Abschnitten erläutert.

11.2   Korrektheit von If-Else-Anweisungen

Die Schlussregel für die If-Else-Anweisung ergibt sich aus dem Flussdiagramm (Bild 11.1). Sie lautet

$$\frac{\{P \wedge B\}S_1\{Q\}, \ \{P \wedge \neg B\}S_2\{Q\}}{\{P\} \ \mathtt{if}(B) \ S_1 \ \mathtt{else} \ S_2\{Q\}}$$

Um also $\{P\} \ \mathtt{if}(B) \ S_1 \ \mathtt{else} \ S_2 \ \{Q\}$ zu beweisen, müssen $\{P \wedge B\}S_1\{Q\}$ und $\{P \wedge \neg B\}S_2\{Q\}$ bewiesen werden. In Bild 11.1 sind diese Vor- und Nachbedingungen in das Flussdiagramm der If-Else-Anweisung eingezeichnet.

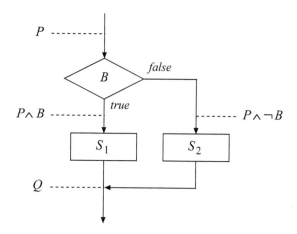

Bild 11.1: *Vor- und Nachbedingungen bei der If-Else-Anweisung*

Beispiel: Das folgende Programm berechnet das Maximum von zwei Werten a und b, das Ergebnis ist m.

```
if (a>b)
    m=a;
else
    m=b;
```

Die Nachbedingung Q des Programms ist

$$Q: \ m = \max(a, b)$$

Wir führen nun zwei getrennte Beweise, und zwar zunächst $\{P \wedge B\}$ m=a; $\{Q\}$
und dann $\{P \wedge \neg B\}$ m=b; $\{Q\}$ mit

$\quad B: \quad a > b$

1) Zuerst zeigen wir $\{P \wedge B\}$ m=a; $\{Q\}$.

Der Beweis wird von unten nach oben geführt, unter Benutzung der
Wertzuweisungsregel und der Konsequenzregel. Es stellt sich heraus, dass
$P: \ true$ die schwächste Vorbedingung für diesen Zweig ist.

$$
\begin{array}{ll}
\{P \ \wedge \ B\} & (8) \\
\{true \ \wedge \ a > b\} & (7) \\
\{a > b\} & (6) \\
\{a > b \ \vee \ a = b\} & (5) \\
\{a \geq b\} & (4) \\
\{a = \max(a, b)\} & (3) \\
\text{m=a;} & \\
\{m = \max(a, b)\} & (2) \\
\{Q\} & (1)
\end{array}
$$

Beim Übergang von Schritt (5) zu Schritt (6) haben wir die Bedingung durch
Weglassen einer Oder-Bedingung verschärft. Beim Übergang von Schritt (6)
zu Schritt (7) haben wir die Bedingung durch Hinzufügen einer
Und-Bedingung verschärft[1] .

2) Als nächstes zeigen wir $\{P \wedge \neg B\}$m=b; $\{Q\}$.

Auch hier ergibt sich $P: \ true$ als schwächste Vorbedingung.

$$
\begin{array}{ll}
\{P \ \wedge \ \neg B\} & (8) \\
\{true \ \wedge \ \neg a > b\} & (7) \\
\{\neg a > b\} & (6) \\
\{a \leq b\} & (5) \\
\{b \geq a\} & (4) \\
\{b = \max(a, b)\} & (3) \\
\text{m=b;} & \\
\{m = \max(a, b)\} & (2) \\
\{Q\} & (1)
\end{array}
$$

Nachdem wir diese beiden Beweise getrennt geführt haben, können wir aufgrund
der Schlussregel für die If-Anweisung folgern

$\quad \{true\}$ if (a>b) m=a; else m=b; $\{m = \max(a, b)\}$

d.h. wir haben bewiesen, dass ohne irgendeine besondere Vorbedingung (außer der
Bedingung $true$, die immer wahr ist) das Programm das Gewünschte tut.

---

[1]nur formal, nicht tatsächlich, denn (6) und (7) sind äquivalent

11.3   Korrektheit von While-Schleifen

Partielle Korrektheit

Die Schlussregel für die While-Schleife ergibt sich aus dem Flussdiagramm (Bild 11.2).
Sie lautet

$$\frac{\{P \wedge B\}S\{P\}}{\{P\} \ \texttt{while}(B) \ S \ \{P \wedge \neg B\}}$$

Die Schlussregel besagt, dass wenn die Prämisse $\{P \wedge B\}S\{P\}$ erfüllt ist, der Schluss
$\{P\}$ while(B) S $\{P \wedge \neg B\}$ gültig ist. Hierbei gilt die Nachbedingung $\{P \wedge \neg B\}$
allerdings nur, wie in Bild 11.2 zu sehen, wenn die Schleife verlassen wird, wenn
die Schleife also *terminiert*. Korrektheit unter dieser Voraussetzung wird als *partielle
Korrektheit* bezeichnet, im Gegensatz zur *totalen Korrektheit*.

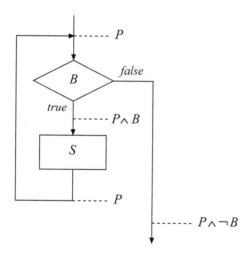

Bild 11.2: *Vor- und Nachbedingungen bei der While-Schleife*

Die Bedingung P in Bild 11.2 ist die *Schleifeninvariante*. Der Begriff Invariante
bedeutet, dass die Bedingung vor und nach der Schleife unverändert bleibt.

Beispiel: Das folgende Programmstück berechnet $n! = 1 \cdot 2 \cdot 3 \cdot \ldots \cdot n$.

```
i=0;
f=1;
while (i<n)
{
    i=i+1;
    f=f*i;
}
```

Das Ergebnis $n!$ soll am Ende des Programms als Wert der Variablen f erscheinen. Die Nachbedingung des Programms lautet also

$R:\ f = n!$

Der Beweis des Programms wird von unten nach oben geführt. Wir bezeichnen das gesamte Programm mit X, die While-Schleife mit W und den Schleifenkörper mit S. Zuerst wird die While-Schleife W bewiesen.

Beweis der While-Schleife W

Zunächst benötigen wir die Schleifeninvariante P. Hierzu bringen wir die Nachbedingung R, die am Ende der While-Schleife gilt, in die Form $P \wedge \neg B$, indem wir sie umformulieren:

$$\{P \wedge \neg B\} \qquad (5)$$
$$\{f = i! \ \wedge \ i \leq n \ \wedge \ i \geq n\} \quad (4)$$
$$\{f = i! \ \wedge \ i = n\} \qquad (3)$$
$$\{f = n!\} \qquad (2)$$
$$\{R\} \qquad (1)$$

Die Schleifenbedingung ist $B:\ i < n$, also ist $\neg B:\ i \geq n$. Aus (4) ergibt sich somit

$P:\ f = i! \ \wedge \ i \leq n$

Um die Schlussregel für die While-Schleife anwenden zu können, beweisen wir nun $\{P \wedge B\}S\{P\}$ für den Schleifenkörper S.

Beweis des Schleifenkörpers S

Der Beweis wird von unten nach oben geführt:

$$\{P \wedge B\} \qquad (7)$$
$$\{f = i! \ \wedge \ i \leq n \ \wedge \ i < n\} \quad (6)$$
$$\{f = i! \ \wedge \ i < n\} \qquad (5)$$
$$\{f \cdot (i+1) = (i+1)! \ \wedge \ i+1 \leq n\} \quad (4)$$
i=i+1;
$$\{f \cdot i = i! \ \wedge \ i \leq n\} \qquad (3)$$
f=f*i;
$$\{f = i! \ \wedge \ i \leq n\} \qquad (2)$$
$$\{P\} \qquad (1)$$

Hierbei gilt (5) $\Rightarrow$ (4), da aus $f = i!$ durch Multiplikation mit $i+1$ folgt $f \cdot (i+1) = (i+1)!$ und aus $i < n$ folgt $i+1 \leq n$. Ferner gilt (6) $\Rightarrow$ (5), da (6) eine Verschärfung von (5) ist.

Somit gilt also für die While-Schleife W

$$\{f = i! \ \wedge \ i \leq n\}W\{f = n!\}.$$

Beweis des gesamten Programms X

Der Rest des Programms wird wie folgt bewiesen:

$\{Q\}$	(7)
$\{0 \leq n\}$	(6)
$\{true \ \wedge \ 0 \leq n\}$	(5)
$\{1 = 0! \ \wedge \ 0 \leq n\}$	(4)
`i=0;`	
$\{1 = i! \ \wedge \ i \leq n\}$	(3)
`f=1;`	
$\{f = i! \ \wedge \ i \leq n\}$	(2)
$\{P\}$	(1)

Als schwächste Vorbedingung ergibt sich $n \geq 0$. Insgesamt gilt also für das gesamte Programm X

$$\{n \geq 0\}$$
$$X$$
$$\{f = n!\}$$

11.4   Totale Korrektheit von While-Schleifen

Als Schlussregel für die While-Schleife hatten wir bisher kennen gelernt:

$$\frac{\{P \wedge B\}S\{P\}}{\{P\} \ \texttt{while}(B) \ S \ \{P \wedge \neg B\}}$$

Hierbei gilt die Nachbedingung $P \wedge \neg B$ allerdings nur, wenn die Schleife verlassen wird, wenn sie also *terminiert*. Korrektheit unter dieser Voraussetzung wird als *partielle Korrektheit* bezeichnet.

Im Folgenden geht es darum, zusätzliche Bedingungen dafür zu finden, dass die Schleife auch terminiert.

Totale Korrektheit

Definition: Ein Programm S wird als *partiell korrekt* bezüglich einer Vorbedingung P und einer Nachbedingung Q bezeichnet, wenn es die Korrektheitsformel $\{P\}S\{Q\}$ erfüllt, *falls* es terminiert. Als *total korrekt* wird es bezeichnet, wenn es die Korrektheitsformel $\{P\}S\{Q\}$ erfüllt *und* terminiert.

Bedingungen für die Terminierung

Um zu beweisen, dass eine While-Schleife terminiert, sucht man nach einem ganzzahligen Ausdruck E, der

- beim Durchlauf durch den Schleifenkörper S stets vermindert wird,
- vor Ausführung des Schleifenkörpers S aber stets positiv ist.

Gibt es einen solchen ganzzahligen Ausdruck E, so kann die Schleife nicht unendlich oft durchlaufen werden, sondern muss irgendwann abbrechen.

Die Tatsache, dass der Ausdruck E vor Ausführung des Schleifenkörpers positiv ist, ist immer dann gegeben, wenn $E > 0$ aus $P \wedge B$ folgt:

$$P \wedge B \;\Rightarrow\; E > 0.$$

Die Tatsache, dass der Ausdruck E beim Durchlauf durch den Schleifenkörper S vermindert wird, wenn dieser betreten wird, lässt sich so ausdrücken:

$$\{P \wedge B\}\; \texttt{z} = E;\; S\; \{E < z\}.$$

Hierbei ist $\texttt{z=}\ E$; eine zusätzliche Anweisung vor dem Schleifenkörper S und z eine neue Variable, die sonst nirgendwo vorkommt. Sie nimmt den Wert des ganzzahligen Ausdrucks E vor Ausführung von S auf. Nach Ausführung von S muss E kleiner als z sein, also in S vermindert worden sein.

Schlussregel für die totale Korrektheit

Die Schlussregel für den Beweis der totalen Korrektheit der While-Schleife lautet somit:

$$\frac{\{P \wedge B\}S\{P\},\; P \wedge B \Rightarrow E > 0,\; \{P \wedge B\}\ \texttt{z} = E;\ S\ \{E < z\}}{\{P\}\ \texttt{while}(B)\ S\ \{P \wedge \neg B\}}$$

Um die totale Korrektheit einer While-Schleife zu beweisen, müssen also drei Prämissen bewiesen werden: 1. die Prämisse für die partielle Korrektheit, 2. die Tatsache, dass der ganzzahlige Ausdruck E vor Durchlaufen des Schleifenkörpers positiv ist und 3. die Tatsache, dass E beim Durchlaufen des Schleifenkörpers vermindert wird.

In den folgenden Beispielen werden diese drei Prämissen jeweils einzeln bewiesen.

Beispiel

Beispiel: Wir betrachten die While-Schleife W mit Schleifenkörper S aus dem Programm zur Berechnung von $n!$:

```
while (i<n)
{
    i=i+1;
    f=f*i;
}
```

1) Wir hatten $\{P \wedge B\}S\{P\}$ im Sinne der partiellen Korrektheit gezeigt.

2) Für den Beweis der totalen Korrektheit benötigen wir einen ganzzahligen Ausdruck E, der im Schleifenkörper vermindert wird. Die ganzzahlige Variable i wird dort um 1 vermehrt, also wird der Ausdruck $n - i$ vermindert. Tatsächlich gilt mit

$$E: n-i,$$

dass

$$P \wedge B \Rightarrow E > 0$$

gilt, denn mit $B: i < n$ ergibt sich sofort

$$P \wedge B \Rightarrow B \Rightarrow n > i \Rightarrow n - i > 0.$$

3) Ferner ist zu zeigen:

$$\{P \wedge B\}\ z = E;\ S\ \{E < z\}.$$

Mit $E: n - i$ lässt sich der Beweis wie folgt führen:

$$
\begin{aligned}
\Downarrow \quad & \{P \wedge B\} & (9)\\
& \{true\} & (8)\\
& \{-1 < 0\} & (7)\\
& \{n - i - 1 < n - i\} & (6)\\
& \texttt{z=n-i;} \\
& \{n - i - 1 < z\} & (5)\\
& \{n - (i + 1) < z\} & (4)\\
& \texttt{i=i+1;} \\
& \{n - i < z\} & (3)\\
& \texttt{f=f*i;} \\
& \{n - i < z\} & (2)\\
& \{E < z\} & (1)
\end{aligned}
$$

Damit ist insgesamt die totale Korrektheit der While-Schleife W gezeigt.

Die Schleifeninvariante P ist beim Beweis der Terminierung hier gar nicht eingegangen. Dies ist jedoch nicht immer so; im allgemeinen lässt sich die Terminierung nur im

Zusammenhang mit einer geeigneten Bedingung P zeigen. Dies wird in dem nächsten Beispiel deutlich.

Weitere Beispiele

Oft ist für den Beweis der totalen Korrektheit einer While-Schleife eine schärfere Vorbedingung P erforderlich als für den Beweis der partiellen Korrektheit.

Schärfere Vorbedingung für Terminierung

In folgendem Beispiel wird eine bestimmte Vorbedingung P eigens für den Zweck eingeführt, um die Terminierung der Schleife beweisen zu können.

Beispiel: Wir betrachten folgende While-Schleife W mit Schleifenkörper S:

```
while (i!=0)
    i=i-1;
```

Offenbar gilt $\{true\}W\{i=0\}$ im Sinne der partiellen Korrektheit, mit $P:\ true$.

Für den Beweis der totalen Korrektheit benötigen wir einen ganzzahligen Ausdruck E, der im Schleifenkörper vermindert wird und der vor dem Eintritt in den Schleifenkörper stets positiv ist. Weder aus P noch aus B lässt sich hier jedoch ein solcher Ausdruck ableiten.

Tatsächlich terminiert die Schleife auch nicht, wenn i zu Beginn negativ ist. Wir müssen also gewährleisten, dass i zu Beginn nicht negativ ist, indem wir eine schärfere Vorbedingung P verwenden:

$$P:\ i \geq 0$$

1) Dann ist $\{i \geq 0\}W\{i=0\}$ im Sinne der partiellen Korrektheit erfüllt.

2) Mit dem Ausdruck

$$E:\ i$$

gilt offenbar

$$P \wedge B \ \Rightarrow\ E > 0,$$

denn mit $P:\ i \geq 0$ und $B:\ i \neq 0$ sowie $E:\ i$ ergibt sich

$$P \wedge B \ \Rightarrow\ i \geq 0 \wedge i \neq 0 \ \Rightarrow\ i > 0 \ \Rightarrow\ E > 0.$$

3) Ferner ist zu zeigen:

$$\{P \wedge B\}\ \mathbf{z} = E;\ S\ \{E < z\}.$$

Mit $E:\ i$ lässt sich der Beweis wie folgt führen:

$$
\Downarrow \quad
\begin{array}{ll}
\{P \wedge B\} & (7) \\
\{true\} & (6) \\
\{0 < 1\} & (5) \\
\{i - 1 < i\} & (4) \\
\texttt{z=i;} & \\
\{i - 1 < z\} & (3) \\
\texttt{i=i-1;} & \\
\{i < z\} & (2) \\
\{E < z\} & (1)
\end{array}
$$

Damit ist insgesamt die totale Korrektheit der While-Schleife W bezüglich der Vorbedingung $P:\ i \geq 0$ und der Nachbedingung $Q:\ i = 0$ gezeigt.

Triviale While-Schleife

Die Aussagekraft der Schlussregel für die totale Korrektheit wird deutlich, wenn es gelingt, auch triviale While-Schleifen damit zu beweisen. Hierzu dient das folgende Beispiel.

Beispiel: Wir betrachten folgende While-Schleife W mit leerem Schleifenkörper S:

```
while (false) ;
```

1) Offenbar gilt $\{true\}W\{true\}$ im Sinne der partiellen Korrektheit, mit
$P:\ true$.

2) Für den Beweis der totalen Korrektheit benötigen wir einen ganzzahligen Ausdruck E, der im Schleifenkörper vermindert wird. Da der Schleifenkörper leer ist, kann eigentlich dort nichts vermindert werden. Wir versuchen den Beweis trotzdem mit dem Ausdruck

$\quad E:\ 1$

Offenbar gilt

$\quad P \wedge B\ \Rightarrow\ E > 0.$

3) Ferner ist zu zeigen:

$\quad \{P \wedge B\}\ \texttt{z =E; S}\ \{E < z\}.$

Mit $E:\ 1$ lässt sich der Beweis wie folgt führen:

$$
\Downarrow \quad
\begin{array}{ll}
\{P \wedge B\} & (6) \\
\{B\} & (5) \\
\{false\} & (4) \\
\{1 < 1\} & (3) \\
\texttt{z=1;} & \\
\{1 < z\} & (2) \\
\{E < z\} & (1)
\end{array}
$$

Damit ist insgesamt die totale Korrektheit der While-Schleife W gezeigt.

11.5   Zusammenfassung

Mit den Methoden der Programmverifikation ist es möglich, die Korrektheit von sehr einfachen Programmen zu beweisen. In vielen Fällen enthalten Programme Teilstücke, die einfach genug sind, dass sie formal verifiziert werden können. Der Versuch, ein solches Programmstück formal zu beweisen, deckt erbarmungslos Fehler, implizite Annahmen und sonstige Ungenauigkeiten auf.

Bei größeren Programmen stoßen diese Techniken an Grenzen. Letztlich ist es sogar grundsätzlich unmöglich, die Korrektheit von beliebigen Programmen zu beweisen. Dies hängt mit der Nicht-Entscheidbarkeit des Halteproblem zusammen.

Halteproblem

Gegeben: Programm P

Gefragt: Terminiert P?

Satz: Es ist nicht entscheidbar, ob ein beliebiges gegebenes Programm bei jeder Eingabe terminiert oder nicht.

Der Beweis dieser Tatsache ist sogar sehr einfach [GSchn 94]. Angenommen, die folgende Funktion existiert:

```
boolean halts(String p)
{
    if (p interpretiert als Programm terminiert)
        return true;
    else
        return false;
}
```

Die Funktion erhält als Parameter einen Programmtext p und gibt *true* zurück, falls das Programm p terminiert und *false* sonst.

Ferner sei folgendes Programm *test* gegeben. Es besteht aus einer While-Schleife mit leerem Schleifenkörper. Die Schleifenbedingung ist ein Aufruf der Funktion *halts*, diese erhält als Parameter einen Aufruf des Programms *test* selbst:

```
void test()
{
    while (halts("test();"));
}
```

Wir betrachten nun, was die Funktion *halts* tut, wenn sie mit dem Programm *test* als Parameter aufgerufen wird. Es lassen sich zwei Fälle unterscheiden, je nach dem, ob das Programm *test* terminiert oder nicht:

a) *test* terminiert $\Rightarrow$ *halts* liefert *true* $\Rightarrow$ While-Schleife in *test* läuft endlos $\Rightarrow$ *test* terminiert nicht

b) *test* terminiert nicht $\Rightarrow$ *halts* liefert *false* $\Rightarrow$ While-Schleife in *test* wird sofort verlassen $\Rightarrow$ *test* terminiert

In beiden Fällen ergibt sich also ein Widerspruch – daher muss die Annahme falsch sein, dass die Funktion *halts* existiert.

11.6   Aufgaben

Aufgabe 1: Was tut das folgende Programmstück?

```
x=x+y;
y=x-y;
x=x-y;
```

Aufgabe 2: Gegeben sei folgendes Programmstück X mit int -Variablen a, b, x, y und r:

```
x=a;
y=b;
while (y!=0)
{
    r=x%y;
    x=y;
    y=r;
}
```

Das Programm soll den größten gemeinsamen Teiler von a und b berechnen (vgl. Abschnitt).

Beweisen Sie die partielle Korrektheit von X bezüglich der Vorbedingung Q : *true* und der Nachbedingung

R : $\mathrm{ggt}(a, b) = \mathrm{ggt}(x, y) \ \wedge \ y = 0$.

Aus der Nachbedingung folgt, dass x der größte gemeinsame Teiler von a und b ist, denn es gilt

$\mathrm{ggt}(a, b) = \mathrm{ggt}(x, y) \ \wedge \ y = 0 \ \Rightarrow \ \mathrm{ggt}(a, b) = \mathrm{ggt}(x, 0) = x.$

Benutzen Sie beim Beweis des Schleifenkörpers, dass

$\mathrm{ggt}(x, y) \ = \ \mathrm{ggt}(y, x \bmod y)$

gilt, falls $y \neq 0$ ist.

Aufgabe 3: Beweisen Sie die totale Korrektheit des Programmstücks X aus der vorigen Aufgabe bezüglich der Vorbedingung $Q: b \geq 0$ und der Nachbedingung

$$R: \quad \mathrm{ggt}(a,b) = \mathrm{ggt}(x,y) \ \wedge \ y = 0.$$

12   Sortiernetze

Sortiernetze sind Spezialfälle von Sortierverfahren im allgemeinen. Sie zeichnen sich dadurch aus, dass die Vergleiche datenunabhängig durchgeführt werden. Die einzige verwendete Art von Operation ist der Vergleichs-Austausch-Schritt zwischen zwei Datenelementen: wenn a_i größer als a_j ist, dann vertausche a_i und a_j.

Sortierverfahren dieser Art lassen sich leicht parallelisieren und gegebenenfalls in Hardware realisieren.

Definition: Sei $J = \{0, ..., n-1\}$ eine Indexmenge und A eine Menge von Daten mit einer Ordnungsrelation $\leq$. Eine *Datenfolge* ist eine Abbildung $a : J \to A$, also eine Folge der Länge n von Daten. Die *Menge aller Datenfolgen* der Länge n über A bezeichnen wir mit A^n.

Die folgende Definition behandelt den einfachsten Fall des aufsteigenden Sortierens von Datenfolgen.

Definition: Das *Sortierproblem* besteht darin, eine beliebige Datenfolge $a_0, ..., a_{n-1}, a_i \in A$ so zu einer Folge $a_{\varphi(0)}, ..., a_{\varphi(n-1)}$ umzuordnen, dass gilt:

$$a_{\varphi(i)} \leq a_{\varphi(j)} \quad \text{für} \quad i < j.$$

Hierbei ist φ eine Permutation der Indexmenge $J = \{0, ..., n-1\}$.

Später werden wir im Zusammenhang mit Sortierverfahren auf zweidimensionalen Prozessorfeldern diese Definition verallgemeinern und die Indexmenge $J = \{0, ..., n-1\} \times \{0, ..., n-1\}$ sowie eine Sortierrichtung $\varrho : J \to \{0, ..., |J|-1\}$ einführen.

12.1   Vergleichernetze

Vergleichernetze wurden informell in [Knu 73] und für den Fall $J = \{0, ..., n-1\}$ eingeführt. Ein Vergleicher $[i : j]$ bringt das i-te und das j-te Datenelement einer Folge in aufsteigende Reihenfolge. Formal ist ein solcher Vergleicher eine Abbildung, die auf die Datenfolge $a \in A^n$ angewandt wird:

Definition: Ein *Vergleicher* ist eine Abbildung

$$[i:j]: A^n \to A^n, \quad i,j \in \{0, ..., n-1\}$$

mit

$$[i:j](a)_i \quad = \quad \min(a_i, a_j)$$
$$[i:j](a)_j \quad = \quad \max(a_i, a_j)$$
$$[i:j](a)_k \quad = \quad a_k \text{ für alle } k \text{ mit } k \neq i, \ k \neq j$$

für alle $a \in A^n$.

Vergleicher werden grafisch als Pfeile dargestellt (Bild 12.1). Dabei ist die Vorstellung, dass die Datenfolge von links nach rechts entlang der waagerechten Linien wandert. Elemente der Datenfolge, die dabei auf einen Vergleicher treffen, werden in Pfeilrichtung sortiert. In Bild 12.1 wandert die Datenfolge 6 8 5 1 an den Linien entlang und trifft dabei nacheinander auf die zwei Vergleicher [1 : 3] und [2 : 1].

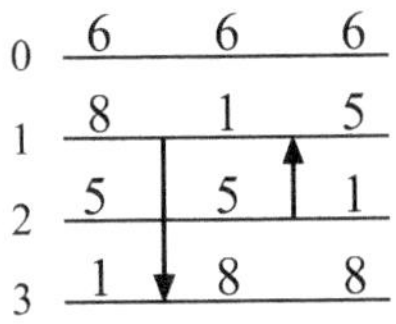

Bild 12.1: *Umordnen einer Datenfolge durch Vergleicher*

Wie in Bild 12.1 angedeutet, lassen sich Vergleicher zu Vergleichernetzen zusammenschalten.

Definition: Ein *Vergleichernetz* N ist eine Hintereinanderausführung von Vergleichern:

$$N \quad = \quad [i_1 : j_1] \cdot \ ... \cdot [i_m : j_m], \ m \in \mathbb{N}$$

Bild 12.2 zeigt als Beispiel das Vergleichernetz

$$N \quad = \quad [0:2] \cdot [1:3] \cdot [0:1] \cdot [2:3]$$

Bei einem Vergleichernetz kommt es im allgemeinen auf die Reihenfolge der Vergleicher an. Wenn jedoch zwei aufeinander folgende Vergleicher keine waagerechte Linie gemeinsam haben, wie zum Beispiel in Bild 12.2 die Vergleicher [0:2] und [1:3] oder die Vergleicher [0:1] und [2:3], so können sie offenbar auch in umgekehrter Reihenfolge ausgeführt werden; die von ihnen bewirkte Abbildung bleibt dieselbe.

Bild 12.2: *Vergleichernetz N*

Definition: Zwei Vergleichernetze N und M sind *äquivalent*, wenn sie dieselbe Abbildung bewirken, d.h. wenn sie jede Eingabefolge a in jeweils dieselbe Ausgabefolge überführen:

$$N \equiv M \quad \Leftrightarrow \quad \forall\, a:\; N(a) = M(a)$$

Definition: Zwei Vergleicher $[i:j]$ und $[k:l]$ heißen *unabhängig*, wenn sie keine Linie gemeinsam haben, d.h. wenn i, j, k, l paarweise verschieden sind.

Satz: Für zwei unabhängige Vergleicher $[i:j]$ und $[k:l]$ gilt

$$[i:j] \cdot [k:l] \;\equiv\; [k:l] \cdot [i:j]$$

Definition: Eine *Vergleicherstufe S* ist eine Hintereinanderausführung von paarweise unabhängigen Vergleichern

$$S \;=\; [i_1:j_1] \cdot \;\ldots\cdot\; [i_r:j_r],\; r \in \mathbb{N}$$

Die Vergleicher innerhalb einer Vergleicherstufe können in beliebiger Reihenfolge, oder aber auch parallel ausgeführt werden. Das Vergleichernetz in Bild 12.2 besteht aus zwei Vergleicherstufen.

Sortiernetz

Definition: Ein *Sortiernetz* ist ein Vergleichernetz, das alle Eingabefolgen sortiert.

Das Vergleichernetz aus Bild 12.2 ist kein Sortiernetz, weil es z.B. die Folge 3 1 4 2 nicht sortiert.

Die Frage, ob ein beliebig vorgegebenes Vergleichernetz ein Sortiernetz ist oder nicht, ist im allgemeinen nicht leicht zu beantworten, das Problem ist NP-schwer (s. Abschnitt 10.4). Unabhängig davon lassen sich natürlich Sortiernetze systematisch konstruieren und beweisen.

Beispiele hierfür sind die in den folgenden Abschnitten angegebenen Sortierverfahren Bubblesort, Odd-even Transposition Sort, Bitonic Sort und Odd-even Mergesort, ferner auch Shellsort. Diese lassen sich als Sortiernetze realisieren.

Bubblesort und Odd-even Transposition Sort sind sogenannte primitive Sortiernetze, d.h. Vergleiche finden nur zwischen benachbarten Elementen der Datenfolge statt. Primitive Sortiernetze benötigen immer $\Omega(n^2)$ Vergleicher zum Sortieren von n Daten. Die Bedeutung dieser Verfahren liegt darin, dass sie sich sehr gut für eine parallele Implementierung in Hardware oder auf Prozessorfeldern eignen, da die Datenkommunikation lokal ist.

Mit $O(n \cdot \log(n)^2)$ Vergleichern wesentlich effizientere, wenn auch nicht optimale Sortiernetze sind Bitonic Sort, Odd-even Mergesort und Shellsort. Ein mit einer Komplexität von $O(n \log(n))$ asymptotisch optimales Sortiernetz existiert [AKS 83]; es ist jedoch aufgrund seiner hohen Konstanten erst für (unrealistische) Problemgrößen von über 2^{1000} besser als Bitonic Sort.

In der folgenden Tabelle ist die Komplexität der erwähnten Sortiernetze zusammenfassend dargestellt. Die Anzahl der Vergleicherstufen entspricht der Zeitkomplexität, die Anzahl der Vergleicher dem Hardwareaufwand bei paralleler Implementierung. Bei sequentieller Implementierung entspricht die Anzahl der Vergleicher der Zeitkomplexität.

	Vergleicherstufen	Vergleicher
Bubblesort	$\Theta(n)$	$\Theta(n^2)$
Odd-even Transposition Sort	$\Theta(n)$	$\Theta(n^2)$
Bitonic Sort	$\Theta(\log(n)^2)$	$\Theta(n \cdot \log(n)^2)$
Odd-even Mergesort	$\Theta(\log(n)^2)$	$\Theta(n \cdot \log(n)^2)$
Shellsort	$\Theta(\log(n)^2)$	$\Theta(n \cdot \log(n)^2)$

12.2   0-1-Prinzip

Außerordentlich hilfreich für den Beweis von Sortiernetzen ist folgender Satz, der als *0-1-Prinzip* bezeichnet wird [Knu 73]. Er besagt, dass die Tatsache, ob ein Vergleichernetz ein Sortiernetz ist oder nicht, nur von seiner Struktur abhängt und nicht vom Eingabedatenbereich A.

Satz: (0-1-Prinzip)

Ein Vergleichernetz, das alle Folgen von Nullen und Einsen sortiert, ist ein Sortiernetz (d.h. es sortiert auch alle Folgen von beliebigen Werten).

Der Beweis des 0-1-Prinzips ist eigentlich recht einfach. Um ihn technisch sauber zu führen, sind jedoch zunächst einige Definitionen und zwei Hilfssätze erforderlich.

Hilfssätze

Definition: Seien A und B geordnete Mengen. Eine Abbildung $f: A \to B$ heißt *monoton*, wenn für alle $a_1, a_2 \in A$ gilt

$$a_1 \leq a_2 \quad \Rightarrow \quad f(a_1) \leq f(a_2)$$

Hilfssatz: Sei f eine monotone Abbildung. Dann gilt für alle $a_1, a_2 \in A$

$$f(\min(a_1, a_2)) \;=\; \min(f(a_1),\, f(a_2))$$

Beweis: Sei zunächst $a_1 \leq a_2$ und somit $f(a_1) \leq f(a_2)$. Dann gilt

$$\min(a_1, a_2) = a_1 \quad \text{und} \quad \min(f(a_1), f(a_2)) = f(a_1)$$

Somit ist

$$f(\min(a_1, a_2)) \;=\; f(a_1) \;=\; \min(f(a_1), f(a_2))$$

Ist dagegen $a_2 \leq a_1$ und somit $f(a_2) \leq f(a_1)$, dann gilt analog

$$f(\min(a_1, a_2)) \;=\; f(a_2) \;=\; \min(f(a_1), f(a_2))$$

Eine entsprechende Aussage gilt für die max-Funktion.

Definition: Sei f eine monotone Abbildung. Die *Erweiterung* von f auf endliche Folgen $a = a_0, ..., a_{n-1}$ sei wie folgt definiert:

$$f(a_0, ..., a_{n-1}) \;=\; f(a_0), ..., f(a_{n-1}) \,, \quad \text{d.h.}$$
$$f(a)_i \;=\; f(a_i)$$

Hilfssatz: Sei N ein Vergleichernetz, f eine monotone Abbildung und $a = a_0, ..., a_{n-1}$ eine endliche Folge. Dann gilt:

$$N(f(a)) \;=\; f(N(a))$$

d.h. es ist dasselbe, ob die monotone Abbildung f vor Eingabe von a in das Vergleichernetz N angewandt wird oder hinterher.

Beweis: Zunächst gilt für einen einzelnen Vergleicher $[i:j]$:

$$[i:j](f(a))_i \;=\; [i:j](f(a_0), ..., f(a_{n-1}))_i \;=\; \min(f(a_i),\, f(a_j))$$
$$= \; f(\min(a_i, a_j)) \;=\; f([i:j](a)_i) \;=\; f([i:j](a))_i$$

Entsprechendes gilt für die Komponente j sowie für alle anderen Komponenten k. Insgesamt gilt damit

$$[i:j](f(a)) \;=\; f([i:j](a))$$

Da ein Vergleichernetz eine Hintereinanderausführung von Vergleichern ist, gilt somit für ein beliebiges Vergleichernetz N und jede monotone Abbildung f:

$$N(f(a)) \;=\; f(N(a))$$

Beweis des 0-1-Prinzips

Wir formulieren das 0-1-Prinzip umgekehrt:

Satz: Sei N ein Vergleichernetz. Wenn es eine beliebige Folge gibt, die von N nicht sortiert wird, dann gibt es auch eine 0-1-Folge, die von N nicht sortiert wird.

Beweis: Sei a mit $a_i \in A$ eine Folge, die von N nicht sortiert wird. Dies bedeutet: $N(a) = b$ ist unsortiert, d.h. es gibt einen Index k mit $b_k > b_{k+1}$.

Definiere eine Abbildung $f : A \to \{0, 1\}$ wie folgt. Für alle $c \in A$ sei

$$f(c) \;=\; \begin{cases} 0 & \text{falls} \quad c < b_k \\ 1 & \text{falls} \quad c \geq b_k \end{cases}$$

Offenbar ist f monoton; ferner gilt:

$$f(b_k) = 1 \quad \text{und} \quad f(b_{k+1}) = 0$$

d.h. $f(b) = f(N(a))$ ist unsortiert. Damit ist aber auch $N(f(a))$ unsortiert, und dies bedeutet auch, dass die 0-1-Folge $f(a)$ durch das Vergleichernetz N nicht sortiert wird.

Wir haben damit gezeigt, dass wenn es eine Folge a gibt, die von N nicht sortiert wird, es auch eine 0-1-Folge $f(a)$ gibt, die von N nicht sortiert wird.

Dies ist gleichbedeutend damit, dass wenn es keine 0-1-Folge gibt, die von N nicht sortiert wird, es auch keine Folge mit beliebigen Werten gibt, die von N nicht sortiert wird.

Dies ist wiederum gleichbedeutend damit, dass wenn jede 0-1-Folge von N sortiert wird, auch jede Folge von beliebigen Werten von N sortiert wird.

12.3   Bubblesort

Bubblesort ist das einfachste Sortierverfahren. Allerdings hat es eine Zeitkomplexität von $\Theta(n^2)$, damit ist es für größere Datenmengen nicht geeignet. Denn bereits bei einigen zig-tausend Daten ist Bubblesort 1000-mal langsamer als ein schnelles Sortierverfahren wie etwa Mergesort oder Heapsort.

Bubblesort lässt sich als Sortiernetz implementieren.

Idee

Der Algorithmus Bubblesort durchläuft Element für Element die zu sortierende Datenfolge. Wird dabei ein Element erreicht, das kleiner als das vorherige Element ist, so wird es mit diesem vertauscht. Dadurch ist das aktuelle Element immer das Maximum aller bisher durchlaufenen Elemente. Ist die Folge zu Ende durchlaufen, steht das größte Element der Folge an letzter Position.

Im nächsten Durchlauf wird das zweitgrößte Element an die vorletzte Position befördert, und so weiter. Besteht die Folge aus n Elementen, so ist die Folge nach $n - 1$ Durchläufen sortiert.

Sortiernetz

Den eben skizzierten Ablauf gibt das in Bild 12.3 dargestellte Sortiernetz Bubblesort wieder. Mit der ersten Diagonalen von Vergleichern wird das größte Element an das Ende der Folge befördert. Mit der zweiten Diagonalen wird das zweitgrößte Element an die vorletzte Position befördert usw.

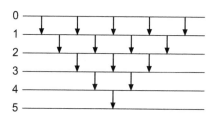

Bild 12.3: *Sortiernetz Bubblesort für $n = 6$*

Analyse

Die Anzahl der Vergleiche, die Bubblesort zum Sortieren einer Datenfolge der Länge n benötigt, beträgt

$$n - 1 + n - 2 + \ldots + 1 \quad = \quad \frac{n \cdot (n - 1)}{2} \quad \in \quad \Theta(n^2) \,.$$

Programm

Es folgt die Implementierung als Programm. Die Funktion *bubbleSort* ist in einer Klasse *BubbleSorter* gekapselt.

Mit der Anweisung

```
BubbleSorter s=new BubbleSorter();
```

wird ein Objekt vom Typ *BubbleSorter* erzeugt. Mit

```
s.sort(b);
```

kann anschließend ein Array b sortiert werden.

```
public class BubbleSorter
{
    private int[] a;
    private int n;

    // übernimmt ein Array und sortiert es mit Bubblesort
    public void sort(int[] a_)
    {
        a=a_;
        n=a.length;
        bubbleSort();
    }
    // sortiert das Array mit Bubblesort
    private void bubbleSort()
    {
        int i, j;
        for (i=n; i>1; i--)
            for (j=1; j<i; j++)
                if (a[j-1]>a[j])
                    exchange(j-1, j);
    }
    // vertauscht zwei Einträge im Array a
    private void exchange(int i, int j)
    {
        int t=a[i];
        a[i]=a[j];
        a[j]=t;
    }

}    // end class BubbleSorter
```

12.4   Odd-even Transposition Sort

Verfahren

Das Sortiernetz *Odd-even Transposition Sort* [Knu 73] für n Eingabedaten besteht aus n Vergleicherstufen, in denen jeweils abwechselnd alle Eingabedaten mit ungeradem Index mit ihren darüber liegenden Nachbarn verglichen werden und dann alle Eingabedaten mit geradem Index (Bild 12.4). Die Anzahl der Vergleicher beträgt $n \cdot (n-1)/2$ und entspricht damit genau derjenigen von Bubblesort, die Anzahl der Vergleicherstufen ist jedoch nur etwa halb so groß.

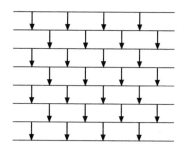

Bild 12.4: *Sortiernetz Odd-even Transposition Sort für n = 8*

Korrektheit

Es wird gezeigt, dass Odd-even Transposition Sort jede beliebige Folge von Nullen und Einsen sortiert. Nach dem 0-1-Prinzip wird dann auch jede Folge von beliebigen Elementen sortiert. Der Beweis wird durch vollständige Induktion über die Problemgröße n geführt.

Behauptung: Das Odd-even-Transposition-Vergleichernetz für n Elemente sortiert jede 0-1-Folge der Länge n.

Induktionsanfang: $n = 1$
Das Odd-even-Transposition-Vergleichernetz für ein Element besteht aus lediglich einer durchgezogenen waagerechten Linie mit 0 Vergleichern. Da jede 0-1-Folge der Länge 1 bereits sortiert ist, ist die Behauptung für $n = 1$ bewiesen.

Induktionsannahme: Die Behauptung sei für $n - 1$ erfüllt.

Induktionsschluss:
Gegeben sei ein Odd-even-Transposition-Vergleichernetz für $n > 1$ Elemente, ferner eine beliebige 0-1-Folge $a = a_0, ..., a_{n-1}$.

1. Fall: Ist $a_{n-1} = 1$, so bewirken die unteren Vergleicher $[n-2 : n-1]$ nichts und können entfallen. Es verbleibt ein Odd-even-Transposition-Vergleichernetz für $n - 1$ Elemente (plus eine überflüssige Vergleicherstufe), das nach Induktionsannahme die Folge $a_0, ..., a_{n-2}$ sortiert. Das Element a_{n-1} befindet sich bereits an der richtigen Position; somit wird auch a sortiert. Folgendes Bild 12.5 veranschaulicht diesen Fall.

2. Fall: Ist $a_{n-1} = 0$, so führen alle Vergleicher, auf die diese Null trifft, eine Vertauschung durch (auch wenn ein Vergleicher in Wirklichkeit keine Vertauschung durchführt, weil das andere zu vergleichende Element auch eine Null ist, ist das Ergebnis dasselbe). Die entsprechenden Vergleicher können somit durch sich überkreuzende Linien ersetzt werden (Bild 12.6).

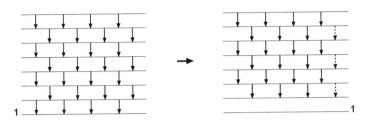

Bild 12.5: Fall 1

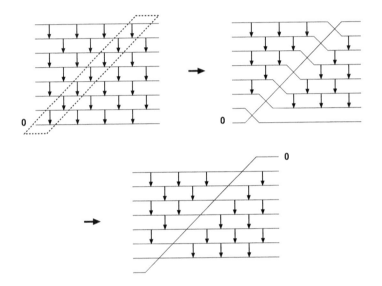

Bild 12.6: Fall 2

Es verbleibt ein Odd-even-Transposition-Vergleichernetz für $n-1$ Elemente, das nach Induktionsannahme die Folge a_0, ..., a_{n-2} sortiert. Es wird von einer Leitung überkreuzt, die $a_{n-1} = 0$ an die oberste Position bringt; somit wird auch a sortiert. Damit ist die Behauptung für beliebiges $n \in \mathbb{N}$ bewiesen.

12.5   Bitonic Sort

Bitonic Sort [Bat 68] ist mit $O(n \log(n)^2)$ Vergleichern eines der effizientesten Sortiernetze. Es ist Grundlage vieler paralleler Sortierverfahren auf zweidimensionalen

Prozessorfeldern (siehe Kapitel 13). Im Folgenden wird das Sortiernetz Bitonic Sort auf Basis des 0-1-Prinzips entwickelt.

Grundlagen

Definition: Eine Folge $a = a_0, ..., a_{n-1}$ mit $a_i \in \{0,1\}$, $i = 0, ..., n-1$ heißt *0-1-Folge*.

Eine 0-1-Folge heißt *bitonisch*,[1] wenn sie höchstens zwei Wechsel zwischen 0 und 1 enthält, d.h. wenn Zahlen $k, m \in \{1, ..., n\}$ existieren derart dass

$$a_0, ..., a_{k-1} = 0, \quad a_k, ..., a_{m-1} = 1, \quad a_m, ..., a_{n-1} = 0 \quad \text{oder}$$
$$a_0, ..., a_{k-1} = 1, \quad a_k, ..., a_{m-1} = 0, \quad a_m, ..., a_{n-1} = 1.$$

In folgendem Bild 12.7 sind verschiedene Beispiele bitonischer 0-1-Folgen schematisch dargestellt (Nullen weiß, Einsen grau):

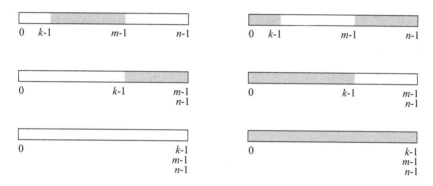

Bild 12.7: Verschiedene Beispiele bitonischer 0-1-Folgen

Definition: Sei $n \in \mathbb{N}, n$ gerade. Das Vergleichernetz B_n ist wie folgt definiert:
$$B_n = [0 : n/2] \ [1 : n/2+1] \ ... \ [n/2-1 : n-1].$$

Als Beispiel ist in Bild 12.8 das Vergleichernetz B_8 dargestellt.

Satz: Sei $n \in \mathbb{N}, n$ gerade und $a = a_0, ..., a_{n-1}$ eine bitonische 0-1-Folge. Die Anwendung des Vergleichernetzes B_n auf a ergibt dann
$$B_n(a) = b_0, ..., b_{n/2-1} \ c_0, ..., c_{n/2-1},$$

---

[1]von engl. *bitonic* = zweifach *monotonic*

wobei die b_i die kleineren Elemente und die c_j die größeren Elemente sind, d.h.

$b_i \leq c_j$ für alle $i, j \in \{0, ..., n/2 - 1\}$,

und darüber hinaus gilt

$b_0, ..., b_{n/2-1}$ ist bitonische 0-1-Folge   und

$c_0, ..., c_{n/2-1}$ ist bitonische 0-1-Folge.

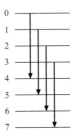

Bild 12.8: *Vergleichernetz B_8*

Bild 12.9: *Bitonische 0-1-Folgen (dargestellt jeweils in zwei Zeilen)*

Beweis: Sei $a = a_0, ..., a_{n-1}$ eine bitonische 0-1-Folge. Schreibt man a in zwei Zeilen, dann ergibt sich folgendes Bild (Nullen sind wieder weiß, Einsen grau dargestellt). Die Folge beginnt mit Nullen, dann kommen Einsen und dann wieder Nullen (Bild 12.9a). Oder die Folge beginnt mit Einsen, dann kommen Nullen und dann wieder Einsen, wobei sich die Bereiche der Einsen auch überlappen können (Bild 12.9b).

Es sind noch eine ganze Reihe anderer Variationen möglich, einige sind in Bild 12.10 dargestellt. Eine Anwendung des Vergleichernetzes B_n entspricht einem Vergleich zwischen oberer und unterer Zeile; hierdurch wird in allen Fällen die im Satz angegebene Form hergestellt, d.h. alle b_i sind kleiner oder gleich allen c_j und b ist bitonisch und c ist bitonisch.

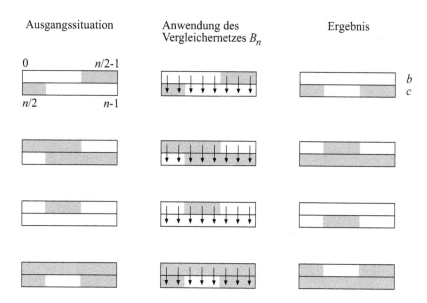

Bild 12.10: *Anwendung des Vergleichernetzes B_n auf bitonische 0-1-Folgen*

Sortiernetz *BitonicSort*

Vergleichernetze B_k für verschiedene Zweierpotenzen k bilden die Bausteine für das Sortiernetz *BitonicSort(n)*. Durch Anwendung des Divide-and-Conquer-Prinzips werden Vergleichernetze *BitonicMerge* und *BitonicSort* konstruiert.

Das Vergleichernetz *BitonicMerge(n)* sortiert eine bitonische Folge. Aufgrund der Tatsache, dass B_n wiederum bitonische Teilfolgen halber Länge liefert, von denen die erste die kleineren Elemente enthält und die zweite die größeren, lässt es sich rekursiv aufbauen (Bild 12.11).

Die bitonische Folge, die als Eingabe für *BitonicMerge* notwendig ist, wird aus einer aufsteigend sortierten und einer absteigend sortierten Hälfte zusammengesetzt. Diese sortierten Hälften werden durch rekursive Anwendung von *BitonicSort* erzeugt (Bild 12.12).

Im darauf folgenden Bild 12.13 ist als Beispiel das Sortiernetz *BitonicSort(8)* dargestellt.

Auf das ganze Vergleichernetz lässt sich das 0-1-Prinzip anwenden: da das Vergleichernetz *BitonicSort* beliebige 0-1-Folgen sortiert, sortiert es auch jede beliebige andere Folge, ist also ein Sortiernetz.

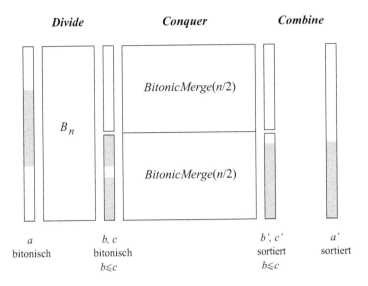

Bild 12.11: *BitonicMerge(n)*

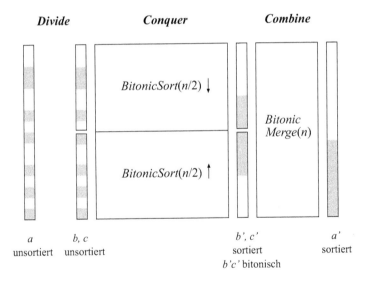

Bild 12.12: *BitonicSort(n)*

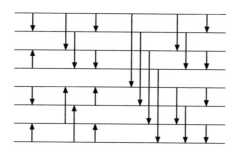

Bild 12.13: *Sortiernetz BitonicSort für n = 8*

Analyse

Das Vergleichernetz *BitonicMerge(n)* besteht aus $\log(n)$ Vergleicherstufen (so etwa die $3 = \log(8)$ Vergleicherstufen in Bild 12.13). Die Anzahl der Vergleicherstufen $T(n)$ des gesamten Sortiernetzes *BitonicSort(n)* ergibt sich also wie folgt:

$$T(n) = \log(n) + T(n/2) \text{ sowie}$$

$$T(1) = 0.$$

Die Lösung dieser Rekursionsgleichung ist

$$T(n) = \log(n) + \log(n) - 1 + \log(n) - 2 + \ldots + 1 = \log(n) \cdot (\log(n) + 1) / 2.$$

Jede Vergleicherstufe des Sortiernetzes besteht aus $n/2$ Vergleichern; insgesamt sind dies also $\Theta(n \log(n)^2)$ Vergleicher.

Programm

Es folgt eine Implementation von Bitonic Sort in Java. Das Verfahren ist in der Klasse *BitonicSorter* gekapselt. Die Methode *sort* übergibt das zu sortierende Array an das Array a und ruft *bitonicSort* auf.

Die Funktion *bitonicSort* erzeugt zunächst eine bitonische Folge, indem sie die beiden Hälften der Folge gegenläufig sortiert (durch zwei rekursive Aufrufe von *bitonicSort*). Danach sortiert sie die bitonische Folge durch Aufruf von *bitonicMerge*.

Die Funktion *bitonicMerge* sortiert rekursiv eine bitonische Folge a. Die zu sortierende Folge beginnt am Index *lo*, die Anzahl der Elemente ist n, die Sortierrichtung ist aufsteigend, wenn $dir = ASCENDING$, sonst absteigend.

Ein Vergleicher wird durch die Funktion *compare* modelliert. Der Parameter *dir* gibt die Sortierrichtung an. Die Elemente $a[i]$ und $a[j]$ werden vertauscht, wenn $dir = ASCENDING$ und $(a[i] > a[j]) = true$ oder wenn $dir = DESCENDING$ und $(a[i] > a[j]) = false$ gilt.

Mit den Anweisungen

```
BitonicSorter s=new BitonicSorter();
s.sort(b);
```

wird ein Objekt vom Typ *BitonicSorter* erzeugt und anschließend die Methode *sort* aufgerufen, um ein Array b zu sortieren. Die Länge n des Arrays muss eine Zweierpotenz sein.

```
public class BitonicSorter
{
    private int[] a;
    // sorting direction:
    private final static boolean ASCENDING=true, DESCENDING=false;
    public void sort(int[] a_)
    {
        a=a_;
        bitonicSort(0, a.length, ASCENDING);
    }
    private void bitonicSort(int lo, int n, boolean dir)
    {
        if (n>1)
        {
            int m=n/2;
            bitonicSort(lo, m, ASCENDING);
            bitonicSort(lo+m, m, DESCENDING);
            bitonicMerge(lo, n, dir);
        }
    }
    private void bitonicMerge(int lo, int n, boolean dir)
    {
        if (n>1)
        {
            int m=n/2;
            for (int i=lo; i<lo+m; i++)
                compare(i, i+m, dir);
            bitonicMerge(lo, m, dir);
            bitonicMerge(lo+m, m, dir);
        }
    }
    private void compare(int i, int j, boolean dir)
    {
        if (dir==(a[i]>a[j]))
            exchange(i, j);
    }
```

```
    private void exchange(int i, int j)
    {
        int t=a[i];
        a[i]=a[j];
        a[j]=t;
    }

}    // end class BitonicSorter
```

Zusammenfassung

Mit $\Theta(n \log(n)^2)$ Vergleichern ist das Verfahren Bitonic Sort nicht optimal – die untere Schranke für Sortierverfahren, die auf Vergleichen beruhen, liegt bei $\Omega(n \log(n))$ und wird z.B. von Heapsort auch erreicht. Dennoch ist Bitonic Sort insbesondere für Hardware- und Parallelrechner-Realisierungen interessant, da die Reihenfolge der Vergleiche von vornherein festlegt und nicht von den Daten abhängig ist.

Das Verfahren lässt sich auch für beliebiges n, das keine Zweierpotenz ist, anpassen.

12.6   Odd-even Mergesort

Das Sortierverfahren *Odd-even Mergesort* geht auf K.E. BATCHER [Bat 68] zurück. Es basiert auf einem Merge-Verfahren, mit dem zwei sortierte Hälften einer Folge zu einer insgesamt sortierten Folge verschmolzen werden (engl.: *to merge* – verschmelzen).

Im Gegensatz zu Mergesort (s. Abschnitt 2.4) ist dieses Verfahren nicht datenabhängig, d.h. es werden unabhängig von den Daten stets dieselben Vergleiche durchgeführt. Odd-even Mergesort lässt sich daher als Sortiernetz implementieren.

Merge-Verfahren

Es folgt zunächst das Merge-Verfahren, das aus einer Folge, deren beide Hälften sortiert sind, eine sortierte Folge macht.

Algorithmus *oddevenMerge(n)*

Eingabe:	Folge a_0, ..., a_{n-1} der Länge $n > 1$, deren beide Hälften a_0, ..., $a_{n/2-1}$ und $a_{n/2}$, ..., a_{n-1} sortiert sind (n Zweierpotenz)
Ausgabe:	Die sortierte Folge
Methode:	wenn $n > 2$ dann

1. *oddevenMerge(n/2)* rekursiv auf die gerade Teilfolge $a_0, a_2, ..., a_{n-2}$ und auf die ungerade Teilfolge $a_1, a_3, ..., a_{n-1}$ anwenden;

2.   Vergleich $[a_i : a_{i+1}]$ für alle $i \in \{1, 3, 5, 7, ..., n - 3\}$

sonst

Vergleich $[a_0 : a_1]$;

Korrektheit

Die Korrektheit des Merge-Verfahrens lässt sich per Induktion und mit Hilfe des 0-1-Prinzips zeigen.

Ist $n = 2^1$, so wird mit dem Vergleich $[a_0 : a_1]$ die Folge sortiert. Sei nun $n = 2^k, k > 1$ und für alle kleineren k sei das Verfahren korrekt (Induktionsvoraussetzung).

Die 0-1-Folge $a = a_0, ..., a_{n-1}$ wird gedanklich zeilenweise in ein zweispaltiges Feld eingetragen. Die entsprechende Zuordnung der Indexpositionen ist in Bild 1a gezeigt, hier für $n = 16$. In Bild 1b ist die dadurch entstehende Situation dargestellt. Jede der beiden sortierten Hälften der 0-1-Folge beginnt mit einer gewissen Anzahl von Nullen (weiß) und endet mit einer gewissen Anzahl von Einsen (grau).

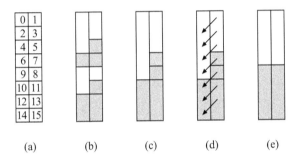

(a)   (b)   (c)   (d)   (e)

Bild 12.14: Situationen während der Ausführung von oddevenMerge

In der linken Spalte befindet sich die gerade Teilfolge, d.h. alle a_i mit i gerade, also a_0, a_2, a_4 usw.; in der rechten Spalte die ungerade Teilfolge, d.h. alle a_i mit i ungerade, also a_1, a_3, a_5 usw. Wie die ursprüngliche Folge bestehen auch die gerade und die ungerade Teilfolge jeweils aus zwei sortierten Hälften.

Nach Induktionsvoraussetzung werden die linke und rechte Spalte durch rekursive Anwendung von *oddevenMerge*$(n/2)$ in Schritt 1 des Algorithmus sortiert. Die rechte Spalte kann maximal zwei Einsen mehr enthalten als die linke (Bild 1c).

Durch Anwendung der Vergleiche von Schritt 2 des Algorithmus (Bild 1d) wird in jedem Fall das Feld sortiert (Bild 1e).

Analyse

Mit $T(n)$ sei die Anzahl der von $oddevenMerge(n)$ durchgeführten Vergleiche bezeichnet. Dann gilt für $n > 2$

$$T(n) \;=\; 2 \cdot T(n/2) + n/2 - 1$$

Mit $T(2) = 1$ ergibt sich

$$T(n) \;=\; n/2 \cdot (\log(n) - 1) + 1 \;\in\; O(n \cdot \log(n))$$

Sortierverfahren

Aus dem Merge-Verfahren lässt sich durch rekursive Anwendung das Sortierverfahren Odd-even Mergesort erzeugen.

Algorithmus $oddevenMergesort(n)$

Eingabe: Folge a_0, ..., a_{n-1} (n Zweierpotenz)

Ausgabe: Die sortierte Folge

Methode: wenn $n > 1$ dann

       1. $oddevenMergesort(n/2)$ rekursiv auf die beiden Hälften a_0, ..., $a_{n/2-1}$ und $a_{n/2}$, ..., a_{n-1} der Folge anwenden;

      2. $oddevenMerge(n)$;

Die Anzahl der Vergleicher von Odd-even Mergesort liegt in $O(n \log(n)^2)$.

Bild 12.15 zeigt das Odd-even-Mergesort-Sortiernetz für $n = 8$.

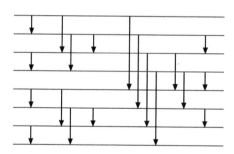

Bild 12.15: *Odd-even Mergesort für $n = 8$*

Programm

Es folgt eine Implementation von Odd-even Mergesort in Java. Das Verfahren ist in der Klasse *OddEvenMergeSorter* gekapselt. Die Methode *sort* übergibt das zu sortierende Array an das Array *a* und ruft die Funktion *oddEvenMergeSort* auf.

Die Funktion *oddEvenMergeSort* sortiert zunächst rekursiv die beiden Hälften der Folge. Danach verschmilzt sie die beiden Hälften durch Aufruf von *oddEvenMerge*.

Die Funktion *oddEvenMerge* verschmilzt eine Folge, deren beide Hälften sortiert sind. Dies geschieht rekursiv durch Anwendung von *oddEvenMerge* auf die gerade und die ungerade Teilfolge und anschließendes Vergleichen von benachbarten Elementen. Welche Elemente benachbart sind, wird durch einen Parameter r angegeben: In der ursprünglichen Folge sind Elemente mit dem Abstand $r = 1$ benachbart; in der geraden Teilfolge sind Elemente mit dem Abstand $r = 2$ benachbart; in der geraden Teilfolge der geraden Teilfolge sind Elemente mit dem Abstand $r = 4$ benachbart usw.

Mit den Anweisungen

```
OddEvenMergeSorter s=new OddEvenMergeSorter();
s.sort(b);
```

wird ein Objekt vom Typ *OddEvenMergeSorter* erzeugt und anschließend die Methode *sort* aufgerufen, um ein Array *b* zu sortieren. Die Länge n des Arrays muss eine Zweierpotenz sein.

```
public class OddEvenMergeSorter
{
    private int[] a;
    public void sort(int[] a_)
    {
        a=a_;
        oddEvenMergeSort(0, a.length);
    }
    // sortiert ein Teilstück der Länge n beginnend an Position lo
    private void oddEvenMergeSort(int lo, int n)
    {
        if (n>1)
        {
            int m=n/2;
            oddEvenMergeSort(lo, m);
            oddEvenMergeSort(lo+m, m);
            oddEvenMerge(lo, n, 1);
        }
    }
```

```
// verschmilzt ein Teilstück der Länge n, das an Position lo beginnt
// r ist der Abstand der zu vergleichenden Elemente
private void oddEvenMerge(int lo, int n, int r)
{
    int m=r*2;
    if (m<n)
    {
        oddEvenMerge(lo, n, m);       // gerade Teilfolge
        oddEvenMerge(lo+r, n, m);     // ungerade Teilfolge
        for (int i=lo+r; i+r<lo+n; i+=m)
            compare(i, i+r);
    }
    else
        compare(lo, lo+r);
}
private void compare(int i, int j)
{
    if (a[i]>a[j])
        exchange(i, j);
}
private void exchange(int i, int j)
{
    int t=a[i];
    a[i]=a[j];
    a[j]=t;
}

}    // end class OddEvenMergeSorter
```

Zusammenfassung

Dieselbe asymptotische Komplexität wie Odd-even Mergesort haben auch die Sortiernetze Bitonic Sort und Shellsort. Die Anzahl der Vergleicher von Bitonic Sort nähert
sich mit wachsendem n an die Anzahl der Vergleicher von Odd-even Mergesort an. Die
Anzahl der Vergleicher von Shellsort ist stets um etwa 33% höher als die von Odd-even
Mergesort.

Die folgende Tabelle gibt eine Übersicht über die Anzahl der Vergleicher für
$n = 4, 16, 64, 256$ und 1024.

n	Odd-even Mergesort	Bitonic Sort	Shellsort
4	5	6	6
16	63	80	83
64	543	672	724
256	3839	4608	5106
1024	24063	28160	31915

12.7   Shellsort

Sortiernetz Shellsort

Bei Verwendung von Bubblesort anstelle des datenabhängigen Insertionsort lässt sich auch Shellsort (siehe Abschnitt 2.6) als Sortiernetz implementieren. Mit der h-Folge $2^p 3^q$ besteht es aus $\Theta(n \cdot \log(n)^2)$ Vergleichern. Das folgende Bild 12.16 zeigt ein entsprechendes Sortiernetz für $n = 8$.

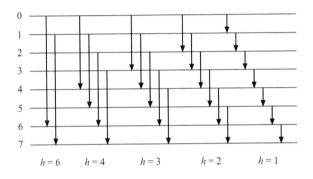

Bild 12.16: *Shellsort-Sortiernetz für $n = 8$*

Nachtrag Beweis

Mit Hilfe des 0-1-Prinzips lässt sich in recht anschaulicher Weise die für Shellsort wichtige Tatsache beweisen, dass eine g-sortierte Folge g-sortiert bleibt, wenn sie h-sortiert wird.

Ganz analog zum Begriff der Inversion (siehe Abschnitt 2.1) bilden zwei Folgenelemente, die bezüglich der h-Sortierung in falscher Reihenfolge stehen, eine h-Inversion.

Definition: Sei $a = a_0, ..., a_{n-1}$ eine Folge von Daten. Ein Zahlenpaar (i, j) mit $i, j \in \{0, ..., n-1\}$ heißt h-*Inversion*, wenn $i + kh = j$ und $a_i > a_j$ ist $(k \in \mathbb{N})$.

Sei eine g-sortierte 0-1-Folge gegeben. Schreibt man die Folge zeilenweise in ein zwei-dimensionales Feld mit g Spalten, so sind die Spalten sortiert. Eine h-Inversion ist gekennzeichnet durch eine Eins und eine Null im Abstand $kh, k \in \mathbb{N}$, d.h. die Eins steht weiter links oder weiter oben als die Null, jedoch nicht in derselben Spalte. In ein und derselben Spalte kann eine Inversion nicht auftreten, da die Spalten sortiert sind.

Es ergibt sich also eine Situation wie in Bild 12.17a (hier haben i und j den Abstand $kh = 9$, somit könnte in diesem Beispiel $h = 1$, $h = 3$ oder $h = 9$ sein).

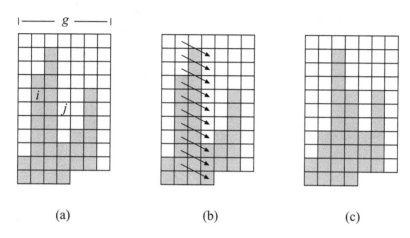

(a)   (b)   (c)

Bild 12.17: *(a) g-sortierte Folge mit h-Inversion (i, j), (b) h-Sortierschritte für eine Spalte, (c) Situation nach den h-Sortierschritten*

Nun wird folgendes Verfahren angewandt, um die Folge h-sortiert zu machen. Als Zeilen-kommentare sind Zusicherungen angegeben, die jeweils zwischen den Schritten gültig sind.

h-Sortieren einer g-sortierten Folge

Methode: // die Folge ist g-sortiert

         solange die Folge nicht h-sortiert ist wiederhole

                 // die Folge enthält mindestens eine h-Inversion

                 wähle eine beliebige h-Inversion (i, j);

                 // i und j befinden sich in zwei verschiedenen Spalten

                 beseitige alle h-Inversionen zwischen der Spalte von i und der Spalte von j durch entsprechende h-Sortierschritte;

// alle Spalten sind sortiert, d.h. die Folge ist weiterhin g-sortiert

// die Anzahl der h-Inversionen hat sich verringert

// die Folge ist h-sortiert

// die Folge ist g, h-sortiert

Indem immer alle h-Inversionen zwischen zwei Spalten beseitigt werden (Bilder 12.17b und 12.17c), bleibt die Bedingung „die Folge ist g-sortiert" bei jedem Durchlauf durch die Schleife erfüllt. Die Bedingung bildet somit eine Schleifeninvariante (siehe Abschnitt 11.3). Die Anzahl der h-Inversionen wird bei jedem Durchlauf verringert. Die Schleife bricht ab, wenn die Anzahl der h-Inversionen 0 erreicht. Dann ist die Folge h-sortiert, zugleich aber auch noch g-sortiert.

Streng genommen haben wir das 0-1-Prinzip nur für Sortiernetze bewiesen. Hier haben wir kein Sortiernetz, sondern ein datenabhängiges Sortierverfahren, dadurch dass zunächst eine h-Inversion gesucht wird. Aber man kann eine entsprechende Argumentation wie beim Beweis des 0-1-Prinzips leicht auf diese Situation übertragen.

13 Sortieren auf Prozessorfeldern

Das Sortiernetz Odd-even Transposition Sort (Abschnitt 12.4) lässt sich sehr gut auf einem eindimensionalen Prozessorfeld implementieren. Dabei hält jeder Prozessor ein Datenelement. Ein Vergleichs-Austausch-Schritt wird realisiert, indem jeweils zwei benachbarte Prozessoren ihr eigenes Datenelement mit dem des Nachbarn vergleichen und gegebenenfalls vertauschen. Bild 13.1 zeigt einen Odd- und einen Even-Schritt von Odd-even Transposition Sort auf einem eindimensionalen Prozessorfeld.

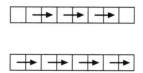

Bild 13.1: *Sortierschritte auf einem eindimensionalen Prozessorfeld*

In Prozessorfeldern können nur benachbarte Prozessoren miteinander kommunizieren. Dies gilt auch für zweidimensionale Prozessorfelder, hier hat jeder Prozessor allerdings noch zwei weitere Nachbarn in senkrechter Richtung. Bild 13.2 zeigt zwei mögliche Sortierschritte auf einem zweidimensionalen Prozessorfeld.

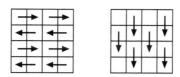

Bild 13.2: *Sortierschritte auf einem zweidimensionalen Prozessorfeld*

Problem

Die Definition des Sortierproblems wird zunächst verallgemeinert, damit nicht nur eindimensionale Datenfelder, sondern auch zweidimensionale (und darüber hinaus beliebige) Datenfelder behandelt werden können.

Definition: Sei A eine Menge von Daten mit einer Ordnungsrelation $\leq$. Ein *Datensatz* ist eine Abbildung $a : J \to A$, wobei J eine endliche Indexmenge ist. Die Schreibweise für einen Datensatz a ist auch $(a_i)_{i \in J}$.

Beispiel: Eine Datenfolge ist ein Datensatz mit der Indexmenge

$$J = \{0, ..., n-1\}.$$

Ein $n \times n$-Feld von Daten ist ein Datensatz mit der Indexmenge

$$J = \{0, ..., n-1\} \times \{0, ..., n-1\}.$$

Definition: Eine *Sortierrichtung* ist eine bijektive Abbildung

$$r : J \to \{0, ..., |J|-1\}.$$

Beispiel: Bei Datenfolgen entspricht $r(i) = i$ aufsteigender Sortierrichtung, $r(i) = n-1-i$ absteigender Sortierrichtung.

Bei $n \times n$-Datenfeldern sind folgende Sortierrichtungen üblich:

zeilenweise: $r(i,j) = i \cdot n + j$

in Schlangenlinie: $r(i,j) = \begin{cases} i \cdot n + j & \text{falls } i \text{ gerade} \\ i \cdot n + n - 1 - j & \text{falls } i \text{ ungerade} \end{cases}$

Definition: Das *Sortierproblem* besteht darin, einen beliebigen Datensatz $(a_i)_{i \in J}$ so zu einem Datensatz $(a_{\varphi(i)})_{i \in J}$ umzuordnen, dass gilt

$$\forall\, i, j \in J : a_{\varphi(i)} \leq a_{\varphi(j)} \quad \text{für} \quad r(i) < r(j).$$

φ ist hierbei eine Permutation der Indexmenge J.

Die $n \times n$-Datenfelder sollen auf einem $n \times n$-Prozessorfeld sortiert werden. Die Daten sind den Prozessoren in natürlicher Weise so zugeordnet, dass jeder Prozessor (i, j) das Datenelement $a_{i, j}$ enthält. Die Sortierrichtung soll stets zeilenweise aufsteigend sein.

Untere Schranken

Befindet sich das kleinste Element anfangs in der rechten unteren Ecke des $n \times n$-Feldes, so benötigt es mindestens $2n - 2$ Schritte, um in die linke obere Ecke zu kommen. Diese triviale untere Schranke wurde von Kunde auf $3n - \sqrt{2n} - 3$ Schritte verbessert [Kun 87].

In Bild 13.3 ist ein $n \times n$-Feld dargestellt. Das eingezeichnete rechte untere Dreieck des Feldes wird *Jokerzone* genannt, da die Daten in dieser Zone zunächst noch nicht festgelegt werden. Außerhalb der Jokerzone ist das Feld mit lauter verschiedenen Daten belegt.

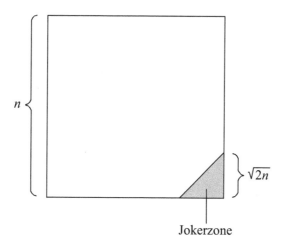

Bild 13.3: *n × n-Feld mit Jokerzone*

Die Datenelemente der Jokerzone können frühestens nach $2n - \sqrt{2n} - 2$ Schritten die linke obere Ecke des Feldes erreichen. Das Element x, das zu diesem Zeitpunkt in der linken oberen Ecke steht, ist also unabhängig von den Daten der Jokerzone: ganz gleich, welche Werte die Daten der Jokerzone haben, wird nach $2n - \sqrt{2n} - 2$ Schritten stets dasselbe Element x in der linken oberen Ecke stehen.

Die Werte der Datenelemente der Jokerzone werden nun so gewählt, dass das Element x in der sortierten Reihenfolge an den rechten Rand des Feldes gehört. Da die Jokerzone n Elemente enthält, ist genug „Manövriermasse" vorhanden, um x an den rechten Rand zu drängen. Das Element x muss also nach dem $2n - \sqrt{2n} - 2$-ten Schritt noch einen Weg der Länge $n - 1$ zurücklegen, so dass insgesamt mindestens $3n - \sqrt{2n} - 3$ Schritte erforderlich sind, um das Feld zu sortieren.

Sortierverfahren auf $n \times n$-Prozessorfeldern

Bereits 1977 veröffentlichten THOMPSON und KUNG eine Arbeit über das Sortieren auf einem $n \times n$-Prozessorfeld [TK 77]. Der dort vorgestellte Algorithmus s^2-*way Mergesort* war sowohl asymptotisch als auch hinsichtlich der Konstanten vor dem Term höchster Ordnung bereits optimal. Die Komplexität des Algorithmus beträgt $3n + O(n^{2/3} \log(n))$ Vergleichs-Austausch-Operationen.

Danach erschien noch eine ganze Reihe weiterer Arbeiten, in denen Sortierverfahren für $n \times n$-Prozessorfelder mit der Zeitkomplexität $O(n)$ vorgestellt wurden (u.a. [LSSS 85], [SchSh 86], [MG 88]). Diese Verfahren sind teilweise einfacher als das Verfahren von Thompson-Kung, jedoch alle langsamer. Lediglich der Algorithmus $3n$-Sort von SCHNORR und SHAMIR [SchSh 86] erreicht mit $3n + O(n^{3/4})$ Schritten dieselbe

Konstante vor dem Term höchster Ordnung.

Als besonders einfaches und gut zu implementierendes Verfahren soll im Folgenden das Verfahren *LS3-Sort* von LANG, SCHIMMLER, SCHMECK und SCHRÖDER angegeben werden und ferner das hinsichtlich der Konstanten optimale Verfahren *3n-Sort* von SCHNORR und SHAMIR (Abschnitt 13.2).

13.1 LS3-Sort

Ein sehr einfaches und gut zu implementierendes Verfahren zum Sortieren auf einem zweidimensionalen Prozessorfeld ist das Verfahren *LS3-Sort* von LANG, SCHIMMLER, SCHMECK und SCHRÖDER [LSSS 85].

Verfahren

Der Algorithmus LS3-Sort beruht auf einem Merge-Verfahren, welches vier sortierte $k/2 \times k/2$-Felder zu einem sortierten $k \times k$-Feld vereinigt. Sortierrichtung ist die Schlangenlinie. Als Grundoperationen werden die Operationen *shuffle* und *oets* benutzt.

shuffle

Ein professioneller Kartenspieler mischt einen Stoß Spielkarten, indem er die erste und die zweite Hälfte reißverschlussartig ineinander gleiten lässt. Die englische Bezeichnung hierfür ist *perfect shuffle* oder kurz *shuffle*. Sie steht für folgende Permutation, hier dargestellt für $n = 8$ Elemente:

    0 1 2 3 4 5 6 7
    0 4 1 5 2 6 3 7

Auf Prozessorfeldern kann die Permutation *shuffle* durch ein „Dreieck" von Vertauschungen zwischen Nachbarelementen hergestellt werden:

    0 1 2 3 4 5 6 7
        ↔
      ↔ ↔
    ↔ ↔ ↔
    0 4 1 5 2 6 3 7

oets

Die Operation *oets* steht für einen Schritt von Odd-even Transposition Sort. Bei einem Even-Schritt werden alle Elemente, die sich an geraden Positionen der Sortierreihenfolge befinden, mit ihren rechten Nachbarelementen verglichen und gegebenenfalls vertauscht, bei einem Odd-Schritt alle ungeraden Elemente. Odd- und Even-Schritte werden abwechselnd angewandt.

Prozedur *ls3Merge(k)*

Eingabe: $k \times k$-Feld, dessen vier $k/2 \times k/2$-Teilfelder in Schlangenlinie sortiert
                    sind

Ausgabe: Das in Schlangenlinie sortierte $k \times k$-Feld

Methode: 1.   *shuffle* in den Zeilen

              2.   Sortieren der Doppelspalten (in Schlangenlinie)

              3. $2k$ *oets*-Schritte auf der Schlangenlinie

Die Korrektheit der Prozedur *ls3Merge* wird mithilfe des 0-1-Prinzips (siehe Abschnitt 12.2) gezeigt.

Ausgangssituation ist ein nur mit Nullen und Einsen belegtes Feld, dessen vier Teilfelder sortiert sind. In Bild 13.4a ist diese Situation dargestellt (Nullen sind weiß dargestellt, Einsen grau). Jedes der Teilfelder enthält eine gewisse Anzahl von vollen Zeilen (a, b, c bzw. d) sowie möglicherweise eine angefangene Zeile.

Nach der Operation *shuffle* in Schritt 1 ergibt sich Bild 13.4b. In jeder Doppelspalte befinden sich $a + b + c + d$ Einsen aus den vollen Zeilen plus maximal vier weitere Einsen aus den angefangenen Zeilen.

Fall 1: $a + b + c + d$ gerade

Nach dem Sortieren der Doppelspalten in Schritt 2 ergibt sich Bild 13.4c. Die Einsen aus den vollen Zeilen ergeben $(a + b + c + d)/2$ volle Zeilen. Zusätzlich sind in jeder Doppelspalte maximal vier Einsen aus den angefangenen Zeilen. Diese bilden eine aus maximal zwei Zeilen bestehende unsortierte Zone.

Fall 2: $a + b + c + d$ ungerade

Ist $a + b + c + d$ ungerade, so bilden die Einsen aus den vollen Zeilen in jeder Doppelspalte eine Stufe (Bild 13.5). Wenn jetzt in einer Doppelspalte 0 und in einer anderen 4 Einsen aus den angefangenen Zeilen hinzukämen, so ergäbe sich eine aus drei Zeilen bestehende unsortierte Zone.

Dies ist jedoch nur dann möglich, wenn alle angefangenen Zeilen auf derselben Seite anfangen (z.B. alle links oder alle rechts). Bei der Sortierrichtung in Schlangenlinien bedeutet dies aber, dass die Zahlen a, b, c, d alle gerade oder alle ungerade sind. Dann aber kann ihre Summe nicht ungerade sein.

Wenn $a + b + c + d$ ungerade ist, kommen also in jeder Doppelspalte entweder mindestens eine Eins oder höchstens drei Einsen hinzu. Somit umfasst die unsortierte Zone auch in diesem Fall höchstens zwei Zeilen.

In Schritt 3 der Prozedur wird die aus maximal zwei Zeilen, d.h. aus maximal $2k$ Elementen bestehende unsortierte Zone schließlich sortiert. Hierfür genügen $2k$ *oets*-Schritte.

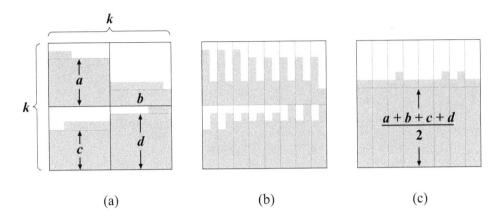

Bild 13.4: *Beweis der Korrektheit der Prozedur ls3Merge*

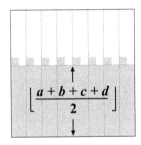

Bild 13.5: *Einsen aus den vollen Zeilen, wenn $a + b + c + d$ ungerade*

Durch rekursive Anwendung der Prozedur *ls3Merge* kann ein völlig unsortiertes Feld sortiert werden:

Algorithmus *ls3Sort(n)*

Eingabe: Unsortiertes $n \times n$-Feld

Ausgabe: Das sortierte $n \times n$-Feld

Methode: wenn $n > 1$ dann

                wende *ls3Sort(n/2)* rekursiv auf die vier $n/2 \times n/2$-Teilfelder an

                ls3Merge(n)

Analyse

Die Analyse der Prozedur *ls3Merge(k)* ergibt folgende Anzahl von Operationen:

Schritt 1: $k/2$
Schritt 2: $2k$
Schritt 3: $2k$
insgesamt: $4.5k$

Der Algorithmus LS3-Sort benötigt $T(n) = 4.5(n + n/2 + n/4 + \ldots + 2)$ Operationen; es gilt somit

$$T(n) \leq 9n$$

In [LSSS 85] wird gezeigt, dass sich die Zeitkomplexität von LS3-Sort noch auf $7n$ verringern lässt, indem u.a. die Doppelspalten schneller als in $2k$ Schritten sortiert werden.

Zusammenfassung

Der vorgestellte Algorithmus LS3-Sort zum Sortieren eines $n \times n$-Feldes hat die gleiche asymptotische Zeitkomplexität wie der Algorithmus von Thompson-Kung [TK 77], nämlich $O(n)$. Hinsichtlich der Konstanten ist er jedoch um einen Faktor von gut 2 schlechter. Die Qualität des Algorithmus liegt in seiner Einfachheit bei gleichzeitiger asymptotischer Optimalität.

13.2   3n-Sort

Das Verfahren *3n-Sort* von SCHNORR und SHAMIR [SchSh 86] ist komplizierter als LS3-Sort. Mit einer Komplexität von $3n + O(n^{3/4})$ ist es jedoch optimal, denn $3n$ ist eine untere Schranke für das Sortieren auf einem zweidimensionalen Prozessorfeld.

Verfahren

Das $n \times n$-Feld wird in senkrechte Scheiben, waagerechte Scheiben und Blöcke unterteilt. Eine senkrechte Scheibe ist ein $n \times n^{3/4}$-Teilfeld, eine waagerechte Scheibe ist ein $n^{3/4} \times n$-Teilfeld und ein Block ist ein $n^{3/4} \times n^{3/4}$-Teilfeld (Bild 13.6).

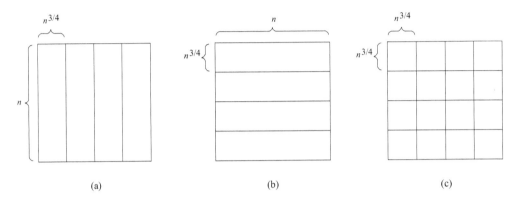

Bild 13.6: *Senkrechte Scheiben (a), waagerechte Scheiben (b) und Blöcke (c)*

Das gesamte Feld wie auch Teilfelder (Blöcke, Scheiben) werden stets in Schlangenlinie sortiert.

Der Algorithmus von Schnorr-Shamir verwendet folgende Operation *unshuffle* sowie die Operation *oets* (Schritt von Odd-even Transposition Sort; siehe Abschnitt 13.1).

unshuffle

Eine *k-fach-unshuffle*-Operation ist eine Permutation, die dem Austeilen von n Karten an k Spieler entspricht (k ist Teiler von n).

Beispiel: Permutation 4-fach-*unshuffle* der Zahlen $0, ..., 11$

$$\begin{array}{cccccccccccc} 0 & 1 & 2 & 3 & 4 & 5 & 6 & 7 & 8 & 9 & 10 & 11 \\ 0 & 4 & 8 & 1 & 5 & 9 & 2 & 6 & 10 & 3 & 7 & 11 \end{array}$$

Spieler 1 erhält die Karten 0, 4 und 8, Spieler 2 die Karten 1, 5 und 9 usw.

Im Algorithmus $3n$-Sort wird ein $n^{1/4}$-fach-*unshuffle* der Elemente der Zeilen durchgeführt.

Algorithmus $3n$-*Sort*

Eingabe: Unsortiertes $n \times n$-Feld von Daten

Ausgabe: Das sortierte $n \times n$-Feld

Methode: 1.   sortiere die Blöcke

             2.   wende $n^{1/4}$-fach-*unshuffle* entlang der Zeilen an

             3.   sortiere die Blöcke

             4.   sortiere die Spalten

             5.   sortiere die senkrechten Scheiben

             6.   sortiere die Zeilen in gegenläufige Richtung

             7.   wende $n^{3/4}$ *oets*-Schritte auf der Schlangenlinie an

Gegenläufiges Sortieren bedeutet, dass jede Zeile i aufsteigend sortiert wird, wenn i gerade ist, und absteigend, wenn i ungerade ist ($i \in \{0, ..., n-1\}$).

Korrektheit

Die Korrektheit von 3n-Sort wird wiederum mit Hilfe des 0-1-Prinzips gezeigt. In den folgenden Abbildungen sind Nullen weiß und Einsen grau dargestellt.

Definition: Eine Zeile heißt *einfarbig*, wenn sie nur aus Nullen oder nur aus Einsen besteht, anderenfalls heißt sie *gemischt*. Eine gemischte Zeile in einem sortierten Feld heißt *angefangene* Zeile.

Definition: Das *Gewicht* eines $r \times s$-Teilfeldes ist gleich der Anzahl der Einsen in diesem Teilfeld.

Insbesondere bezieht sich diese Definition hier auf Spalten und auf Blöcke.

Definition: Ein maximaler zusammenhängender Bereich in der Sortierreihenfolge, der mit einer Eins beginnt und mit einer Null endet, heißt *unsortierte Zone*.

Eine 0-1-Folge mit einer unsortierten Zone beginnt mit Nullen, dann kommt ein Gemisch von Einsen und Nullen, und dann kommen Einsen.

Schritt 1

Nach dem Sortieren der Blöcke enthält jeder Block höchstens eine angefangene Zeile (Bild 13.7a).

Schritt 2

Die Operation $n^{1/4}$-fach-*unshuffle* verteilt jeweils die Spalten eines Blocks reihum auf alle $n^{1/4}$ Blöcke derselben horizontalen Scheibe. Wenn der Block eine angefangene

Zeile enthält, erhalten einige Blöcke jeweils eine Eins mehr als andere. Insgesamt kann dadurch ein Block höchstens $n^{1/4}$ Einsen mehr als ein anderer erhalten, d.h. die Gewichte von je zwei Blöcken in der horizontalen Scheibe unterscheiden sich höchstens um $n^{1/4}$ (Bild 13.7b).

Schritt 3

Nach dem erneuten Sortieren der Blöcke enthält jeder Block höchstens eine angefangene Zeile (Bild 13.7c).

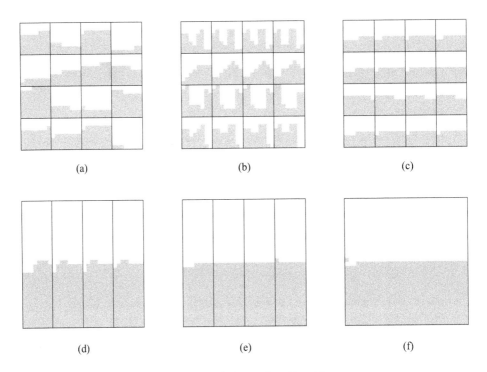

Bild 13.7: *Situationen während der Ausführung des Algorithmus*

Schritt 4

Nach dem Sortieren der Spalten enthält jede senkrechte Scheibe höchstens $n^{1/4}$ gemischte Zeilen (die angefangenen Zeilen ihrer $n^{1/4}$ Blöcke).

Ferner unterscheiden sich die Gewichte von je zwei senkrechten Scheiben um höchstens $n^{1/4} \cdot n^{1/4} \;=\; n^{1/2}$ (Bild 13.7d).

Schritt 5

Nach dem Sortieren der senkrechten Scheiben haben alle senkrechten Scheiben fast gleich viele 1-Zeilen: der Unterschied beträgt höchstens 1. Dies liegt daran, dass aufgrund der Breite der senkrechten Scheibe von $n^{3/4}$ ein Gewichtsunterschied von $n^{1/2}$ höchstens eine zusätzliche volle 1-Zeile erzeugen kann.

Wir nennen den Bereich der Länge $n^{1/2}$ auf der Schlangenlinie, innerhalb dessen eine senkrechte Scheibe zusätzliche Einsen gegenüber einer anderen senkrechten Scheibe enthalten kann, den *kritischen Bereich* (umrahmt dargestellt in Bild 13.8a).

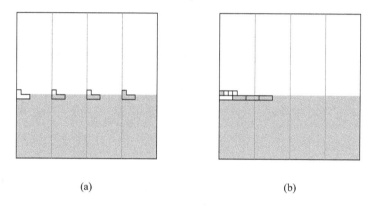

(a)   (b)

Bild 13.8: *Kritische Bereiche in den senkrechten Scheiben: (a) vor Schritt 6 und (b) nach Schritt 6*

Das gesamte Feld enthält insgesamt nur noch höchstens 2 gemischte Zeilen (Bild 13.7e).

Schritt 6

In Schritt 6 werden die beiden verbliebenen gemischten Zeilen gegenläufig sortiert. Möglicherweise noch nicht fertig sortiert sind jetzt nur noch die höchstens $n^{1/4} \cdot n^{1/2} = n^{3/4}$ Elemente aus den kritischen Bereichen (Bild 13.8b / Bild 13.7f). Es verbleibt also eine unsortierte Zone der Länge höchstens $n^{3/4}$ auf der Schlangenlinie.

Schritt 7

In Schritt 7 wird die unsortierte Zone der Länge höchstens $n^{3/4}$ entlang der Schlangenlinie fertig sortiert.

Dem 0-1-Prinzip zufolge sortiert das Verfahren jeden beliebigen Datensatz, da es nach obiger Argumentation alle 0-1-Datensätze sortiert.

Analyse

Die Analyse des Algorithmus ergibt folgendes:

Schritt 1:	Sortieren der Blöcke	$O(n^{3/4})$
Schritt 2:	*unshuffle* entlang der Zeilen	n
Schritt 3:	Sortieren der Blöcke	$O(n^{3/4})$
Schritt 4:	Sortieren der Spalten	n
Schritt 5:	Sortieren der senkrechten Scheiben	$O(n^{3/4})$
Schritt 6:	Zeilen gegenläufig sortieren	n
Schritt 7:	$n^{3/4}$ *oets*-Schritte	$O(n^{3/4})$
insgesamt:		$3n + O(n^{3/4})$

Das Sortieren der Blöcke kann mit irgendeinem linearen Sortierverfahren durchgeführt werden, z.B. mit LS3-Sort.

Die senkrechten Scheiben lassen sich in Schritt 5 in $O(n^{3/4})$ sortieren, weil sie nur einen Bereich von $n^{1/4}$ gemischten Zeilen enthalten (z.B. durch Sortieren der Blöcke und anschließendes Sortieren der um $n^{1/4}$ Zeilen nach unten versetzten Blöcke).

Zusammenfassung

Der vorgestellte Algorithmus 3n-Sort von Schnorr-Shamir zum Sortieren eines $n \times n$-Feldes hat eine Zeitkomplexität von $3n + O(n^{3/4})$. Es ist daher sowohl asymptotisch optimal als auch hinsichtlich der Konstanten, denn $3n$ ist eine untere Schranke für das Sortieren auf einem $n \times n$-Feld. Der Algorithmus von Schnorr-Shamir ist einfacher als der Algorithmus von Thompson-Kung [TK 77], der mit einer Zeitkomplexität von $3n + O(n^{2/3} \cdot \log(n))$ ebenfalls optimal ist.

A   Mathematische Grundlagen

Intuitiv ist uns klar, was eine Abbildung ist, was eine endliche Folge ist, was ein Graph ist oder was eine Primzahl ist. Andere Begriffe, wie etwa injektiv, transitiv, Abschluss, Ring sind vielleicht nicht so geläufig. Im Bereich der hier behandelten Algorithmen kommen diese Begriffe alle vor; so ist etwa eine Codierung eine injektive Abbildung, der Warshall-Algorithmus berechnet die transitive Hülle eines Graphen usw.

Damit exakt klar ist, wovon jeweils die Rede ist, sind alle diese Begriffe in diesem Anhang definiert und mit Beispielen veranschaulicht.

A.1   Menge, Relation, Abbildung

Menge

Das grundlegendste Konzept in der Mathematik ist die Mengenlehre.

Mengenbildung

Definition: Eine *Menge* ist eine Zusammenfassung von wohlbestimmten und wohl-
  unterschiedenen Objekten zu einem Ganzen (G. CANTOR, 1895).

  Die Objekte einer Menge A heißen *Elemente* von A.

Durch Mengenbildung wird aus mehreren Objekten ein neues Objekt gemacht, die Menge.

Schreibweise:

a ist Element der Menge A:	$a \in A$	(Elementzeichen)
A besteht aus den Elementen a, b und c:	$A = \{a, b, c\}$	(Mengenklammern)

Beispiel: Beispiele für Mengen sind:

$\{4, 5, 7\}$

$\{1, 2, 3, 4, \ldots\}$ (eine Menge mit unendlich vielen Elementen)

$\{\{a\}, \{a, b\}\}$ (eine Menge, deren Elemente wiederum Mengen sind)

$\{\} = \emptyset$ (leere Menge)

$\{\emptyset\}$ (eine Menge, deren einziges Element die leere Menge ist)

Für die grundlegenden Mengen von Zahlen werden folgende Bezeichnungen verwendet:

$\mathbb{N}$ = $\{1, 2, 3, \ldots\}$ (natürliche Zahlen)

$\mathbb{N}_0$ = $\{0, 1, 2, 3, \ldots\}$ (natürliche Zahlen einschließlich der Null)

$\mathbb{Z}$ = $\{\ldots, -3, -2, -1, 0, 1, 2, 3, \ldots\}$ (ganze Zahlen)

$\mathbb{Q}$ (rationale Zahlen)

$\mathbb{R}$ (reelle Zahlen)

$\mathbb{C}$ (komplexe Zahlen)

Es ist auch möglich, Objekte mit einer gemeinsamen Eigenschaft $E(x)$ zu einer Menge zusammenzufassen.

Schreibweise: $\{x \mid E(x)\}$ (die Menge aller x, für die $E(x)$ gilt)

Beispiel: $\{n \mid \exists k \in \mathbb{N} : k^2 = n\}$ = $\{1, 4, 9, 16, 25, \ldots\}$ (Quadratzahlen)

$\{x \mid x \in \mathbb{N} \wedge x < 5\}$ = $\{1, 2, 3, 4\}$ (alle natürlichen Zahlen, die kleiner als 5 sind)

$\{x \mid x \neq x\}$ = $\emptyset$ (leere Menge)

Gehört zu der gemeinsamen Eigenschaft $E(x)$, dass x aus einer schon vorhandenen Grundmenge stammt oder dass x durch Anwendung einer Operation zustande kommt, so lässt sich die Schreibweise abkürzen (vergl. gegenüber vorigem Beispiel)

Beispiel: $\{x \in \mathbb{N} \mid x < 5\}$ = $\{1, 2, 3, 4\}$

$\{k^2 \mid k \in \mathbb{N}\}$ = $\{1, 4, 9, 16, 25, \ldots\}$

Operationen auf Mengen

Definition: Seien A und B Mengen.

Die *Vereinigung* von A und B ist die Menge

$$A \cup B = \{x \mid x \in A \vee x \in B\}.$$

Der *Durchschnitt* von A und B ist die Menge

$$A \cap B = \{x \mid x \in A \wedge x \in B\}.$$

Die *Differenz* von A und B ist die Menge

$$A \setminus B = \{x \mid x \in A \wedge x \notin B\}.$$

Beispiel: $\{1, 3, 5\} \cup \{1, 2, 3\} \;=\; \{1, 2, 3, 5\}$

$\qquad \{1, 3, 5\} \cap \{1, 2, 3\} \;=\; \{1, 3\}$

$\qquad \{1, 3, 5\} \setminus \{1, 2, 3\} \;=\; \{5\}$

Definition: Zwei Mengen A und B heißen *disjunkt*, wenn $A \cap B = \emptyset$ gilt, d.h. wenn ihr Durchschnitt die leere Menge ist.

Satz: (Rechenregeln)

Für alle Mengen A, B, C gilt:

$$
\begin{aligned}
(A \cup B) \cup C &= A \cup (B \cup C) & &\text{(Assoziativität)}\\
(A \cap B) \cap C &= A \cap (B \cap C) & &\\
A \cup B &= B \cup A & &\text{(Kommutativität)}\\
A \cap B &= B \cap A & &\\
A \cup A &= A & &\text{(Idempotenz)}\\
A \cap A &= A & &\\
A \cup (B \cap C) &= (A \cup B) \cap (A \cup C) & &\text{(Distributivität)}\\
A \cap (B \cup C) &= (A \cap B) \cup (A \cap C) & &
\end{aligned}
$$

Teilmenge

Definition: Seien A und B Mengen. A ist *enthalten* in B oder A ist *Teilmenge* von B, wenn alle Elemente von A auch Elemente von B sind:

$$A \subseteq B \;\;\Leftrightarrow\;\; \forall\, x : (x \in A \;\Rightarrow\; x \in B).$$

Beispiel: $\{1, 5\} \subseteq \{1, 3, 5\}$

$\qquad \{2, 4, 6, 8, \ldots\} \subseteq \mathbb{N}$

$\qquad \{1, 2, 3\} \subseteq \{1, 2, 3\}$

Satz: Es gelten folgende Beziehungen für alle Mengen A, B, C:

$$
\begin{aligned}
&A \subseteq A,\\
&A \subseteq B \,\wedge\, B \subseteq A \;\;\Leftrightarrow\;\; A = B,\\
&A \subseteq B \,\wedge\, B \subseteq C \;\;\Rightarrow\;\; A \subseteq C
\end{aligned}
$$

sowie

$$\emptyset \subseteq A.$$

Komplement

Oft ist eine bestimmte Grundmenge G fest vorgegeben, z.B. $G = \mathbb{N}$, und wir betrachten eine Teilmenge $A \subseteq G$. Dann wird die Differenz $G \setminus A$, also die Menge aller Elemente von G, die nicht zu A gehören, als das Komplement von A bezeichnet.

Definition: Sei G eine vorgegebene Menge und sei $A \subseteq G$. Dann ist

$$\overline{A} \;=\; G \setminus A \;=\; \{x \in G \mid x \notin A\}$$

das *Komplement* der Menge A.

Satz: (Rechenregeln)

Für die Grundmenge G sowie für alle Mengen $A, B \subseteq G$ gilt:

$$\overline{G} \;=\; \emptyset$$
$$\overline{\overline{A}} \;=\; A$$
$$A \cup \overline{A} \;=\; G$$
$$A \cup \emptyset \;=\; A$$
$$A \cup G \;=\; G$$
$$\overline{A \cup B} \;=\; \overline{A} \cap \overline{B}$$

Die letztgenannte Rechenregel wird als *Regel von De Morgan* bezeichnet.

Indem in den obenstehenden Regeln G und $\emptyset$ sowie $\cup$ und $\cap$ vertauscht werden, ergeben sich weitere, entsprechende *duale* Regeln.

Potenzmenge

Definition: Die *Potenzmenge* einer Menge A ist die Menge aller Teilmengen von A:

$$\mathcal{P}(A) \;=\; \{M \mid M \subseteq A\}.$$

Beispiel: $\mathcal{P}(\{1, 2, 3\}) \;=\; \{\emptyset, \{1\}, \{2\}, \{3\}, \{1, 2\}, \{1, 3\}, \{2, 3\}, \{1, 2, 3\}\}$
$\mathcal{P}(\emptyset) \;=\; \{\emptyset\}$

Die Potenzmenge einer endlichen Menge mit n Elementen hat 2^n Elemente. So hat z.B. die Potenzmenge der obigen 3-elementigen Menge $2^3 = 8$ Elemente. Die Potenzmenge der leeren Menge (0 Elemente) hat $2^0 = 1$ Element.

Kartesisches Produkt

Definition: Das *kartesische Produkt* zweier Mengen A und B ist die Menge aller geordneten Paare von Elementen aus A bzw. B:

$$A \times B \;=\; \{(a, b) \mid a \in A, \; b \in B\}.$$

Durch Paarbildung wird aus zwei Objekten ein neues Objekt gemacht, das Paar. Anders als bei der Mengenbildung kommt es hier jedoch auf die Reihenfolge der Komponenten an; die Komponenten brauchen auch nicht verschieden zu sein.

Die Paarbildung kann auf die Mengenbildung zurückgeführt werden, indem das geordnete Paar (a, b) als abkürzende Schreibweise für die Menge $\{\{a\}, \{a, b\}\}$ angesehen wird (nach K. KURATOWSKI).

Zwei Paare (a, b) und (c, d) sind gleich, wenn $a = c$ und $b = d$ ist.

Definition: Das *kartesische Produkt* dreier Mengen A, B und C ist die Menge aller geordneten Tripel von Elementen aus A, B bzw. C:

$$A \times B \times C = \{(a, b, c) \mid a \in A,\ b \in B,\ c \in C\}.$$

Das *n-fache kartesische Produkt* einer Menge A ist die Menge aller n-Tupel von Elementen aus A:

$$A^n = A \times \ldots \times A = \{(a_0, \ldots, a_{n-1}) \mid a_i \in A,\ i = 0, \ldots, n-1\}.$$

Es ist

$$A^1 = A.$$

Relation

Definition: Seien A und B Mengen. Eine Teilmenge $R \subseteq A \times B$ heißt (zweistellige) *Relation* zwischen A und B. Gilt $A = B$, so heißt R Relation auf A.

Schreibweise: Statt $(a, b) \in R$ schreibt man im allgemeinen $a\,R\,b$; statt des Buchstabens R verwendet man bei Relationen meist spezielle Symbole: $=,\ \leq,\ <,\ \subseteq,\ \sim,\ \ldots$

Beispiel: Die folgende Mengen stellen die Kleiner- bzw. die Gleichheitsrelation auf der Menge $\mathbb{N}$ dar:

$$< \ = \ \{(1,2),(1,3),(2,3),(1,4)\ldots\} \subseteq \mathbb{N} \times \mathbb{N}$$
$$= \ = \ \{(1,1),(2,2),(3,3),(4,4)\ldots\} \subseteq \mathbb{N} \times \mathbb{N}$$

Definition: Sei R eine Relation auf einer Menge A. R heißt

reflexiv	$\Leftrightarrow$	$\forall\, a \in A : \quad (a, a) \in R$
antisymmetrisch	$\Leftrightarrow$	$\forall\, a, b \in A : \quad (a, b) \in R \wedge (b, a) \in R \Rightarrow a = b$
transitiv	$\Leftrightarrow$	$\forall\, a, b, c \in A : (a, b) \in R \wedge (b, c) \in R \Rightarrow (a, c) \in R$
symmetrisch	$\Leftrightarrow$	$\forall\, a, b \in A : \quad (a, b) \in R \Leftrightarrow (b, a) \in R$
irreflexiv	$\Leftrightarrow$	$\forall\, a \in A : \quad (a, a) \notin R$
total	$\Leftrightarrow$	$\forall\, a, b \in A : \quad a \neq b \Rightarrow (a, b) \in R \vee (b, a) \in R$

Beispiel: Sei M die Menge aller Menschen. Die Relation ϖ („ist verheiratet mit")
auf M ist symmetrisch (wenn a mit b verheiratet ist, dann ist auch b mit a
verheiratet), irreflexiv (niemand ist mit sich selbst verheiratet), aber nicht total
(es gibt unverheiratete Menschen).

Die Relation $\sim$ („hat dieselben Eltern wie") auf M ist reflexiv (jeder hat dieselben
Eltern wie er selbst), symmetrisch (wenn a dieselben Eltern hat wie b, dann hat
auch b dieselben Eltern wie a) und transitiv (wenn a dieselben Eltern hat wie b
und b dieselben Eltern hat wie c, dann hat auch a dieselben Eltern wie c).

Die Relation $\sqsubset$ („ist Vorfahre von") auf M ist antisymmetrisch (wenn a Vorfahre
von b ist und b Vorfahre von a ist, dann sind a und b gleich – die Aussage ist
wahr, da die ersten beiden Bedingungen nie gleichzeitig eintreten können), transitiv
(wenn a Vorfahre von b ist und b Vorfahre von c ist, dann ist a Vorfahre von c)
und irreflexiv (niemand ist Vorfahre von sich selbst).

Eine (nichtleere) Relation kann nicht gleichzeitig reflexiv und irreflexiv sein. Aber es
gibt Relationen, die weder reflexiv noch irreflexiv sind. Ebenso gibt es Relationen,
die weder symmetrisch noch antisymmetrisch sind. Die Gleichheitsrelation ist dagegen
gleichzeitig symmetrisch und antisymmetrisch. Insofern verhalten sich die Begriffe nicht
komplementär zueinander. Wir können nicht folgern: Die Relation ist nicht symmetrisch,
also ist sie antisymmetrisch.

Beispiel: Sei $A = \{1,2,3\}$. Die folgenden Mengen R_1, R_2 und R_3 sind Relationen auf
A, und es gilt

$$R_1 = \{(1,1),(1,2)\} \quad \text{ist nicht reflexiv und nicht irreflexiv}$$
$$R_2 = \{(1,2),(2,1),(1,3)\} \quad \text{ist nicht symmetrisch und nicht}$$
antisymmetrisch
$$R_3 = \{(1,1),(2,2),(3,3)\} \quad \text{ist symmetrisch und antisymmetrisch}$$

Definition: Eine Relation heißt *Halbordnung*, wenn sie reflexiv, antisymmetrisch und
transitiv ist.

Eine Relation heißt *strenge Halbordnung*, wenn sie irreflexiv und transitiv ist.[1]

Eine Relation heißt *lineare Ordnung* oder *totale Ordnung* oder *Ordnung*, wenn sie
Halbordnung ist und zusätzlich noch total ist.

Eine Relation heißt *Äquivalenzrelation*, wenn sie reflexiv, symmetrisch und
transitiv ist.

Beispiel: Die Relationen $\leq$ und $\mid$ („teilt") auf $\mathbb{N}$ sind Halbordnungen, $\leq$ ist
sogar totale Ordnung.

---

[1] Der Begriff „strenge Halbordnung" ist etwas unglücklich, da er wie „Halbordnung, und zusätzlich
noch streng" klingt. Tatsächlich ist aber eine strenge Halbordnung nicht reflexiv und daher keine
Halbordnung im Sinne der obigen Definition, sondern eine „andere Art von Halbordnung".

Die Relation $\equiv_n$ („ist kongruent modulo n", d.h. liefert bei ganzzahliger Division durch n denselben Rest) ist eine Äquivalenzrelation auf $\mathbb{Z}$.

Die Relation $\sqsubset$ auf der Menge der Menschen M ist eine strenge Halbordnung. Die Relation $\sim$ auf M ist eine Äquivalenzrelation.

Äquivalenzrelationen auf einer Menge A bewirken eine *Klasseneinteilung* von A, d.h. eine Zerlegung von A in paarweise disjunkte Mengen (*Äquivalenzklassen*).

Die Äquivalenzrelation $\equiv_2$ bewirkt eine Klasseneinteilung von $\mathbb{Z}$ in die geraden und die ungeraden Zahlen. Die Äquivalenzklassen der Relation $\sim$ auf der Menge der Menschen sind die Geschwister.

Definition: Das *Produkt* zweier Relationen $R, T \subseteq A \times A$ ist die Relation
$$RT \quad = \quad \{(a,c) \mid \exists b \in A : (a,b) \in R \wedge (b,c) \in T\}.$$
Potenzen einer Relation $R \subseteq A \times A$ sind wie folgt definiert:
$$R^0 \quad = \quad \{(a,a) \mid a \in A\},$$
$$R^i \quad = \quad R^{i-1}R \quad \text{für alle } i \in \mathbb{N}.$$

Definition: Die *transitive Hülle* einer Relation R ist die Relation
$$R^+ \quad = \quad \bigcup_{i \in \mathbb{N}} R^i \quad = \quad R \cup R^2 \cup R^3 \cup \ldots$$
Die *reflexive Hülle* einer Relation R ist die Relation
$$R^? \quad = \quad R^0 \cup R.$$
Die *reflexive und transitive Hülle* einer Relation R ist die Relation
$$R^* \quad = \quad \bigcup_{i \in \mathbb{N}_0} R^i \quad = \quad R^0 \cup R^+ .$$

Die Hülle einer Relation R bezüglich einer Eigenschaft ergibt sich, indem die fehlenden Elemente hinzugenommen werden. D.h. die Hülle ist die kleinste Relation, die R umfasst und die betreffende Eigenschaft hat.

Aus einer strengen Halbordnung R lässt sich eine Halbordnung H machen, indem die reflexive Hülle $H = R^0 \cup R$ gebildet wird. Umgekehrt ergibt sich die zu einer Halbordnung H gehörige strenge Halbordnung R, indem $R = H \setminus H^0$ gebildet wird.

Definition: Die *inverse Relation* von $R \subseteq A \times A$ ist die Relation
$$R^{-1} \quad = \quad \{(b,a) \mid (a,b) \in R\}.$$

Beispiel: Sei M die Menge der Menschen und $\sqsubset$ die Relation „ist Elternteil von" auf M. Die Relation $\sqsubset^{-1}$ bedeutet dann „ist Kind von", die Relation $\sqsubset^2$ bedeutet

„ist Großelternteil von" und die Relation $\sqsubset^+$ ist identisch mit der Relation $\sqsubset$ („ist Elternteil oder Großelternteil oder Urgroßelternteil oder ..., d.h. ist Vorfahre von").

Das Produkt der Relationen $\sqsubset$ („ist Elternteil von") und ∞ („ist verheiratet mit") ist die Relation $\sqsubset\infty$. Zwei Menschen a und c stehen in der Relation $\sqsubset\infty$, wenn es einen Menschen b gibt, so dass a Elternteil von b ist und b mit c verheiratet ist. Damit ist a Schwiegermutter oder Schwiegervater von c.

Abbildung

Abbildungen sind spezielle zweistellige Relationen. Während eine Relation eine völlig beliebige Teilmenge eines kartesischen Produktes ist, werden an eine Abbildung zwei bestimmte Bedingungen gestellt. Dies kommt in der folgenden Definition zum Ausdruck.

Definition: Seien A und B Mengen. Eine *Abbildung* ist eine Relation $f \subseteq A \times B$ mit den folgenden Eigenschaften (1) und (2). Wegen der Gültigkeit dieser Eigenschaften ist bei Abbildungen folgende Schreibweise üblich:

$$f : A \to B \quad \text{statt} \quad f \subseteq A \times B \quad \text{und}$$
$$f(a) = b \quad \text{statt} \quad (a, b) \in f.$$

(1) *eindeutig* $\forall\, a, a' \in A : a = a' \;\Rightarrow\; f(a) = f(a')$

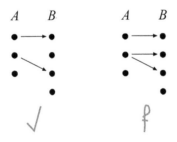

(von jedem Punkt geht *höchstens* ein Pfeil aus)

(2) *total definiert* $\forall\, a \in A\ \exists b \in B :\ f(a) = b$

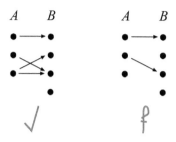

(von jedem Punkt geht *mindestens* ein Pfeil aus)

(1) und (2) zusammen ergeben: von jedem Punkt geht *genau* ein Pfeil aus (die Abbildung ist *wohldefiniert*). Eine Relation, die nur (1) erfüllt, wird als *partielle Abbildung* bezeichnet.

(1) + (2) *Abbildung*

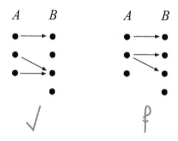

(von jedem Punkt geht *genau* ein Pfeil aus)

Genau wie eine Relation ist also eine Abbildung nichts anderes als eine Menge von Paaren, die allerdings die genannten Bedingungen (1) und (2) erfüllen muss. Ein anderes Wort für Abbildung ist *Funktion*. Gelegentlich trifft man auf Formulierungen wie „die Funktion $y = 3x^2$ ". Gemeint ist hierbei „die Funktion mit der Funktionsgleichung $y = 3x^2$ ", und dies ist die Menge $\{(x,y) \mid y = 3x^2\}$, also die Menge aller Paare (x,y), die der Funktionsgleichung genügen.

Definition: Sei $f : A \to B$ eine Abbildung, d.h. f erfüllt (1) und (2). Die Abbildung f heißt *injektiv*, wenn f die folgende Eigenschaft (3) hat; f heißt *surjektiv*, wenn f die folgende Eigenschaft (4) hat; f heißt *bijektiv*, wenn f beide Bedingungen (3) und (4) erfüllt.

(3)   *injektiv* $\forall\, a, a' \in A :\; a \neq a' \;\Rightarrow\; f(a) \neq f(a')$

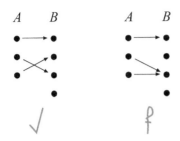

(bei jedem Punkt kommt *höchstens* ein Pfeil an)

(4)   *surjektiv* $\forall\, b \in B\; \exists a \in A :\; f(a) = b$

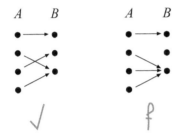

(bei jedem Punkt kommt *mindestens* ein Pfeil an)

(3) und (4) zusammen ergeben: bei jedem Punkt kommt *genau* ein Pfeil an (die Abbildung ist bijektiv). Dies bedeutet, dass die inverse Relation f^{-1} der Abbildung f auch eine Abbildung ist (sogar ebenfalls eine bijektive Abbildung).

(3) + (4)   *bijektiv*

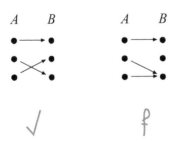

(bei jedem Punkt kommt *genau* ein Pfeil an)

Tatsächlich wissen schon kleine Kinder, was eine bijektive Abbildung ist. Beim Zählen nämlich kommt es darauf an, eine bijektive Abbildung herzustellen zwischen der Menge der Gegenstände, die gezählt werden sollen, und der Menge $\{1, ..., n\}$ (vergl. nächster Abschnitt: Mächtigkeit einer Menge). Sollen beispielsweise Stofftiere gezählt werden, so stellt das Kind die Abbildung her, indem es unter Beachtung der Bedingungen (1) bis (4) jeweils auf ein Stofftier zeigt und dabei eine Zahl sagt.

Ganz kleine Kinder, die noch nicht richtig zählen können, verletzen regelmäßig mindestens eine der Bedingungen (1) bis (4). So zeigt das Kind etwa mehrfach auf ein Stofftier oder vergisst eines. Oder es zeigt zwar auf alle Stofftiere, sagt dabei aber die Zahlen „1, 2, 3, 2, 4". Oder es sagt die Zahlen „1, 2, 5, 6, 8".

Mächtigkeit, Folge, Permutation

Definition: Die *Mächtigkeit* $|A|$ einer Menge A ist wie folgt definiert:

$$|A| \;=\; \begin{cases} 0 & \text{falls } A = \emptyset, \\ n \in \mathbb{N} & \text{falls es eine bijektive Abbildung } f : \{1, ..., n\} \leftrightarrow A \text{ gibt,} \\ \aleph_0 & \text{falls es eine bijektive Abbildung } f : \mathbb{N} \leftrightarrow A \text{ gibt,} \\ \mathfrak{c} & \text{falls es eine bijektive Abbildung } f : \mathbb{R} \leftrightarrow A \text{ gibt.} \end{cases}$$

Eine Menge mit der Mächtigkeit $n \in \mathbb{N}_0$ heißt *endliche Menge*. Bei endlichen Mengen ist die Mächtigkeit gleich der Anzahl der Elemente. Eine Menge, die nicht endlich ist, heißt *unendliche Menge*.

Bei unendlichen Mengen kann man den Begriff der Mächtigkeit nicht mehr anschaulich mit der Anzahl der Elemente verbinden. So sind etwa die Mengen $\mathbb{N}$ und $\mathbb{Z}$ gleich mächtig, obwohl $\mathbb{N}$ anschaulich „weniger" Elemente enthält als $\mathbb{Z}$. Andererseits sind auch wieder nicht alle unendlichen Mengen gleich mächtig.

Definition: Zwei Mengen A und B sind *gleich mächtig*, wenn es eine bijektive Abbildung zwischen ihnen gibt:

$$|A| = |B| \quad \Leftrightarrow \quad \exists \text{ bijektive Abbildung } f : A \leftrightarrow B$$

Offenbar gibt es eine bijektive Abbildung zwischen $\mathbb{N}$ und $\mathbb{Z}$, etwa gemäß folgender Wertetabelle:

```
1  2  3  4   5  6   7  ...
0  1  -1  2  -2  3  -3  ...
```

Andererseits gibt es keine bijektive Abbildung zwischen den unendlichen Mengen $\mathbb{N}$ und $\mathbb{R}$, daher sind diese beiden Mengen nicht gleich mächtig. Es gibt also offenbar verschiedene Grade des Unendlichen.

Die Mächtigkeit $\aleph_0$ wird als *abzählbar unendlich* bezeichnet. Eine Menge ist abzählbar unendlich, wenn sie gleich mächtig zu den natürlichen Zahlen ist. Die Bezeichnung $\aleph_0$ geht auf Cantor zurück. Das Zeichen $\aleph$ (*aleph*) ist der erste Buchstabe des hebräischen Alphabets. Die Mächtigkeit $\aleph_0$ ist die kleinste Mächtigkeit, die eine unendliche Menge haben kann.

Eine Menge, die entweder endlich oder abzählbar unendlich ist, wird als *abzählbar* bezeichnet. Offenbar ist eine Menge M abzählbar, wenn es eine surjektive Abbildung von $\mathbb{N}$ auf M gibt.

Eine unendliche Menge, die nicht abzählbar unendlich ist, wird als *überabzählbar unendlich* bezeichnet. So ist beispielsweise $\mathbb{R}$ überabzählbar unendlich. Das Zeichen $\mathfrak{c}$ bedeutet „Mächtigkeit des Kontinuums".

Beispiel: Einige Beispiele für die Mächtigkeit von Mengen:

$$|\{1, 2, 5, 7\}| = 4$$
$$|\{2, 4, 6, 8, \ldots\}| = \aleph_0$$
$$|\mathbb{Z}| = \aleph_0$$
$$|\mathbb{Q}| = \aleph_0$$
$$|[0, 1]| = \mathfrak{c}$$
$$|\mathbb{C}| = \mathfrak{c}$$
$$|\mathbb{R}^n| = \mathfrak{c}$$
$$|\mathcal{P}(\mathbb{N})| = \mathfrak{c}$$

Definition: Sei A eine Menge. Unter einer *Folge* versteht man eine Abbildung

$$a : \mathbb{N}_0 \to A.$$

Eine *endliche Folge* ist eine Abbildung

$$a : \{0, \ldots, n - 1\} \to A, \ n \in \mathbb{N}_0.$$

Hierbei ist n die *Länge* der endlichen Folge.

Wir schreiben endliche Folgen so: $a = a_0, \ldots, a_{n-1}$. Endliche Folgen lassen sich auch als n-Tupel $(a_0, \ldots, a_{n-1})$ auffassen, d.h. als Elemente des kartesischen Produktes A^n.

Definition: Eine *Permutation* ist eine bijektive Abbildung

$$p : \{0, \ldots, n - 1\} \to \{0, \ldots, n - 1\}, \ n \in \mathbb{N}.$$

Beispiel: Die endliche Folge $p = 4, 1, 2, 0, 3$ ist eine Permutation.

A.2   Graph

Knoten und Kanten

Definition: Ein (gerichteter) *Graph* ist ein Paar $G = (V, E)$, hierbei ist V eine endliche Menge von *Knoten* und $E \subseteq V \times V$ eine Relation auf V, die Menge der *Kanten*.

In der grafischen Darstellung des Graphen werden die Knoten als Punkte oder Kreise gezeichnet, die Kanten als Pfeile, wobei ein Pfeil vom Knoten $u \in V$ zum Knoten $v \in V$ zeigt, wenn $(u, v) \in E$.

Beispiel: $G = (V, E)$ mit $V = \{0, 1, 2, 3, 4\}$ und
$E = \{(0, 1), (0, 2), (3, 0), (2, 0), (1, 2)\}$

G:

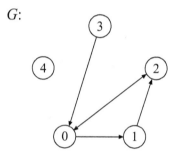

Bild A.1: *Darstellung des Graphen G*

Definition: Sei $G = (V, E)$ ein Graph und $(u, v) \in E$ eine Kante von Knoten u nach Knoten v. Dann ist v *direkter Nachfolger* von u und u *direkter Vorgänger* von v.

Der *Ausgangsgrad* $o(u)$ eines Knotens u ist gleich der Anzahl seiner direkten Nachfolger, d.h.

$o(u) \quad = \quad |\{w|\, (u, w) \in E\}|.$

Der *Eingangsgrad* $i(u)$ eines Knotens u ist gleich der Anzahl seiner direkten Vorgänger, d.h.

$i(u) \quad = \quad |\{v|\, (v, u) \in E\}|.$

Ein Knoten u heißt *isoliert* wenn $o(u) = i(u) = 0$ gilt.

Eine Kante (u, u) von einem Knoten u zu sich selbst heißt *Schlinge*.

Beispiel: In G ist Knoten 0 direkter Nachfolger von Knoten 3; Knoten 2 hat den Ausgangsgrad 1 und den Eingangsgrad 2. Knoten 4 ist isoliert. G hat keine Schlingen.

Pfad

Definition: Ein *Pfad* (oder *Kantenzug*) in einem Graphen ist eine endliche Folge von Kanten

$$p = (u_0, v_0) \, ... \, (u_{m-1}, v_{m-1})$$

mit $m \in \mathbb{N}_0$ und $v_{i-1} = u_i$ für alle $i \in \{1, \, ..., \, m-1\}$.

Hierbei ist m die *Länge* des Pfades. Wir identifizieren Kanten und Pfade der Länge 1. Der Pfad der Länge 0 heißt der *leere Pfad*, wir bezeichnen ihn mit λ. Der Knoten u_0 heißt *Anfangsknoten* von p, der Knoten v_{m-1} heißt *Endknoten*. Alle anderen Knoten von p heißen *innere Knoten*.

Beispiel: Pfade in obigem Graphen G sind

$p_1 = (3,0)(0,2)(2,0)(0,2)$

$p_2 = (0,1)(1,2)(2,0)$

$p_3 = (3,0)$

$p_4 = (3,0)(0,1)(1,2)(2,0)$

Der Pfad p_1 hat die Länge 4, der Pfad p_3 hat die Länge 1. Im Pfad p_2 ist der Knoten 0 zugleich Anfangs- und Endknoten. In p_4 ist Knoten 0 sowohl innerer Knoten als auch Endknoten.

Definition: Sei $p = (u_0, v_0) \, ... \, (u_{m-1}, v_{m-1})$ ein Pfad in einem Graphen G.

p heißt *einfach*, wenn er keine Kante mehrfach durchläuft, d.h. wenn alle (u_i, v_i) paarweise verschieden sind ($i = 0, \, ..., \, m-1$).

p heißt *Zyklus*, wenn er geschlossen ist, d.h. wenn $v_{m-1} = u_0$ gilt.

p heißt *Weg*, wenn er keinen Knoten mehrfach durchläuft, d.h. wenn alle u_i untereinander und alle v_j untereinander paarweise verschieden sind ($i, j = 0, \, ..., \, m-1$).

p heißt *Kreis*, wenn er ein Weg ist und geschlossen ist, d.h. ein Zyklus ist.

Beispiel: Der Pfad p_1 aus dem vorigen Beispiel ist kein einfacher Pfad, weil er die Kante (0,2) zweimal enthält. Der Pfad p_4 ist ein einfacher Pfad, aber kein Weg, weil er den Knoten 0 mehrmals durchläuft. Der Pfad p_2 ist ein Zyklus und sogar ein Kreis.

Der leere Pfad λ ist einfach und ist auch ein Weg, aber kein Zyklus und kein Kreis. Er hat keinen Anfangs- und keinen Endknoten und keine inneren Knoten.

Satz: Sei $G = (V, E)$ ein Graph mit n Knoten, d.h. $|V| = n$. Dann hat jeder Weg in G höchstens die Länge n.

Beweis: Sei $p = (u_0, v_0) \ldots (u_{m-1}, v_{m-1})$ ein Pfad der Länge $m > n$. Dann können nicht alle u_i verschieden sein, da es nur n Knoten gibt. Also ist p kein Weg.

Satz: Wenn es in G einen Pfad von u nach v gibt, dann gibt es auch einen Weg von u nach v.

Beweis: Sei $p = (u_0, v_0) \ldots (u_{m-1}, v_{m-1})$ ein Pfad von u nach v. Aus p wird wie folgt ein Weg konstruiert:

Solange p kein Weg ist wiederhole:

    a) Suche einen Knoten w, der in p zweimal vorkommt, d.h.

$$w = u_i \text{ und } w = v_j \text{ mit } i \leq j;$$

    b) Streiche das Stück von u_i nach v_j in p, d.h. setze

$$p = (u_0, v_0) \ldots (u_{i-1}, v_{i-1})(u_{j+1}, v_{j+1}) \ldots (u_{m-1}, v_{m-1});$$

Im folgenden Bild A.2 ist ein Pfad dargestellt, der einen Knoten $u_i = v_j$ zweimal durchläuft. Indem die Schleife von u_i nach v_j entfernt wird, entsteht ein Weg.

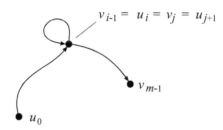

Bild A.2: *Pfad, der einen Knoten zweimal durchläuft*

Baum

Definition: Ein gerichteter Graph $T = (V, E)$ ist ein *Baum*, wenn
- er genau einen Knoten mit Eingangsgrad 0 enthält; dieser Knoten ist die *Wurzel* des Baumes,
- alle anderen Knoten den Eingangsgrad 1 haben, und
- er keine Zyklen enthält.

Definition: Sei T ein Baum. Ein Knoten b heißt *Blatt*, wenn er keine Nachfolger hat; alle anderen Knoten heißen *innere Knoten* des Baumes.

Die *Tiefe* $d(v)$ eines Knotens v ist die Länge des Weges von der Wurzel r nach v. Die *Tiefe* $d(T)$ des Baumes ist die maximale Tiefe der Knoten.

Definition: Ein Baum T ist ein *binärer Baum*, wenn jeder Knoten einen Ausgangsgrad von höchstens 2 hat.

Definition: Ein binärer Baum T heißt *fast vollständig*, wenn
- alle Knoten der Tiefe $< d(T) - 1$ den Ausgangsgrad 2 haben, und
- höchstens ein Knoten den Ausgangsgrad 1 hat.

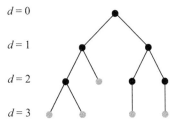

Bild A.3: *Fast vollständiger binärer Baum mit 12 Knoten*

Bei einem fast vollständigen binären Baum darf also die unterste Schicht unvollständig sein (Bild A.3).

Satz: Ein vollständiger oder ein fast vollständiger binärer Baum T mit n Knoten hat eine Tiefe von

$$d(T)) \;\; = \;\; int(\log_2(n)).$$

In der Informatik werden Bäume falsch herum gezeichnet: die Wurzel ist oben, die Blätter sind unten. Die Pfeilspitzen an den Kanten werden dann weggelassen; die Kanten sind immer von oben nach unten gerichtet (Bild A.3).

Ungerichteter Graph

Ein ungerichteter Graph lässt sich als Spezialfall eines gerichteten Graphen auffassen, nämlich als ein gerichteter Graph, bei dem die Kanten stets in beide Richtungen verlaufen. Dann können in der grafischen Darstellung die Pfeilspitzen auch weggelassen werden (Bild A.4).

Definition: Ein gerichteter Graph $G = (V, E)$ ist ein *ungerichteter Graph*, wenn seine Kantenrelation E symmetrisch ist, d.h. wenn gilt:
$$E = E^{-1}.$$

Ein Graph ist also ungerichtet, wenn für alle Kanten (u, v) gilt: (v, u) ist ebenfalls Kante.

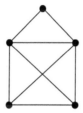

Bild A.4: *Ungerichteter Graph*

Zwei Knoten, die durch eine Kante verbunden sind, werden als *benachbart* bezeichnet. Die Anzahl der zu einem Knoten u benachbarten Knoten ist der *Grad* des Knotens u.

Definition: Sei $G = (V, E)$ ein ungerichteter Graph ohne Schlingen.

  G heißt *zusammenhängend*, wenn es in G von jedem Knoten u zu jedem anderen Knoten v *mindestens* einen Weg gibt.

  G heißt *kreisfrei*, wenn es in G von jedem Knoten u zu jedem anderen Knoten v *höchstens* einen Weg gibt.

  G ist ein *Baum*, wenn G zusammenhängend und kreisfrei ist, d.h. wenn es in G von jedem Knoten u zu jedem anderen Knoten v *genau* einen Weg gibt.

Ein ungerichteter Baum hat keine definierte Wurzel. Jeder Knoten kann die Rolle der Wurzel annehmen.

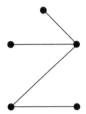

Bild A.5: *Ungerichteter Baum*

Definition: Sei $G = (V, E)$ ein ungerichteter Graph ohne Schlingen.

G heißt *vollständig*, wenn jeder Knoten mit jedem anderen Knoten durch eine Kante verbunden ist.

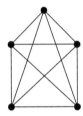

Bild A.6: *Vollständiger Graph mit 5 Knoten*

Ein vollständiger Graph mit n Knoten hat $n \cdot (n - 1)/2$, also $\Theta(n^2)$ ungerichtete Kanten.

Definition: Sei $G = (V, E)$ ein ungerichteter Graph. Ein Graph $G' = (V', E')$ heißt *Teilgraph* von G, wenn er aus gewissen Knoten von G und Kanten von G zwischen diesen Knoten besteht und wenn er ungerichtet ist, d.h. wenn gilt

$V' \subseteq V,$

$E' \subseteq E \cap V' \times V' \quad$ und

$E' = E'^{-1} .$

Markierte Graphen

Definition: Sei $G = (V, E)$ ein Graph und A eine Menge. Eine Abbildung

$$w : V \to A,$$

die jedem Knoten $v \in V$ ein Element $w(v) \in A$ zuordnet, heißt *Knotenmarkierung*.

Definition: Sei $G = (V, E)$ ein (gerichteter) Graph und A eine Menge. Eine Abbildung

$$w : E \to A,$$

die jeder Kante $e \in E$ ein Element $w(e) \in A$ zuordnet, heißt *Kantenmarkierung*.

Ist auf der Menge A eine Verknüpfung $\circ$ definiert und bildet die Menge A mit dieser Verknüpfung ein Monoid $(A, \circ, 1)$ mit neutralem Element 1, so lässt sich die Markierung der Kanten zu einer Markierung der Pfade in folgender Weise erweitern:

$$w(\lambda) = 1 \quad \text{und}$$

$$w(pe) = w(p) \circ w(e)$$

für alle Pfade p und alle Kanten e. Hierbei bezeichnet λ den Pfad der Länge 0.

Beispiel: Sei $A = \mathbb{N}_0$. Als Kantenmarkierung w wählen wir die Abbildung, die jeder Kante des Graphen die Zahl 1 zuordnet. Die Menge $\mathbb{N}_0$ bildet mit der Operation $+$ und dem neutralen Element 0 ein Monoid. Daher lässt sich die Markierung der Kanten zu einer Markierung der Pfade erweitern:

$$w(\lambda) = 0 \quad \text{und}$$

$$w(pe) = w(p) + w(e)$$

für alle Pfade p und alle Kanten e.

Somit wird in diesem Beispiel jedem Pfad p durch die Markierung $w(p)$ seine Länge zugeordnet.

A.3   Metrik

Definition: Sei M eine Menge. Eine Abbildung $\quad d : M \times M \to \mathbb{R} \quad$ heißt *Metrik* (Abstandsfunktion), wenn für alle $u, v, w \in M$ folgendes gilt:

$$
\begin{aligned}
d(u, v) &= 0 \;\Leftrightarrow\; u = v \\
d(u, v) &= d(v, u) \\
d(u, v) &\leq d(u, w) + d(w, v)
\end{aligned}
$$

Stellen wir uns die Elemente von M als Punkte vor, so besagen die Bedingungen, dass jeder Punkt zu sich selbst den Abstand 0 hat, aber sonst zu keinem anderen Punkt, dass Hin- und Rückweg zwischen zwei Punkten gleich lang sind und dass der direkte Weg nie länger ist als ein Umweg.

Die letzte Bedingung ist bekannt als die *Dreiecksungleichung*. Aus den drei Bedingungen folgt $d(u,v) \geq 0$ für alle $u, v \in M$, d.h. negative Abstände gibt es nicht.

Beispiel: Sei M die Menge der Punkte (x, y) in der Ebene.

Dann ist der *euklidische Abstand* eine Metrik (Bild A.7a):

$$d((x_1, y_1), (x_2, y_2)) \quad = \quad \sqrt{(x_1 - x_2)^2 + (y_1 - y_2)^2}$$

Ebenso ist der *Manhattan-Abstand* eine Metrik (Bild A.7b):

$$d((x_1, y_1), (x_2, y_2)) \quad = \quad |x_1 - x_2| + |y_1 - y_2|$$

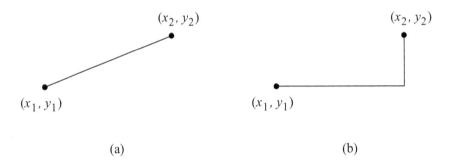

(a)   (b)

Bild A.7: *Euklidischer Abstand (a) und Manhattan-Abstand (b) zwischen zwei Punkten*

Beispiel: In der Codierungstheorie ist der *Hamming-Abstand* eine Metrik.

Der Hamming-Abstand zweier gleichlanger Wörter ist gleich der Anzahl der Positionen, an denen sie sich unterscheiden.

So haben etwa 01101 und 00111 den Hamming-Abstand 2, da sie sich im 2. und im 4. Bit unterscheiden. Die Wörter THEORIE und THEODOR haben den Hamming-Abstand 3.

A.4   Gruppe

Der Begriff der Gruppe und einige Definitionen und Sätze der Gruppentheorie sind für das Verständnis von kryptografischen und zahlentheoretischen Algorithmen erforderlich.

Verknüpfung

Definition: Sei M eine Menge. Eine *Verknüpfung* auf M ist eine Abbildung

$\circ\ :\ M \times M \to M,$

die je zwei Elementen $a, b \in M$ ein Element $c \in M$ zuordnet. Die Schreibweise ist

$a \circ b\ =\ c.$

Wenn die Menge M endlich ist, lassen sich die Ergebniswerte der Verknüpfung in Form einer Verknüpfungstafel angeben.

Definition: Eine *Verknüpfungstafel* ist eine Tabelle, die für alle Elemente $a, b \in M$ das Ergebnis der Verknüpfung $a \circ b$ in Zeile a und Spalte b enthält.

Beispiel: Sei M die Menge $\mathbb{B} = \{0, 1\}$. Auf $\mathbb{B}$ sei eine Verknüpfung $\oplus$ in folgender Weise definiert:

$\oplus$	0	1
0	0	1
1	1	0

Das Ergebnis von $1 \oplus 0$ beispielsweise ergibt sich als Eintrag in Zeile 1 und Spalte 0, nämlich als $1 \oplus 0 = 1$.

Beispiel: Die Menge M sei die Menge $\mathbb{N}$ der natürlichen Zahlen. Dann sind $+$ (Addition), $\cdot$ (Multiplikation) und „hoch" (Potenzierung) Verknüpfungen.

Welche Zahl das Ergebnis der Verknüpfung etwa von $5 + 3$ oder von $7 \cdot 4$ oder von 2^3 ist, müssen wir im allgemeinen ausrechnen (um 3 weiterzählen von 5 aus, die 7 viermal addieren, bzw. die 2 dreimal mit sich selbst multiplizieren). Schneller geht es, wenn wir die Verknüpfungstafeln der einstelligen Zahlen auswendig lernen (z.B. kleines Einmaleins). Für die Verknüpfung von größeren Zahlen gibt es die Rechenverfahren der Arithmetik (Kopfrechnen, schriftliches Addieren und Multiplizieren).

Eigenschaften von Verknüpfungen

Es kommt bei einer Verknüpfung im allgemeinen auf die Reihenfolge der Elemente an. Verknüpfungen, bei denen es nicht auf die Reihenfolge ankommt, heißen kommutativ.

Definition: Sei M eine Menge mit einer Verknüpfung $\circ$. Die Verknüpfung $\circ$ heißt
kommutativ, wenn für alle Elemente $a, b \in M$ gilt

$$a \circ b \;=\; b \circ a.$$

Beispiel: Die oben angegebenen Verknüpfungen $\oplus$, $+$ und $\cdot$ sind kommutativ. Die
Verknüpfung „hoch" ist jedoch nicht kommutativ, denn es ist z.B. $2^3 = 8$, aber
$3^2 = 9$.

Wenn wir nicht nur zwei, sondern drei Elemente a, b, c miteinander verknüpfen wollen,
gehen wir wie folgt vor: wir verknüpfen die ersten beiden Elemente, und das Ergebnis
verknüpfen wir mit dem dritten Element (Auswertung von links nach rechts):

$$(a \circ b) \circ c.$$

Wir hätten jedoch auch erst das zweite und dritte Element verknüpfen und dann das
erste Element mit diesem Ergebnis verknüpfen können (Auswertung von rechts nach
links):

$$a \circ (b \circ c).$$

Welche Art der Auswertung ist die richtige? Nun, es stellt sich heraus, dass es bei vielen
Verknüpfungen egal ist: in beiden Fällen kommt dasselbe Ergebnis heraus. Derartige
Verknüpfungen heißen assoziativ.

In den anderen Fällen muss man sich auf eine Auswertungsart einigen, z.B. Auswertung
von links nach rechts, oder durch Klammern die Reihenfolge der Auswertung
vorschreiben.

Definition: Sei M eine Menge mit einer Verknüpfung $\circ$. Die Verknüpfung $\circ$ heißt
assoziativ, wenn für alle Elemente $a, b, c \in M$ gilt

$$(a \circ b) \circ c \;=\; a \circ (b \circ c).$$

Beispiel: Die oben angegebenen Verknüpfungen $\oplus$, $+$ und $\cdot$ sind assoziativ. Die Verknüpfung „hoch" ist jedoch nicht assoziativ, denn es ist z.B. $\left(2^2\right)^3 = 4^3 = 64$, aber
$2^{\left(2^3\right)} = 2^8 = 256$.

Halbgruppe

Im Folgenden bezeichnen wir eine Menge M, auf der eine Verknüpfung $\circ$ definiert ist,
mit $(M, \circ)$. Wir betrachten nun Eigenschaften solcher Mengen. Je nach dem, welche
von insgesamt vier Eigenschaften erfüllt sind, bilden diese Mengen unterschiedliche
mathematische Strukturen. Die einfachste dieser Strukturen ist die Halbgruppe. Bei
einer Halbgruppe wird lediglich verlangt, dass die Verknüpfung assoziativ ist.

Definition: Eine Menge mit einer assoziativen Verknüpfung ist eine *Halbgruppe*.

Beispiel: Sei A ein Alphabet und A^+ die Menge der nichtleeren Wörter über dem Alphabet. Auf A^+ sei die Verkettung von Wörtern als Verknüpfung $\circ$ definiert. Zwei Wörter werden verkettet, indem sie einfach hintereinander geschrieben werden, z.B.

ab $\circ$ aacc = abaacc.

Die Verknüpfung ist offensichtlich assoziativ. Die Menge A^+ mit der Verkettung als Verknüpfung bildet daher eine Halbgruppe.

Die Menge der natürlichen Zahlen mit der Addition $(\mathbb{N}, +)$ ist eine Halbgruppe. Ebenso ist $(\mathbb{N}, \cdot)$ eine Halbgruppe.

Monoid

Definition: Eine Halbgruppe $(M, \circ)$ ist ein *Monoid*, wenn sie ein neutrales Element enthält. Ein Element $e \in M$ heißt *neutrales Element*, wenn für alle $a \in M$ gilt

$$e \circ a \;=\; a \circ e \;=\; a.$$

Das neutrale Element wird auch als *Nullelement* oder als *Einselement* bezeichnet, je nach dem, ob die Verknüpfung als Addition oder als Multiplikation verstanden wird.

Beispiel: Die Menge A^* der Wörter über einem Alphabet A (einschließlich des leeren Wortes ε) mit der Verkettung als Verknüpfung ist ein Monoid. Das leere Wort ε ist das neutrale Element, denn es gilt

$$\varepsilon \circ w \;=\; w \circ \varepsilon \;=\; w \quad \text{für alle Wörter } w \in A^*.$$

Sei X eine Menge und $\mathcal{P}(X)$ die Potenzmenge von X, d.h. die Menge aller Teilmengen von X. Dann ist $\mathcal{P}(X)$ mit der Vereinigung von Mengen $\cup$ als Verknüpfung und der leeren Menge $\emptyset$ als neutralem Element ein Monoid.

Die Menge der natürlichen Zahlen mit der Multiplikation $(\mathbb{N}, \cdot)$ ist ein Monoid mit der 1 als neutralem Element. Die Menge der natürlichen Zahlen einschließlich der Null mit der Addition $(\mathbb{N}_0, +)$ ist ein Monoid. Die Null ist das neutrale Element bezüglich der Addition. Ferner ist $(\mathbb{B}, \oplus)$ ein Monoid mit der 0 als neutralem Element.

Satz: Sei $(M, \circ)$ ein Monoid. Dann ist das neutrale Element eindeutig bestimmt, d.h. es gibt nicht mehrere neutrale Elemente in $(M, \circ)$.

Beweis: Seien e und f neutrale Elemente. Dann gilt

$$f \;=\; e \circ f \;=\; e,$$

denn $f \;=\; e \circ f$, weil e neutral ist, und $e \circ f \;=\; e$, weil f neutral ist.

Im Folgenden schreiben wir ein Monoid M mit Verknüpfung $\circ$ und neutralem Element e als Tripel $(M, \circ, e)$. So sind beispielsweise $(\mathcal{P}(X), \cup, \emptyset)$, $(\mathbb{N}, \cdot, 1)$, $(\mathbb{N}_0, +, 0)$ sowie $(\mathbb{B}, \oplus, 0)$ Monoide.

Gruppe

Definition: Ein Monoid $(M, \circ, e)$ ist eine *Gruppe*, wenn es zu jedem Element $a \in M$ ein *inverses Element* in M gibt. Ein Element $a' \in M$ heißt *invers* zu $a \in M$, wenn

$$a \circ a' = e$$

ist, d.h. wenn die Verknüpfung von a und a' das neutrale Element e ergibt.

Beispiel: Die Menge der ganzen Zahlen mit der Addition $(\mathbb{Z}, +, 0)$ ist eine Gruppe. Zu jeder Zahl a ist $-a$ das inverse Element.

Die Menge $(\mathbb{B}, \oplus, 0)$ ist eine Gruppe. Die 0 und die 1 sind jeweils zu sich selbst invers.

Satz: Sei $(M, \circ, e)$ eine Gruppe. Für jedes $a \in M$ gilt: wenn a' zu a invers ist, dann auch a zu a'.

Beweis: Sei zunächst a'' das zu a' inverse Element, d.h. $a' \circ a'' = e$. Dann ist

$$a = a \circ e = a \circ a' \circ a'' = e \circ a'' = a''$$

d.h. $a = a''$ ist zu a' invers.

Abelsche Gruppe

Definition: Eine Gruppe $(M, \circ, e)$ heißt *abelsche Gruppe* (nach N.H. ABEL), wenn die Verknüpfung $\circ$ kommutativ ist, d.h. wenn für alle Elemente $a, b \in M$ gilt

$$a \circ b = b \circ a.$$

Beispiel: $(\mathbb{Z}, +, 0)$ ist abelsche Gruppe.

Die Menge aller Permutationen von n Elementen mit der Komposition (Hintereinanderausführung von Abbildungen) als Verknüpfung ist eine Gruppe, jedoch keine abelsche Gruppe.

Zusammenfassung

Eine Gruppe ist zunächst eine Menge M, auf der eine Verknüpfung $\circ$ definiert ist. Eine Verknüpfung ist eine Abbildung von $M \times M$ in M. Es müssen darüber hinaus drei Eigenschaften erfüllt sein, diese heißen die *Gruppenaxiome*:

- die Verknüpfung ist *assoziativ*,
- es gibt ein *neutrales Element*,
- jedes Element hat ein *inverses Element*.

Bei einer abelschen Gruppe gilt zusätzlich:

- die Verknüpfung ist *kommutativ*.

Gruppentheorie

Gruppen können aus endlich vielen oder unendlich vielen Elementen bestehen. Die folgenden Definitionen und Sätze gelten teils nur für endliche Gruppen, teils für alle Gruppen.

Definition: Sei $(G, \circ, e)$ eine Gruppe. Eine Teilmenge $H \subseteq G$ heißt *Untergruppe* von G, wenn $(H, \circ, e)$ eine Gruppe ist.

Beispiel: Die Menge der geraden Zahlen ist eine Untergruppe von $(\mathbb{Z}, +, 0)$.

Satz: (Untergruppenkriterium für endliche Gruppen)

Sei $(G, \circ, e)$ eine endliche Gruppe. Dann bildet jede nichtleere Teilmenge $H \subseteq G$, die unter der Verknüpfung $\circ$ abgeschlossen ist, eine Untergruppe von G.

Definition: Sei $(G, \circ, e)$ eine Gruppe. Die *k-te Potenz* eines Elementes $a \in G$ ist induktiv wie folgt definiert:

$$a^k = \begin{cases} e & \text{für } k = 0 \\ a \circ a^{k-1} & \text{für alle } k \in \mathbb{N} \end{cases}$$

Es ist also $a^k = a \circ \ldots \circ a$ (k-mal).

Mithilfe des vorigen Satzes lässt sich eine Untergruppe einer endlichen Gruppe G erzeugen, indem alle Potenzen eines einzelnen Elementes $a \in G$ gebildet werden. D.h. a wird mit sich selbst verknüpft, das Ergebnis wiederum mit a usw., solange, bis nichts Neues mehr hinzukommt.

Definition: Sei $(G, \circ, e)$ eine endliche Gruppe und $a \in G$. Die *von a erzeugte Untergruppe* ist

$$\langle a \rangle = \{a^k \mid k \in \mathbb{N}\}.$$

Das Element a ist das *erzeugende Element* von $\langle a \rangle$.

Beispiel: Die Menge $\mathbb{Z}_6 = \{0, 1, 2, 3, 4, 5\}$ bildet mit der Operation $+_6$, der Addition modulo 6, eine Gruppe. Die Untergruppen von $(\mathbb{Z}_6, +_6, 0)$ sind

$$
\begin{aligned}
\langle 0 \rangle &= \{0\} \\
\langle 1 \rangle &= \{1, 2, 3, 4, 5, 0\} \\
\langle 2 \rangle &= \{2, 4, 0\} \\
\langle 3 \rangle &= \{3, 0\}
\end{aligned}
$$

Ein wichtiges Beweishilfsmittel ist der folgende Satz von LAGRANGE:

Satz: Sei $(G, \circ, e)$ eine endliche Gruppe und $(H, \circ, e)$ eine Untergruppe von G. Dann gilt

$|H|$ ist Teiler von $|G|$.

Aus dem Satz folgt, dass eine echte Untergruppe einer endlichen Gruppe G höchstens halb so viele Elemente haben kann wie G.

Definition: Sei $(G, \circ, e)$ eine Gruppe. Die *Ordnung* $ord(a)$ eines Elementes $a \in G$ ist die kleinste Zahl $k \in \mathbb{N}$, für die gilt

$$a^k = e.$$

Satz: Sei $(G, \circ, e)$ eine endliche Gruppe und $a \in G$. Dann gilt

$$ord(a) = |\langle a \rangle|.$$

Beweis: Sei $k = ord(a)$, d.h. die kleinste natürliche Zahl, für die gilt $a^k = e$. Dann sind die von a erzeugten Elemente $a^1, a^2, ..., a^k$ alle verschieden. Denn wäre $a^i = a^j$ mit $1 \leq i < j \leq k$, so wäre $a^{j-i} = e$, wobei $j - i < k$, im Widerspruch dazu, dass k die kleinste Zahl ist mit $a^k = e$.

Ebenso ist klar, dass ab $a^{k+1} = a^k \circ a = e \circ a = a$ keine neuen Elemente mehr hinzukommen. Somit hat $\langle a \rangle$ genau k Elemente.

Satz: Sei $(G, \circ, e)$ eine endliche Gruppe. Dann gilt für alle $a \in G$

$$a^{|G|} = e.$$

Beweis: Nach dem Satz von Lagrange und nach dem vorigen Satz gilt

$$|G| = q \cdot |\langle a \rangle| = q \cdot ord(a) \quad \text{für irgendein } q \in \mathbb{N}.$$

Ist $ord(a) = k$, so ist $a^k = e$ und

$$a^{|G|} = a^{q \cdot k} = (a^k)^q = e^q = e.$$

A.5   Ring, Körper

Der Begriff des Rings und des Körpers sind für das Verständnis von Algorithmen aus dem Bereich der Codierungstheorie und der Zahlentheorie erforderlich.

Wir betrachten Mengen mit zwei Verknüpfungen. Zum Beispiel ist $(\mathbb{Z}, +, \cdot)$ eine Menge mit zwei Verknüpfungen (Addition und Multiplikation). Solche Mengen stellen im allgemeinen algebraische Strukturen dar, in denen bestimmte Rechenregeln gelten. Je nach dem, welche Rechenregeln gelten und welche nicht, lassen sich unterschiedliche Strukturen identifizieren (Ring, Körper, ...). Die Rechenregeln, die wir von den reellen Zahlen her gewohnt sind, gelten beispielsweise in einem Körper.

Ring

Definition: Sei $(M, +, \cdot)$ eine Menge mit zwei Verknüpfungen. M ist ein *Ring*, wenn folgende Bedingungen erfüllt sind:

- $(M, +, 0)$ ist eine abelsche Gruppe,
- $(M, \cdot)$ ist eine Halbgruppe,
- es gilt das Distributivgesetz, d.h. für alle $a, b, c \in M$ gilt

$$a \cdot (b + c) = (a \cdot b) + (a \cdot c) \quad \text{sowie}$$
$$(a + b) \cdot c = (a \cdot c) + (b \cdot c).$$

Beispiel: Die Menge der ganzen Zahlen $(\mathbb{Z}, +, \cdot)$ ist ein Ring.

In Anlehnung an $\mathbb{Z}$ bezeichnen wir auch allgemein in einem Ring die eine Verknüpfung als „Addition" und die andere Verknüpfung als „Multiplikation". Entsprechend heißt auch das neutrale Element der Addition das *Nullelement*. Das zu einem Element a additiv inverse Element wird mit $-a$ bezeichnet.

Die Rechenregeln, die in einem Ring gelten, sind zum einen die obigen Bedingungen, die *Ringaxiome*. Weitere Rechenregeln lassen sich aus den Ringaxiomen herleiten; ein Beispiel ist die folgende Regel:

Satz: Sei $(M, +, \cdot)$ ein Ring mit Nullelement 0. Dann gilt für alle $a \in M$:

$$a \cdot 0 = 0.$$

Beweis: $a \cdot 0$

$$
\begin{array}{ll}
= a \cdot 0 + 0 & \mid \quad +0 \\
= a \cdot 0 + a \cdot 0 + (-(a \cdot 0)) & \mid \quad 0 = a \cdot 0 + (-(a \cdot 0)) \\
= a \cdot (0 + 0) + (-(a \cdot 0)) & \mid \quad a \text{ ausklammern (Distributivgesetz)} \\
= a \cdot 0 + (-(a \cdot 0)) & \mid \quad 0 + 0 = 0 \\
= 0 & \mid \quad a \cdot 0 + (-(a \cdot 0)) = 0
\end{array}
$$

Ring mit Eins

Definition: Ein Ring $(M, +, \cdot)$ heißt *Ring mit Eins*, wenn $(M, \cdot, 1)$ ein Monoid ist.

Beispiel: Die Menge der ganzen Zahlen $(\mathbb{Z}, +, \cdot)$ ist ein Ring mit Eins. Die Zahl 1 ist das neutrale Element der Multiplikation.

In Anlehnung an $\mathbb{Z}$ bezeichnen wir auch allgemein das neutrale Element der Multiplikation als *Einselement*. Es folgt wiederum ein Beispiel für eine Rechenregel, die in einem Ring mit Eins gilt.

Satz: Sei $(M, +, \cdot)$ ein Ring mit Nullelement 0 und Einselement 1. Dann gilt für alle $a \in M$:
$$a \cdot (-1) \;=\; -a,$$
d.h. wenn a mit dem additiv inversen Element von 1 multipliziert wird, kommt das additiv inverse Element von a heraus.

Beweis:

$a \cdot (-1)$	
	$+0$
$= a \cdot (-1) + 0$	$0 = a + (-a)$
$= a \cdot (-1) + a + (-a)$	$a = a \cdot 1$
$= a \cdot (-1) + a \cdot 1 + (-a)$	a ausklammern (Distributivgesetz)
$= a \cdot ((-1) + 1) + (-a)$	$(-1) + 1 = 0$
$= a \cdot 0 + (-a)$	$a \cdot 0 = 0$
$= 0 + (-a)$	$0+$ weglassen
$= -a$	

Körper

Definition: Sei $(M, +, \cdot)$ ein Ring mit Eins. M ist ein *Körper*, wenn $(M \setminus \{0\}, \cdot, 1)$ eine abelsche Gruppe ist.

Beispiel: Die Menge der rationalen Zahlen $(\mathbb{Q}, +, \cdot)$ ist ein Körper. Die Menge der reellen Zahlen $(\mathbb{R}, +, \cdot)$ ist ein Körper. Die Menge der komplexen Zahlen $(\mathbb{C}, +, \cdot)$ ist ein Körper.

Ein endlicher Körper mit nur zwei Elementen ist $(\mathbb{B}, \oplus, \cdot)$; hierbei ist $\mathbb{B} = \{0, 1\}$ und die Verknüpfung $\oplus$ bezeichnet die Addition modulo 2 (also $1 + 1 = 0$).

In einem Körper gelten die Rechenregeln, die wir von den reellen Zahlen her gewohnt sind. Diese sind zum einen die *Körperaxiome* (d.h. die genannten Bedingungen, die für einen Körper gelten müssen), zum anderen weitere Regeln, die daraus hergeleitet werden können.

Schiefkörper

In einem Körper ist die Multiplikation kommutativ. Wird diese Bedingung fallengelassen, ergibt sich eine algebraische Struktur, die als Schiefkörper bezeichnet wird.

Definition: Sei $(M, +, \cdot)$ ein Ring mit Eins. M ist ein *Schiefkörper*, wenn $(M \setminus \{0\}, \cdot, 1)$ eine Gruppe ist.

Natürlich ist jeder Körper auch ein Schiefkörper. Aber gibt es auch Schiefkörper, die keine Körper sind? Ein interessantes Beispiel ist die Menge der Quaternionen $(\mathbb{H}, +, \cdot)$.

Integritätsbereich

In einem Körper hat jedes Element außer der 0 ein multiplikativ inverses Element. Wird diese Bedingung fallengelassen, ergibt sich eine algebraische Struktur, die als Integritätsbereich bezeichnet wird.

Definition: Ein Ring $(M, +, \cdot)$ heißt *Integritätsbereich*, wenn $(M \setminus \{0\}, \cdot, 1)$ ein kommutatives Monoid ist.

In einem Integritätsbereich ist nicht nur M, sondern sogar $M \setminus \{0\}$ bezüglich der Multiplikation abgeschlossen. Daraus folgt, dass der Ring M nullteilerfrei ist.

Definition: Sei $(M, +, \cdot)$ ein Ring mit Nullelement 0. M heißt *nullteilerfrei*, wenn es keine zwei Elemente $a \neq 0, b \neq 0$ gibt mit $a \cdot b = 0$. Oder anders ausgedrückt, wenn für beliebige $a, b \in M$ aus $a \cdot b = 0$ folgt $a = 0$ oder $b = 0$.

Diese scheinbar selbstverständliche Eigenschaft, nullteilerfrei zu sein, ist nicht in jedem Ring erfüllt. So ist beispielsweise der Ring $(\mathbb{Z}_{10}+, \cdot)$ der Restklassen modulo 10 mit den Verknüpfungen Addition und Multiplikation modulo 10 nicht nullteilerfrei, denn in $\mathbb{Z}_{10}$ gilt beispielsweise $4 \cdot 5 = 0$.

Die Menge der ganzen Zahlen $(\mathbb{Z}, +, \cdot)$ ist jedoch nullteilerfrei.

Beispiel: Die Menge der ganzen Zahlen $(\mathbb{Z}, +, \cdot)$ ist ein Integritätsbereich. Ferner ist $(K[x], +, \cdot)$, die Menge der Polynome über einem Körper K, ein Integritätsbereich.

Zusammenfassung

Wir haben eine ganze Hierarchie algebraischer Strukturen kennen gelernt. Zunächst waren es nur Strukturen mit einer Verknüpfung (Halbgruppe, Monoid, Gruppe, abelsche

Gruppe), dann Strukturen mit zwei Verknüpfungen (Ring, Ring mit Eins, Integritätsbereich, Schiefkörper, Körper).

Das folgende Schema gibt eine Übersicht über die Hierarchie der Strukturen. Der
Integritätsbereich liegt zwischen Ring mit Eins und Körper, lässt sich jedoch nicht
genau einer der angegebenen multiplikativen Strukturen zuordnen.

A.6   Vektorraum

Vektorraum

Ein Vektorraum V über einem Körper K ist im wesentlichen eine Menge, deren Elemente
man addieren und mit den Elementen von K multiplizieren kann. Die Elemente von V
heißen *Vektoren*; die Elemente von K werden im Zusammenhang mit dem Vektorraum
Skalare genannt.

Definition: Sei K ein Körper. Eine Menge V heißt *Vektorraum* über K, wenn folgende
Bedingungen erfüllt sind:

1) $(V, +, 0)$ ist eine abelsche Gruppe,

2) es ist eine Verknüpfung $\cdot : K \times V \to V$ definiert mit folgenden
Eigenschaften:

a) ist 1 das Einselement von K, so gilt für alle $v \in V$

$$1 \cdot v = v,$$

b) für alle $j, k \in K$ und $v \in V$ gilt

$$(j + k) \cdot v = j \cdot v + k \cdot v \qquad \text{und}$$
$$(j \cdot k) \cdot v = j \cdot (k \cdot v),$$

c) für alle $k \in K$ und $u, v \in V$ gilt

$$k \cdot (u + v) = k \cdot u + k \cdot v.$$

Wir verwenden dasselbe Zeichen $+$ für die Addition in K wie auch für die Addition in V, ebenso dasselbe Zeichen $\cdot$ für die Multiplikation in K wie auch für die Multiplikation zwischen K und V. Auch die 0 bezeichnet einerseits das Nullelement $0 \in K$ und andererseits den Nullvektor $0 \in V$.

Beispiel: Die Menge der Paare (a, b) mit $a, b \in K$ ist ein Vektorraum über K, d.h. $V = K \times K$.

Hierbei sind die Addition in V und die Multiplikation zwischen K und V komponentenweise definiert:

$$(a, b) + (c, d) = (a + c, b + d) \qquad \text{und}$$
$$k \cdot (a, b) = (k \cdot a, k \cdot b)$$

für alle $(a, b), (c, d) \in V$ sowie $k \in K$. Der Nullvektor ist $(0, 0)$.

Allgemein ist auch K^n ein Vektorraum über K, also z.B. $\mathbb{R}^3$ über $\mathbb{R}$ oder $\mathbb{B}^n$ über $\mathbb{B}$.

Ferner ist die Menge der Polynome mit Koeffizienten aus K ein Vektorraum über K.

Die Menge aller Abbildungen von einer nichtleeren Menge M in K ist ein Vektorraum über K.

Satz: (Rechenregeln in V)

Es gilt für alle $v \in V$ und $k \in K$:

$$0 \cdot v = 0,$$
$$k \cdot 0 = 0,$$
$$(-1) \cdot v = -v.$$

Beweis: Es gilt

$$0 \cdot v = (0 + 0) \cdot v = 0 \cdot v + 0 \cdot v \quad | \quad -(0 \cdot v)$$
$$0 = 0 \cdot v$$

Ebenso gilt

$$k \cdot 0 = k \cdot (0 + 0) = k \cdot 0 + k \cdot 0 \quad | \quad -(k \cdot 0)$$
$$0 = k \cdot 0$$

Teilraum

Wenn eine Teilmenge U eines Vektorraums V für sich genommen die Vektorraumaxiome erfüllt, bildet sie einen Teilraum von V. Dies ist bereits dann der Fall, wenn sie hinsichtlich der Addition von Vektoren und Multiplikation mit Elementen des Körpers abgeschlossen ist.

Definition: Sei V ein Vektorraum über einem Körper K. Eine Teilmenge $U \subseteq V$ heißt
Teilraum von V, wenn gilt

$$u + v \in U \quad \text{für alle } u, v \in U,$$
$$k \cdot u \in U \quad \text{für alle } u \in U, k \in K.$$

Beispiel: Die Menge aller Paare $(a, 0)$ bildet einen Teilraum von $\mathbb{R}^2$. Die Menge aller
Polynome vom Grad ≤ 3 ist ein Teilraum des Vektorraums aller Polynome.

Linearkombination

Definition: Sei V ein Vektorraum über einem Körper K und T eine Teilmenge von
V. Ein Vektor u heißt *Linearkombination* von T, wenn es endliche viele Vektoren
$v_1, ..., v_m \in T$ und Koeffizienten $k_1, ..., k_m \in K$, $m \in \mathbb{N}_0$ gibt mit

$$u = k_1 \cdot v_1 + \ldots + k_m \cdot v_m.$$

Die Menge aller Linearkombinationen von T wird als das *Erzeugnis* $\langle T \rangle$ von T
bezeichnet.

Beispiel: Der Vektor $(3, 5) \in \mathbb{R}^2$ ist eine Linearkombination von $T = \{(1, 0), (0, 1)\}$,
denn

$$(3, 5) = 3 \cdot (1, 0) + 5 \cdot (0, 1).$$

Tatsächlich wird sogar $\mathbb{R}^2$ von T erzeugt

$$\mathbb{R}^2 = \langle T \rangle,$$

denn jeder Vektor $(a, b) \in \mathbb{R}^2$ ist Linearkombination von T:

$$(a, b) = a \cdot (1, 0) + b \cdot (0, 1).$$

Wir lassen bei der Definition des Begriffs Linearkombination auch den Fall $m = 0$ zu.
Das Ergebnis einer Summation von 0 Summanden ist der Nullvektor. Der Nullvektor
ist also stets Linearkombination einer beliebigen Menge T.

Ist $T = \emptyset$, so ist der Nullvektor die einzig mögliche Linearkombination. Es ist also
$\langle \emptyset \rangle = \{0\}$.

Satz: Sei V ein Vektorraum über einem Körper K und T eine Teilmenge von V. Dann ist das Erzeugnis $\langle T \rangle$ ein Teilraum von V.

Beweis: Es ist zu zeigen, dass $\langle T \rangle$ hinsichtlich Addition und Multiplikation abgeschlossen ist.

Seien $u, v \in \langle T \rangle$. Dann sind u und v Linearkombinationen von T :

$$u = j_1 \cdot u_1 + \ldots + j_m \cdot u_m \quad \text{mit} \quad u_i \in T, \ j_i \in K,$$

$$v = k_1 \cdot v_1 + \ldots + k_n \cdot v_n \quad \text{mit} \quad v_i \in T, \ k_i \in K.$$

Damit ist aber auch $u + v$ Linearkombination von T und damit Element von $\langle T \rangle$:

$$u + v = j_1 \cdot u_1 + \ldots + j_m \cdot u_m + k_1 \cdot v_1 + \ldots + k_n \cdot v_n.$$

Gleiches gilt für $k \cdot u$ mit $k \in K$:

$$k \cdot u = (k \cdot k_1) \cdot u_1 + \ldots + (k \cdot k_m) \cdot u_m.$$

Basis

Definition: Sei T eine Teilmenge eines Vektorraums V über einem Körper K. Die Menge T heißt *linear abhängig*, wenn der Nullvektor als Linearkombination von T dargestellt werden kann, wobei mindestens ein Koeffizient k_i ungleich 0 ist.
D.h. es gibt Vektoren $v_1, \ldots, v_m \in T$ und Koeffizienten $k_1, \ldots, k_m$, wobei $m \in \mathbb{N}$ und mindestens ein $k_i \neq 0$, so dass

$$0 = k_1 \cdot v_1 + \ldots + k_m \cdot v_m.$$

Eine Menge von Vektoren, die nicht linear abhängig ist, heißt *linear unabhängig*.

Mit den Vektoren einer linear unabhängigen Menge lässt sich der Nullvektor nicht darstellen, außer wenn alle Koeffizienten gleich 0 sind.

Beispiel: Die Menge $\{(1,0), (0,2), (2,3)\} \subseteq \mathbb{R}^2$ ist linear abhängig, denn der Nullvektor hat die Darstellung

$$0 = 2 \cdot (1,0) + 1.5 \cdot (0,2) - 1 \cdot (2,3).$$

Bemerkung: Die leere Menge ist linear unabhängig, denn es gibt keine Vektoren in der leeren Menge, durch die sich der Nullvektor darstellen lässt. Dagegen ist jede Menge, die den Nullvektor enthält, linear abhängig.

Definition: Sei V ein Vektorraum. Eine maximale Menge B von linear unabhängigen Vektoren aus V heißt *Basis* von V. Die Mächtigkeit von B heißt *Dimension* von V:

$$\dim(V) = |B|.$$

Beispiel: Die Menge $B = \{(1,0),(0,1)\}$ ist Basis von $\mathbb{R}^2$, d.h. $\mathbb{R}^2$ hat die Dimension 2.

Die Menge $\{x^0, x^1, x^2, x^3, \ldots\}$ ist Basis des Vektorraums $K[x]$ aller Polynome über einem Körper K. Somit ist $\dim(K[x]) = \infty$.

Bemerkung: Stets ist $\{0\}$, die Menge, die nur aus dem Nullvektor besteht, ein Vektorraum. Die leere Menge ist Basis dieses Vektorraums, d.h. seine Dimension ist 0.

Satz: Sei B eine Basis eines Vektorraums V über K. Dann lässt sich jeder Vektor $v \in V$ als Linearkombination von Basisvektoren darstellen, d.h. B erzeugt V:
$$V = \langle B \rangle.$$

Beweis: Sei $v \in V$. Gilt $v = b_i$ für einen der Basisvektoren, so ist dieses die Darstellung. Ist v nicht in B enthalten, so ist $B \cup \{v\}$ linear abhängig, denn B ist eine maximale linear unabhängige Teilmenge von V.

Der Nullvektor lässt sich also als Linearkombination von $B \cup \{v\}$ darstellen, wobei mindestens ein Koeffizient k_i ungleich 0 ist. Insbesondere muss der Koeffizient von v ungleich 0 sein, denn mit den Basisvektoren allein lässt sich der Nullvektor nicht darstellen. D.h. es gibt Basisvektoren $b_1, \ldots, b_m$, $m \in \mathbb{N}_0$ mit
$$0 = k_0 \cdot v + k_1 \cdot b_1 + \ldots + k_m \cdot b_m.$$
Da $k_0 \neq 0$, lässt sich v darstellen als
$$v = -k_1/k_0 \cdot b_1 - \ldots - k_n/k_0 \cdot b_n.$$

Skalarprodukt

Definition: Sei V ein Vektorraum über K. Eine Verknüpfung $\cdot : V \times V \to K$ heißt *Skalarprodukt*, wenn sie folgende Eigenschaften hat:

1) $u \cdot v = v \cdot u,$
2) $u \cdot (v + w) = u \cdot v + u \cdot w,$
3) $k \cdot (u \cdot v) = (k \cdot u) \cdot v$

für alle $u, v, w \in V$ und $k \in K$.

Man beachte wiederum die unterschiedlichen Rollen der Zeichen $+$ und $\cdot$, die gleichermaßen für die Verknüpfungen innerhalb von K, zwischen K und V, und innerhalb von V verwendet werden.

Definition: In K^n ist das Skalarprodukt definiert als

$$u \cdot v \;=\; \sum_{i=1,\,...,\,n} u_i \cdot v_i$$

für alle $u, v \in K^n$.

Fasst man u und v als $1 \times n$-Matrizen auf, so entspricht das Skalarprodukt $u \cdot v$ dem Matrixprodukt $u \cdot v^\top$.

Beispiel: Sei $V = \mathbb{R}^3$, $u = (1\ 2\ 0)$, $v = (3\ 4\ 5)$. Dann ist

$$u \cdot v \;=\; 1 \cdot 3 + 2 \cdot 4 + 0 \cdot 5 \;=\; 11.$$

Sei $V = \mathbb{B}^5$, $u = 1\ 0\ 0\ 1\ 1$, $v = 1\ 0\ 1\ 1\ 0$. Dann ist

$$u \cdot v \;=\; 1 \cdot 1 \oplus 0 \cdot 0 \oplus 0 \cdot 1 \oplus 1 \cdot 1 \oplus 1 \cdot 0 \;=\; 0.$$

Satz: (Rechenregeln für das Skalarprodukt)

Es gilt für alle $u, v \in V$

$$(-u) \cdot v \;=\; -(u \cdot v) \quad \text{und}$$

$$0 \cdot v \;=\; 0.$$

Die zweite Regel besagt, dass das Skalarprodukt zwischen dem Nullvektor und einem beliebigen Vektor v den Skalar 0 ergibt.

Orthogonalität

Definition: Sei V ein Vektorraum. Zwei Vektoren x und y heißen *orthogonal* zueinander, wenn ihr Skalarprodukt gleich 0 ist:

$$u \perp v \;\Leftrightarrow\; u \cdot v = 0.$$

Alle Vektoren sind orthogonal zum Nullvektor, insbesondere ist der Nullvektor orthogonal zu sich selbst.

Beispiel: Sei $V = \mathbb{R}^2$, $u = (1\ 2)$, $v = (-2\ 1)$. Dann ist

$$u \cdot v \;=\; 1 \cdot (-2) + 2 \cdot 1 \;=\; 0.$$

Interpretiert man den $\mathbb{R}^2$ als die Menge der Ortsvektoren zu Punkten in der Ebene, so stehen orthogonale Vektoren senkrecht aufeinander.

Sei $V = \mathbb{B}^n$. Dann ist jeder Vektor mit einer geraden Anzahl von Einsen orthogonal zu sich selbst, z.B. $u = 1\ 0\ 0\ 1$:

$$u \cdot u \;=\; 1 \cdot 1 \oplus 0 \cdot 0 \oplus 0 \cdot 0 \oplus 1 \cdot 1 \;=\; 0$$

Definition: Ein Vektor $v \in V$ heißt *orthogonal* zu einem Teilraum U von V, wenn v zu allen Vektoren von U orthogonal ist.

Satz: Die Menge der zu einem Teilraum U orthogonalen Vektoren bildet einen Teilraum $U^\perp$ von V.

Ist $\dim(V) = n$ und $\dim(U) = k$, so ist $\dim(U^\perp) = n - k$.

$U^\perp$ heißt *Orthogonalraum* von U.

A.7   Teilbarkeit, Kongruenz modulo n

Teilbarkeit

Definition: Seien $a, d \in \mathbb{Z}$ zwei ganze Zahlen. Die Zahl d *teilt* die Zahl a oder a ist durch d *teilbar* oder d ist *Teiler* von a, in Zeichen $d \mid a$, wenn a als ganzzahliges Vielfaches von d dargestellt werden kann:

$$d \mid a \iff \exists k \in \mathbb{Z}: k \cdot d = a.$$

Beispiel: Die Zahl 3 teilt die Zahl 12, denn es gilt $4 \cdot 3 = 12$. Die Zahl 12 ist also durch 3 teilbar. Gleichermaßen teilt 3 die Zahlen 15, -12, 3 und auch 0.

Jede Zahl ist durch 1 teilbar. Jede Zahl ist durch sich selbst teilbar. Die 0 ist durch jede Zahl teilbar, auch durch 0. Außer der 0 ist keine Zahl durch 0 teilbar. Ist eine Zahl durch d teilbar, dann auch durch $-d$.

Satz: Die Relation $\mid$ („teilt") in $\mathbb{Z}$ ist transitiv, d.h. für alle $a, b, c \in \mathbb{Z}$ gilt

$$a \mid b \wedge b \mid c \implies a \mid c.$$

Definition: Die Teiler 1, -1, a und $-a$ sind die *trivialen Teiler* von a. Die nichttrivialen positiven Teiler von a werden auch *Faktoren* von a genannt.

Beispiel: Die Zahl 20 hat die Faktoren 2, 4, 5 und 10. Die Zahl 7 hat keine Faktoren, sondern nur die trivialen Teiler ± 1 und ± 7.

Primzahlen

Definition: Eine Zahl $a \in \mathbb{N}, a > 1$ heißt *Primzahl*, wenn sie nur triviale Teiler, d.h. keine Faktoren hat. Anderenfalls heißt sie *zusammengesetzt*.

Die 1 spielt eine Sonderrolle und ist weder Primzahl noch zusammengesetzt. Die ersten Primzahlen sind 2, 3, 5, 7, 11, 13, 17, 19, 23, 29, ...

Größter gemeinsamer Teiler

Definition: Seien $a, b \in \mathbb{Z}$. Eine Zahl $d \in \mathbb{Z}$ ist ein *gemeinsamer Teiler* von a und b, wenn

$$d \mid a \quad \text{und} \quad d \mid b.$$

Die 1 ist stets gemeinsamer Teiler von beliebigen ganzen Zahlen.

Definition: Seien $a, b \in \mathbb{Z}$. Eine Zahl $g \in \mathbb{Z}$ heißt *größter gemeinsamer Teiler* von a und b, wenn für alle $d \in \mathbb{Z}$ gilt

$$d \mid a \wedge d \mid b \quad \Leftrightarrow \quad d \mid g,$$

d.h. alle gemeinsamen Teiler von a und b sind auch Teiler von g, und alle Teiler von g sind auch gemeinsame Teiler von a und b.[2]

In $\mathbb{Z}$ ist der größte gemeinsame Teiler von zwei Zahlen bis auf das Vorzeichen eindeutig bestimmt. Eigentlich kann man deshalb nicht von *dem* größten gemeinsamen Teiler sprechen, denn mit g ist auch stets $-g$ größter gemeinsamer Teiler. Eindeutigkeit wird erreicht, indem der nichtnegative größte gemeinsame Teiler als *der* größte gemeinsame Teiler angesehen wird.

Definition: Die Funktion ggt $: \mathbb{Z} \times \mathbb{Z} \to \mathbb{N}_0$ ist definiert durch

$$\text{ggt}(a, b) = g,$$

wobei g größter nichtnegativer gemeinsamer Teiler von a und b ist.

Beispiel: Es gilt

$$\text{ggt}(12, 30) = 6$$
$$\text{ggt}(24, 8) = 8$$
$$\text{ggt}(14, 25) = 1$$
$$\text{ggt}(17, 32) = 1$$

Allgemein gilt für alle $a \in \mathbb{Z}$:

$$\text{ggt}(0, a) = |a|$$

Insbesondere gilt

$$\text{ggt}(0, 0) = 0$$

---

[2]Diese Definition verwendet nicht die Relation $>$ („größer"); sie gilt daher auch in anderen mathematischen Strukturen als $\mathbb{Z}$, z.B. in Polynomringen. Außerdem gilt nach dieser Definition in natürlicher Weise ggt$(0, 0) = 0$.

Definition: Zwei Zahlen $a, b \in \mathbb{Z}$ werden als *teilerfremd* bezeichnet, wenn $\gcd(a, b) = 1$ ist.

Kongruenz modulo n

Definition: Sei $n \in \mathbb{N}$. Die Relation *kongruent modulo n* auf der Menge der ganzen Zahlen $\mathbb{Z}$ ist wie folgt definiert:

$$a \equiv b \ (\mathrm{mod}\, n) \quad \Leftrightarrow \quad n \mid a - b$$

für alle $a, b \in \mathbb{Z}$.

Zwei Zahlen sind also kongruent (modulo n), wenn ihre Differenz durch n teilbar ist.

Beispiel: Es gilt beispielsweise:

$$17 \equiv 2 \ (\mathrm{mod}\, 5), \quad 2 \equiv 17 \ (\mathrm{mod}\, 5), \quad 6 \equiv 0 \ (\mathrm{mod}\, 2), \quad -6 \equiv 8 \ (\mathrm{mod}\, 2)$$

Dagegen gilt *nicht*: $17 \equiv -17 (\mathrm{mod}\, 5)$, denn $17 - (-17) = 34$, und 34 ist nicht durch 5 teilbar.

Die Relation $\equiv \ (\mathrm{mod}\, n)$ ist eine Äquivalenzrelation. Eine Äquivalenzrelation bewirkt eine Klasseneinteilung der Grundmenge in Klassen äquivalenter Elemente. Die Äquivalenzklassen der Relation $\equiv \ (\mathrm{mod}\, n)$ enthalten jeweils diejenigen Zahlen, die bei Division durch n denselben Rest ergeben, sie heißen deshalb *Restklassen*. Die kleinste nichtnegative Zahl in jeder Restklasse heißt *Repräsentant* der Restklasse.

Die Relation $\equiv \ (\mathrm{mod}\, n)$ teilt $\mathbb{Z}$ in n Restklassen mit den Repräsentanten $0, 1, 2, ..., n - 1$ ein. Die Menge der Repräsentanten $\{0, 1, 2, ..., n - 1\}$ wird mit $\mathbb{Z}_n$ bezeichnet.

Beispiel: Es sei $n = 2$. Die Relation $\equiv \ (\mathrm{mod}\, 2)$ teilt $\mathbb{Z}$ in zwei Restklassen ein: die geraden und die ungeraden Zahlen. Der Repräsentant der geraden Zahlen ist die 0, der Repräsentant der ungeraden Zahlen die 1. Somit ist also $\mathbb{Z}_2 = \{0, 1\}$.

Definition: Sei $a \in \mathbb{Z}, n \in \mathbb{N}$. Die Operation *mod* ist wie folgt definiert:

$$a \bmod n \ = \ b \quad \Leftrightarrow \quad a \equiv b \ (\mathrm{mod}\, n) \ \wedge \ 0 \leq b < n,$$

d.h. $a \bmod n$ liefert den Repräsentanten der Klasse, in der a liegt.

Es ist zu unterscheiden zwischen der Operation $\mathrm{mod}\, n$ und der Relation $\equiv \ (\mathrm{mod}\, n)$. Wenn $a \bmod n = b$ ist, so ist zwar stets $a \equiv b \ (\mathrm{mod}\, n)$, umgekehrt jedoch nicht, denn z.B. ist $8 \equiv 6 \ (\mathrm{mod}\, 2)$, aber $8 \bmod 2 \neq 6$.

Satz: Die Relation $\equiv \pmod{n}$ ist eine *Kongruenzrelation*, d.h. eine verknüpfungstreue Äquivalenzrelation, denn es gilt für alle $a, b, c, d \in \mathbb{Z}$

$$a \equiv b \pmod{n} \ \wedge \ c \equiv d \pmod{n} \ \Rightarrow \ a + c \equiv b + d \pmod{n} \quad \text{sowie}$$
$$a \equiv b \pmod{n} \ \wedge \ c \equiv d \pmod{n} \ \Rightarrow \ a \cdot c \equiv b \cdot d \pmod{n}.$$

Definition: Sei $n \in \mathbb{N}$. Auf der Menge $\mathbb{Z}_n$ werden Verknüpfungen $+_n$ (Addition modulo n) und $\cdot_n$ (Multiplikation modulo n) wie folgt definiert:

$$a +_n b \ = \ (a + b) \bmod n,$$
$$a \cdot_n b \ = \ (a \cdot b) \bmod n.$$

Wenn aus dem Zusammenhang klar ist, dass modulo n gerechnet wird, schreiben wir einfach $+$ und $\cdot$ statt $+_n$ und $\cdot_n$.

Die Menge $\mathbb{Z}_n$ bildet mit den Verknüpfungen $+_n$ und $\cdot_n$ sowie 0 und 1 als neutralen Elementen einen Ring mit Eins und, wenn n eine Primzahl ist, sogar einen Körper (siehe Anhang A.5).

Berechnungen modulo n

Da die Addition und die Multiplikation verknüpfungstreu bezüglich der Relation $\equiv \pmod{n}$ sind, können bei Additionen und Multiplikationen modulo n beliebige Zwischenergebnisse modulo n *reduziert* werden, ohne dass sich am Ergebnis etwas ändert.

Beispiel: Welcher Wochentag ist heute in drei Jahren und 40 Tagen? Wenn keine Schaltjahre zu berücksichtigen sind, müssen wir ausgehend vom heutigen Wochentag um

$$(3 \cdot 365 + 40) \bmod 7$$

Tage weiterzählen. Statt aber $3 \cdot 365 + 40$ zu berechnen, reduzieren wir bereits die Zwischenergebnisse modulo 7:

$$(3 \cdot 365 + 40) \bmod 7 \ = \ (3 \cdot (365 \bmod 7) + (40 \bmod 7)) \bmod 7$$
$$= (3 \cdot 1 + 5) \bmod 7) \ = \ 8 \bmod 7 \ = \ 1$$

Wenn also heute Mittwoch ist, so ist in drei Jahren und 40 Tagen Donnerstag.

Auch für Berechnungen modulo n gelten die Potenzgesetze, d.h. für beliebige Zahlen $a, x, y \in \mathbb{Z}$ gilt:

$$a^{x+y} \ \equiv \ a^x \cdot a^y \pmod{n} \quad \text{sowie}$$
$$a^{x \cdot y} \ \equiv \ (a^x)^y \pmod{n}$$

Aber Achtung: Die Verknüpfungstreue von $\equiv \pmod{n}$ erstreckt sich *nicht* auf den Exponenten. Der Exponent darf *nicht* modulo n reduziert werden. Addition, Subtraktion und Multiplikation von Exponenten müssen in $\mathbb{Z}$ durchgeführt werden.

Beispiel: Sei $n = 5$. Dann gilt beispielsweise

$$3 \equiv 128 \equiv 2^7 \not\equiv 2^{7 \bmod 5} \equiv 2^2 \equiv 4 \pmod 5$$

Ebenso gilt für das multiplikativ inverse Element 2^{-1} der Zahl 2:

$$3 \equiv 2^{-1} \not\equiv 2^{-1 \bmod 5} \equiv 2^4 \equiv 1 \pmod 5$$

Bei Berechnungen modulo n bedeutet die Schreibweise a^{-x} also *nicht*, dass $-x$ das modulo n additiv inverse Element von x ist, also $n - x$, sondern $-x$ ist das additiv inverse Element von x in $\mathbb{Z}$.

A.8 Asymptotische Komplexität

Wir haben die O-Notation zur Beschreibung der Komplexität von Algorithmen am Anfang informell eingeführt. Zur Vertiefung folgt hier die formale Definition.

Komplexität von Algorithmen

Die Anzahl der Schritte, die ein Algorithmus benötigt, wird als die *Laufzeit* des Algorithmus bezeichnet. Der Begriff Schritt bezieht sich auf ein bestimmtes zugrunde gelegtes Maschinenmodell. Die Maschine muss in der Lage sein, einen einzelnen Schritt in konstanter Zeit auszuführen.

Die Laufzeit hängt dann im allgemeinen von der Eingabe ab, insbesondere von der Länge der Eingabe, die auch als *Problemgröße* bezeichnet wird.

Beispiel: Die Laufzeit eines Sortieralgorithmus ist umso größer, je mehr Elemente zu sortieren sind.

Bei einer vorsortierten Eingabefolge benötigt der Algorithmus möglicherweise weniger Schritte als bei einer unsortierten Eingabefolge gleicher Länge.

Um den Algorithmus unabhängig von der konkreten Eingabe bewerten zu können, betrachtet man die *Zeitkomplexität*. Die Zeitkomplexität ist eine Funktion $T(n)$ in Abhängigkeit von der Problemgröße n. Der Wert von $T(n)$ ist die Laufzeit des Algorithmus im *schlechtesten Fall* (*worst case*), d.h. die Anzahl der Schritte, die bei einer beliebigen Eingabe höchstens ausgeführt werden.

Gelegentlich betrachtet man auch für das Verhalten von $T(n)$ *im Durchschnitt* (*average case*), d.h. die Anzahl der Schritte, die bei einer großen Zahl von zufällig gewählten Eingaben der Länge n im Mittel erforderlich sind.

Die genaue Anzahl der Schritte, die ein Algorithmus ausführt, hängt natürlich von der konkreten Implementation des Algorithmus ab. Tatsächlich kommen in der Implementation eines Sortieralgorithmus nicht nur Vergleiche und Vertauschungen vor, sondern noch weitere Schritte wie etwa das Erhöhen von Schleifenzählern u. ä.

Um Algorithmen unabhängig von den Details der Implementation bewerten zu können, wird die Zeitkomplexität mithilfe der *O-Notation* angegeben. Die O-Notation gibt nur die *Größenordnung* der Komplexität wieder, d.h. ob es sich z.B. um eine linear, quadratisch oder exponentiell wachsende Funktion handelt. Die Größenordnung wird in Form einer *Komplexitätsklasse* angegeben.

Definition: Sei $f : \mathbb{N} \to \mathbb{R}$ eine Funktion. Die Menge $O(f)$ enthält alle Funktionen g, die ab einem gewissen n_0 höchstens so schnell wachsen wie f, abgesehen von jeweils einem konstanten Faktor c:

$$O(f) = \{g : \mathbb{N} \to \mathbb{R} \mid \exists c > 0 \ \exists n_0 \in \mathbb{N} \ \forall \, n \geq n_0 \ : \ g(n) \leq c \cdot f(n)\}.$$

In Worten: $O(f)$ enthält alle Funktionen g, für die es eine Konstante c und eine Zahl n_0 gibt, so dass für alle $n \geq n_0$ gilt: $g(n)$ ist kleiner oder gleich $c \cdot f(n)$.

Es ist auch üblich, die Funktionen mit Argument n zu schreiben, also $g(n) \in O(f(n))$.

Beispiel: Ist $g(n) = 2n^2 + 7n - 10$ und $f(n) = n^2$, so gilt:

$g(n) \in O(f(n))$,

denn mit $c = 3$ und ab $n_0 = 5$ gilt:

$2n^2 + 7n - 10 \ \leq \ c \cdot n^2$.

Man sagt: Die Funktion $g(n)$ liegt in $O(n^2)$.

Zur Veranschaulichung zeigt Bild A.8 eine Funktion $g(n)$, die ab n_0 unterhalb der Geraden $f(n) = 1/2 \, n$ liegt. Somit gilt $g(n) \in O(n)$.

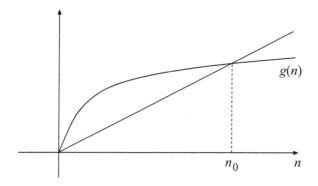

Bild A.8: $g(n) \in O(n)$

Um eine Komplexitätsklasse zu bezeichnen, gibt man immer die einfachste Funktion an, die geeignet ist, die jeweilige Komplexitätsklasse zu repräsentieren. Tatsächlich handelt es sich bei $O(2n^2 + 7n - 10)$ und $O(n^2)$ um dieselben Mengen, man wählt aber $O(n^2)$ als Bezeichnung.

Die Menge $O(n^2)$ ist die Komplexitätsklasse aller höchstens quadratisch wachsenden Funktionen. Entsprechend ist $O(n)$ die Menge der höchstens linear wachsenden Funktionen, $O(\log(n))$ die Menge der höchstens logarithmisch wachsenden Funktionen, $O(1)$ sind die durch eine Konstante beschränkten Funktionen, $O(n^k)$ die höchstens polynomiell wachsenden Funktionen, $O(2^n)$ die höchstens exponentiell zur Basis 2 wachsenden Funktionen.

Beispiel: $10n + 5\log(n) + 8 \in O(n)$

$\quad\quad 8n \in O(n^2)$

$\quad\quad 65 \in O(1)$

$\quad\quad n^{1000} \in O(2^n)$

$\quad\quad \log_{10}(n) \in O(\log(n))$

Bei der Klasse der logarithmisch wachsenden Funktionen kommt es nicht auf die Basis des Logarithmus an, denn es ist

$$\log_a(n) = c \cdot \log_b(n) \quad \text{mit} \quad c = \log_a(b).$$

Die O-Notation abstrahiert aber von konstanten Faktoren.

Wenn wir die Komplexität eines Algorithmus angeben, schreiben wir oft etwa: Der Algorithmus hat eine Komplexität von $O(n^2)$. Die Komplexität ist aber eine Funktion, während $O(n^2)$ eine Menge von Funktionen ist. Gemeint ist daher: Die Komplexität des Algorithmus liegt in $O(n^2)$ oder: Der Algorithmus hat eine Komplexität von $T(n)$ mit $T(n) \in O(n^2)$.

Da $O(n^2)$ eine Menge ist, verwenden wir die korrekte Schreibweise $T(n) \in O(n^2)$ und nicht $T(n) = O(n^2)$ wie gelegentlich zu lesen ist.

O, Ω und Θ

Wird die Zeitkomplexität eines Algorithmus beispielsweise mit $T(n) \in O(n^2)$ angegeben, so bedeutet dies, dass der Algorithmus *höchstens* quadratisch viele Schritte benötigt. Streng genommen besagt diese Angabe nicht, dass der Algorithmus tatsächlich quadratisch viele Schritte benötigt.

Es könnte sich etwa auch um einen linearen Algorithmus handeln. Ein linearer Algorithmus benötigt auch *höchstens* quadratisch viele Schritte. Beträgt die Komplexität des Algorithmus beispielsweise $T(n) = 10n$, so gilt ab $n_0 = 10$, dass $T(n) \leq n^2$ ist. Also ist $T(n) \in O(n^2)$.

Eine Komplexitätsklasse $O(f(n))$ kann nur zur Abschätzung von $T(n)$ nach oben, als *obere Schranke* dienen. Es wäre wenig sinnvoll, etwa zu sagen: „Der Algorithmus benötigt mindestens $O(n)$ Schritte". Denn dies würde nach Definition der Komplexitätsklasse $O(n)$ bedeuten, dass der Algorithmus mindestens höchstens $c \cdot n$ Schritte benötigt.

Zu einer genaueren Charakterisierung von $T(n)$ sind noch andere Komplexitätsklassen erforderlich.

Definition: Sei $f : \mathbb{N} \to \mathbb{R}$ eine Funktion. Die Menge $\Omega(f)$ enthält alle Funktionen g, die ab einem gewissen n_0 mindestens so schnell wachsen wie f, abgesehen von jeweils einem konstanten Faktor c:

$$\Omega(f) = \{g : \mathbb{N} \to \mathbb{R} \mid \exists c > 0 \ \exists n_0 \in \mathbb{N} \ \forall \, n \geq n_0 \, : \, g(n) \geq c \cdot f(n)\}.$$

In Worten: $\Omega(f)$ enthält alle Funktionen g, für die es eine Konstante c und eine Zahl n_0 gibt, so dass für alle $n \geq n_0$ gilt: $g(n)$ ist größer oder gleich $c \cdot f(n)$.

Beispiel: Ist $g(n) = 2n^2 + 7n - 10$ und $f(n) = n^2$, so gilt:

$$g \in \Omega(f),$$

denn mit $c = 1$ und ab $n_0 = 2$ gilt:

$$2n^2 + 7n - 10 \; \geq \; c \cdot n^2.$$

Die betrachtete Beispielfunktion $g(n)$ liegt also sowohl in $O(n^2)$ als auch in $\Omega(n^2)$, d.h. sie wächst sowohl höchstens als auch mindestens quadratisch, also genau quadratisch.

Um die Größenordnung einer Funktion genau anzugeben, wird die Klasse $\Theta(f)$ verwendet; der Buchstabe Θ ist das griechische Theta.

Definition: $\qquad \Theta(f) \;=\; O(f) \cap \Omega(f)$

Beispiel: Eine grobe Analyse ergibt, dass Insertionsort (Abschnitt 2.1) im schlechtesten Fall höchstens n^2 Schritte ausführt, denn das Verfahren muss jede der n Zahlen in ein schon sortiertes Teilstück einsortieren, wobei das Teilstück natürlich aus höchstens n Zahlen besteht. Daher gilt für die Zeitkomplexität $T(n)$ von Insertionsort im schlechtesten Fall

$$T(n) \in O(n^2).$$

Eine genauere Analyse zeigt, dass es einen Fall gibt, in dem Insertionsort mindestens $(n - 1) \cdot n/2$ Schritte benötigt. Daher gilt für die Zeitkomplexität $T(n)$ von Insertionsort im schlechtesten Fall auch

$$T(n) \in \Omega(n^2).$$

Damit lässt sich die Zeitkomplexität $T(n)$ von Insertionsort im schlechtesten Fall also charakterisieren durch

$$T(n) \in \Theta(n^2).$$

Komplexität von Problemen

Hat man einen konkreten Algorithmus zur Lösung eines Problems vorliegen, so kann man abschätzen, wie viele Schritte der Algorithmus höchstens benötigt. Die Komplexität des Algorithmus stellt eine obere Schranke für die *Komplexität des Problems* dar.

Es stellt sich dann die Frage, ob es möglicherweise einen schnelleren Algorithmus zur Lösung des Problems gibt oder überhaupt geben kann.

Häufig lässt sich eine *untere Schranke* für das Problem angeben, d.h. man kann sagen, wie viele Schritte *jeder* Algorithmus *mindestens* ausführen muss, um das Problem zu lösen. Wie bei den oberen Schranken wird ein bestimmtes Algorithmen- oder Maschinenmodell zugrunde gelegt, damit der Begriff Schritt klar ist.

Um beispielsweise n Zahlen zu sortieren, muss jeder Algorithmus sich die Zahlen ja zumindest einmal anschauen. Ein sequentieller Algorithmus, der sich in einem Schritt eine Zahl anschauen kann, benötigt also mindestens $T(n) = n$ Schritte, um die Zahlen zu sortieren. Also ist $T(n) = n$ eine untere Schranke für das Sortierproblem, bezogen auf das erwähnte sequentielle Algorithmenmodell.

Auch hier kommt es nicht auf konstante Faktoren c an, es soll im wesentlichen egal sein, ob ein Algorithmus etwa in einem Schritt eine, zwei oder 10 Zahlen verarbeiten kann. Und für allzu kleine Problemgrößen unterhalb von n_0 mögen möglicherweise Sonderbedingungen gelten, so dass es auch hier nur auf das asymptotische Verhalten für $n \geq n_0$ ankommt.

Interessant ist also wiederum nur die Größenordnung der unteren Schranke, d.h. ob es sich z.B. um eine lineare, quadratische oder exponentielle Funktion handelt. Die Größenordnung wird wieder durch eine Funktionenklasse ausgedrückt.

Wie wir eben gesehen haben, liegt eine untere Schranke für das Sortierproblem in $\Omega(n)$. Eine obere Schranke liegt in $O(n^2)$, z.B. mit dem Sortierverfahren Insertionsort. Es stellt sich die Frage, ob sich die Diskrepanz zwischen diesen beiden Funktionen n und n^2 beseitigen lässt, d.h. ob sich eine schärfere untere oder eine schärfere obere Schranke finden lässt.

Tatsächlich ist beides der Fall: Die untere Schranke lässt sich, zumindest für Verfahren, die auf Vergleichen beruhen, auf $\Omega(n \log(n))$ verbessern (Abschnitt 2.8), und die obere Schranke lässt sich ebenfalls auf $O(n \log(n))$ verbessern, z.B. mit dem Sortierverfahren Heapsort (Abschnitt 2.3).

Definition: Gegeben sei ein Problem und ein Algorithmus mit der Zeitkomplexität $T(n)$ zur Lösung des Problems.

Der Algorithmus ist asymptotisch *optimal*, wenn $\Omega(T(n))$ eine untere Schranke für das Problem ist.

Das Sortierverfahren Heapsort ist daher optimal, da es die untere Schranke für das Sortierproblem erreicht.

B   Java-Programmierkonstrukte

Die folgenden Abschnitte geben einen kurzen Überblick über die Realisierung der Programmierkonstrukte Interface, Typ-Parameter und Iterator in der Programmiersprache Java. In anderen Programmiersprachen sind diese Konstrukte anders realisiert.

B.1   Interface

Ein *Interface* (Schnittstelle) definiert einen abstrakten Datentyp dadurch, dass es die Methoden angibt, die auf diesen Datentyp anwendbar sind. Die Methoden sind jedoch im Interface noch nicht implementiert. Sie werden erst in einer Klasse implementiert, die von diesem Interface abgeleitet ist, oder wie man sagt, die dieses Interface *implementiert*.

Unterschiedliche Klassen, die das Interface implementieren, können diese Methoden durchaus unterschiedlich implementieren. Wichtig ist nur, dass die vom Interface vorgeschriebenen Methoden überhaupt implementiert sind. So ist sichergestellt, dass diese Methoden auf jedes Objekt, das den Datentyp des Interfaces besitzt, angewendet werden können.

Beispiel: Das Interface *Sorter* schreibt vor, dass jede Klasse, die dieses Interface implementiert, eine Methode *sort(int[] a)* enthalten muss, also in der Lage sein muss, ein Integer-Array zu sortieren.

```
public interface Sorter
{
    public void sort(int[] a);
}
```

Im Interface ist nur der Methodenkopf angegeben. Die Implementierung der Methode erfolgt erst in einer Klasse, die das Interface *Sorter* implementiert.

```
public class InsertionSorter implements Sorter
{
    private int[] a;
    private int n;
```

```
    public void sort(int[] a)
    {
        this.a=a;
        n=a.length;
        insertionsort();
    }
    private void insertionsort()
    {
        // Insertionsort-Algorithmus
    }
}
```

In entsprechender Weise lassen sich auch *QuickSorter*, *MergeSorter* usw. vom Interface *Sorter* ableiten.

Der Vorteil einer solchen Lösung mit einem Interface besteht darin, dass alle Sortieralgorithmen, die das Interface *Sorter* implementieren, als Objekte dieses gemeinsamen Typs ansprechbar sind. Nur so ist es möglich, etwa eine einheitliche Funktion zum Test von Sortierverfahren zu schreiben.

```
public void testSorter(Sorter s)
{
    int[] a=descendingSequence();
    s.sort(a);
    checkIfSorted(a);
}
```

Die Methode *testSorter* funktioniert so mit jedem Sortierverfahren *s* vom Typ *Sorter*, da sichergestellt ist, dass auf *s* die Methode *sort* anwendbar ist.

B.2   Typ-Parameter

Der Typ eines Objektes entscheidet darüber, welche Operationen oder Methoden auf das Objekt anwendbar sind. So lassen sich beispielsweise Objekte vom Typ *Integer* miteinander multiplizieren, Objekte vom Typ *String* miteinander verketten usw.

Deswegen ist es bei der Programmierung wichtig, den Typ eines Objektes zu kennen. Nur dann weiß man, welche Operationen auf das Objekt anwendbar sind.

Datenstrukturen mit Typ-Parametern

Viele Datenstrukturen sind allerdings vom Typ der beteiligten Objekte weitgehend unabhängig. So lassen sich in einer Liste gleichermaßen Integer-Zahlen speichern wie auch Strings oder irgendwelche anderen Objekte. Theoretisch kann eine solche Liste sogar Objekte vom Typ *Integer* oder *String* oder eines beliebigen anderen Typs in bunter Mischung enthalten. In der Praxis ist ein solcher Fall allerdings selten, denn es wäre unklar, welche Operationen sich auf die Objekte der Liste anwenden lassen. Man könnte die Liste noch nicht einmal sortieren, denn hierzu ist es erforderlich, dass auf alle Objekte der Liste die Operation „Vergleich" anwendbar ist. Aber man kann nicht Äpfel mit Birnen vergleichen.

In der Praxis kommen daher hauptsächlich Listen vor, deren Einträge alle vom gleichen Typ sind. Daher ist es sinnvoll, gleich bei der Deklaration der Liste anzugeben, von welchem Typ die Einträge sein sollen.

Bei der Deklaration eines Arrays ist es erforderlich, den Datentyp der Array-Einträge anzugeben. Mit folgender Deklaration wird etwa ein Array *a* mit 7 String-Einträgen deklariert und angelegt:

```
String[] a=new String[7];
```

Bei der Deklaration einer *ArrayList* wird der Typ der Elemente in Form eines Typ-Parameters angegeben; eine *ArrayList* mit Einträgen vom Typ *String* wird etwa folgendermaßen deklariert und angelegt:

```
ArrayList<String> a=new ArrayList<String>();
```

Sortierprogramme mit Typ-Parametern

Die Sortierprogramme in Kapitel 2 sind der Einfachheit halber für Folgen von Integer-Zahlen geschrieben. Was aber, wenn eine Folge von Strings sortiert werden soll? Was, wenn eine Folge von Graphen hinsichtlich der Knotenanzahl der Graphen sortiert werden soll? Die Programme müssten entsprechend angepasst werden, an den entsprechenden Stellen müsste `int` durch *String* oder durch *Graph* ersetzt werden. Und die Vergleichsoperation müsste, sofern sie nicht wie bei String standardmäßig definiert ist, entsprechend angepasst werden. Für jeden Datentyp müsste ein eigenes Sortierprogramm geschrieben werden.

Als Lösung bietet Java die Möglichkeit, den Typ der zu sortierenden Daten als Parameter anzugeben. Dann wird nur ein einziges Sortierprogramm benötigt, z.B. `InsertionSorter<Type>` , mit dem formalen Typ-Parameter *Type*. Soll nun eine Folge von *Double*-Zahlen sortiert werden, erzeugen wir einen *InsertionSorter* mit aktuellem Typ-Parameter *Double*:

```
InsertionSorter<Double> s=new InsertionSorter<Double>();
```

Sollen Strings sortiert werden, geben wir *String* als aktuellen Typ-Parameter an. Und sollen Graphen hinsichtlich ihrer Knotenanzahl sortiert werden, so geben wir *Graph* als aktuellen Typ-Parameter an.

Soweit die Idee – die Schwierigkeit besteht nun darin, den Vergleichsoperator >, der im Insertionsort-Programm vorkommt, für den zunächst noch unbekannten aktuellen Datentyp entsprechend anzupassen. Dies funktioniert nur, wenn der formale Typ-Parameter *Type* das Interface (siehe Abschnitt B.1) *Comparable* implementiert. Nur dann ist sichergestellt, dass sich zwei Objekte vom Typ *Type* miteinander vergleichen lassen. Denn das Interface *Comparable* verlangt, dass eine Methode *compareTo* vorhanden ist. Und damit die Methode *compareTo* weiß, von welchem Typ die zu vergleichenden Elemente sind, benötigt das Interface *Comparable* seinerseits einen Typ-Parameter; in diesem Fall ist dies auch *Type*, denn in einem InsertionSorter<Type> sollen ja Objekte vom Typ *Type* miteinander verglichen werden.

Das Ergebnis ist folgende Klasse

```
public class InsertionSorter<Type extends Comparable<Type>>
{
    private Type[] a;
    private int n;

    public void sort(Type[] a)
    {
        this.a=a;
        n=a.length;
        insertionsort();
    }

    private void insertionsort()
    {
        int i, j;
        Type t;
        for (i=1; i<n; i++)
        {
            j=i;
            t=a[j];
            while (j>0 && a[j-1].compareTo(t)>0)
            {
                a[j]=a[j-1];
                j--;
            }
            a[j]=t;
        }
    }

}   // end class InsertionSorter
```

B.3   Iterator

Ein *Iterator* ist ein Objekt, das eine bestimmte Datenstruktur sequenziell durchläuft (Bild B.1). Mit jedem Aufruf seiner Methode *next* liefert der Iterator das jeweils nächstfolgende Datenelement (bezeichnet als das *Cursor-Objekt*). Mithilfe der Methode *hasNext* stellt der Iterator fest, ob noch weitere Elemente vorhanden sind. [1]

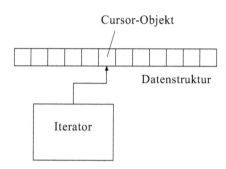

Bild B.1: *Durchlaufen einer Datenstruktur mit einem Iterator*

Array-Iterator

Der einfachste Iterator durchläuft ein Array. Der Datentyp des Arrays wird dem Iterator als Typ-Parameter (siehe Abschnitt B.2) übergeben, das Array selbst wird dem Iterator im Konstruktor als Parameter übergeben.

In einer Variablen *i* merkt sich der Iterator die Position des Cursor-Objekts, also desjenigen Array-Elements, das als nächstes zurückgegeben werden soll. Die Methode *next* gibt dieses Element zurück und erhöht *i* um 1. Die Methode *hasNext* ergibt den Wert *true*, solange *i* kleiner als die Länge des Arrays ist.

Es ist empfehlenswert, das Interface (siehe Abschnitt B.1) *java.util.Iterator* zu verwenden. So ist der *ArrayIterator* überall einsetzbar, wo ein *Iterator* im Programm vorkommt. [2]

```
import java.util.Iterator;

public class ArrayIterator<Type> implements Iterator<Type>
{
    private Type[] a;
    private int n, i;
```

---

[1]Wenn die durchlaufenen Elemente nicht in einer Datenstruktur gespeichert sind, sondern vom Iterator selbst eines nach dem anderen erzeugt werden, spricht man auch von einem *Generator*.

[2]Das Interface *java.util.Iterator* verlangt unsinnigerweise zusätzlich die Implementierung einer Methode *remove* (im Programmbeispiel nicht implementiert).

```
public ArrayIterator(Type[] a_)
{
    a=a_;
    n=a.length;
    i=0;
}
public boolean hasNext()
{
    return i<n;
}
public Type next()
{
    return a[i++];
}
public void remove()
{
    // nicht implementiert
}

}    // end class ArrayIterator
```

Der Iterator wird typischerweise wie folgt angewendet, z.B. um alle Elemente eines String-Arrays *s* auszugeben:

```
import java.util.Iterator;

public class ArrayIteratorTest
{
    public static void main(String[] args)
    {
        String[] s=new String[3];
        s[0]="ene";
        s[1]="mene";
        s[2]="muh";
        Iterator<String> it=new ArrayIterator<String>(s);
        while (it.hasNext())
            System.out.print(it.next()+" ");
        System.out.println();
    }
}
```

Die Verwendung eines Iterators ist immer dann besonders elegant, wenn eine komplexere Datenstrukturen durchlaufen werden soll oder wenn der Durchlauf nach einem besonderen Muster vonstatten gehen soll. Beispielsweise soll eine Matrix diagonalenweise durchlaufen werden oder die Nachbarn eines Knotens in einem Graphen sollen durchlaufen werden.

Der Vorteil einer solchen Lösung mit einem Iterator besteht darin, dass der Iterator

- exakt spezifizierbar,
- getrennt testbar und
- wiederverwendbar

ist. So muss nicht jedesmal neu überlegt, programmiert und getestet werden, wenn eine entsprechende Datenstruktur durchlaufen werden soll.

C   Literaturverzeichnis

[AA 78]   S. ALAGIĆ, M.A. ARBIB: The Design of Well-Structured and Correct
            Programs. Springer (1978)

[AC 75]   A.V. AHO, M.J. CORASICK: Efficient String Matching: An Aid to
            Bibliographic Search. Communications of the ACM, 18, 6, 333-340
            (1975)

[AHU 74]   A.V. AHO, J.E. HOPCROFT, J.D. ULLMAN: The Design and Analysis
            of Computer Algorithms. Addison-Wesley (1974)

[AKS 83]   M. AJTAI, J. KOMLOS, E. SZEMEREDI: An $O(n \log n)$ Sorting Network.
            Proceedings of the 25th ACM Symposium on Theory of Computing, 1-9
            (1983)

[AKS 04]   M. AGRAWAL, N. KAYAL, N. SAXENA: PRIMES is in P. Annals of
            Mathematics 160, 2, 781-793 (2004)

[AO 94]   K.R. APT, E.R. OLDEROG: Programmverifikation. Springer (1994)

[Bat 68]   K.E. BATCHER: Sorting Networks and their Applications. Proc. AFIPS
            Spring Joint Comput. Conf., Vol. 32, 307-314 (1968)

[BB 96]   G. BRASSARD, P. BRATLEY: Fundamentals of Algorithmics. Prentice
            Hall (1996)

[BFPRT 72] M. BLUM, R.W. FLOYD, V.R. PRATT, R.L. RIVEST, R.E. TARJAN:
            Time Bounds for Selection. Journal of Computer and System Sciences,
            7, 448-461 (1972)

[BG 92]   R. BAEZA-YATES, G.H. GONNET: A New Approach to Text Searching.
            Communications of the ACM 35, 10, 74-82 (1992)

[BM 77]   R.S. BOYER, J.S. MOORE: A Fast String Searching Algorithm.
            Communications of the ACM, 20, 10, 762-772 (1977)

[BS 03]   V. BUNIMOV, M. SCHIMMLER: Area and Time Efficient Modular
            Multiplication of Large Integers. Proceedings of the IEEE Int. Conf. on
            Application-Specific Systems, Architectures, and Processors (ASAP'03),
            400-411 (2003)

[Bu 00]   J.A. BUCHMANN: Introduction to Cryptography. Springer (2000)

[CLP 98]   C. CHARRAS, T. LECROQ, J.D. PEHOUSHEK: A Very Fast String
            Matching Algorithm for Small Alphabets and Long Patterns.
            Proceedings of the 9th Annual Symposium on Combinatorial Pattern
            Matching. Lecture Notes in Computer Science 1448, Springer, 55-64
            (1998)

[CLRS 01] T.H. CORMEN, C.E. LEISERSON, R.L. RIVEST, C. STEIN:
            Introduction to Algorithms. 2. Auflage, The MIT Press (2001)

[CT 65]   J.M. COOLEY, J.W. TUKEY: An Algorithm for the Machine
            Calculation of Complex Fourier Series. Math. Comp. 19, 297-301 (1965)

[Die 04]   M. DIETZFELBINGER: Primality Testing in Polynomial Time – From
            Randomized Algorithms to 'PRIMES is in P'. Springer, Lecture Notes in
            Computer Science 3000 (2004)

[DH 76]   W. DIFFIE, M.E. HELLMAN: New Directions in Cryptography. IEEE
            Transactions on Information Theory, Vol. IT-22, 644-654 (1976)

[Dij 59]   E.W. DIJKSTRA: A Note on two Problems in Connexion with Graphs.
            Numerische Mathematik 1, 269-271 (1959)

[ElG 85]   T. ELGAMAL: A public key cryptosystem and a signature scheme based
            on discrete logarithms. IEEE Transactions on Information Theory, 31,
            469-472 (1985)

[Flo 62]   R.W. FLOYD: Algorithm 97: Shortest Path. Communications of the
            ACM, 5, 6, 345 (1962)

[For 96]   O. FORSTER: Algorithmische Zahlentheorie. Vieweg (1996)

[GE 99]   R.H. GÜTING, M. ERWIG: Übersetzerbau. Springer (1999)

[GJ 79]   M.R. GAREY, D.S. JOHNSON: Computers and Intractability. W.H.
            Freeman (1979)

[Gra 72]   R.L. GRAHAM: An Efficient Algorithm for Determining the Convex Hull
            of a Finite Planar Set. Information Processing Letters 1, 132-133 (1972)

[GSchn 94] D. GRIES, F.B. SCHNEIDER: A Logical Approach to Discrete Math.
            Springer (1994)

[Har 93]   D. HAREL: Algorithmics. 2. Auflage, Addison-Wesley (1993)

[Heu 00]   V. HEUN: Grundlegende Algorithmen. Vieweg (2000)

[HP 96]   J.L. HENNESSY, D.A. PATTERSON: Computer Architecture – a
            Quantitative Approach. 2. Auflage, Morgan Kaufmann (1996)

[Hoa 62]   C.A.R. HOARE: Quicksort. Computer Journal, Vol. 5, 1, 10-15 (1962)

[Hoa 69]   C.A.R. HOARE: An Axiomatic Basis for Computer Programming.
            Communications of the ACM, 12, 10, 576-583 (1969)

[Hor 80]   R.N. HORSPOOL: Practical Fast Searching in Strings. Software -
              Practice and Experience 10, 501-506 (1980)

[Hro 01b]   J. HROMKOVIČ: Algorithmics for Hard Problems. Springer (2001)

[Hro 04a]   J. HROMKOVIČ: Randomisierte Algorithmen. Teubner (2004)

[Hro 04b]   J. HROMKOVIČ: Theoretische Informatik. 2. Auflage, Teubner (2004)

[HS 81]   E. HOROWITZ, S. SAHNI: Algorithmen. Springer (1981)

[Huf 52]   D.A. HUFFMAN: A Method for the Construction of Minimum
              Redundancy Codes. Proceedings of the IRE, 40, 1098-1101 (1952)

[Jar 73]   R.A. JARVIS: On the Identification of the Convex Hull of a Finite Set of
              Points in the Plane. Information Processing Letters 2, 18-22 (1973)

[Jun 94]   D. JUNGNICKEL: Graphen, Netzwerke und Algorithmen. 3. Auflage,
              BI-Wissenschaftsverlag (1994)

[Klei 97]   R. KLEIN: Algorithmische Geometrie. Addison-Wesley (1997)

[KMP 77]   D.E. KNUTH, J.H. MORRIS, V.R. PRATT: Fast Pattern Matching in
              Strings. SIAM Journal of Computing 6, 2, 323-350 (1977)

[KN 05]   S.O. KRUMKE, H. NOLTEMEIER: Graphentheoretische Konzepte und
              Algorithmen. Teubner (2005)

[Knu 73]   D.E. KNUTH: The Art of Computer Programming, Vol. 3 - Sorting and
              Searching. Addison-Wesley (1973)

[Koz 92]   D.C. KOZEN: The Design and Analysis of Algorithms. Springer (1992)

[Kun 87]   M. KUNDE: Lower Bounds for Sorting on Mesh-Connected
              Architectures. Acta Informatica 24, 121-130 (1987)

[Lan 88]   H.W. LANG: Transitive Closure on the Instruction Systolic Array. In: K.
              Bromley, S.Y. Kung, E. Swartzlander (eds.): Proceedings of the Int.
              Conf. on Systolic Arrays, San Diego, Computer Society Press,
              Washington D.C., 295-304 (1988)

[Lan 02]   H.W. LANG:
              http://www.inf.fh-flensburg.de/lang/compbau/patternmatcher.htm.
              (2002)

[LP 81]   H.R. LEWIS, C.H. PAPADIMITRIOU: Elements of the Theory of
              Computation. Prentice Hall (1981)

[LSSS 85]   H.W. LANG, M. SCHIMMLER, H. SCHMECK, H. SCHRÖDER: Systolic
              Sorting on a Mesh-Connected Network. IEEE Transactions on
              Computers C-34, 7, 652-658 (1985)

[MG 88]   J.M. MARBERG, E. GAFNI: Sorting in Constant Number of Row and
              Column Phases on a Mesh. Algorithmica 3, 561-572 (1988)

[OW 90]   T. OTTMANN, P. WIDMAYER: Algorithmen und Datenstrukturen.
             BI-Wissenschaftsverlag (1990)

[Pom 96]   C. POMERANCE: A Tale of Two Sieves. Notices of the AMS, 43, 12,
             1473-1485 (1996)

[Pra 79]   V. PRATT: Shellsort and Sorting Networks. Garland, New York (1979)

[Pri 57]   R.C. PRIM: Shortest Connection Networks and some Generalizations.
             Bell System Technical Journal, Vol. 36, 1389-1401 (1957)

[PS 65]   A. PAPERNOV, G. STASEVIC: A Method of Information Sorting in
             Computer Memories. Problems of Information Transmission 1, 63-75
             (1965)

[RSA 78]   R.L. RIVEST, A. SHAMIR, L.M. ADLEMAN: A Method for Obtaining
             Digital Signatures and Public-Key Cryptosystems. Communications of
             the ACM, 21, 2, 120-126 (1978)

[Schi 87]   M. SCHIMMLER: Fast Sorting on the Instruction Systolic Array. Bericht
             Nr. 8709, Institut für Informatik, Christian-Albrechts-Universität Kiel
             (1987)

[Schö 97]   U. SCHÖNING: Algorithmen – kurz gefasst. Spektrum (1997)

[Schö 01]   U. SCHÖNING: Algorithmik. Spektrum (2001)

[SchS 89]   I.D. SCHERSON, S. SEN: Parallel sorting in two-dimensional VLSI
             models of computation. IEEE Transactions on Computers C-38, 2,
             238-249 (1989)

[SchSh 86]   C.P. SCHNORR, A. SHAMIR: An Optimal Sorting Algorithm for
             Mesh-Connected Computers. Proc. of the 18th ACM Symposium on
             Theory of Computing, 255-261 (1986)

[Sed 88]   R. SEDGEWICK: Algorithms. 2. Auflage, Addison-Wesley (1988)

[Sed 96]   R. SEDGEWICK: Analysis of Shellsort and Related Algorithms. In: Josep
             Díaz, Maria Serna (Eds.): Algorithms - ESA '96, Fourth Annual
             European Symposium, Barcelona, Lecture Notes in Computer Science,
             Vol. 1136, Springer, 1-11 (1996)

[Sed 03]   R. SEDGEWICK: Algorithms in Java, Parts 1-4. 3. Auflage,
             Addison-Wesley (2003)

[She 59]   D.L. SHELL: A High-Speed Sorting Procedure. Communications of the
             ACM, 2, 7, 30-32 (1959)

[Som 04]   P. SOMMERLAD: (Persönliche Korrespondenz). Peter Sommerlad,
             Hochschule für Technik Rapperswil, Schweiz (2004)

[SSP 08]   J. SWOBODA, S. SPITZ, M. PRAMATEFTAKIS: Kryptographie und
             IT-Sicherheit. Vieweg+Teubner (2008)

[Sun 90]   D.M. SUNDAY: A Very Fast Substring Search Algorithm.
             Communications of the ACM, 33, 8, 132-142 (1990)

[TK 77]   C.D. THOMPSON, H.T. KUNG: Sorting on a Mesh-Connected Parallel
             Computer. Communications of the ACM, 20, 4, 263-271 (1977)

[Tur 96]   V. TURAU: Algorithmische Graphentheorie. Addison-Wesley (1996)

[War 62]   S. WARSHALL: A Theorem on Boolean Matrices. Journal of the ACM,
             Vol. 9, 1, 11-12 (1962)

[Weg 93]   I. WEGENER: Bottom-Up-Heapsort, a New Variant of Heapsort Beating
             on Average Quicksort (if n is not very small). Theoretical Computer
             Science, 118, 81-98 (1993)

[Wei 99]   M.A. WEISS: Data Structures and Algorithm Analysis in Java.
             Addison-Wesley (1999)

[Wil 64]   J.W.J. WILLIAMS: Algorithm 232: Heapsort. Communications of the
             ACM, 7, 6, 347-348 (1964)

[WM 92]   S. WU, U. MANBER: Fast Text Searching Allowing Errors.
             Communications of the ACM 35, 10, 83-91 (1992)

Index

www.ingramcontent.com/pod-product-compliance
Lightning Source LLC
LaVergne TN
LVHW082125070326

832902LV00041B/2522